Egbert Nickel

Die Problematik der unechten Unterlassungsdelikte
im Hinblick auf den Grundsatz ‚nullum crimen sine lege'
(Art. 103 Abs. 2 GG)

Münchener Universitätsschriften · Juristische Fakultät

Abhandlungen zur rechtswissenschaftlichen Grundlagenforschung

herausgegeben im Auftrag der Juristischen Fakultät

von

Sten Gagnér

Arthur Kaufmann

Dieter Nörr

Band 7

1972

J. Schweitzer Verlag · Berlin

Egbert Nickel

Die Problematik der unechten Unterlassungsdelikte im Hinblick auf den Grundsatz ‚nullum crimen sine lege' (Art. 103 Abs. 2 GG)

Eine straf- und verfassungsrechtliche Studie

1972

J. Schweitzer Verlag · Berlin

Gedruckt mit Unterstützung aus den Mitteln der Münchener Universitätsschriften

ISBN 3 8059 0252 2

Satz: Studio Feldafing – Druck: W. Hildebrand, Berlin
Printed in Germany

Vorwort

Nach dem Inkrafttreten des Grundgesetzes hat die wissenschaftliche Untersuchung von Problemen in der Austauschzone zwischen Verfassungsrecht und Strafrecht nur zögernd begonnen. Das Bewußtsein neu gewonnener Rechtsstaatlichkeit wie auch eine gewisse Blickverengung als Folge fortbestehender traditioneller Fächergrenzen mögen dazu beigetragen haben, daß eine kritische Musterung des Strafrechts unter verfassungsrechtlichem Blickwinkel, aber auch umgekehrt eine Untersuchung der Relevanz strafrechtlicher Phänomene für Probleme der Verfassungsauslegung nicht im Vordergrund des wissenschaftlichen Interesses standen. So vermochte die herrschende Lehre auch dem ehrwürdigen Grundsatz „nullum crimen/nulla poena sine lege" wenig Neues abzugewinnen und identifizierte weitgehend seine tradierten Inhalte mit dem Normgehalt des Art. 103 Abs. 2 GG. Es dominierte die Überzeugung, das Grundgesetz lasse hier „alte bewährte Grundsätze wieder zu Ehren kommen". Erst in neuerer Zeit gewannen Bemühungen um eine Auslegung des Art. 103 Abs. 2 GG, die der Entwicklung des Strafrechts in den letzten Jahrzehnten Rechnung zu tragen versucht, etwas an Boden. Da diese Lehren in ihren Ergebnissen jedoch noch beträchtlich voneinander abweichen, haben sie die traditionsgebundene Interpretation des Art. 103 Abs. 2 GG bisher nicht ernsthaft erschüttern können.

Vor dem Hintergrund dieser Entwicklung nimmt es nicht wunder, daß die von Hellmuth Mayer mit Vehemenz vorgetragene These, die Strafbarkeit vorsätzlicher Garantenunterlassungen verstoße gegen Art. 103 Abs. 2 GG, zu Kontroversen allein in der Strafrechtslehre geführt hat. Mein Vorhaben, das Problem in einer sowohl straf- als auch verfassungsrechtlichen Studie näher zu untersuchen, fand wohlwollende Förderung durch meinen hochverehrten Lehrer, Herrn Professor Dr. Dr. h.c. Karl Engisch. Ihm schulde ich für seine Aufgeschlossenheit gegenüber meinen Intentionen und Überlegungen, sein stetiges Interesse am Fortgang der Arbeit und seine wahrhaft noble Auffassung von der Rolle des Doktorvaters bleibenden Dank. Die im März 1971 abgeschlossene Arbeit wurde von der Juristischen Fakultät der Universität München im Sommersemester 1971 als Dissertation angenommen.

Ich empfinde es als selbstverständlich, auch an dieser Stelle Herrn Professor Dr. Dietrich Schultz meinen Dank für die großzügige Freistellung von meinen Aufgaben als Assistent abzustatten. Welchen wissenschaftlichen Gewinn ich der Zusammenarbeit mit ihm verdanke, sei an dieser Stelle auszusprechen ebenso erlaubt wie die dankbare Erwähnung manchen klärenden Gesprächs mit Herrn Professor Dr. Martin Drath.

Die Aufnahme meiner Arbeit in die Reihe „Münchener Universitätsschriften – Juristische Fakultät; Abhandlungen zur rechtswissenschaftlichen Grundlagenforschung“ empfinde ich als Auszeichnung, für die ich den Herausgebern danke.

Darmstadt, im Herbst 1971 Egbert Nickel

Inhaltsübersicht

Abkürzungsverzeichnis

Die Abkürzungen für die hier nicht aufgeführten Zeitschriften, sonstigen Periodika sowie für Gerichte, Behörden und Rechtsquellen sind aus Kirchner, Hildebert: Abkürzungsverzeichnis der Rechtssprache, 2. Aufl., Berlin 1968, entnommen.

a.A.	anderer Ansicht
a.a.O.	am angeführten Ort
Abs.	Absatz
a.E.	am Ende
a.F.	alte Fassung
Allg. Teil	Allgemeiner Teil
Anm.	Anmerkung
Art.	Artikel
Aufl.	Auflage
Bes. Teil	Besonderer Teil
d.h.	das heißt
DJT	Deutscher Juristentag
Diss.	Dissertation
E 1959	Entwurf eines Strafgesetzbuches (StGB), Bonn 1959
E 1960	Entwurf eines Strafgesetzbuches (StGB), Bonn 1960
E 1962	Entwurf eines Strafgesetzbuches (StGB), Bonn 1962
Einl.	Einleitung
Erl.	Erläuterung(en)
evangel.	evangelisch
f.	folgende Seite
ff.	folgende Seiten
Gr. Sen.	Großer Senat
Gr. StrK.	Große Strafrechtskommission
GS	Der Gerichtssaal
h.L.	herrschende Lehre
h.M.	herrschende Meinung
i.d.F.	in der Fassung
i.S.	im Sinn
i.V.m.	in Verbindung mit
jur.	juristisch
LK	Leipziger Kommentar
LS	Leitsatz
l.Sp.	linke Spalte
m.w.Nw.	mit weiteren Nachweisen

Rn.	Randnote
r.Sp.	rechte Spalte
Rz.	Randziffer
s.	siehe
sog.	sogenannt
Sp.	Spalte
Verh.	Verhandlungen
vgl.	vergleiche
Vorbem.	Vorbemerkung(en)
WRV	Weimarer Reichsverfassung

Literaturverzeichnis

Achtmann, Nikolaus — Möglichkeiten und Grenzen richterlicher Rechtsfortbildung auf der Grundlage des Bonner Grundgesetzes. Diss. Würzburg 1965. Zitiert: Möglichkeiten und Grenzen richterlicher Rechtsfortbildung.

Androulakis, Nikolaos K. — Studien zur Problematik der unechten Unterlassungsdelikte. München und Berlin 1963. Zitiert: Problematik.

Arndt, Adolf — Rechtsdenken in unserer Zeit. Positivismus und Naturrecht. Tübingen 1955.

Bachof, Otto — Grundgesetz und Richtermacht. Tübingen 1959.

– — Begriff und Wesen des sozialen Rechtsstaates. Der soziale Rechtsstaat in verwaltungsrechtlicher Sicht. In: Rechtsstaatlichkeit und Sozialstaatlichkeit (s. dort), S. 201 ff. Ferner in: VVDStRL Heft 12 (1954), S. 37 ff.

Bärwinkel, Richard — Zur Struktur der Garantieverhältnisse bei den unechten Unterlassungsdelikten. Berlin 1968. Zitiert: Struktur der Garantieverhältnisse.

Bäumlin, Richard — Stichwort: Rechtsstaat. In: Evangelisches Staatslexikon. Herausgegeben von Hermann Kunst und Siegfried Grundmann i.V.m. Wilhelm Schneemelcher und Roman Herzog. Stuttgart u. Berlin 1966.

Baumann, Jürgen — Strafrecht. Allgemeiner Teil. Ein Lehrbuch. 5. Aufl. Bielefeld 1968. Zitiert: Allg. Teil.

Beling, Ernst — Die Lehre vom Verbrechen. Tübingen 1906.

Berner Kommentar — Kommentar zum Schweizerischen Privatrecht. Herausgegeben von Arthur Meier-Hayoz. Bd. I/1. Bern 1966.

Bettermann, Karl August — Die Unabhängigkeit der Gerichte und der gesetzliche Richter. In: Die Grundrechte. Handbuch der Theorie und Praxis der Grundrechte. Herausgegeben von Karl August Bettermann, Hans Carl Nipperdey, Ulrich Scheuner. 3. Bd., 2. Halbbd. Berlin 1959, S. 523 ff. Zitiert: Grundrechte III/2.

Binding, Karl — Handbuch des Strafrechts. 1. Bd. Leipzig 1885. Zitiert: Handbuch.

– — Lehrbuch des gemeinen deutschen Strafrechts. Besonderer Teil. 2. Aufl. Leipzig 1902. Zitiert: Lehrbuch.

Bockelmann, Paul — Richter und Gesetz. In: Rechtsprobleme in Staat und Kirche. Festschrift für Rudolf Smend zum 70. Geburtstag. Göttingen 1952, S. 23 ff. Zitiert: Smend-Festschrift.

– — Betrug verübt durch Schweigen. In: Festschrift für Eberhard Schmidt zum 70. Geburtstag. Herausgegeben von Paul Bockelmann und Wilhelm Gallas. Göttingen 1961, S. 437 ff. Zitiert: Eberhard Schmidt-Festschrift.

Böckenförde, Ernst-Wolfgang — Gesetz und gesetzgebende Gewalt. Von den Anfängen der deutschen Staatsrechtslehre bis zur Höhe des staatsrechtlichen Positivismus. Berlin 1958.

Böhm, Alexander — Methodische Probleme der Gleichstellung des Unterlassens mit der Begehung. Korreferat. In: JuS 1961, 177 ff.

– Die Rechtspflicht zum Handeln bei den unechten Unterlassungsdelikten. Diss. Frankfurt am Main 1957.
Zitiert: Rechtspflicht.

Bonner Kommentar — Kommentar zum Bonner Grundgesetz. Hamburg 1950 ff. Stand: September 1970.

Bopp, Georg — Die Entwicklung des Gesetzesbegriffes im Sinne des Grundrechtes „nulla poena, nullum crimen sine lege". Eine Untersuchung zu Artikel 103 Absatz 2 des Bonner Grundgesetzes. Diss. Freiburg im Breisgau 1966.
Zitiert: Die Entwicklung des Gesetzesbegriffes.

Busch, Richard — Zur gesetzlichen Begründung der Strafbarkeit unechten Unterlassens. In: Festschrift für Hellmuth von Weber zum 70. Geburtstag. Herausgegeben von Hans Welzel, Hermann Conrad, Armin Kaufmann und Hilde Kaufmann. Bonn 1963, S. 192 ff.
Zitiert: von Weber-Festschrift.

Canaris, Claus-Wilhelm — Die Feststellung von Lücken im Gesetz. Eine methodologische Studie über Voraussetzungen und Grenzen der richterlichen Rechtsfortbildung praeter legem. Berlin 1964.
Zitiert: Feststellung von Lücken.

Class, Wilhelm — Generalklauseln im Strafrecht. In: Festschrift für Eberhard Schmidt zum 70. Geburtstag. Herausgegeben von Paul Bockelmann und Wilhelm Gallas. Göttingen 1961, S. 122 ff.
Zitiert: Eberhard Schmidt-Festschrift.

Clemens, Otto — Die Unterlassungsdelikte im deutschen Strafrecht von Feuerbach bis zum Reichsstrafgesetzbuch. Breslau 1912.
Zitiert: Unterlassungsdelikte.

Danckert, Peter — Die Grenze zwischen der extensiven Auslegung und der Analogie im Strafrecht. Diss. Köln 1967.

v. Doemming, Klaus-Berto — Entstehungsgeschichte der Artikel des Grundgesetzes. In: Jahrbuch des öffentlichen Rechts der Gegenwart. N.F. Bd. 1. Tübingen 1951, S. 741.
Zitiert: Jahrbuch des öffentlichen Rechts der Gegenwart.

Dreher, Eduard — Strafgesetzbuch mit Nebengesetzen und Verordnungen. 32. Aufl. des von Otto Schwarz begründeten Werkes. München 1970.
Zitiert: StGB.

– Anmerkung zu BGH, Urteil vom 24.2.1966.
In: JZ 1966, 578 ff.

Drost, Heinrich — Das Ermessen des Strafrichters. Zugleich ein Beitrag zu dem allgemeinen Problem Gesetz und Richteramt.
Berlin 1930.

– Das Ermessen des Strafrichters als Problem der Strafrechtsreform. In: NJW 1955, 1255 ff.

Egger, A. — Kommentierung des Art. 1 Schw.ZGB.
In: Kommentar zum Schweizerischen Zivilgesetzbuch. Herausgegeben von A. Egger, A. Escher, R. Haab und H. Oser. 2. Aufl. 1. Bd. Zürich 1930.

Eggert, Karl Heinz — Die Unzumutbarkeit normgemäßen Verhaltens bei den Fahrlässigkeits- und unechten Unterlassungsdelikten im Strafrecht. Diss. Göttingen 1969.
Zitiert: Unzumutbarkeit.

Elvers, Kurt — Die Bedeutungen des Satzes nulla poena sine lege in seiner historischen Entwicklung. Diss. Göttingen 1910.
Zitiert: Die Bedeutungen des Satzes nulla poena sine lege.

Engisch, Karl — Der Arzt im Strafrecht (Bemerkungen zu dem gleichnamigen Buch von Eb. Schmidt). In: Monatsschrift für Kriminalbiologie und Strafrechtsreform 1939, S. 414 ff.
Zitiert: MschrKrimBiol.

— Einführung in das juristische Denken. 3. Aufl. Stuttgart 1964.
Zitiert: Einführung.

— Die Kausalität als Merkmal der strafrechtlichen Tatbestände. Tübingen 1931.
Zitiert: Kausalität.

— Das Problem der psychischen Kausalität beim Betrug. In: Festschrift für Hellmuth von Weber zum 70. Geburtstag. Herausgegeben von Hans Welzel, Hermann Conrad, Armin Kaufmann und Hilde Kaufmann. Bonn 1963, S. 247 ff.

— Die Idee der Konkretisierung in Recht und Rechtswissenschaft unserer Zeit. Heidelberg 1953.
Zitiert: Konkretisierung.

— Logische Studien zur Gesetzesanwendung. 2. Aufl. Heidelberg 1960.
Zitiert: Logische Studien.

— Die normativen Tatbestandselemente im Strafrecht. In: Festschrift für Edmund Mezger. München und Berlin 1954, S. 127 ff.

— Vom Weltbild des Juristen. Heidelberg 1950.
Zitiert: Weltbild.

— Gerhart Husserl. Negatives Sollen im Bürgerlichen Recht. Besprechung. In: Monatsschrift für Kriminalpsychologie und Strafrechtsreform 1933, S. 237 ff.
Zitiert: MschrKrimPsych.

— Kaufmann, Armin: Die Dogmatik der Unterlassungsdelikte. Buchbesprechung.
In: JZ 1962, 189 ff.

E 1962 — Entwurf eines Strafgesetzbuches (StGB) mit Begründung – Bundesratsvorlage –. Bonn 1962.

Enneccerus, Ludwig – Lehmann, Heinrich — Recht der Schuldverhältnisse. Ein Lehrbuch. 15. Bearbeitung. Tübingen 1958.

Esser, Josef — Grundsatz und Norm in der richterlichen Fortbildung des Privatrechts. Rechtsvergleichende Beiträge zur Rechtsquellen- und Interpretationslehre. 2. Aufl. Tübingen 1964.
Zitiert: Grundsatz und Norm.

Fechner, Erich — Freiheit und Zwang im sozialen Rechtsstaat. Tübingen 1953.
Ferner in: Rechtsstaatlichkeit und Sozialstaatlichkeit (s. dort), S. 73 ff.
Zitiert: Rechtsstaatlichkeit und Sozialstaatlichkeit.

Feuerbach, Paul Johann Anselm — Lehrbuch des gemeinen in Deutschland gültigen Peinlichen Rechts. 5. Aufl. Gießen 1812.
Zitiert: Lehrbuch.

Flume, Werner — Richter und Recht. Schlußvortrag. In: Verhandlungen des 46. Deutschen Juristentages. Bd. II. Teil K. München und Berlin 1967.

Forsthoff, Ernst — Begriff und Wesen des sozialen Rechtsstaates. In: VVDStRL, Heft 12. Berlin 1954, S. 8 ff.

Gallas, Wilhelm — Strafbares Unterlassen im Fall einer Selbsttötung. In: JZ 1960, 649 ff. und 686 ff.

Gallwas, Hans-Ulrich — Der Mißbrauch von Grundrechten. Berlin 1967.

Germann, Oskar Adolf — Methodische Grundfragen (Problèmes de méthode). 6 Aufsätze. Basel 1946. Zitiert: Methodische Grundfragen.

– Probleme und Methoden der Rechtsfindung. Bern 1965.

– Zum Primat des Gesetzes. In: Festschrift für Karl Olivecrona. Stockholm 1964, S. 235 ff.

– Zum sogenannten Analogieverbot nach schweizerischem Strafgesetzbuch. In: Festgabe zum 70. Geburtstag von Ernst Hafter. Schweizerische Zeitschrift für Strafrecht. 61. Jahrgang. Bern 1946, S. 119 ff.

Grünhut, Max — Begriffsbildung und Rechtsanwendung im Strafrecht. Tübingen 1926.

Grünwald, Gerald — Bedeutung und Begründung des Satzes „nulla poena sine lege". In: ZStW 76 (1964), 1 ff.

– Der Vorsatz des Unterlassungsdelikts. In: Beiträge zur gesamten Strafrechtswissenschaft. Festschrift für Hellmuth Mayer zum 70. Geburtstag. Herausgegeben von Friedrich Geerds und Wolfgang Naucke. Berlin 1966, S. 281 ff. Zitiert: H. Mayer-Festschrift.

– Das unechte Unterlassungsdelikt – Seine Abweichungen vom Handlungsdelikt –. Diss. Göttingen 1956. Zitiert: Das unechte Unterlassungsdelikt.

– Zur gesetzlichen Regelung der unechten Unterlassungsdelikte. In: ZStW 70 (1958), 412 ff.

Häberle, Peter — Die Wesensgehaltgarantie des Art. 19 Abs. 2 GG. Zugleich ein Beitrag zum institutionellen Verständnis der Grundrechte und zur Lehre vom Gesetzesvorbehalt. Karlsruhe 1962. Zitiert: Wesensgehalt.

Hamann, Andreas — Grundgesetz und Strafgesetzgebung. Neuwied 1963.

Hamann jr., Andreas – Lenz, Helmut — Das Grundgesetz für die Bundesrepublik Deutschland vom 23. Mai 1949. Ein Kommentar für Wissenschaft und Praxis. 3. Aufl. Neuwied und Berlin 1970. Zitiert: Grundgesetz.

Hanack, Ernst-Walter — Gutachten für den 47. DJT. In: Verhandlungen des 47. Deutschen Juristentages. Herausgegeben von der ständigen Deputation des Deutschen Juristentages. Bd. I. München 1967.

– Zur verfassungsmäßigen Bestimmtheit und strafrechtlichen Auslegung des Begriffs „unzüchtige Schrift" (§ 184 Abs. 1 Nr. 1 StGB, Art. 103 Abs. 2 GG). In: JZ 1970, 41 ff.

Hardwig, Werner — Vorsatz bei Unterlassungsdelikten. In: ZStW Bd. 74 (1962), 27 ff.

Hassemer, Winfried	Tatbestand und Typus. Untersuchungen zur strafrechtlichen Hermeneutik. Köln, Berlin, Bonn, München 1968. Zitiert: Tatbestand und Typus.
Heller, Hermann	Rechtsstaat oder Diktatur? Tübingen 1930.
Henke, Eduard	Handbuch des Criminalrechts und der Criminalpolitik. 1. Teil. 1823.
Henkel, Heinrich	Das Methodenproblem bei den unechten Unterlassungsdelikten. In: MschrKrim (44. Jg.) 1961, 178 ff.
–	Einführung in die Rechtsphilosophie. Grundlagen des Rechts. München und Berlin 1964. Zitiert: Rechtsphilosophie.
Hesse, Ernst	Die Bindung des Gesetzgebers an das Grundrecht des Art. 2 I GG bei der Verwirklichung einer „verfassungsmäßigen Ordnung". Eine Untersuchung über die Rechtsprechung des Bundesverfassungsgerichts zu Art. 2 I GG. Berlin 1968. Zitiert: Die Bindung des Gesetzgebers.
Hesse, Konrad	Grundzüge des Verfassungsrechts der Bundesrepublik Deutschland. 3. Aufl. Karlsruhe 1969. Zitiert: Grundzüge.
v. Hippel, Robert	Lehrbuch des Strafrechts. 1932.
Hirsch, Hans Joachim	Richterrecht und Gesetzesrecht. In: JR 1966, 334 ff.
Huber, Ernst Rudolf	Deutsche Verfassungsgeschichte seit 1789. Bd. II: Der Kampf um Einheit und Freiheit 1830 bis 1850. Stuttgart 1960.
Huber, Hans	Niedergang des Rechts und Krise des Rechtsstaates. In: Demokratie und Rechtsstaat. Festgabe für Zaccaria Giacometti zum 60. Geburtstag. Zürich 1953, S. 59 ff. Zitiert: Giacometti-Festgabe.
Isensee, Josef	Subsidiaritätsprinzip und Verfassungsrecht. Eine Studie über das Regulativ des Verhältnisses von Staat und Gesellschaft. Berlin 1968.
Jesch, Dietrich	Gesetz und Verwaltung. Eine Problemstudie zum Wandel des Gesetzmäßigkeitsprinzips. Tübingen 1961.
–	Unbestimmter Rechtsbegriff und Ermessen in rechtstheoretischer und verfassungsrechtlicher Sicht. In: AöR Bd. 82 (1957), 163 ff.
Jescheck, Hans-Heinrich	Lehrbuch des Strafrechts. Allgemeiner Teil. Berlin 1969. Zitiert: Lehrbuch.
–	Aufbau und Behandlung der Fahrlässigkeit im modernen Strafrecht. Freiburg i.Br. 1965.
Jescheck, Hans-Heinrich – Goldmann, Heinz Gerd	Die Behandlung der unechten Unterlassungsdelikte im deutschen und ausländischen Strafrecht. In: ZStW Bd. 77 (1965), 109 ff.
Kaufmann, Armin	Die Dogmatik der Unterlassungsdelikte. Göttingen 1959. Zitiert: Dogmatik.
–	Methodische Probleme der Gleichstellung des Unterlassens mit der Begehung. Referat. In: JuS 1961, 173 ff.
–	Unterlassung und Vorsatz. In: Festschrift für Hellmuth von Weber zum 70. Geburtstag. Herausgegeben von Hans Welzel, Hermann Conrad, Armin Kaufmann und Hilde Kaufmann. Bonn 1963, S. 207 ff. Zitiert: von Weber-Festschrift.

Kaufmann, Arthur — Analogie und „Natur der Sache". Zugleich ein Beitrag zur Lehre vom Typus. Vortrag. Karlsruhe 1965. Zitiert: Analogie.

– Die Bedeutung hypothetischer Erfolgsursachen im Strafrecht. In: Festschrift für Eberhard Schmidt zum 70. Geburtstag. Herausgegeben von Paul Bockelmann und Wilhelm Gallas, Göttingen 1961, S. 200 ff.
Zitiert: Eberhard Schmidt-Festschrift.

– Gesetz und Recht. In: Existenz und Ordnung. Festschrift für Erik Wolf zum 60. Geburtstag. Herausgegeben von Thomas Würtenberger, Werner Maihofer, Alexander Hollerbach. Frankfurt am Main 1962, S. 357 ff.
Zitiert: Erik Wolf-Festschrift.

Kaufmann, Arthur – Hassemer, Winfried — Der überfallene Spaziergänger (Fallbesprechung). In: JuS 1964, 151 ff.

Kessler, Horst — Die Tatbestandsmäßigkeit der unechten Unterlassung. Diss. Kiel 1951.
Zitiert: Tatbestandsmäßigkeit.

Kielwein, Gerhard — Grundgesetz und Strafrechtspflege. In: Annales Universitatis Saraviensis, Rechts- und Wirtschaftswissenschaften. Vol. VIII 1960, Fasc. 1/2. Saarbrücken 1961, S. 127 ff.

Kienzle, Werner — Schwangerschaftsunterbrechung, Sterilisation und Kastration nach geltendem Recht. In: GoltdA 1957, 65 ff.

Kleinheyer, Gerd — Vom Wesen der Strafgesetze in der neueren Rechtsentwicklung. Entwicklungsstufen des Grundsatzes „nulla poena sine lege". Tübingen 1968.

Knies, Wolfgang — Verfassungsrechtliche Probleme des § 184 Abs. 1 Nr. 1 StGB. In: NJW 1970, 15 ff.

Kohler, Josef — Studien aus dem Strafrecht. Bd. 1. Mannheim 1890.

Kohlmann, Günter — Der Begriff des Staatsgeheimnisses (§ 93 StGB und § 99 Abs. 1 StGB a.F.) und das verfassungsrechtliche Gebot der Bestimmtheit von Strafvorschriften (Art. 103 Abs. 2 GG). Köln 1969.
Zitiert: Der Begriff des Staatsgeheimnisses.

Kohlrausch, Eduard – Lange, Richard — Strafgesetzbuch mit Erläuterungen und Nebengesetzen. 43. Aufl. Berlin 1961.

Kraus, Oskar — Das Dogma der Ursächlichkeit der Unterlassung. Prager jur. Vierteljahresschrift Bd. 30 (1898), 1 ff.

– Rechtsphilosophie und Jurisprudenz. In: ZStW Bd. 23 (1903), 789 ff.

Krauß, Detlef — Erfolgsunwert und Handlungsunwert im Unrecht. In: ZStW Bd. 76 (1964), 19 ff.

Kriele, Martin — Theorie der Rechtsgewinnung, entwickelt am Problem der Verfassungsinterpretation. Berlin 1967.
Zitiert: Theorie der Rechtsgewinnung.

Krumme — Urteilsanmerkung zu BGH Lindenmaier-Möhring § 223 a Nr. 2.

Kunert, Karl Heinz — Die normativen Merkmale der strafrechtlichen Tatbestände. Berlin 1958.
Zitiert: Die normativen Merkmale.

Lang-Hinrichsen, Dietrich — Tatbestandslehre und Verbotsirrtum. In: JR 1952, 302 ff., 356 ff.

Lange, Richard — Der Rechtsstaat als Zentralbegriff der neuesten Strafrechtsentwicklung. Vortrag. Tübingen 1952. Zitiert: Rechtsstaat.

Larenz, Karl	Methodenlehre der Rechtswissenschaft. 2. Aufl. Berlin, Heidelberg, New York 1969. Zitiert: Methodenlehre.
Leipziger Kommentar	Strafgesetzbuch. Herausgegeben von Heinrich Jagusch, Edmund Mezger gemeinschaftlich mit August Schaefer und Wolfhart Werner. 1. Band. 8. Aufl. Berlin 1957. 2. Bd. 8. Aufl. Berlin 1958. Zitiert: LK.
–	Reichsstrafgesetzbuch. Herausgegeben von Johannes Nagler u.a. 1. Bd. 6. Aufl. Berlin 1944. Zitiert: LK.
Leisner, Walter	Die quantitative Gewaltenteilung. Für ein neues Verständnis der Trennung der Gewalten. In: DÖV 1969, 405 ff.
Lemmel, Hans-Peter	Unbestimmte Strafbarkeitsvoraussetzungen im Besonderen Teil des Strafrechts und der Grundsatz nullum crimen sine lege. Berlin 1970.
Lenckner, Theodor	Der rechtfertigende Notstand. Zur Problematik der Notstandsregelung im Entwurf eines Strafgesetzbuches (E 1962). Tübingen 1965. Zitiert: Der rechtfertigende Notstand.
–	Wertausfüllungsbedürftige Begriffe im Strafrecht und der Satz „nullum crimen sine lege". In: JuS 1968, 249 ff.
–	Wertausfüllungsbedürftige Begriffe im Strafrecht und der Satz „nulla poena sine lege". In: JuS 1968, 304 ff.
Lerche, Peter	Übermaß und Verfassungsrecht. Zur Bindung des Gesetzgebers an die Grundsätze der Verhältnismäßigkeit und der Erforderlichkeit. Köln, Berlin, München, Bonn 1961. Zitiert: Übermaß.
v. Liszt, Franz	Strafrechtliche Aufsätze und Vorträge. Bd. II. Berlin 1902.
v. Liszt, Franz – Schmidt, Eberhard	Lehrbuch des Deutschen Strafrechts. 24. Aufl. Berlin und Leipzig 1922. Zitiert: Lehrbuch des Deutschen Strafrechts.
Luden, Heinrich	Abhandlungen aus dem gemeinen deutschen Strafrechte. Bd. II. Göttingen 1840. Zitiert: Abhandlungen.
Maihofer, Werner	Die Bindung des Richters an Gesetz und Recht (Art. 20 Abs. 3 GG). In: Annales Universitatis Saraviensis, Rechts- und Wirtschaftswissenschaften. Vol. VIII, Fasc. 1/2. Saarbrücken 1960, S. 5 ff. Zitiert: Bindung des Richters.
–	Der Unrechtsvorwurf. Gedanken zu einer personalen Unrechtslehre. In: Festschrift für Theodor Rittler zu seinem 80. Geburtstag. Herausgegeben von Siegfried Hohenleitner, Ludwig Lindner, Friedrich Nowakowski. Aalen 1957, S. 141 ff. Zitiert: Rittler-Festschrift.
v. Mangoldt, Hermann	Das Bonner Grundgesetz. Berlin und Frankfurt a.M. 1953.
v. Mangoldt, Hermann – Klein, Friedrich	Das Bonner Grundgesetz. Bd. I, 2. Aufl. Berlin und Frankfurt a.M. 1957. Zitiert: Das Bonner Grundgesetz.
Maunz, Theodor – Dürig, Günter – Herzog, Roman	Grundgesetz, Kommentar, Bd. I. 3. Aufl. München 1969, Bd. II. 3. Aufl. München 1970. Zitiert: Grundgesetz.

Maurach, Reinhart — Deutsches Strafrecht. Allgemeiner Teil. Ein Lehrbuch. 3. Aufl. Karlsruhe 1965.
Zitiert: Allg. Teil.

– Deutsches Strafrecht. Besonderer Teil. Ein Lehrbuch. 4. Aufl. Karlsruhe 1964.
Zitiert: Bes. Teil.

Mayer, Hellmuth — Das Analogieverbot im gegenwärtigen deutschen Strafrecht. In: SJZ 1947, Sp. 12 ff.

– Die gesetzliche Bestimmtheit der Tatbestände. In: Materialien zur Strafrechtsreform. 1. Bd. Bonn 1954, S. 259 ff.
Zitiert: Die gesetzliche Bestimmtheit.

– Strafrecht. Allgemeiner Teil. Stuttgart und Köln 1953.
Zitiert: Strafrecht.

– Strafrecht. Allgemeiner Teil. Stuttgart, Berlin, Köln, Mainz 1967.
Zitiert: Allg. Teil.

– Strafrechtsreform für heute und morgen. Berlin 1962.
Zitiert: Strafrechtsreform.

Meier-Hayoz, Arthur — Erläuterungen zu Art. 1 Schw. ZGB. In: Berner Kommentar. Kommentar zum schweizerischen Privatrecht. Herausgegeben von A. Meier-Hayoz. Bd. I. Bern 1966.

– Der Richter als Gesetzgeber. Eine Besinnung auf die von den Gerichten befolgten Verfahrensgrundsätze im Bereiche der freien richterlichen Rechtsfindung gemäß Art. 1 Abs. 2 des schweizerischen Zivilgesetzbuches. Zürich 1951.
Zitiert: Der Richter als Gesetzgeber.

Menger, Christian-Friedrich — Der Begriff des sozialen Rechtsstaates im Bonner Grundgesetz. Tübingen 1953.
Zitiert: Rechtsstaat.
Ferner in: Rechtsstaatlichkeit und Sozialstaatlichkeit (s. dort), S. 42 ff.
Zitiert: Rechtsstaatlichkeit und Sozialstaatlichkeit.

Meyer-Bahlburg, Hartwig — Beitrag zur Erörterung der Unterlassungsdelikte. Um echte und unechte Unterlassungsdelikte. Diss. Hamburg 1962.
Zitiert: Beitrag.

– Die Garantenstellungen bei den Unterlassungsdelikten. In: GoltdA 1966, 203 ff.

– Zur gesetzlichen Regelung der unechten Unterlassungsdelikte. In: MschrKrim 1965, 247 ff.

Mezger, Edmund — Strafrecht. Ein Lehrbuch. 3. Aufl. Berlin und München 1949.
Zitiert: Lehrbuch.

– Vom Sinn der strafrechtlichen Tatbestände. In: Festschrift für Ludwig Traeger zum 70. Geburtstag. Berlin 1926, S. 187 ff.
Zitiert: Traeger-Festschrift.

Mezger, Edmund – Blei, Hermann — Strafrecht. I. Allgemeiner Teil. Ein Studienbuch. 14. Aufl. München 1970.
Zitiert: Allg. Teil.

– Strafrecht. II. Besonderer Teil. Ein Studienbuch. 8. Aufl. München und Berlin 1964.
Zitiert: Bes. Teil.

Müller, Friedrich — Die Positivität der Grundrechte.
Fragen einer praktischen Grundrechtsdogmatik. Berlin 1969.

Nagler, Johannes — Die Problematik der Begehung durch Unterlassung. In: GS Bd. 111 (1938), 1 ff.

Naucke, Wolfgang — Zur Lehre vom strafbaren Betrug. Ein Beitrag zum Verhältnis von Strafrechtsdogmatik und Kriminologie. Berlin 1964.

Niederschriften — über die Sitzungen der Großen Strafrechtskommission.
2. Bd. Allgemeiner Teil. 14.–25. Sitzung. Bonn 1958.
3. Bd. Allgemeiner Teil. 26.–37. Sitzung. Bonn 1958.
12. Band. Zweite Lesung des Entwurfs – Allg. Teil – Bonn 1959.

Peters, Karl — In welcher Weise empfiehlt es sich, die Grenzen des strafrichterlichen Ermessens im künftigen Strafgesetzbuch zu regeln (Ermessensfreiheit oder gesetzliche Bindung des Richters bei der Verhängung der Strafe und sonstiger Unrechtsfolgen)? Gutachten. Verhandlungen des 41. Deutschen Juristentages. Berlin 1955. Bd. I. 2. Halbbd. Tübingen 1955, S. 1 ff.
Zitiert: Gutachten zum 41. DJT.

Peters, Hans — Rechtsstaat und Rechtssicherheit. In: Recht-Staat-Wirtschaft. 3. Bd. Herausgegeben von Hermann Wandersleb. Düsseldorf 1951, S. 66 ff.

Radbruch, Gustav — Gesetzliches Unrecht und übergesetzliches Recht. In: SJZ 1946, 105 ff.

– Rechtsphilosophie. 6. Aufl. Stuttgart 1963.

Rechtsstaatlichkeit und Sozialstaatlichkeit — Aufsätze und Essays. Herausgegeben von Ernst Forsthoff. Darmstadt 1968.

Rittler, Theodor — Gesetztes und nicht-gesetztes Strafrecht. In: ZStW Bd. 49, 451 ff.

Rödig, Jürgen — Die Denkform der Alternative in der Jurisprudenz. Berlin, Heidelberg, New York 1969.
Zitiert: Die Denkform der Alternative.

Roxin, Claus — An der Grenze von Begehung und Unterlassung. In: Festschrift für Karl Engisch zum 70. Geburtstag. Herausgegeben von Paul Bockelmann, Arthur Kaufmann und Ulrich Klug. Frankfurt a.M. 1969, S. 380 ff.
Zitiert: Engisch-Festschrift.

– Verwerflichkeit und Sittenwidrigkeit als unrechtsbegründende Merkmale im Strafrecht. In: JuS 1964, 373 ff.

Rudolphi, Hans-Joachim — Die Gleichstellungsproblematik der unechten Unterlassungsdelikte und der Gedanke der Ingerenz. Göttingen 1966.
Zitiert: Gleichstellungsproblematik.

Sax, Walter — Das strafrechtliche „Analogieverbot". Eine methodologische Untersuchung über die Grenze der Auslegung im geltenden deutschen Strafrecht. Göttingen 1953.
Zitiert: Analogieverbot.

– Grundsätze der Strafrechtspflege. In: Die Grundrechte. Handbuch der Theorie und Praxis der Grundrechte. Herausgegeben von Karl August Bettermann, Hans Carl Nipperdey, Ulrich Scheuner.
3. Bd. 2. Halbbd. Berlin 1959, S. 909 ff.
Zitiert: Grundrechte III/2.

Scheuner, Ulrich — Die neuere Entwicklung des Rechtsstaats in Deutschland. In: Hundert Jahre deutsches Rechtsleben. Festschrift zum hundertjährigen Bestehen des Deutschen Juristentages 1860–1960.

Bd. II. Karlsruhe 1960, S. 229 ff.
Zitiert: 100 J.-DJT-Festschrift.
Ferner in: Rechtsstaatlichkeit und Sozialstaatlichkeit (s. dort), S. 461 ff.
Zitiert: Rechtsstaatlichkeit und Sozialstaatlichkeit.

– Pressefreiheit. In: VVDStRL, Heft 22, Berlin 1965, S. 1 ff.

Schmidhäuser, Eberhard — Strafrecht. Allgemeiner Teil. Lehrbuch. Tübingen 1970.

– Der Begriff des bedingten Vorsatzes in der neuesten Rechtsprechung des BGH und in § 16 Komm.Entw. StGB Allg. Teil 1958. In: GoltdA 1958, 161 ff.

Schmitt, Rudolf — Zur Systematik der Unterlassungsdelikte. In: JZ 1959, 432 ff.

Schönke, Adolf – Schröder, Horst — Strafgesetzbuch. Kommentar. 15. Aufl. München 1970.
Zitiert: StGB.

Schottländer, Adolf — Die geschichtliche Entwicklung des Satzes „nulla poena sine lege". Breslau 1911.
Zitiert: Die geschichtliche Entwicklung.

Schrader, Hans-Wilhelm — Recht und Gesetze. In: Recht-Staat-Wirtschaft. 3. Bd. Herausgegeben von Hermann Wandersleb. Düsseldorf 1951, S. 78 ff.

Schreiber, Rupert — Die Geltung von Rechtsnormen. Berlin, Heidelberg, New York 1966.

Schroeder, Friedrich-Christian — Die Bestimmtheit von Strafgesetzen am Beispiel des groben Unfugs. In: JZ 1969, 775 ff.

Schröder, Horst — In welcher Weise empfiehlt es sich, die Grenzen des strafrichterlichen Ermessens im künftigen Strafgesetzbuch zu regeln (Ermessensfreiheit oder gesetzliche Bindung des Richters bei der Verhängung der Strafe und sonstiger Unrechtsfolgen)? Gutachten. Verhandlungen des 41. Deutschen Juristentages. Berlin 1955. Bd. I. 2. Halbbd. Tübingen 1955, S. 57 ff.
Zitiert: Gutachten zum 41. DJT.

– Die sogenannte Rückkehrpflicht bei § 142 StGB. In: NJW 1966, 1001 ff.

– Anmerkung zu OLG Celle, Urteil vom 23.4.1964. In: JR 1964, 392.

– Anmerkung zu OLG Hamm, Urteil vom 26.5.1966. In: JZ 1966, 649 ff.

Schweikert, Heinrich — Die Wandlungen der Tatbestandslehre seit Beling. Karlsruhe 1957.
Zitiert: Die Wandlungen der Tatbestandslehre.

Schweizer, Otto — Freie richterliche Rechtsfindung intra legem als Methodenproblem. Basel 1959.
Zitiert: Rechtsfindung.

Seel, Paul — Unbestimmte und normative Tatbestandsmerkmale im Strafrecht und der Grundsatz nullum crimen sine lege (Art. 103 II GG). Diss. München 1965.
Zitiert: Unbestimmte und normative Tatbestandsmerkmale.

Spangenberg — Über Unterlassungsverbrechen und deren Strafbarkeit. In: Neues Archiv des Criminalrechts. Bd. 4 (1821), S. 527 ff.

Starck, Christian — Der Gesetzesbegriff des Grundgesetzes. Ein Beitrag zum juristischen Gesetzesbegriff. Baden-Baden 1970.

Stübel, Ch. K. — Über die Teilnahme mehrerer Personen an einem Verbrechen. Dresden 1828.

Thelen, Hans-Paul — Das Tatbestandsermessen des Strafrichters. Diss. München 1967. Zitiert: Tatbestandsermessen.

Traeger, Ludwig — Das Problem der Unterlassungsdelikte im Straf- und Zivilrecht. Sonderdruck aus Festgaben der Marburger Juristischen Fakultät für Ludwig Enneccerus. Marburg 1913. Zitiert: Unterlassungsdelikte.

Vogt, Alfons — Das Pflichtproblem der kommisiven Unterlassung. In: ZStW Bd. 63 (1950/51), 381 ff.

Waiblinger, Max — Die Bedeutung des Grundsatzes „nullum crimen sine lege" für die Anwendung und Fortentwicklung des schweizerischen Strafrechts. In: Rechtsquellenprobleme im schweizerischen Recht. Festgabe der Rechts- und Wirtschaftswissenschaftlichen Fakultät der Universität Bern für den schweizerischen Juristenverein. Bern 1955, S. 212 ff.

Warda, Günter — Dogmatische Grundlagen des richterlichen Ermessens im Strafrecht. Köln, Berlin, Bonn, München 1962. Zitiert: Dogmatische Grundlagen.

v. Weber, Hellmuth — Zur Geschichte der Analogie im Strafrecht. In: ZStW Bd. 56 (1937), 653 ff.

Weischedel, Wilhelm — Recht und Ethik. Zur Anwendung ethischer Prinzipien in der Rechtsprechung des Bundesgerichtshofs. Vortrag. Karlsruhe 1956. Zitiert: Recht und Ethik.

Welp, Jürgen — Vorangegangenes Tun als Grundlage einer Handlungsäquivalenz der Unterlassung. Berlin 1968. Zitiert: Vorangegangenes Tun.

Welzel, Hans — Das Deutsche Strafrecht. Eine systematische Darstellung.
11. Aufl. Berlin 1969.
5. Aufl. Berlin 1956.
3. Aufl. Berlin 1954.

– — Studien zum System des Strafrechts. In: ZStW Bd. 58 (1939), 491 ff.

– — Zur Problematik der Unterlassungsdelikte. In: JZ 1958, 494 ff.

Werner, Fritz — Zum Verhältnis von gesetzlichen Generalklauseln und Richterrecht. Karlsruhe 1966.

Wieacker, Franz — Gesetz und Richterkunst. Zum Problem der außergesetzlichen Rechtsordnung. Vortrag. Karlsruhe 1958.

– — Zur rechtstheoretischen Präzisierung des § 242 BGB. Tübingen 1956.

Woesner, Horst — Generalklausel und Garantiefunktion der Strafgesetze. In: NJW 1963, 273 ff.

Wolff, Ernst Amadeus — Kausalität von Tun und Unterlassen. Eine strafrechtliche Untersuchung. Heidelberg 1965.

Würtenberger, Thomas — Vom Rechtsstaatsgedanken in der Lehre der strafrechtlichen Rechtswidrigkeit. In: Festschrift für Theodor Rittler zu seinem 80. Geburtstag. Herausgegeben von Siegfried Hohenleitner, Ludwig Lindner, Friedrich Nowakowski. Aalen 1957, S. 125 ff. Zitiert: Rittler-Festschrift.

Zacher, Hans F. — Ratifizierungsgesetz und Normenkontrolle. In: DVBl 1955, 649 ff.

EINLEITUNG

I. Anlaß der Untersuchung
Die Erkenntnis der verfassungsrechtlichen Problematik in der neueren Strafrechtslehre und in den Beratungen der Großen Strafrechtskommission

Diese Untersuchung befaßt sich mit der Frage, ob die Strafbarkeit unechter Unterlassungsdelikte mit Art. 103 Abs. 2 GG zu vereinbaren ist. Nach dieser Bestimmung unserer Verfassung kann eine Tat nur bestraft werden, wenn die Strafbarkeit gesetzlich bestimmt war, bevor die Tat begangen wurde. Aus Art. 103 Abs. 2 GG, in dem man die verfassungsrechtliche Verankerung der alten Grundsätze nullum crimen sine lege/nulla poena sine lege sieht, leitet man traditionsgemäß vier Prinzipien ab. Es sind dies das Verbot strafbegründender oder -schärfender Analogie, der Ausschluß strafbegründenden oder -schärfenden Gewohnheitsrechts als Rechtsquelle, das Gebot hinreichender Tatbestandsbestimmtheit sowie das Verbot einer Rückwirkung von Strafgesetzen[1]. Mit Ausnahme des Rückwirkungsverbots werfen diese Prinzipien angesichts der allgemein anerkannten und von der Strafrechtspflege praktizierten Strafbarkeit unechter Unterlassungen Probleme auf, die in ihrer vollen verfassungsrechtlichen Tragweite erst in neuerer Zeit erkannt worden sind. Zwar hatte frühzeitig Oskar *Kraus* in zwei Veröffentlichungen, die um die Jahrhundertwende erschienen, die These verfochten, die allgemein anerkannte Strafbarkeit unechter Unterlassungsdelikte verstoße gegen den Grundsatz nulla poena sine lege[2], doch blieb seine Stimme unbeachtet. In der Nachkriegszeit hat dann Hellmuth *Mayer* starke Bedenken gegen die Begründung der Strafbarkeit unechter Unterlassungsdelikte mit Hilfe der herrschenden, von ihm als Pflichtverletzungstheorie bezeichneten Lehre geltend gemacht, weil sie mit dem Grundsatz nullum crimen sine lege, insbesondere mit dem Analogieverbot unvereinbar sei[3]. Allerdings verneint

---

1 Vgl. aus der Literatur zu Art. 103 Abs. 2 GG bzw. § 2 Abs. 1 StGB beispielsweise: Bonner Kommentar, Art. 103 GG, Anm. II 3a, c (jedoch ohne Anführung des Tatbestandsbestimmtheitsgebots); Hamann-Lenz, Grundgesetz, Art. 103, Erl. B 3, 4; Maunz-Dürig-Herzog, Grundgesetz, Art. 103 Abs. 2, Rn. 107, 109, 111, 112; Jescheck, Lehrbuch, S. 90, 95 ff.; Maurach, Allg. Teil, S. 80, 88 f.; H. Mayer, Allg. Teil, S. 30 f. Anm. 1; Schönke-Schröder, StGB, § 2, Rn. 8 ff., 13, 24, 63 ff.; Dreher, StGB, § 2, Anm. 1 Bb, Da–c; Welzel, Strafrecht, S. 21, 23, 49 f.

2 Vgl. ZStW 23, 789 ff. (erschienen 1903) sowie die weniger bekannte Publikation „Das Dogma von der Ursächlichkeit der Unterlassung", Prager Jur. Vierteljahresschrift, Bd. 30, S. 1 ff. aus dem Jahre 1898.

3 Strafrecht, S. 199 f.; SJZ 1947, Sp. 12 (14 f.); Die gesetzliche Bestimmtheit, S. 277. H. Mayer hat auch später seine Bedenken aufrechterhalten (Allg. Teil, S. 80 f.).

Mayer keineswegs grundsätzlich die Strafwürdigkeit und Strafbarkeit unechter Unterlassungen und nimmt für seine eigene Theorie der tatbestandlichen Erfassung bestimmter vorsätzlicher Unterlassungen als echtes Tun im Rechtssinne die Vereinbarkeit mit Art. 103 Abs. 2 GG in Anspruch[4].

In der Folgezeit haben insbesondere *Welzel*[5], *Grünwald*[6] und Armin *Kaufmann*[7] die Diskussion über die verfassungsrechtliche Problematik der unechten Unterlassungsdelikte fortgeführt. Welzel sieht den Grundsatz nullum crimen sine lege insofern tiefgreifend eingeschränkt, als „nur das Täterverhalten, nicht die täterschaftlichen Merkmale ... bei den unechten Unterlassungsdelikten ‚gesetzlich bestimmt' " sind[8]. Nach seiner Auffassung ist es „prinzipiell unmöglich, in gesetzlichen Tatbeständen die unübersehbare Mannigfaltigkeit möglicher Unterlassungstäter erschöpfend und konkret zu umschreiben"[9]. Die empfindliche Lücke der gesetzlichen Tatbestandsbildung werde vom Richter durch Tatbestandsergänzung geschlossen[10]. Die Bedenken Grünwalds beziehen sich zum einen darauf, daß ausdrückliche Bestimmungen über die Strafbarkeit unechter Unterlassungsdelikte fehlen[11], zum anderen darauf, „daß die besonderen Normmerkmale der Unterlassungsdelikte nirgends statuiert sind, daß die Abgrenzung des Strafbaren vom Straflosen von Rechtsprechung und Lehre, nicht aber vom Gesetzgeber vorgenommen wurde und wird"[12]. Für Armin Kaufmann sind die unechten Unterlassungsdelikte Verbrechen sui generis mit eigenen, von den Begehungstatbeständen unabhängigen, gesetzlich nicht geregelten Tatbeständen[13]. „Der Tatbestand des unechten Unterlassungsdelikts ... ist völlig ungeschrieben. Selbst jene Merkmale, die durch Umwandlung aus dem entsprechenden Begehungsdelikt zu gewinnen sind ..., setzen bereits die Wertentscheidung voraus, daß überhaupt ein Garantengebotstatbestand in Parallele zu diesem Begehungstatbestand zu bilden ist"[14]. Hieraus folgert Armin Kaufmann: „So bleibt nichts übrig, als offen zuzugeben, daß die Bestrafung des unechten

---

4 Strafrecht, S. 113 ff., 151 ff. Für die fahrlässigen unechten Unterlassungen schließt sich H. Mayer sogar der h.L. an, vgl. Strafrecht, S. 115, 139 f.

5 Strafrecht, 5. Aufl., S. 22, 167 ff.

6 Das unechte Unterlassungsdelikt, S. 68 ff. sowie ZStW 70, 412 (417 f.).

7 Dogmatik, S. 280 ff.; JuS 1961, 173 (174 ff.).

8 Strafrecht, S. 209, erstmals in der 5. Auflage, S. 169.

9 Strafrecht, S. 210.

10 A.a.O., S. 208 f. sowie S. 23 f.

11 Das unechte Unterlassungsdelikt, S. 68.

12 A.a.O., S. 69.

13 Dogmatik, S. 274, 281; JuS 1961, 173 (175 l. Sp.)

14 Dogmatik, S. 282.

Unterlassungsdelikts mit dem Grundsatz ,nullum crimen sine lege' nicht in Einklang steht"[15].

Ein vollständiger Überblick über die Stellungnahmen des Schrifttums zu den aufgeworfenen Fragen ist an dieser Stelle nicht beabsichtigt. Die zitierten Äußerungen maßgeblicher Autoren sollen lediglich zeigen, wie in zunehmendem Maße in der Strafrechtslehre der Nachkriegszeit die Strafbarkeit unechter Unterlassungsdelikte als verfassungsrechtliches Problem erkannt wird. Man geht wohl nicht fehl, wenn man diese Entwicklung darauf zurückführt, daß seit Inkrafttreten des Grundgesetzes auch im Bereich der Strafrechtslehre das rechtsstaatliche Bewußtsein zunehmend schärfer und kritischer geworden ist.

Auch die Erörterungen in der *Großen Strafrechtskommission* zum Thema der unechten Unterlassungsdelikte galten in erheblichem Umfang den durch Art. 103 Abs. 2 GG aufgeworfenen Problemen. Verfolgt man den Gang der Kommissionsarbeit, so läßt sich auch hier eine zunehmende Vertiefung des Problembewußtseins beobachten. So vertrat vor Beginn der Beratungen Eberhard Schmidt in seinen „Leitsätzen zum Thema Unterlassungsdelikte" noch ganz unbefangen die Auffassung, trotz der von Hellmuth Mayer vorgetragenen Bedenken sei gerade die Lehre von der Garantenpflicht die Garantie dafür, daß der Grundsatz des Art. 103 Abs. 2 GG gewahrt bleibe[16]. Auch in den übrigen Ausarbeitungen zur Vorbereitung der Kommissionsberatungen spielt die verfassungsrechtliche Frage noch keine dominierende Rolle. Das Korreferat von Fränkel geht auf das Problem nicht näher ein[17]. In der Ausarbeitung der Sachbearbeiter des Bundesjustizministeriums wird die Frage, ob die Bestrafung unechter Unterlassungen nach den Tatbeständen der Begehungsdelikte als verfassungswidrige Analogie in malam partem aufzufassen sei, offen gelassen; im Hinblick auf derartige verfassungsrechtliche Bedenken, die nicht einfach von der Hand zu weisen seien, empfehlen die Sachbearbeiter jedoch, „durch eine gesetzliche Verankerung der unechten Unterlassungsdelikte die Vereinbarkeit ihrer Behandlung mit Art. 103 Abs. 2 GG – mindestens vorsorglich – zu sichern"[18]. Hingegen sei eine gesetzliche Festlegung der Entstehungsgründe für die Rechtspflicht zur Erfolgsabwendung aus rechtsstaatlichen Gesichtspunkten nicht unumgänglich nötig[19].

Bald nach der Aufnahme der Kommissionsberatungen zum Thema der unechten Unterlassungsdelikte erwies sich jedoch, daß die verfassungsrechtliche Problematik von vielen Kommissionsmitgliedern als gravierend und nur schwer oder sogar

15 JuS 1961, S. 173 (176 l. Sp.)

16 Niederschriften, 2. Band, Anhang Nr. 54, S. 148 (150).

17 Niederschriften, 2. Band, Anhang Nr. 55, S. 154 ff.

18 Niederschriften, 2. Band, Anhang Nr. 56, S. 157 (158).

19 A.a.O., S. 159.

überhaupt nicht lösbar angesehen wurde[20]. Schon während dieser ersten Lesung gingen die Meinungen darüber auseinander, welche Konsequenzen für die gesetzliche Behandlung der unechten Unterlassungsdelikte zu ziehen seien. Während Schwalm[21] und Gallas[22] die Schaffung einer Generalklausel, durch die der Richter grundsätzlich zur Bestrafung solcher Unterlassungen, die eine Garantenpflicht verletzen, ermächtigt werden sollte, für wünschenswert und rechtsstaatlicher hielten als das Fehlen einer solchen Bestimmung, erklärten Welzel[23], Jescheck[24] und Bockelmann[25] resignierend, es sei unmöglich, exakt festzulegen, unter welchen Voraussetzungen bestimmte Formen der Untätigkeit der Begehung durch aktives Tun gleichzustellen seien. Demgemäß plädierten Welzel[26], Mezger[27] und Bockelmann[28] in schriftlichen Voten vor Beginn der zweiten Lesung dafür, auf jede gesetzliche Regelung der unechten Unterlassungsdelikte im Allgemeinen Teil zu verzichten[29]. Diese totale Resignation wurde später zwar nicht von der Kommissionsmehrheit geteilt, doch ist es bemerkenswert, daß als Ergebnis der zweiten Lesung eine Revision der Beschlüsse der ersten Lesung insofern vorgenommen wurde, als weder eine erschöpfende, noch eine wenigstens beispielhafte Aufzählung der verschiedenen Garantenstellung in die verabschiedete Fassung aufgenommen wurde[30]. Hierin liegt denn auch die Hauptabweichung des § 13 E 1960 von seinem Vorgänger, dem § 14 E 1959[31].

20 Vgl. aus der 23. Sitzung der Kommission (Niederschriften, 2. Band, S. 267 ff.) die Voten von Schwalm (a.a.O., S. 273), Welzel (a.a.O., S. 275), Jescheck (a.a.O., S. 276), Bockelmann (a.a.O., S. 277), Krille (a.a.O., S. 278), v. Stackelberg (ebenda), Gallas (a.a.O., S. 279).

21 A.a.O., S. 273.

22 A.a.O., S. 279.

23 A.a.O., S. 275.

24 A.a.O., S. 276.

25 A.a.O., S. 277.

26 Niederschriften, Band 12, Anhang A, Nr. 3, S. 418.

27 Niederschriften, Band 12, Anhang A, Nr. 9, S. 447.

28 Niederschriften, Band 12, Anhang A, Nr. 23, S. 475 ff.

29 Allerdings zog Mezger seinen Antrag in der 116. Sitzung ausdrücklich zurück (Niederschriften, Band 12, S. 78), und auch Welzel hielt seinen Antrag ausweislich seines Diskussionsbeitrags in der 117. Sitzung (a.a.O., S. 94) und in der abschließenden Abstimmung (a.a.O., S. 102) nicht aufrecht.

30 Vgl. den Wortlaut des endgültigen Kommissionsbeschlusses (Niederschriften, Band 12, Anhang A, Nr. 26, S. 481) mit den Beschlüssen am Ende der ersten Lesung (Niederschriften, Band 2, S. 357 sowie a.a.O., Anhang Nr. 58, S. 162 unter Ziff. II).

31 § 14 E 1959 lautet:

(1) Wer es unterläßt, einen Erfolg abzuwenden, steht dem Täter oder Teilnehmer, der den Erfolg durch sein Tun herbeiführt, tatbestandsmäßig nur dann gleich, wenn er kraft Gesetzes verpflichtet ist, den Erfolg zu verhindern, und den Umständen nach dafür einzustehen hat, daß der Erfolg nicht eintreten werde.

Die Zahl und das Gewicht der zitierten Stimmen, die einen erheblichen Widerspruch zwischen dem Grundsatz nullum crimen sine lege und der Strafbarkeit unechter Unterlassungsdelikte konstatieren, bieten schon für sich genommen hinreichenden Anlaß für die vorliegende Arbeit. Für den Verfasser kam gleichrangig als weiterer Grund der Zweifel an der Richtigkeit der traditionellen Deutung des nullum-crimen-sine-lege-Satzes hinzu. Die bisherige Behandlung der verfassungsrechtlichen Problematik der unechten Unterlassungsdelikte war dadurch gekennzeichnet, daß bestimmte, allseits anerkannte Inhalte des nullum-crimen-sine-lege-Satzes und der aus ihm abgeleiteten Prinzipien als Gehalt des Art. 103 Abs. 2 GG verstanden und dementsprechend als Maßstab der verfassungsrechtlichen Zulässigkeit undiskutiert zugrunde gelegt wurden und eine Fahndung nach strafrechtlichen Lösungen des Problems auslösten. Demgegenüber leitete den Verfasser der vorliegenden Arbeit von Anfang an die Überzeugung, daß in der Themenstellung auch Untersuchungen über den Inhalt der Verfassungsnorm impliziert seien. Es würde zu weit führen, schon an dieser Stelle den Beweis dafür anzutreten, daß diese zweidimensionale Sicht der Problematik nicht subjektivem Belieben entspringt, sondern der objektiven Sachlage adäquat ist.

---

(2) Die Pflicht zur Verhinderung des Erfolges besteht auch für den, der durch sein Verhalten entweder die nahe Wahrscheinlichkeit des Erfolgseintritts herbeigeführt oder die Gewähr dafür übernommen hat, daß der drohende Erfolg nicht eintreten werde.

§ 13 E 1960 lautet:

Wer es unterläßt, einen zum Tatbestand eines Strafgesetzes gehörenden Erfolg abzuwenden, ist als Täter oder Teilnehmer strafbar, wenn er rechtlich dafür einzustehen hat, daß der Erfolg nicht eintreten werde und sein Verhalten den Umständen nach der Verwirklichung des gesetzlichen Tatbestandes durch ein Tun gleichwertig ist.

II. Zum Gang der Untersuchung

Zum Gang der Untersuchung ist zu bemerken: Zunächst ist der Gegenstand der Untersuchung näher zu präzisieren, d.h. es bedürfen einerseits die unechten Unterlassungsdelikte als die verfassungsrechtlich problematische Deliktsgruppe der Abgrenzung gegenüber den unproblematischen Unterlassungsdelikten, und auf der anderen Seite ist der auf dem tradierten Verständnis des nullum-crimen-sine-lege-Satzes fußende Gehalt des Analogieverbots, des Ausschlusses strafbegründenden Gewohnheitsrechts und des Tatbestandsbestimmtheitsgebots näher darzulegen. Aus diesen Erörterungen ergibt sich eine Präzisierung der Problemstellung dahingehend, daß die gesetzliche Fixierung der Merkmale der Garantietatbestände der unechten Unterlassungsdelikte zu untersuchen ist.

Diese Untersuchung erfolgt zunächst für die Elemente des objektiven, danach für diejenigen des subjektiven Tatbestands und für das Zumutbarkeitsmerkmal. Der auf diese Weise ermittelte strafrechtliche Befund wird sodann in Beziehung zu den Prinzipien des nullum-crimen-sine-lege-Satzes gemäß herkömmlichem Verständnis wie auch nach neueren Deutungen gesetzt. Dabei ergibt sich eine Unvereinbarkeit des strafrechtlichen Befundes mit diesen Prinzipien. Die erhebliche Tragweite eines auf diese Feststellung gegründeten Verdikts der Verfassungswidrigkeit der Strafbarkeit unechter Unterlassungsdelikte führt im Zusammenspiel mit anderen Phänomenen des geltenden Strafrechts, die mit dem tradierten Verständnis des nullum-crimen-sine-lege-Satzes nicht in Einklang stehen, zu der Frage, ob die bisherige Interpretation des Art. 103 Abs. 2 GG korrekturbedürftig ist.

Der Nachweis, daß eine solche Interpretationskorrektur erforderlich und durch das Grundgesetz geboten ist, sowie die Darlegung der korrigierten Interpretation bilden den Kern des zweiten Hauptteils der Arbeit.

Im Schlußteil wird die Frage behandelt, welche Konsequenzen sich aus der veränderten Interpretation des Art. 103 Abs. 2 GG für die Zulässigkeit der Strafbarkeit von Garantenunterlassungen ergeben.

ERSTER HAUPTTEIL

Die gesetzliche Fixierung der Garantietatbestandsmerkmale der unechten Unterlassungsdelikte

1. Kapitel

Präzisierung der Fragestellung

Das Problem, dem die vorliegende Untersuchung gilt, geht dahin, ob die von der Rechtsprechung praktizierte Bestrafung von Straftaten, die zur Gruppe der sogenannten unechten Unterlassungsdelikte zählen, mit Art. 103 Abs. 2 GG vereinbar ist. Diese Fragestellung soll zunächst nach zwei Richtungen hin präzisiert werden. Zum einen geht es darum, das strafrechtliche Objekt der verfassungsrechtlichen Prüfung genauer zu bestimmen. Zum anderen muß in verfassungsrechtlicher Richtung der Maßstab, nach dem die Zulässigkeit der Strafbarkeit unechter Unterlassungen beurteilt werden soll, präziser als durch eine bloße Bezugnahme auf den nullum-crimen-sine-lege-Satz als Ganzes beschrieben werden.

1. Die Garantietatbestände der unechten Unterlassungsdelikte als Objekt der verfassungsrechtlichen Zulässigkeitsprüfung

a) Der Begriff des Garantietatbestands

Der Begriff des Garantietatbestands hat seit den Darlegungen von Engisch[1] einen gesicherten Platz in der Strafrechtswissenschaft. Der Begriff des Garantietatbestands ist nicht identisch mit dem dogmatischen Tatbestandsbegriff, der seit Beling das Zentrum der Verbrechenslehre bildet, er ist also, mit Engisch gesprochen, weder mit dem Begriff des „Unrechtstatbestands" noch mit dem des „gesetzlichen Tatbestands" deckungsgleich[2]. Vielmehr erhält der Begriff des Garantietatbestands seine Konturen durch Art. 103 Abs. 2 GG, nämlich durch

1 Mezger-Festschrift, S. 127 (129 ff.). Der Begriff selbst stammt von Lang-Hinrichsen, JR 1952, 302 (307), wird dort jedoch zu Unrecht mit dem Tatbestandsbegriff Belings, wie ihn dieser in seiner „Lehre vom Verbrechen" (1906) entwickelt hat, identifiziert, obwohl dieser Tatbestandsbegriff trotz Belings Berufung auf den nullum-crimen-sine-lege-Satz in Wahrheit zu eng war, um Garantiefunktionen übernehmen zu können, vgl. dazu Schweikert, Die Wandlungen der Tatbestandslehre, S. 24 f.

2 Engisch, a.a.O., S. 132.

die verschiedenen Anforderungen, die sich aus der Garantiefunktion des nullum-crimen-sine-lege-Satzes und seiner einzelnen Prinzipien ergeben[3]. Demgemäß umfaßt der Garantietatbestand „diejenigen Verbrechensmerkmale ..., die gesetzlicher Fixierung bedürfen, nicht dem Gewohnheitsrecht entnommen oder per analogiam gewonnen werden" dürfen[4]. Diese Definition ist allerdings insofern noch zu formal, als ihr nicht unmittelbar entnommen werden kann, welche Merkmale, die aus der Tatbestands-, Unrechts- und Schuldlehre bekannt sind, dem Garantietatbestand zugerechnet werden müssen. Versteht man, wie im einzelnen noch näher darzulegen ist, mit der herrschenden Lehre den nullum-crimen-sine-lege-Satz als umfassende Schutzgarantie gegen außergesetzliche Bestrafung, so muß man sämtliche strafbarkeitskonstitutiven Merkmale zum Garantietatbestand rechnen. Demnach gehören zum Garantietatbestand alle den Täter und sein Verhalten beschreibenden Merkmale, die sonstigen das strafrechtliche Unrecht sowie die strafrechtliche Schuld konstituierenden Merkmale sowie die sogenannten Strafbarkeitsbedingungen. Weiterhin wird man jedenfalls die gesetzlichen Unrechts- und Schuldausschließungsgründe zum Garantietatbestand rechnen müssen, weil ihre Einschränkung contra legem nach Art. 103 Abs. 2 GG als unzulässig angesehen werden muß[5].

Dieser Begriff des Garantietatbestands wird im folgenden zugrunde gelegt. Aus welchen Merkmalen sich die Garantietatbestände der unechten Unterlassungsdelikte zusammensetzen, wird unter c) darzulegen sein.

b) Die Abgrenzung der unechten Unterlassungsdelikte als verfassungsrechtlich problematische Deliktsgruppe gegenüber anderen Unterlassungsdelikten

Das strafrechtliche Objekt der verfassungsrechtlichen Zulässigkeitsprüfung ist des weiteren noch insofern präzisierungsbedürftig, als die Gruppe der unechten Unterlassungsdelikte in Rede steht. Zwar haben die unechten Unterlassungsdelikte mehr als 130 Jahre nach ihrer klaren Absonderung von den echten durch Luden[6] einen festen, im Grundsatz allseits akzeptierten Standort in der Dogmatik des Allgemeinen Teils des StGB gewonnen, und ihr von den als echte Unterlassungsdelikte bezeichneten strafbaren Verhaltensweisen abweichender

---

3 Zugrundegelegt wird dabei das traditionelle Verständnis des nullum-crimen-sine-lege-Satzes. Zu diesem Verständnis vgl. des näheren unten, S. 22 ff.

4 Engisch, a.a.O., S. 131.

5 Engisch, a.a.O., S. 131; Würtenberger, Rittler-Festschrift, S. 125 (133).

6 Abhandlungen, Bd. 2, S. 219 ff. Ludens Verdienst, erstmals klar zwischen echten und unechten Unterlassungsdelikten unterschieden zu haben, heben im neueren Schrifttum Armin Kaufmann, Dogmatik, S. 242, Rudolphi, Gleichstellungsproblematik, S. 7 ff. und Jescheck, Lehrbuch, S. 402 hervor. Die Bedeutung von Vorläufern Ludens betonen demgegenüber Nagler, GS 111, 1 (17/18 Anm. 46) und Androulakis, Problematik, S. 140; vgl. ferner den Hinweis von Jescheck-Goldmann, ZStW 77, 109 (113 Anm. 14) auf eine bereits 1818 erschienene Arbeit des Dänen Ørstedt.

Charakter wird überwiegend anerkannt. Aus zwei Gründen bedarf es dennoch der Erläuterung, was im folgenden unter unechten Unterlassungsdelikten verstanden werden soll. Zum einen sind trotz der weitgehenden Übereinstimmung der Strafrechtslehre im Grundsätzlichen die Abgrenzung der unechten Unterlassungsdelikte von den echten und die hierfür maßgeblichen Kriterien in den Einzelheiten umstritten. Zum anderen besteht, da sich die traditionelle Zweiteilung der Unterlassungsdelikte nicht primär im Blick auf die durch den Grundsatz nullum crimen sine lege aufgeworfene Problematik entwickelt hat, vielmehr strafrechtsimmanente Unterschiede die dogmatische Sonderung veranlaßten, keine Gewähr dafür, daß die von seiten der Strafrechtslehre vorgegebene Gruppierung wirklich jenen Kreis strafbarer Unterlassungen erfaßt, dessen Eigenart die verfassungsrechtliche Problematik bedingt. Dem Thema der vorliegenden Untersuchung angemessen ist daher nur eine solche Einteilung der Unterlassungstaten, welche die verfassungsrechtlich problematische Deliktsgruppe von der in dieser Hinsicht unproblematischen abgrenzt.

Unter diesem Gesichtspunkt erweist sich ein Rekurs auf die erste der beiden führenden Abgrenzungstheorien, die sich im strafrechtlichen Schrifttum gegenüberstehen, als wenig hilfreich.

Nach der Theorie vom Verstoß gegen verschiedenartige Normen sind echte Unterlassungsdelikte solche, die gegen ein Gebot verstoßen, unechte Unterlassungsdelikte solche, die gegen ein Verbot verstoßen[7]. Die „polare Verschiedenheit des Normbefehls"[8] markiert nach dieser Theorie den entscheidenden Unterschied. Gegen diese Theorie ist einzuwenden, daß sie im Hinblick auf die unechten Unterlassungsdelikte eine partielle Gleichstellung von Tun und Unterlassen vornimmt, die rechtstheoretisch anfechtbar und dem Verdacht ausgesetzt ist, die verfassungsrechtliche Problematik zu verharmlosen. Wenn es richtig ist, daß ein Gebot die Vornahme einer Handlung verlangt, ein Verbot hingegen die Vornahme einer Handlung untersagt und demgemäß eine strafrechtliche Gebotsnorm dadurch charakterisiert ist, daß sie ein Unterlassen, eine Verbotsnorm dadurch, daß sie ein Handeln unter Strafe stellt[9], so will es nicht einleuchten, weshalb Delikte, die unzweifelhaft die Pönalisierung einer Unterlassung zum Gegenstand haben, als Verbotsverstöße sollten verstanden werden

---

7 Vgl. Baumann, Allg. Teil, S. 184; LK, Bd. 1, Anhang 2 B I 1; Maurach, Allg. Teil, S. 492 f.; Kohlrausch-Lange, Vorbemerkung II B II 1. Modifizierung dieser Theorie bei Nagler, GS 111, 1 (60 f., dort auch Stimmen aus der älteren Literatur), der freilich zusätzlich auf die Erfolgsherbeiführung abstellt, sowie aus neuerer Zeit Rudolf Schmitt, JZ 1959, 432 l. Sp.: Echte Unterlassungsdelikte verstoßen gegen eine Gebotsnorm, unechte außerdem auch gegen eine Verbotsnorm.

8 Maurach, Allg. Teil, S. 492.

9 Engisch, Weltbild, S. 37/38, Anm. 70; ders., MschrKrimPsych 24. Jg., 1933, 237 (239 f.); Armin Kaufmann, Dogmatik, S. 3 ff.

können. Es ist offenkundig, daß nach dieser Theorie die unechten Unterlassungsdelikte einzig und allein deshalb als Zuwiderhandlungen gegen Verbote deklariert werden, weil ihre Strafbarkeit aus Tatbeständen abgeleitet wird, die zweifelsfrei Verbotsverstöße in Form positiven Tuns unter Strafe stellen. Jene Theorie beruht also auf einer undiskutierten Prämisse – eben der Strafbarkeit bestimmter Unterlassungen nach Tatbeständen sogenannter Begehungsdelikte –, die gerade im Hinblick auf Art. 103 Abs. 2 GG eingehender Erörterung bedarf.

Aus anderen Gründen unbefriedigend im Hinblick auf das Untersuchungsziel ist die zweite im Schrifttum vielfach vertretene Abgrenzungstheorie, der zufolge der Unterschied zwischen echten und unechten Unterlassungsdelikten im unterschiedlichen Gebotsinhalt liegt. Während bei jenen nach dem jeweiligen Straftatbestand vom Normadressaten lediglich ein bestimmtes Handeln verlangt werde, ohne daß die Herbeiführung eines Erfolgs erforderlich sei, gebiete die dem Tatbestand eines unechten Unterlassungsdelikts zugrunde liegende Norm die Abwendung eines im Strafgesetz genannten Erfolgs[10]. Diese Theorie faßt also die echten Unterlassungsdelikte als „Gegenstück zu den reinen Tätigkeitsdelikten", die unechten Unterlassungsdelikte als „Gegenstück zu den Erfolgsdelikten"[11] auf. Gerade darin vermag sie nicht voll zu überzeugen. Zwar betreffen die Standardfälle der Rechtsprechung zu den unechten Unterlassungsdelikten die Nichtabwendung tatbestandlich vertypter Erfolge, doch will es scheinen, als sei die Frage noch nicht ausdiskutiert, ob nicht auch Garantenunterlassungen im Bereich der sogenannten schlichten Tätigkeitsdelikte denkbar und in Parallele zur Begehung durch Tun strafbar sind[12]. Vor allem aber trifft die Bezugnahme auf den im Tatbestand umschriebenen Erfolg gar nicht das spezifisch „Unechte" der unechten Unterlassungsdelikte im Verhältnis zu den echten. Schon Robert von Hippel hat die Bezeichnung der erfolgsverursachenden Unterlassungsdelikte als unechte Unterlassungsdelikte „recht sinnlos" genannt[13], und in der Tat rechtfertigt der Erfolgseintritt als Folge einer Unterlassung diese Bezeichnung so

10 Böhm, Rechtspflicht, S. 25; ders., JuS 1961, 177 (178); Jescheck, Lehrbuch, S. 402; Mezger, Lehrbuch, S. 131, 133; E 1962, amtl. Begründung zu § 13, S. 123. Vgl. ferner Nagler, GS 111, 1 (17 ff.), Mezger-Blei, Allg. Teil, S. 69, die freilich außerdem annehmen, das unechte Unterlassungsdelikt verstoße zugleich gegen ein Gebot und gegen ein Verbot.

11 Jescheck, Lehrbuch, S. 402.

12 Schon Nagler hat nur die Verbrechen mit „höchst persönlichem Aktivverhalten" für reine Begehungsverbrechen gehalten und geäußert, es könne nicht zugegeben werden, daß alle schlichten Tätigkeitsverbrechen der Unterlassung verschlossen seien (GS 111, 1 [56 und Anm. 99]).

13 Lehrbuch, S. 100, Anm. 1.

wenig, wie es im Bereich der Begehungsdelikte sinnvoll wäre, die Erfolgsdelikte als unechte Tätigkeits- oder Begehungsdelikte zu bezeichnen[14].

Nicht übergangen werden kann schließlich eine dritte Unterscheidung, die von Armin Kaufmann in die Literatur eingeführt worden ist[15] und Fürsprecher gefunden hat[16]. Danach unterscheiden sich echte und unechte Unterlassungsdelikte allein nach dem „äußerlichen Kriterium . . . , daß die echten vom Gesetz selbst vertypt worden sind, während die unechten Omissivdelikte im Gesetz keine Regelung gefunden haben"[17]. Grundlage dieser Differenzierung ist die bereits eingangs referierte These Kaufmanns, die unechten Unterlassungsdelikte seien delicta sui generis, strafbar nach eigenen, in toto ungeschriebenen Tatbeständen[18]. Eine Auseinandersetzung mit dieser sehr weitgehenden These ist hier naturgemäß noch nicht möglich. Demzufolge kann Armin Kaufmanns Abgrenzung der unechten Unterlassungsdelikte von den echten im folgenden auch nicht zugrunde gelegt werden.

Wohl aber erscheint es angängig, einen Grundgedanken Armin Kaufmanns aufzugreifen und den nullum-crimen-sine-lege-Satz zum Hintergrund für die Frage nach der Unechtheit einer bestimmten Gruppe von Unterlassungsdelikten zu wählen. Unecht im Sinne von „zweifelhaft", „problematisch", vielleicht sogar von: „gesetzlich nicht autorisiert" könnte die Strafbarkeit aller derjenigen Unterlassungen sein, die sich nicht ohne weiteres einem ausdrücklich oder doch eindeutig auf Unterlassungen gemünzten Straftatbestand des Besonderen Teils subsumieren lassen. Wenn man sich des Synonyms für den Begriff „unechte Unterlassungsdelikte" erinnert, nämlich des Begriffs der Begehungsdelikte durch Unterlassung, so läßt sich die obige Aussage noch etwas genauer fassen. Das Vorliegen eines unechten Unterlassungsdelikts ist überall dort anzunehmen, wo seine Strafbarkeit hergeleitet wird aus einem Tatbestand, der zwar ohne weiteres

14 Treffend Androulakis, Problematik, S. 147. Androulakis selbst definiert unechte Unterlassungen nach einem Kriterium der ontologischen Vergleichbarkeit mit einer „möglichen, wählbaren, sinnvollen Handlung" (a.a.O., S. 158 ff.) und bestimmt danach den Kreis der unechten Unterlassungsdelikte, die er als „reale Erscheinungen der sozialen Wirklichkeit" (a.a.O., S. 157, 161 f.), nicht als „abstrakte gesetzliche Gebilde" (a.a.O., S. 157) verstanden wissen will. „Das Kriterium ihrer Unterscheidung soll ein Erkenntniskriterium sein, das seinen Wert ganz unabhängig von der jeweiligen Form des Gesetzes beizubehalten vermag" (a.a.O., S. 157). Demgegenüber interessieren hier die unechten Unterlassungsdelikte gerade in ihrer Vertypung oder Nichtvertypung durch das Gesetz, die Abgrenzung von den echten muß daher positiv-rechtlich orientiert sein, möglicherweise um den Preis, nicht „bis auf den ontologischen Kern der Unterlassung (zu) bohren" (a.a.O., S. 158).

15 Dogmatik, S. 275 ff.; JuS 1961, 173 (174 l. Sp.).

16 Vgl. etwa Welzel, Strafrecht, S. 202 f.; Schönke-Schröder, StGB, Vorbem., Rn. 79.

17 JuS 1961, 173 (174 l. Sp.).

18 Dogmatik, S. 274 ff., 280 ff. (282).

auf Verbrechensverübungen durch positives Tun paßt, dessen Erfüllung durch Unterlassen jedoch nur unter Zuhilfenahme von Konstruktionen oder Erwägungen möglich ist, die beim Begehungsdelikt nicht auftreten. Insbesondere die Berufung auf eine Garantenstellung zur Begründung der strafrechtlichen Haftung des Unterlassenden ist in diesem Sinne ein Indiz für das Vorliegen eines unechten Unterlassungsdelikts.

Es ist ohne weiteres zuzugeben, daß diese Bestimmung dessen, was im folgenden unter unechten Unterlassungsdelikten verstanden werden soll, an begrifflicher und abgrenzender Schärfe nicht mit den oben behandelten Abgrenzungstheorien zu konkurrieren vermag. Diese graduelle Unschärfe ist jedoch unvermeidbar, wenn ohne Vorgriff auf spätere Erörterungen das Charakteristische der verfassungsrechtlich unter dem Gesichtspunkt des Art. 103 Abs. 2 GG problematischen Unterlassungsdelikte hervorgehoben werden soll. Hinreichende Deckung der hier vorgenommenen Deliktscharakterisierung mit dem Begriff der unechten Unterlassungsdelikte gemäß dem erreichten strafrechtsdogmatischen Entwicklungsstand ist dadurch gewährleistet, daß die für die herrschende Lehre im Mittelpunkt stehenden Garantenstellungen auch für die unechten Unterlassungsdelikte im Sinne dieser Untersuchung zentral bedeutsam sind, so daß eine Vernachlässigung wichtiger Unterlassungsdelikte, die nach jenen erörterten Abgrenzungstheorien als unecht zu qualifizieren wären, nicht zu befürchten steht. Auf der anderen Seite ist die hier gewählte Abgrenzung der unechten Unterlassungsdelikte auch nicht so weit oder gegenüber den herkömmlichen Gruppierungen so inkongruent, daß etwa Deliktsgruppen zur Prüfung am Maßstab des Art. 103 Abs. 2 GG gestellt würden, deren Struktur mit derjenigen der Unterlassungsdelikte nichts gemeinsam hat, wie etwa die der „offenen Tatbestände" nach Art der §§ 240, 253 StGB[19].

c) *Das Garantietatbestandsmodell der unechten Unterlassungsdelikte und seine Merkmale*

Die Garantietatbestände der unechten Unterlassungsdelikte sollen nach dem bisher Gesagten der strafrechtliche Gegenstand der verfassungsrechtlichen Prüfung sein. Dieser Teil der Fragestellung läßt sich nun noch dadurch vereinfachen, daß man der weiteren Untersuchung ein allen Garantietatbeständen dieser Delikte gemeinsames Modell zugrunde legt. Als Ergebnis jahrzehntelanger Bemühungen der Lehre und der Rechtsprechung hat sich ein Tatbestandsmodell der unechten Unterlassung herausgebildet, an das insoweit angeknüpft werden kann. Denn durch die grundlegende Entscheidung des Bundesgerichtshofs über die Zuordnung der Garantenstellungen zum objektiven Tatbestand[20]

19 Im folgenden sind §§ ohne Gesetzesbezeichnung solche des StGB.

20 BGHSt (Gr.Sen.) 16, 155 (158).

hat die von Nagler[21] begründete Garantendoktrin ihren Siegeszug in der deutschen Strafrechtswissenschaft gekrönt und eine unangefochtene Position in Lehre[22] und Rechtsprechung[23] errungen. Das auf dieser herrschenden Auffassung basierende Tatbestandsmodell der unechten Unterlassungsdelikte ist abgesehen von der Kontroverse um den sogenannten Unterlassungsvorsatz[24] im grundsätzlichen nicht umstritten und darf als Garantietatbestandsmodell im folgenden zugrunde gelegt werden[25, 26]. In Anlehnung an den Aufbau bei

---

21 GS 111, 1 (59 ff.).

22 Grundsätzlich abweichend heute wohl nur noch Hellmuth Mayer, Strafrecht, S. 118 ff.; ders. Allg. Teil, S. 77 ff., 81 f.

23 Abgesehen von der Unsicherheit über die Einordnung der Garantenstellung beziehungsweise der Garantenpflicht in den Verbrechensaufbau bietet gerade die Judikatur des Bundesgerichtshofs ein einheitliches Bild, vgl.: BGHSt 2, 129 (129 LS 3, 134); 2, 150 (150 LS 1, 152 ff.); 2, 279 (283); 3, 65 (66 f.); 3, 78 (89); 3, 203 (205); 4, 20 (22); 6, 322 (322 LS, 323 f.); 7, 211 (212, 214); 7, 268 (272); 11, 353 (355); 13, 162 (166); 14, 229 (231 f.); 14, 240 (246); 15, 18 (22); 17, 166 (172); 17, 321 (323); 19, 152 (154 f.); 19, 167 ff.; 19, 286 ff. Vgl. ferner BGH NJW 1951, 204 f.; NJW 1953, 591; NJW 1954, 1047 f.; NJW 1966, 1763; BGH JR 1955, 104 (105); JR 1956, 347 (348); BGH LM Nr. 6 zu § 230 StGB.

24 Dazu im einzelnen unten S. 96 ff.

25 Auch nach der heute noch vereinzelt vertretenen Auffassung, die nicht zwischen Garantenstellung und aus ihr resultierender Garantenpflicht unterscheidet und das Garantenproblem nur auf der Ebene der Rechtswidrigkeit lokalisiert (Baumann, Allg. Teil, S. 229 ff.; Böhm, JuS 1961, 177 [181 r.Sp.]), muß der Garantietatbestand des unechten Unterlassungsdelikts das Garantenmerkmal umfassen, weil es auch nach dieser Spielart der Garantenlehre strafbarkeitskonstitutiv ist. Baumann (a.a.O., S. 230) irrt, wenn er die Rechtswidrigkeitslösung für geeignet hält, die verfassungsrechtliche Problematik zu entschärfen; er setzt sich mit dieser Meinung in Widerspruch zu seiner eigenen zutreffenden Aussage, daß der Grundsatz nullum crimen sine lege auch für die allgemeinen Strafrechtslehren gelte (a.a.O., S. 109).

26 Armin Kaufmann und Welzel bauen den Tatbestand des „quasi-vorsätzlichen" unechten Unterlassungsdelikts allerdings abweichend auf, nach ihrer Lehre umfaßt er:

1. Die tatbestandsmäßige Situation.
2. Die Nichtvornahme einer Handlung mit Erfolgsabwendungstendenz.
3. Die Handlungsfähigkeit (Kaufmann) bzw. finale Tatmacht (Welzel):
   a) Die Kenntnis der tatbestandsmäßigen Situation,
   b) die Erkennbarkeit des Weges zur Erfolgsabwendung („Planungsfähigkeit"),
   c) die Möglichkeit zur Verwirklichung des Handlungsentschlusses (Kaufmann) bzw. die physisch-reale Möglichkeit der Erfolgsabwendung (Welzel).
4. Die Garantenstellung des Unterlassenden zum verletzten Rechtsgut.

Zu diesem Tatbestandsaufbau vgl. Armin Kaufmann, Dogmatik, S. 96 ff. (134), 303 ff.; Welzel, Strafrecht, S. 211 ff.

Die Hauptunterschiede gegenüber dem unten S. 14 f. in Ziffer 1 bis 5 Skizzierten liegen in der Eliminierung des Vorsatzes (s. dazu im einzelnen unten 6. Kapitel) sowie in der selbständigen Konstituierung des Merkmals der Handlungsfähigkeit. Die erste und zweite Komponente dieses Merkmals sind Bestandteile des Vorsatzmerkmals im traditionellen

Schönke-Schröder[27], Maurach[28] und Jescheck[29] lassen sich die Elemente des Garantietatbestands eines vollendeten[30] Unterlassungsdelikts wie folgt gruppieren:

1. Ein strafrechtlich geschütztes Rechtsgut ist verletzt worden (oder im Hinblick auf die Erfolgsdelikte formuliert: Der in einer Strafbestimmung umschriebene Erfolg ist eingetreten[31, 32]); – „Rechtsgutsverletzung bzw. Erfolgseintritt" –;
2. Die Rechtsgutsverletzung ist darauf zurückzuführen, daß der „Täter" keine Erfolgsabwendungshandlung unternommen hat, obwohl ihm diese objektiv möglich gewesen wäre[33] – „Unterlassung im Rechtssinne" –;
3. Im Zeitpunkt der Unterlassung lagen bestimmte Umstände vor, die den Unterlassenden zum Garanten für den Schutz des verletzten Rechtsguts machten – „Garantenstellung" –;

Tatbestandsaufbau; die dritte wird von der objektiven Handlungsmöglichkeit und der (Quasi-)Kausalität der Unterlassung im Tatbestandsaufbau der traditionellen Lehre gedeckt. Somit nominieren Armin Kaufmann und Welzel kein Tatbestandsmerkmal, das nicht auch im Tatbestandsaufbau der herrschenden Lehre in Erscheinung träte. Im Hinblick auf die verfassungsrechtliche Untersuchung des Unterlassungsgarantietatbestands könnte also lediglich aus dem Defizit im Bereich des Unterlassungsvorsatzes (Verneinung eines Unterlassungsentschlusses) eine spezielle Problematik entstehen, der jedoch auch an Hand des Tatbestandsmodells der h.L. dadurch Rechnung getragen werden kann, daß das Merkmal des Unterlassungsvorsatzes unter eingehender Berücksichtigung der von Kaufmann und Welzel vorgetragenen Einwände behandelt wird.

27 StGB, Vorbem., Rn. 87 ff.

28 Allg. Teil, S. 510.

29 Lehrbuch, S. 409 ff.

30 Die hier vorgelegte Untersuchung muß sich auf die verfassungsrechtlichen Probleme beschränken, die das vollendete unechte Unterlassungsdelikt aufwirft. Ebenso bleiben Probleme der Teilnahme durch und am Unterlassen ausgeklammert.

31 Die Untersuchung beschränkt sich auf die Erfolgsdelikte im weiteren Sinne, s. zum Erfolgsbegriff auch unten S. 23.

32 Armin Kaufmann, Dogmatik, S. 318 und Schönke-Schröder, Vorbem., Rn. 87 stellen statt auf den Erfolgseintritt auf die vorher bestehende Gefahr ab. Das hat den Vorteil, daß damit zwanglos auch der Unterlassungsversuch einbegriffen wird, weist jedoch den Nachteil auf, daß im Normalfall des vollendeten Delikts der primär und am deutlichsten ins Auge fallende Teil der Tatbestandsbeschreibung, eben der Erfolg, im Tatbestandsaufbau nicht unmittelbar erscheint. Sachlich besteht zur hier gewählten Formulierung kein Unterschied.

33 Vgl. zum Inhalt des Möglichkeitsurteils im einzelnen Jescheck, Lehrbuch, S. 410; Schönke-Schröder, StGB, Vorbem.; Rn. 82 f. mit weiteren Nachweisen.

4. (Nur bei bestimmten Delikten:) Bestimmte weitere Merkmale, die Tat oder Täter näher charakterisieren, lagen zur Zeit der Unterlassung vor; – „weitere Tat- oder Tätermerkmale“[34] –;
5. Die Unterlassung erfolgte vorsätzlich oder fahrlässig;
6. Die unterlassene Rettungshandlung war dem Garanten zumutbar[35] – „Zumutbarkeit“ –.

2. Die aus Artikel 103 Absatz 2 GG abgeleiteten Prinzipien als Maßstab der Zulässigkeit der Strafbarkeit unechter Unterlassungsdelikte

Im folgenden ist darzulegen, welche verschiedenen Funktionen Art. 103 Abs. 2 GG als Maßstab für die Zulässigkeit der gerichtlichen Spruchpraxis sowie der Tätigkeit des Gesetzgebers im Bereich des Strafrechts hat. Diesen Darlegungen wird die herrschende Auffassung, die Art. 103 Abs. 2 GG als verfassungsrechtliche Verbriefung des nullum-crimen-sine-lege-Satzes und seiner tradierten Gehalte versteht, zugrunde gelegt (künftig traditionelles Verständnis des nullum-crimen-sine-lege-Satzes bzw. traditionsgebundene Deutung des Art. 103 Abs. 2 GG genannt).

a) Der Traditionszusammenhang der Deutung des nullum-crimen-sine-lege-Satzes

Die traditionelle Deutung des nullum-crimen-sine-lege-Satzes, verstanden als bedeutsame Ausprägung des Rechtsstaatsprinzips, beruht wesentlich auf einem Gedankengut, dessen Postulate aus dem Zeitalter der Aufklärung stammen. Schon der Leitgedanke ist unverkennbar ein Kind der Aufklärung: Schutz der staatsbürgerlichen Freiheit gegen die Staatsgewalt im allgemeinen, hier im besonderen gegen willkürliche Bestrafung durch Richter, die de facto keine Unabhängigkeit gegenüber der Exekutive und insbesondere gegenüber dem Souverän besaßen. Die rechtlichen Mittel zur Realisierung dieses Freiheitsschutzes sind gleichfalls genuine Errungenschaften der damaligen Zeit: Begrenzung der richterlichen Strafgewalt durch ihre Bindung an ex nunc geltende, inhaltlich bestimmte Gesetze, deren Erlaß nach der Gewaltenteilungsdoktrin Montesquieus einer anderen Gewalt, der Legislative, zukommt, die ihrerseits gemäß der Lehre

34 Zum Beispiel Vorschubleisten „durch Vermittlung oder durch Gewährung oder Verschaffung von Gelegenheit“ in § 180, „Mutter“ in § 217.

35 Die Zumutbarkeit normgemäßen Verhaltens ist hinsichtlich ihrer Einordnung in den Verbrechensaufbau der unechten Unterlassungsdelikte umstritten (vgl. zum Streitstand Jescheck, Lehrbuch, S. 422 f. und Eggert, Unzumutbarkeit, S. 80 ff.). Da die Zumutbarkeit allgemein als unterlassungsspezifisches Kriterium angesehen und von vielen für die Rechtswidrigkeit der unechten Unterlassung, von manchen sogar als für die Tatbestandsmäßigkeit konstitutiv betrachtet wird, ist sie hier wenigstens vorsorglich in den Garantietatbestand einzubeziehen, ohne daß damit die eigene Stellungnahme (vgl. dazu unten 8. Kap.) präjudiziert würde.

Rousseaus und ihrer Verwirklichung in der französischen Revolution demokratisch legitimiert sein muß. Diese Gedanken zusammen mit dem allgemeinen Glauben jener Zeit an die freiheitsverbürgende Kraft des Gesetzes, an die materielle Gerechtigkeit seines Inhalts, an seine Funktion als Verhaltensmaßstab und an die Möglichkeit einer totalen Bindung des Richters an das Gesetz charakterisieren das Ideengut, welches das Verständnis des nullum-crimen-sine-lege-Satzes[36] von seiner Geburt bis in die heutige Zeit hinein maßgeblich bestimmt hat[37].

Wie sehr auch heute der Schutz der individuellen staatsbürgerlichen Freiheit vor unberechenbarer, willkürlicher Ausübung der staatlichen Strafgewalt Leitlinie jeder Interpretation des nullum-crimen-sine-lege-Satzes ist, zeigen die von der herrschenden Lehre (für die Strafbarkeitsvoraussetzungen) aus diesem Satz abgeleiteten Prinzipien des sog. Analogieverbots, des Ausschlusses strafbegründenden oder -schärfenden Gewohnheitsrechts als Rechtsquelle, des Gebots hinreichender Tatbestandsbestimmtheit und des Rückwirkungsverbots. Vom Ideengut der Aufklärung über die Auslegung des § 2 Abs. 1 StGB i.d.F. von 1871 und des Art. 116 WRV bis zur Interpretation des Art. 103 Abs. 2 GG spannt sich ein imponierender Traditionszusammenhang in der Deutung des nullum-crimen-sine-lege-Satzes als der großen rechtsstaatlichen Freiheitsgarantie im Strafrecht[38, 39]. Der Maßstab für die Prüfung der verfassungsrechtlichen Zulässigkeit der Strafbarkeit unechter Unterlassungsdelikte erscheint somit nicht nur durch Rang und Gewicht der verfassungsrechtlichen Verankerung des nullum-crimen-sine-lege-Satzes, sondern überdies durch seine traditionsreiche, auf die Garantie-

---

36 Die Formulierung der Parömie nullum crimen/nulla poena sine lege geht bekanntlich auf Feuerbach zurück (Lehrbuch, § 20).

37 Zur Entwicklungs- und Wirkungsgeschichte der Parömie vgl. Bopp, Die Entwicklung des Gesetzesbegriffes, S. 1–141; Elvers, Die Bedeutungen des Satzes nulla poena sine lege, S. 15–79; Kohlmann, Der Begriff des Staatsgeheimnisses, S. 167–212; Sax, Grundrechte III/2, S. 909 (992 ff.); Schottländer, Die geschichtliche Entwicklung, S. 57 ff.; vgl. ferner Binding, Handbuch, Band I, S. 17 ff.; Bockelmann, Smend-Festschrift, S. 23 (25 ff.).

38 Diesem im Rechtsstaatsgedanken wurzelnden Schutzzweck wird neuerdings von einigen Autoren ergänzend der Schutz der Eigenverantwortlichkeit und Würde des Menschen zur Seite gestellt und von daher Art. 103 Abs. 2 GG auch als Ausfluß des Schuldprinzips verstanden, vgl. Maunz-Dürig-Herzog, Grundgesetz, Art. 103 Abs. 2, Rn. 104, ihnen folgend Dreher, StGB, § 2, Anm. 1; Hamann, Grundgesetz und Strafgesetzgebung, S. 45. Als erster hat Sax, Grundrechte III/2, S. 909 (998 f.) Art. 103 Abs. 2 GG als Konkretisierung des Art. 1 Abs. 1 GG interpretiert, jedoch im Gegensatz zu seinen Nachfolgern unter ausdrücklicher Abkehr von den rechtsstaatlichen Postulaten der Voraussehbarkeit und -berechenbarkeit, vgl. dazu unten 2. Hauptteil, 2. Kap. I.

39 Vgl. zur gesetzlichen Verwirklichung des nullum-crimen-sine-lege-Prinzips im 19. Jahrhundert und zum Meinungsstand des damaligen Schrifttums bis 1918: Bopp, Die Entwicklung des Gesetzesbegriffes, S. 60 ff., 76 ff.; Kohlmann, Der Begriff des Staatsgeheimnisses, S. 190 ff.

funktion des Gesetzes abzielende Interpretation als klar und unveränderlich vorgegeben.

b) Die aus Art. 103 Abs. 2 GG abgeleiteten Prinzipien

Die folgende Darstellung der von der herrschenden Lehre aus Art. 103 Abs. 2 GG gewonnenen Prinzipien bedient sich des Begriffs des Garantietatbestands, indem sie die Aussagen der einzelnen Prinzipien als Forderungen an den Garantietatbestand formuliert. Ein zusätzlicher Vorteil dieser Art der Darstellung liegt darin, daß an Stelle des sonst häufig anzutreffenden heterogenen Nebeneinanders mehrerer Prinzipien eine klare Systematisierung erzielt wird.

aa) Das Prinzip der gesetzlichen Festlegung der Strafbarkeit

Daß die Pönalisierung bestimmter Verhaltensweisen im Gesetz Voraussetzung für den Einsatz der staatlichen Strafgewalt sein müsse, ist das Postulat, das zur Entwicklung des nullum-crimen-sine-lege-Satzes geführt hat und seither seinen Kern bildet. Dieses Grundprinzip läßt sich in moderner Terminologie dahin formulieren, daß die Merkmale des Garantietatbestands eines Delikts im Strafgesetz fixiert sein müssen. Dieses Grundprinzip gewinnt den Charakter einer echten Garantie, einer magna charta libertatis[40], aber erst, wenn es nach zwei Richtungen hin präzisiert wird: Die Merkmale des Garantietatbestands müssen vollständig (Lückenlosigkeitsprinzip) und inhaltlich bestimmt (Gebot hinreichender Tatbestandsbestimmtheit) im Gesetz aufgeführt sein.

aaa) Das Prinzip der Lückenlosigkeit des Garantietatbestands

Das Gesetz ist nur dann eine verläßliche Garantie gegen unvorhersehbare Bestrafung, wenn die Strafbarkeitsvoraussetzungen vollständig in ihm enthalten sind. Der Satz nullum crimen sine lege im traditionellen Verständnis stellt daher an den Garantietatbestand jedes Delikts die unabdingbare Mindestanforderung, daß *alle* seine Merkmale im Strafgesetz fixiert sein müssen. Oder kürzer: Der gesetzlich fixierte Garantietatbestand muß lückenlos sein.

Prinzipiell wird dies von der herrschenden Lehre anerkannt[41]. Sie macht jedoch eine schwerwiegende Einschränkung, indem sie das Prinzip der lückenlosen

---

40 Dieser plastische Begriff wird häufig von H. Mayer verwendet (vgl. Strafrechtsreform, S. 109 ff.); er stammt wohl von Kohlrausch (vgl. den Beleg bei Drost, Das Ermessen des Strafrichters, S. 203, Anm. 168) und ist eine Weiterentwicklung jener berühmten Formulierung Franz von Liszts („Magna Charta des Verbrechers", vgl. v. Liszt, Strafrechtliche Aufsätze und Vorträge, Band II, S. 80).

41 Meist finden sich die einschlägigen Ausführungen im Zusammenhang mit der Erörterung des Verbots analoger beziehungsweise gewohnheitsrechtlich begründeter Rechtsfindung zuungunsten des Angeklagten, vgl. beispielsweise Baumann, Allg. Teil, S. 141 ff.; Jescheck, Lehrbuch, S. 95 ff.; Maurach, Allg. Teil, S. 92 f.; Mezger-Blei, Allg. Teil, S. 29 f.; Schönke-Schröder, StGB, § 2, Rn. 6, 8 f.; Welzel, Strafrecht, S. 21 ff.

gesetzlichen Normierung auf die Straftatbestände des Besonderen Teils bzw. entsprechender Deliktstatbestände im Nebenstrafrecht beschränkt und im Bereich des Allgemeinen Teils und der allgemeinen Strafrechtslehren lückenhafte Gesetzesregelungen und deren Ausfüllung praeter legem für zulässig hält, und zwar auch dann, wenn dadurch neue strafbarkeitskonstitutive Tatbestandsmerkmale geschaffen und in den Garantietatbestand einbezogen werden[42]. Diese Auffassung steht im Widerspruch zum tradierten, gerade von der herrschenden Lehre sonst zur Grundlage genommenen Verständnis des nullum-crimen-sine-lege-Satzes. Garantiewirkung zugunsten der Individualfreiheit entfaltet der Garantietatbestand nur dann in vollem Umfang, wenn alle seine (strafbarkeitskonstitutiven!) Merkmale gesetzlich fixiert sind – an welcher Stelle des Strafgesetzes auch immer – und wenn eine Bestrafung auf der Grundlage lückenhaft fixierter Garantietatbestände ausgeschlossen ist.

Die Inkonsequenz jener Lehrmeinung wird, wie jetzt schon vermerkt sei, gerade bei den unechten Unterlassungsdelikten offenbar, wenn die Garantenstellungen als Rechtsfigur der allgemeinen Strafrechtslehren gewertet und der Garantiewirkung des Art. 103 Abs. 2 GG entrückt werden[43]. Es wird später näher darzulegen sein, daß wegen ihrer unzweifelhaft strafbarkeitskonstitutiven Wirkung die Garantenstellungen als Bestandteile des Garantietatbestands anerkannt und in die Schutzzone des nullum-crimen-sine-lege-Satzes einbezogen werden müssen, wenn man mit der herrschenden Lehre die Sicherung der staatsbürgerlichen Individualfreiheit als ratio legis des Art. 103 Abs. 2 GG ansieht[44].

bbb) Das Tatbestandsbestimmtheitsgebot

Die im Rechtsstaatsprinzip angelegte Forderung, „daß alle staatliche Gewalt, insbesondere die sehr einschneidende Strafgewalt, voraussehbar, vorausberechen-

42 Vgl. Jagusch, LK, § 2, Anm. I 1b bb, c, 2c; Jescheck, Lehrbuch, S. 79, 97; Maurach, Allg. Teil, S. 81; Mezger-Blei, Allg. Teil, S. 22 f.; Sax, Grundrechte III/2, S. 909 (1003); Schönke-Schröder, StGB, § 2, Rn. 29; dagegen zu Recht Baumann, Allg. Teil, S. 109. Vgl. auch die sehr zurückhaltende Beurteilung des Problems bei Maunz-Dürig-Herzog, Grundgesetz, Art. 103 Abs. 2, Rn. 112. Bemerkenswert und die Inkonsequenz der herrschenden Lehre verdeutlichend ist es, wenn Maurach, Allg. Teil, S. 111, das *Rückwirkungsverbot* auf „alle Bestimmungen des materiellen Strafrechts, die Haftung und Strafmaß bestimmen", also auf die „Gesamtheit der zur Formung des konkreten Unrechtssachverhalts erforderlichen Normen" erstreckt.

43 Vgl. dazu die Nachweise unten 4. Kap. III 2 a) bb).

44 Vgl. unten 4. Kap. Obwohl es an dieser Stelle noch nicht um die Entwicklung einer eigenen Interpretation des Art. 103 Abs. 2 GG, sondern um die Darstellung der Grundlagen der traditionsgebundenen Deutung geht, sei bereits angemerkt, daß die Inkonsequenz der h.L. bei der Durchführung des Lückenlosigkeitsprinzips an dieser wie auch an anderer Stelle als Signal für die Notwendigkeit einer Überprüfung dieses Prinzips insgesamt verstanden werden kann, s. dazu im einzelnen die Ausführungen im zweiten Hauptteil dieser Arbeit.

bar und meßbar sein muß“[45], bliebe wirkungslos, wenn der Gesetzgeber bei der Tatbestandsbildung nicht zur Präzision verpflichtet wäre. Folgerichtig leitet daher die herrschende Lehre ein an den Gesetzgeber gerichtetes Gebot hinreichender Tatbestandsbestimmtheit aus Art. 103 Abs. 2 GG ab[46]. Die Grenze der Tatbestandsbestimmtheit, die der Gesetzgeber nicht unterschreiten darf, definiert man gemeinhin mit Hilfe der Auslegung: Wo Sinn und Umfang eines Tatbestands durch Auslegung nicht mehr eindeutig ermittelt werden können, ist das Tatbestandsbestimmtheitsgebot verletzt und die Strafnorm mit Art. 103 Abs. 2 GG nicht mehr vereinbar[47]. Auch das Bundesverfassungsgericht und der Bundesgerichtshof stellen auf die Auslegungsfähigkeit der Norm ab[48].

bb) Das Verbot der Neubildung oder Ergänzung von Garantietatbeständen praeter legem zum Zweck der Strafbegründung oder -schärfung

Das berühmte Verbot einer Analogie zuungunsten des Angeklagten und der Ausschluß strafbegründenden oder -schärfenden Gewohnheitsrechts als Rechtsquelle, die lange Zeit die wissenschaftliche Diskussion um den nullum-crimen-

---

45 Maunz-Dürig-Herzog, Grundgesetz, Art. 103 Abs. 2, Rn. 104.

46 Vgl. Baumann, Allg. Teil, S. 103 f.; Grünwald, ZStW 76, 1 (6 f.); Haman-Lenz, Grundgesetz, Art. 103 Anm. B 4; Jagusch, LK, § 2, Anm. I 1d; Jescheck, Lehrbuch, S. 97; Maunz-Dürig-Herzog, Grundgesetz, Art. 103 Abs. 2, Rn. 107; Maurach, Allg. Teil, S. 89; H. Mayer, Die gesetzliche Bestimmtheit, passim; ders., Allg. Teil, S. 35; Sax, Grundrechte III/2, S. 909 (1006 ff.); Schönke-Schröder, StGB, § 2, Rn. 64; Dreher, StGB, § 2, Anm. 1 Bb; Welzel, Strafrecht, S. 23 f. Zur älteren Literatur über das Tatbestandsbestimmtheitsgebot vgl. H. Mayer, Die gesetzliche Bestimmtheit, S. 259 (261 ff.) sowie Lemmel, Unbestimmte Strafbarkeitsvoraussetzungen, S. 24 ff.

47 Vgl. Dreher, StGB, § 2, Anm. 1 Bb; Grünwald, ZStW 76, 1 (6); Jagusch, LK, § 2, Anm. I 1d; Maunz-Dürig-Herzog, Grundgesetz, Art. 103 Abs. 2, Rn. 107; Schönke-Schröder, StGB, § 2, Rn. 46; ähnlich H. Mayer, Die gesetzliche Bestimmtheit, S. 272 („... so bestimmt ..., daß keine unerträglichen Zweifel übrigbleiben, ob eine Handlung erlaubt oder verboten ist“).

48 Vgl. BVerfGE 25, 269 (285); BGHSt 11, 365 (377); 18, 359 (361 f.). Gegenüber dieser Judikatur dürfte BVerfGE 26, 41 (43) eine Abschwächung der bisher an die Tatbestandsbestimmtheit gerichteten Forderungen bedeuten, wenn es dort im Anschluß an aus früheren Urteilen bekannte Formulierungen heißt: „Art. 103 Abs. 2 GG verlangt daher nur innerhalb eines bestimmten Rahmens eine gesetzliche Umschreibung der Strafbarkeit. Welchen Grad an gesetzlicher Bestimmtheit der einzelne Straftatbestand haben muß, läßt sich nicht allgemein sagen. Die erforderliche Gesetzesbestimmtheit hängt von der Besonderheit des jeweiligen Straftatbestandes und von den Umständen ab, die zur gesetzlichen Regelung führen. Jedenfalls muß das Gesetz die Strafbarkeitsvoraussetzung umso präziser bestimmen, je schwerer die angedrohte Strafe ist“. In diesem Urteil, das die Verfassungsmäßigkeit des § 360 Abs. 1 Nr. 11 2. Alternative StGB (grober Unfug) bejaht, wird als ausreichend erachtet, daß die Strafvorschrift zum überlieferten Bestand an Strafrechtsnormen gehöre und durch eine jahrzehntelange Rechtsprechung hinreichend präzisiert worden sei.

sine-lege-Satz beherrscht haben[49], sind keine Fortentwicklung der Parömie, sondern Grundsätze, die die Grenzen des Rechtsfindungsspielraumes der Strafgerichte bezeichnen sollen, der ihnen unter der Geltung des Lückenlosigkeits- und des Bestimmtheitsprinzips zugewiesen ist. Da ein Verhalten nur dann strafbar ist, wenn es der Gesetzgeber in einem Tatbestand vollständig und genau umschrieben hat, muß der Strafrichter feststellen, ob das dem Angeklagten vorgeworfene und nachgewiesene Verhalten unter diese Norm subsumierbar ist. Die hierzu erforderliche hermeneutische Arbeit des Richters wird üblicherweise als Gesetzesauslegung bezeichnet. Das Analogieverbot und der Gewohnheitsrechtsausschluß besagen nicht mehr, als daß es dem Richter für den Fall, daß die Auslegung keinen die Subsumtion des Sachverhalts gestattenden Obersatz ergibt, verwehrt ist, den gesetzlich fixierten Tatbestand zu ergänzen oder gar einen neuen Tatbestand zu schaffen, etwa unter Berufung auf Gewohnheitsrecht oder analoge Rechtsfindung. Die genannten Prinzipien haben demnach nur abgrenzende Funktion im Hinblick auf die Zulässigkeit der Rechtsfindungsmethode[50].

cc) Das Rückwirkungsverbot

Aus Art. 103 Abs. 2 GG wird schließlich das Verbot rückwirkender Strafgesetze zuungunsten des Täters abgeleitet. Dieses in erster Linie an den Gesetzgeber gerichtete Verbot hat keine spezifische Bedeutung für die unechten Unterlassungsdelikte, weil die nachträgliche *gesetzliche* Pönalisierung von Verhaltensweisen, die im Zeitpunkt ihrer Begehung straffrei waren, bei dieser Deliktsgruppe nicht zur Debatte steht. Fällt somit auch das Rückwirkungsverbot als verfassungsrechtlicher Beurteilungsmaßstab für die Zulässigkeit der Bestrafung unechter Unterlassungen aus, so ist dieses Prinzip doch bei allen Erörterungen und Überlegungen zum Gesamtgehalt des Art. 103 Abs. 2 GG mit zu berücksichtigen,

---

49 Die einschlägige Literatur ist kaum noch zu überblicken, während bezeichnenderweise die wissenschaftliche Beschäftigung mit dem Tatbestandsbestimmtheitsgebot bis vor kurzem sehr viel weniger eindringlich gewesen ist. Vgl. außer den Literaturübersichten zum Analogieverbot in den einschlägigen Strafrechtslehrbüchern die von Sax, Analogieverbot, S. 14 ff. verwertete Literatur, ferner die Literaturangaben bei Danckert, Die Grenze zwischen der extensiven Auslegung und der Analogie im Strafrecht, sowie vom Boden des schweizerischen Rechts aus Germann, SchwZStr 61, 119 ff. und Waiblinger, Rechtsquellenprobleme im schweizerischen Recht, Festgabe für den schweizerischen Juristenverein, S. 212 ff.

50 Wenn somit diese Verbote einer Rechtsfindung praeter legem auch keine eigenständige Bedeutung haben, so kommt in der Faszination, die gerade das Analogieverbot und – damit zusammenhängend – die Grenze zwischen erlaubter Auslegung und unzulässiger Analogie auf die Strafrechtswissenschaft ausgeübt haben, etwas sehr Bezeichnendes zum Ausdruck: Die Existenz und die Bestimmbarkeit einer Grenze zwischen erlaubter und verbotener strafrichterlicher Rechtsfindung wird als Angelpunkt der freiheitssichernden Garantie nullum crimen sine lege empfunden. Hierin dokumentiert sich eine Fernwirkung jenes Mißtrauens gegen den Strafrichter, das die Aufklärung beherrschte.

weil es – vielleicht deutlicher noch als die anderen Prinzipien – die rechtsstaatliche Wurzel und damit die Garantiefunktion des nullum-crimen-sine-lege-Satzes zum Ausdruck bringt.

3. Die präzisierte Fragestellung

Die Einsicht, daß die oben erörterten Prinzipien sich funktionell ergänzen, gestattet eine Präzisierung und Vereinfachung der Fragestellung. Die für die weitere Untersuchung maßgebliche Frage lautet: Sind alle Merkmale der Garantietatbestände der unechten Unterlassungsdelikte gesetzlich fixiert?

Diese Fragestellung macht den Gehalt des traditionell gedeuteten nullum-crimen-sine-lege-Satzes, wie er in den erörterten Prinzipien zum Ausdruck kommt, zum Zulässigkeitsmaßstab für die Strafbarkeit unechter Unterlassungen. Da alle Merkmale der Garantietatbestände auf ihre gesetzliche Fixiertheit zu untersuchen sind, wird dem Lückenlosigkeitsprinzip Rechnung getragen. Sollte sich insoweit für ein oder mehrere Merkmale ein Mangel herausstellen, so wäre damit zugleich ein Verstoß gegen das Tatbestandsbestimmtheitsgebot dargetan, da die gesetzlich fixierten Teile des Garantietatbestands zur Grenzziehung zwischen verbotenem und nichtverbotenem Verhalten nicht ausreichen würden und dieser Rumpftatbestand somit unbestimmt wäre[51]. Die Feststellung nur lückenhaft im Gesetz fixierter Garantietatbestände als Grundlage der Bestrafung unechter Unterlassungen würde ferner einen Verstoß gegen das Anlogieverbot oder gegen das Verbot einer auf Gewohnheitsrecht gestützten Rechtsfindung in malam partem beweisen.

51 Im Auge zu behalten ist allerdings noch eine weitere Art der Verletzung des Tatbestandsbestimmtheitsgebots: Ein oder mehrere Tatbestandsmerkmale sind zwar im Gesetz fixiert, ihr Inhalt ist jedoch durch Auslegung nicht mit hinreichender Genauigkeit zu bestimmen. Ein solcher Verstoß gegen das Tatbestandsbestimmtheitsgebot wird von der oben umschriebenen Fragestellung nicht erfaßt. Bei den unechten Unterlassungsdelikten müßte verfassungsrechtlichen Zweifeln in dieser Richtung aber nur bezüglich solcher Merkmale nachgegangen werden, die unterlassungsspezifisch sind, und dies wäre auch erst dann notwendig, wenn wenigstens die oben formulierte Untersuchungsfrage bejahend beantwortet worden ist.

Für die Ermittlung der gesetzlichen Fixierung kommen im Sinne des Analogieverbots nur die Hilfsmittel der Gesetzesauslegung, nicht eine Rechtsfindung praeter legem in Betracht[52].

---

52 Das Problem der Auslegungsgrenze ist vielschichtig und dementsprechend stark diskutiert. Die herrschende Meinung, die im möglichen Wortsinn die äußerste Grenze der Gesetzesauslegung sieht (vgl. Engisch, Einführung, S. 82 f., 149; Larenz, Methodenlehre, S. 304 m.w.Nw.), hat den freiheitssichernden Schutzzweck des nullum-crimen-sine-lege-Satzes auf ihrer Seite. Gerade wenn man Auslegung als „Gegensatz zur Lückenergänzung" versteht, wie es der traditionellen Konzeption der Parömie entspricht, ist kaum ein anderes Abgrenzungskriterium denkbar (zutreffend Canaris, Feststellung von Lücken, S. 21 f. und Anm. 17, dort auch das Zitat). Daher hat sich die Preisgabe der Wortlautgrenze durch Sax (Analogieverbot, S. 79 ff.) in der Strafrechtswissenschaft, die am traditionellen Gehalt des nullum-crimen-sine-lege-Prinzips festhält, nicht durchsetzen können. Seine eigene „strukturmäßige Abgrenzung" der Auslegung gegenüber der freien Rechtsfindung (vgl. a.a.O., S. 87 f.) beruht auf der angreifbaren Prämisse, die Zulässigkeit teleologischer Auslegung stehe im Strafrecht fest und ihre Kriterien stellten kein verfassungsrechtliches Problem dar (Sax, Grundrechte III/2, S. 1003 Anm. 292 a.E.). In Wahrheit geht Sax von einem anderen Verständnis des nullum-crimen-sine-lege-Satzes aus als die h.M.

2. Kapitel

Die gesetzliche Fixierung der Garantietatbestandsmerkmale „Erfolgseintritt" und „Unterlassung"

Wenn man einmal von der in ihrer tatbestandsmäßigen Lokalisierung umstrittenen Finalität absieht, bilden bei den Begehungsdelikten Erfolgseintritt und Täterhandlung das Kernstück des objektiven Tatbestands[53]. Diesem Tatbestandsteil „Handlung" („Tun") – „Erfolg" bei den Begehungsdelikten sind innerhalb des oben geschilderten Garantietatbestandsmodells der unechten Unterlassungsdelikte die beiden Merkmale „Unterlassung" – „Erfolg" – jedes für sich, aber auch gerade in ihrer Verknüpfung – ersichtlich nachgebildet. Ob dieser Vorgang der Nachbildung gesetzlich gedeckt ist, das heißt, ob er als Ergebnis einer Auslegung der in Frage kommenden Strafgesetznormen zu legitimieren ist, soll nunmehr für die Merkmale Erfolg und Unterlassung gesondert untersucht werden.

1. Der Erfolgseintritt

Einen ersten Ansatzpunkt bietet die unterschiedliche Art der Erfolgsdeskription[54] in den gesetzlichen Tatbeständen der (Erfolgs-)Begehungsdelikte. In zahlreichen Tatbeständen werden Erfolg und Täterhandlung gleichzeitig, das heißt durch das gleiche Tatbestandsstück erfaßt. Die bekanntesten Beispiele solcher Tatbestandsfassungen finden sich in den §§ 212, 223, 303: „Wer *einen Menschen . . . tötet . . .*, wer *einen anderen körperlich mißhandelt* oder *an der Gesundheit beschädigt . . .*, wer *eine fremde Sache beschädigt* oder *zerstört . . .*[55]. Daneben stößt man vielfach auf Tatbestände, in denen Handlung und Erfolg gesondert aufgeführt sind, wie beispielsweise in § 183 („Wer durch eine

53 Die seit langem dogmatisch heiß umkämpfte Frage, ob der Erfolg Bestandteil des dem Tatbestand vorgelagerten Handlungsbegriffs ist (vgl. dazu die Darstellung bei Maurach, Allg. Teil, S. 135 ff., insbes. S. 155 ff.), kann für diese Untersuchung offen bleiben, da der Erfolg unstreitig Teil des hier zu behandelnden Garantietatbestands ist.

54 Hier und im folgenden soll unter tatbestandsmäßigem Erfolg jede über das reine Täterverhalten hinausgehende, vom Strafrechtstatbestand umfaßte (nicht notwendig gesondert deklarierte) Auswirkung dieses Verhaltens verstanden werden, also das, was Mezger als „Außenerfolg" oder „Erfolg im engeren Sinne" bezeichnet (Mezger, Lehrbuch, S. 95 f.; Mezger-Blei, Allg. Teil, S. 68; ähnliche Baumann, Allg. Teil, S. 189 f. und Maurach, Allg. Teil, S. 201). Der Erfolg in diesem Sinne umfaßt nicht nur die Verletzung von Rechtsgütern, sondern in zahlreichen Fällen auch deren konkrete Gefährdung, vgl. beispielsweise §§ 170 d, 310 a, 311, 312–315c, 317, 321, 330.

55 Vgl. ferner (ohne Anspruch auf Vollständigkeit): §§ 133, 137, 218 Abs. 1, 223, 239, 242, 246.

unzüchtige Handlung – öffentlich ein Ärgernis gibt ...") oder in § 240 („Wer einen anderen mit Gewalt oder durch Drohung mit einem empfindlichen Übel – zu einer Handlung, Duldung oder Unterlassung nötigt ..."[56]. Schließlich gibt es Tatbestände, die nur den Erfolg beschreiben, ohne die Handlung näher zu kennzeichnen; geläufige Beispiele hierfür sind die Fahrlässigkeitstatbestände nach Art der §§ 222, 230, 309.

Betrachtet man diese letztgenannte Tatbestandsgruppe und ihre Interpretation in Lehre und Rechtsprechung, so zeigt sich, daß das Erfolgsmerkmal regelmäßig ohne Schwierigkeiten, insbesondere ohne Bedeutungsverschiebung, auch auf Unterlassungen anwendbar ist. So ist etwa bezüglich der schweren Folgen gemäß §§ 224, 226 oder hinsichtlich des Erfolgs in den Fahrlässigkeitstatbeständen nach Art der §§ 222, 230 kein Gesichtspunkt erkennbar, der gegen eine Verwendung des Erfolgsmerkmals im Garantietatbestand des jeweils entsprechenden unechten Unterlassungsdelikts sprechen könnte. Eine inhaltliche Beschränkung auf Begehungstaten läßt sich dem Erfolgsmerkmal nicht entnehmen; es ist gegenüber der Art seiner Herbeiführung neutral. Eher legt die Fassung dieser Fahrlässigkeitstatbestände sowie der erfolgsqualifizierten Deliktstatbestände den Schluß zugunsten einer Einbeziehung von Unterlassungen nahe.

Diese Aussage wird man darüberhinaus auf das Merkmal des Erfolgseintritts in jenen Tatbeständen beziehen dürfen, die das Täterverhalten gesondert in eigenen Tatbestandsbegriffen umschreiben. Auch bei ihnen läßt sich, sofern man die Interpretation zunächst einmal konsequent auf das Erfolgsmerkmal beschränkt und nicht vorschnell die Verhaltensmerkmale mit einbezieht, kein Bedenken gegen eine mögliche Koppelung mit Unterlassungsmerkmalen feststellen.

Auf der anderen Seite bietet die Interpretation des Erfolgsmerkmals in den genannten Fällen keinen Beleg dafür, daß die ratio legis eine Einbeziehung von Unterlassungen in die jeweiligen Deliktstatbestände *gebiete*. Ob ein solches Gebot besteht, hängt von weiteren, noch zu erörternden Tatbestandsmerkmalen und ihrer Auslegung ab. Dies gilt in besonderem Maße für die große Gruppe von Tatbeständen, bei denen der Erfolgseintritt in der gesetzlichen Beschreibung des Täterverhaltens mitenthalten ist. Neben der auch hier zu berücksichtigenden prinzipiellen Neutralität des Erfolges gegenüber der Art seiner Herbeiführung kommen wegen der engen Verschlingung der Tatbestandselemente Erfolgsherbeiführung/Täterverhalten mit größerem Gewicht solche Gesichtspunkte ins Spiel, die eine Analyse der Tatbestandselemente Tathandlung/Unterlassung voraussetzen.

56 Vgl. ferner etwa §§ 170a, 253, 263, 311, 312–315c, 317, 321, 330.

2. Die Unterlassung

Diese Analyse ist nunmehr vorzunehmen. Die Frage, ob das Garantietatbestandsmerkmal „Unterlassung“ gesetzlich fixiert ist, läßt sich nur durch Interpretation des Strafgesetzes beantworten, und es empfiehlt sich wegen der Tragweite sowohl einer positiven wie einer negativen Antwort, die verschiedenen Auslegungsargumente besonders sorgsam zu wägen.

a) Das Fehlen einer Gleichstellungsvorschrift im Allgemeinen Teil des StGB

Am Anfang des mehrstufigen Interpretationsvorgangs steht die Überlegung, daß entweder im Allgemeinen Teil des StGB eine Vorschrift darüber enthalten sein müßte, daß und unter welchen Voraussetzungen Tatbestände des Besonderen Teils auch durch Unterlassen erfüllt werden können oder daß im Besonderen Teil durch jeweils besondere Fassung diejenigen Tatbestände bezeichnet sein müßten, bei denen die Erfolgsherbeiführung nicht nur durch positives Tun, sondern auch durch Unterlassen strafbar sein soll.

Eine Gleichstellungsvorschrift im Allgemeinen Teil fehlte im bisher geltenden Strafrecht und wird erst nach Inkrafttreten des zweiten Strafrechtsreformgesetzes in Gestalt des § 13 Bestandteil des Strafgesetzbuchs sein[57]. Für das geltende Recht erhebt sich somit die Frage, wie das Fehlen einer Gleichstellungsvorschrift zu erklären ist. Zwei konträre Erklärungshypothesen bieten sich an, von denen jede – falls sie sich verifizieren ließe – für die Auslegung der Tatbestände des Besonderen Teils höchst aufschlußreich wäre. Nach der ersten Hypothese hat der Gesetzgeber von einer prinzipiellen Gleichstellung der Unterlassung als weiterer Form der Deliktsverübung neben dem Tun gerade deshalb abgesehen, weil er nur in den wenigen Fällen, in denen Vorschriften des Besonderen Teils eine Tatbestandsverwirklichung auch durch Unterlassen ausdrücklich vorsehen[58], eine Bestrafung des Unterlassenden für gerechtfertigt hielt. Genau entgegengesetzt argumentiert die zweite Erklärungshypothese. Nach ihr liegt der Grund für das Fehlen einer Gleichstellungsvorschrift darin, daß der Gesetzgeber die prinzipielle Gleichwertigkeit der unechten Unterlassungsdelikte mit den Begehungsdelikten für so selbstverständlich hielt, daß ihm an der durch § 2 Abs. 1 seines eigenen Gesetzes gebotenen gesetzlichen Fixierung der Strafbarkeit unechter Unterlassungsdelikte kein Zweifel kam und eine Vorschrift zur ausdrücklichen Gleichstellung überflüssig erschien.

57 Zweites Gesetz zur Reform des Strafrechts vom 4.7.1969, Art. 1 § 13 (BGBl. I 1969, 719). Gemäß Art. 7 tritt der Allg. Teil des neuen Strafgesetzbuchs am 1.10.1973 in Kraft. Vgl. zum Wortlaut des § 13 unten S. 53, Anm. 149.

58 Die wichtigsten derartigen Straftatbestände sind unten S. 27 unter aa) aufgeführt.

b) Der subjektiv-historische Auslegungsbefund

Da beide Erklärungshypothesen von der gleichen methodologischen Prämisse ausgehen, nämlich von der Relevanz des subjektiv-historischen Auslegungsbefunds für die Beantwortung der aufgeworfenen Frage, kommt es auf die Ermittlung eben dieses Befunds an. Hierfür ist von ausschlaggebender Bedeutung, welchen Entwicklungsstand in der Strafrechtswissenschaft und in der Partikulargesetzgebung der Gesetzgeber bezüglich der unechten Unterlassungsdelikte vorfand. Seit der Herausarbeitung bestimmter Gründe für die Entstehung einer Pflicht zur Erfolgsabwendung, die vor allem Feuerbach[59], Spangenberg[60], Henke[61] und Stübel[62] zu verdanken ist, insbesondere aber seit der scharfen Unterscheidung zwischen unechten und echten Unterlassungsdelikten durch Luden[63], war die Existenz und Strafwürdigkeit unechter Unterlassungsdelikte anerkannt. Für die Partikulargesetzgebung hat Clemens in seiner Untersuchung über „Die Unterlassungsdelikte im deutschen Strafrecht von Feuerbach bis zum Reichsstrafgesetzbuch" (1912) nachgewiesen, „daß alle deutschen Strafgesetzbücher von 1794 an, ja sogar die Gesamtheit der Entwürfe, die Möglichkeit, die Tötung durch Unterlassung zu bestrafen, anerkennen"[64]; für die Körperverletzung und andere Begehungsdelikte weist er die Verübbarkeit auch durch Unterlassung zwar nicht in allen, jedenfalls aber in einer Reihe von Gesetzen und Entwürfen nach[65]. Von besonderem Interesse sind die preußischen Gesetzesberatungen und -entwürfe, weil sie schließlich jenes preußische Strafgesetzbuch von 1851 zum Ergebnis hatten, an das sich das bis heute geltende Strafgesetzbuch – erlassen zunächst aufgrund der Kompetenz des Norddeutschen Bundes, dann vom Deutschen Reich als Reichsgesetz übernommen – sehr eng anlehnt. Clemens kommt bei seiner Untersuchung der gerade hinsichtlich der Regelung der Unterlassungsstrafbarkeit sehr wechselvollen Entwicklungsgeschichte der preußischen Strafgesetzgebung zu dem Ergebnis, daß trotz der Streichung einer ursprünglich vorgesehenen Gleichstellungsvorschrift die Strafbarkeit von Unterlassungen auch dort, wo das Gesetz sie nicht ausdrücklich bezeichnet, anerkannt gewesen sei[66]. Nach allem ergibt sich somit bezüglich der Strafbarkeit unechter Unterlassungen eine Konverganz zwischen den Auffassungen in der damaligen

---

59 Lehrbuch, § 24.

60 Neues Archiv des Criminalrechts, Bd. 4 (1821), S. 529 ff., 538 f.

61 Handbuch des Criminalrechts und der Criminalpolitik, I. Teil, S. 395 ff.

62 Über die Teilnahme mehrerer Personen an einem Verbrechen, S. 61.

63 Abhandlungen, Bd. 2, S. 219 ff.

64 A.a.O:, S. 34.

65 A.a.O., S. 19 ff., 34.

66 A.a.O., S. 34 ff., 44.

Strafrechtslehre[67] und der einzelstaatlichen Gesetzgebung. Zwei von Clemens herangezogene Stellen aus den Motiven zum dritten StGB-Entwurf von 1870 machen es schließlich zur vollen Gewißheit, daß bei der Schaffung des Strafgesetzbuchs davon ausgegangen wurde, daß Tun und Unterlassen als prinzipiell gleichwertige Formen der Erfolgsherbeiführung zu gelten haben[68]. Der subjektiv-historische Auslegungsbefund verbietet es deshalb, allein aus dem Fehlen einer Gleichstellungsvorschrift im Allgemeinen Teil e contrario zu schließen, der Gesetzgeber habe außer in einigen ausdrücklich gekennzeichneten Tatbeständen nur Begehungsdelikte normieren wollen; vielmehr ist positiv festzuhalten, daß eine Auslegung, die – jedenfalls in einer Reihe von Tatbeständen des Besonderen Teils – das Unterlassen auch bei nicht ausdrücklicher Erwähnung von der Tatbestandsumschreibung als mitumfaßt ermittelt, der Vorstellung der Gesetzesväter entspricht[69].

c) Die Auslegung der Tatbestände des Besonderen Teils nach dem Wortlaut

Die oben aufgestellte und durch den subjektiv-historischen Auslegungsbefund bestätigte zweite Erklärungshypothese setzt nun allerdings des weiteren voraus, daß der Besondere Teil des Strafgesetzbuchs Tatbestände enthält, die sowohl durch Tun als auch durch Unterlassen erfüllt werden können. Es ist daher erforderlich, die Tatbestände des Besonderen Teils daraufhin zu untersuchen, auf welche pönalisierten Verhaltensweisen sie zugeschnitten sind. Eine solche Durchmusterung führt zur Bildung von drei Gruppen von Tatbeständen:

aa) Reine Unterlassungsdelikte

Eine erste Gruppe enthält Tatbestände, in denen das Täterverhalten eindeutig nur als Unterlassen umschrieben ist. Als Beispiele solcher Tatbestände seien §§ 121 Abs. 1 erste Alternative, 123 Abs. 1 letzte Alternative, 138, 143, 170 Abs. 1 erste Alternative, 170 c, 218 Abs. 1 zweite Alternative, 223 b Abs. 1 letzte Alternative, 330 c, 340 und 341 in der jeweils letzten Alternative, 347 Abs. 1 erste Alternative, 360 Abs. 1 Nr. 8 zweite Alternative, 361 Nr. 7, 367 Nr. 12, 368 Nr. 2, 4, 8 genannt. In diesen Fällen ergibt bereits der Wortlaut

67 Zu der mit der Lehre übereinstimmenden preußischen Gerichtspraxis vgl. die Hinweise bei Clemens, a.a.O., S. 44.

68 Clemens, a.a.O., S. 47. Besonders instruktiv ist der auch von Nagler, GS 111, 1 (14 Anm. 32) herangezogene Beleg aus den Motiven zu § 1: „Wenn endlich § 1 nur die Handlung erwähnt, so ist dies Wort in seiner allgemeinen Bedeutung, welche auch die Unterlassungen mit umfaßt, gebraucht worden".

69 Wie hier beurteilen den subjektiv-historischen Auslegungsbefund Grünwald, Das unechte Unterlassungsdelikt, S. 68, 70; Jescheck, Lehrbuch, S. 405 f.; Armin Kaufmann, Dogmatik, S. 265; Nagler, GS 111, 1 (14); Traeger, Unterlassungsdelikte, S. 110; Welp, Vorangegangenes Tun, S. 150.

zweifelsfrei, daß als strafbares Täterverhalten nur eine Unterlassung in Betracht kommt.

bb) Reine Begehungsdelikte

Umgekehrt finden sich, wenn auch seltener, Strafbestimmungen, die eine Deliktsverübung durch Unterlassen ausschließen und allein auf eine Begehung durch positives Tun zugeschnitten sind. In der Literatur werden als unstreitige Beispiele dieser zweiten Gruppe von Delikten, die man als reine Begehungsdelikte bezeichnen könnte, §§ 132 a, 154, 171 angeführt[70]. Über diese Standardfälle hinaus dürfte noch eine Anzahl weiterer Tatbestände hierher zu zählen sein[71]; die genaue Abgrenzung dieser Gruppe bedürfte eingehender Untersuchung[72], kann hier jedoch auf sich beruhen, da im vorliegenden Zusammenhang allein die – unbestrittene – Existenz dieser zweiten Deliktsgruppe von Belang ist.

cc) Unterlassungsoffene Delikte?

Die dritte Gruppe umfaßt eine große Anzahl von Straftatbeständen, bei denen nach der Tatbestandsfassung eine Begehung durch positives Tun zweifelsfrei, eine solche durch Unterlassen jedoch nicht mit Sicherheit als vom Tatbestand erfaßt anzusprechen ist, bei denen also der Wortlaut allein keinen zwingenden Schluß bezüglich der Unterlassung zuläßt. Zwar kann man für eine Teilgruppe, nämlich für die bereits oben gestreiften Fahrlässigkeitstatbestände nach Art des § 222 das Fehlen einer tatbestandlichen Verhaltenscharakterisierung und die prinzipielle Neutralität des Erfolgs gegenüber der Art seiner Herbeiführung dafür ins Feld führen, daß der Wortlaut die weitgehende Offenheit auch gegenüber einer Deliktsverübung durch Unterlassen zum Ausdruck bringt. Bei den zahlreichen Tatbeständen aber, in denen ein und dasselbe Tatbestandsmerkmal Täterverhalten und Erfolg bezeichnet, sowie bei denjenigen, die neben dem Erfolg eine gesonderte Bezeichnung des Täterverhaltens aufweisen, läßt die Tatbestandsfassung in aller Regel keinen sicheren Schluß auf die Einbeziehung von Unterlassungen zu. Mag für manche Tatbestände die Erstreckung auf bestimmte Unterlassungen nach normalem Sprachempfinden auch durchaus

70 Maurach, Allg. Teil, S. 507; Schönke-Schröder, StGB, § 132a, Rn. 10.

71 Auch Busch, von Weber-Festschrift, S. 192 (195) meint, entgegen weitverbreiteter Ansicht gebe es viele Begehungstatbestände, die durch Unterlassung nicht begangen werden könnten. So spricht vieles dafür, daß beispielsweise unterlassungsfeindlich sind §§ 113 Abs. 1 zweite Alternative („tätlich angreift"), 127 Abs. 1 zweite Alternative („befehligt"), 132, 150 bezüglich der Tatbestandshandlungen „Beschneiden" und „Abfeilen", 151 bezüglich der „Anfertigung", 164 Abs. 1 und 2, 176 Abs. 1 Ziff. 1 erste Alternative, 184 Abs. 1 Ziff. 1.

72 Die mangelnde Klärung vermerkt auch Maurach, Allg. Teil, S. 507.

naheliegen und dem Wortlaut adäquat sein[73], so ist doch für die Mehrzahl der Fälle der Sprachgebrauch des täglichen Lebens ein zu unsicherer Maßstab, um danach definitiv zu entscheiden, ob bestimmte Unterlassungen von der zweifelsfrei auf Handlungen passenden Tatbestandsbeschreibung mitumfaßt sind[74].

Für diese dritte Gruppe insgesamt erbringt demnach die Auslegung allein nach dem Wortlaut keinen zwingenden Schluß für oder gegen die Einbeziehung von Unterlassungen[75, 76].

d) Der objektiv-teleologische Auslegungsbefund

Eine Zwischenbilanz über die bisher erzielten Auslegungsresultate ergibt: Das Ergebnis der Wortlautauslegung ist für sich allein genommen neutral. Sieht man es, wie das für eine nicht einem Methodenabsolutismus huldigende Gesetzesinterpretation selbstverständlich ist, vor dem Hintergrund des oben dargelegten subjektiv-historischen Auslegungsbefunds, wonach Tun und Unterlassen als prinzipiell gleichwertige Formen der Erfolgsherbeiführung zu gelten haben, so erscheint eine negative Aussage dahingehend, die Erfolgsherbeiführung durch Unterlassen sei aus dem Gesetz nicht ableitbar und daher gesetzlich nicht fixiert, ausgeschlossen. Vielmehr ergibt die zusammenfassende Würdigung der beiden bisher vollzogenen Auslegungsschritte eine gewisse, wenn auch noch nicht dominierende Tendenz zugunsten einer Einbeziehung von Unterlassungen in die gesetzlichen Tatbestandsbeschreibungen.

73 Erinnert sei an das Lehrbuchbeispiel der Mutter, die ihr Kind im Sinne des § 212 nicht nur durch Ertränken oder Ersticken, sondern auch dadurch „töte", daß sie ihm die notwendige Nahrung vorenthalte.

74 Hierin liegt ein Unterschied gegenüber der Gruppe der reinen Begehungsdelikte, bei denen bereits die erste Stufe der Auslegung nach dem Wortlaut zu der Erkenntnis führt, daß eine Subsumtion von Unterlassungen unter die das Täterverhalten kennzeichnenden Tatbestandsbegriffe ausgeschlossen ist.

75 Die Unsicherheit des Sprachgebrauchs wird häufig in der Literatur hervorgehoben, vgl. beispielsweise Busch, v. Weber-Festschrift, S. 192 (195); Armin Kaufmann, Dogmatik, S. 281 f. (allerdings teilweise überspitzt); ders., JuS 1961, 173 (175 r.Sp.); Nagler, GS 111, 1 (58); vgl. ferner Engisch, Kausalität, S. 40 (dort in anderem Zusammenhang).

76 Unzutreffend Rudolphi, Gleichstellungsproblematik, S. 70 f., der seine Behauptung, daß die einzelnen Tatbeschreibungen der Begehungsdelikte die unechten Unterlassungen gerade nicht mitumfaßten, sondern allein auf die Verwirklichung durch Begehungen zugeschnitten seien, zu Unrecht auf Armin Kaufmanns Argumentation (Dogmatik, S. 271) gegen H. Mayers Gleichstellungslehre stützt. Kaufmann zeigt lediglich, daß H. Mayer für bestimmte Tatbestände die Gleichstellung von Tun und Unterlassen nicht allein aus dem Wortlaut gewinnt, sondern auf „ein zusätzliches, speziell auf die Unterlassung zugeschnittenes Erfordernis" zurückgreifen muß. Das ist für den Garantietatbestand der unechten Unterlssung insgesamt von Bedeutung, besagt aber nichts über eine Unmöglichkeit, das Tatbestandsstück „Unterlassung" aus zahlreichen StGB-Tatbeständen abzuleiten; Kritik an Rudolphis Behauptung übt jetzt auch H. Mayer, Allgemeiner Teil, S. 75 Anm. 4, s. im übrigen unten Ziff. 3.

Auf der dritten und letzten Stufe des Interpretationsprozesses ist nunmehr zu fragen, zu welchen Resultaten eine objektiv-teleologische Ermittlung des Gesetzessinns führt. Objektiv-teleologisch nach der ratio legis criminalis zu suchen, und zwar nicht im Rahmen der Interpretation einer Einzelnorm, sondern im Hinblick auf eine ganze Deliktsgruppe, bedeutet nichts anderes, als das primäre Ziel unserer Strafrechtsordnung, nämlich den Schutz besonderer von der Rechtsgemeinschaft als hochwertig angesehenen Güter gegen Verletzungen – oder jedenfalls gegen bestimmte Verletzungen – zur Leitlinie der Gesetzesauslegung zu machen. Gemeint ist damit nicht ein einseitiges Anstreben möglichst totaler Pönalisierung von Verhaltensweisen, die für wertwidrig gehalten werden, sondern ein Ernstnehmen des rechtsstaatlichen Schutzauftrags in seiner Begrenzung durch Art. 1 Abs. 1 GG. Anders gesagt: Rechtsgüterschutz unter strenger Beachtung der „fragmentarischen Natur"[77] des Strafrechts ist der Maßstab objektiv-teleologischer Auslegung.

Dieses Kriterium ermöglicht eine Entscheidung der Frage, ob eine Einbeziehung von Unterlassungen oder eine totale Eliminierung derselben bei allen Tatbeständen, die weder reine Begehungs- noch reine Unterlassungsdelikte enthalten, dem objektiven Gesetzessinn entspricht. Der vom Strafrecht bezweckte Rechtsgüterschutz müßte erhebliche, durch seine notwendig fragmentarische Natur keineswegs gebotene oder motivierbare Einbußen erleiden, wollte man in allen Fällen nicht ausdrücklich angeordneter Unterlassungsstrafbarkeit Straflosigkeit annehmen. Allein im Bereich der Tötungs-, Körperverletzungs- und Vermögensdelikte entstünde, wenn man die Straffreiheit sämtlicher Unterlassungen, also auch derjenigen eines Garanten, postulierte, eine willkürliche Lückenhaftigkeit des Rechtsgüterschutzes, die der Schutzverpflichtung eines Rechtsstaats zuwiderliefe. Man täte der Gesetzesauslegung Gewalt an, wollte man unter Berufung auf die weitgehend neutrale Fassung der in Frage kommenden Straftatbestände die strafrechtliche Verantwortlichkeit für Unterlassungen beispielsweise des Arztes gegenüber Patienten[78], der Säuglingsschwester gegenüber Pflegebefohlenen[78], des Lehrers gegenüber seinen Schülern, der Eltern gegenüber ihren Kindern[78], des Vermögensverwalters oder Anwalts gegenüber Klienten bezüglich der durch §§ 263, 266 geschützten Vermögensinteressen leugnen. Derart umfangreiche und ihrem Gewicht nach einschneidende Lücken im strafrechtlichen Rechtsgüterschutz können dem Gesetz nicht als objektiv ermittelbarer Wille unterschoben werden.

---

77 Zum Begriff der fragmentarischen Natur bzw. des fragmentarischen Charakters des Strafrechts vgl. Binding, Lehrbuch, Bd. I, S. 20 ff.; H. Mayer, Strafrecht, S. 56. Das Spannungsverhältnis zwischen dem rechtsstaatlichen Schutzauftrag und der notwendig fragmentarischen Natur des Strafrechts wird im Rahmen der Erörterungen zu Art. 103 Abs. 2 GG noch eine besondere Rolle spielen, vgl. dazu unten im 2. Hauptteil.

78 Jeweils in bezug auf den strafrechtlichen Schutz von Leib und Leben.

e) Die Konvergenz der Auslegungsbefunde

Es ergibt sich eine Konvergenz zwischen subjektiv-historischem und objektiv-teleologischem Auslegungsergebnis: Nach beiden Auslegungsbefunden ist jenseits der Gruppe der reinen Unterlassungs- und der reinen Begehungsdelikte eine dritte Gruppe von Tatbeständen anzuerkennen, bei denen Tun und Unterlassen nebeneinander als Formen der Deliktsverübung gesetzlich anerkannt sind[79]. Daß Lehre und Rechtsprechung fast einhellig seit Jahrzehnten die Strafbarkeit unechter Unterlassungen kraft Gesetzes bejahen, hat seinen Grund in dieser Konvergenz von objektiv-teleologischem und subjektiv-historischem Auslegungsbefund, einer Konvergenz, die mit dem Ergebnis der Wortlautauslegung nicht in Widerspruch steht.

Als Ertrag der Darlegungen zu Ziffer 1. und 2. ist festzuhalten: Falls die Untersuchung des Problems der Unterlassungskausalität kein mit dem bisher ermittelten Ergebnis unvereinbares Resultat zeitigt, ist die gesetzliche Fixierung der Garantietatbestandselemente „Unterlassung“ und „Erfolgseintritt“ zu bejahen.

3. Das bisher erzielte Auslegungsergebnis vor dem Hintergrund des gesamten Unterlassungsgarantietatbestands

Mit dem bisher erzielten Teilresultat ist über die gesetzliche Fixierung anderer Elemente des Garantietatbestands der unechten Unterlassung noch nichts ausgesagt. Umgekehrt bleibt das bisherige Auslegungsergebnis unberührt von der noch offenen Untersuchung der gesetzlichen Fixierung weiterer Merkmale des Garantietatbestands, insbesondere des gewichtigen Tatbestandselements „Garantenstellung“.

Dem wird man vielleicht entgegenhalten, wegen der unentbehrlichen tatbestandseinengenden Funktion der Garantenstellung sei jede Aussage über die Gesetzlichkeit der Strafbarkeit von Unterlassungen nach Tatbeständen unterlassungsoffener Begehungsdelikte voreilig und ungesichert. Nun ist es zweifellos richtig, daß bei den Begehungsdelikten durch die Tatbestandselemente Handlung (plus Kausalität) / Erfolg eine immanente Tatbestandsbegrenzung gegeben ist, während das Tatbestandsstück Unterlassung (= Fehlen einer dem Unterlassenden

---

79 Daß dieses Resultat *Auslegungs*ergebnis ist, stellen die Vertreter der h.L. häufig nicht deutlich genug heraus, wenn von der Anwendbarkeit der Begehungstatbestände auf unechte Unterlassungsdelikte gesprochen wird; insoweit mag es sich um eine Nachwirkung von Naglers problematischer Formulierung („Tatbestands*berichtigung* im Wege zweckorientierter, ausdehnender Textdeutung“, vgl. GS 111, 61) handeln. Klar in der Formulierung hingegen Böhm, JuS 1961, 177 (178 r.Sp.); Engisch, JZ 1962, 192 l.Sp. (allerdings ausdrücklich beschränkt auf Garantenunterlassungen); Meyer-Bahlburg, MschrKrim 1965, 251 und Anm. 15.

möglichen erfolgsabwendenden Handlung) / Erfolgseintritt eine Vielzahl von Unterlassungen aus dem Tatbestandsbereich nicht auszuscheiden vermag, obwohl diese im Unrechtsgehalt einem erfolgsverursachenden Tun nicht gleichstehen. Hieraus läßt sich jedoch kein Einwand gegen das erzielte Ergebnis herleiten. Da sich im Wege der Auslegung ergeben hat, daß für die Gruppe der unterlassungsoffenen Tatbestände das Gesetz Tun und Unterlassen nebeneinander als Formen der Deliktsverübung anerkennt, ist die prinzipielle tatbestandliche Gleichstellung von Tun und Unterlassen nachgewiesen, und es ist nur noch zu fragen, ob die notwendige Begrenzung des Unterlassungstatbestands und damit auch der Unterlassungsstrafbarkeit durch andere gesetzlich fixierte Tatbestandselemente gewährleistet ist. Sollte sich im weiteren ergeben, daß das Tatbestandsmerkmal „Garantenstellung" zwar den Tatbestand in der gebotenen Weise zu begrenzen vermag, aber an dem Mangel leidet, gesetzlich nicht fixiert zu sein, so wäre gegen den Garantietatbestand *insgesamt* der Einwand der Lückenhaftigkeit sowie der mangelnden gesetzlichen Präzisierung zu erheben. Es wäre dann zwar die Art und Weise der gesetzlichen Anordnung der Strafbarkeit von Unterlassungen gemäß unterlassungsoffenen Tatbeständen verfassungsrechtlich zu mißbilligen, nicht aber würde dadurch rückwirkend in Frage gestellt, daß das Gesetz eine solche Strafbarkeit anordnen wollte.

3. Kapitel

Das Problem der Unterlassungskausalität und seine Relevanz für die gesetzliche Fixierung der Unterlassungsgarantietatbestände

I. Die Thesen Bockelmanns und Grünwalds als Anknüpfungspunkt der weiteren Erörterung

Die bisher ausgeklammerte Frage der Unterlassungskausalität, genauer: eines ursächlichen Zusammenhangs zwischen Unterlassung und Erfolg, ist Gegenstand dieses Kapitels, allerdings nur insoweit, als die Beantwortung dieser Frage von Bedeutung für die gesetzliche Fixierung der Garantietatbestandsmerkmale Unterlassung und Erfolg ist. Unter diesem Blickwinkel spielt die Unterlassungskausalität keineswegs nur dort eine Rolle, wo die gesetzliche Tatbestandsfassung ausdrücklich von „Verursachen" oder „Bewirken" spricht. Vielmehr werfen alle unterlassungsoffenen Begehungstatbestände, bei denen nach gesicherter Auslegung die Tatbestandserfüllung durch ein Tun dessen Ursächlichkeit für einen bestimmten Erfolg voraussetzt, die Frage auf, ob das gleiche ohne weiteres in bezug auf ein Unterlassen angenommen werden kann. Wer grundsätzlich bestreitet, daß menschliches Unterlassen ursächlich werden könnte für Veränderungen in der Außenwelt, wird schon aus diesem Grunde eine Subsumtion von Unterlassungen unter die Begehungstatbestände des StGB ablehnen.

In neuerer Zeit haben in erster Linie *Bockelmann*[80] und *Grünwald*[81] das Problem der Unterlassungskausalität in direkte Beziehung zu Art. 103 Abs. 2 GG gebracht[82]. So schreibt Bockelmann: „Somit muß eingeräumt werden, daß die Unterlassung nicht kausal ist. Dann bedeutet aber die Bestrafung der Begehung durch Unterlassen, daß die Verursachungstatbestände *auch*[83] auf solche Verhaltensweisen angewendet werden, die *nicht*[84] in der ursächlichen Herbeiführung von Erfolgen bestehen . . . Es läßt sich also nicht leugnen, daß bei der Bestrafung der Begehung durch Unterlassen eine über den Wortlaut der gesetzlichen Tatbestände hinausgehende extensive Interpretation des Strafgesetzes stattfindet. ‚Die Tatbestände der unechten Unterlassungsdelikte sind . . . nur zum Teil

80 Eberhard Schmidt-Festschrift, S. 437 (448 ff.).

81 ZStW 70 (1958), 412 f.; ders., Das unechte Unterlassungsdelikt, S. 44, 68 f.

82 Daß auch die alte dogmatische Kontroverse um die Unterlassungskausalität vor dem Hintergrund des Analogieverbots zu sehen ist (Androulakis, Problematik, S. 171), ist eine naheliegende Annahme.

83 Hervorhebung im Original.

84 Hervorhebung im Original.

gesetzliche, zum Teil dagegen richterlich zu bildende Tatbestände' "[85]. Auch Grünwald vertritt die Auffassung, die Tatbestände unseres gegenwärtigen Strafgesetzbuchs seien so gefaßt, daß sie durch Unterlassungen nicht erfüllt werden könnten. Wer es unterlasse, einen anderen vor dem Tode zu retten, könne nicht einen Tatbestand erfüllen, der die Merkmale der Verursachung des Todes eines Menschen enthalte. Subsumiere man gleichwohl eine solche Unterlassung unter einen Begehungstatbestand, so wende man in Wahrheit nicht die Tatbestände an, so wie sie das StGB enthalte, sondern ungeschriebene Tatbestände, die freilich in einem Zusammenhang mit den gesetzlichen Tatbeständen stünden[86].

Die Thesen Bockelmanns und Grünwalds müssen im Hinblick auf die gesetzliche Fixierung der Garantietatbestände unechter Unterlassungsdelikte ernst genommen werden[87]. Wenn sich diese Thesen verifizieren ließen, wäre die Konsequenz wohl unausweichlich, daß die Strafbarkeit unechter Unterlassungsdelikte gegen Art. 103 Abs. 2 GG verstößt. Denn wenn Unterlassungen wirklich nicht kausal für Erfolge werden können[88], so würde die Bestrafung von Unterlassungen auf Tatbestände gestützt, deren Kausalitätsmerkmal auf Unterlassungen überhaupt nicht anwendbar wäre. Von der Unterlassung her gesehen hieße das: Zwischen ihrem Garantietatbestand und den gesetzlich fixierten unterlassungsoffenen Begehungstatbeständen bestünde keine Kongruenz, weil das Merkmal des Kausalzusammenhangs zwischen Unterlassung und Erfolgseintritt aus dem Unterlassungsgarantietatbestand zu eliminieren und durch ein Merkmal hypothe-

85 Eberhard Schmidt-Festschrift, S. 452 f.

86 ZStW 70 (1958), 412 f.; Das unechte Unterlassungsdelikt, S. 44, vgl. dort auch S. 10 u. Anm. 3: „Eine Kausalität der Unterlassung gibt es dagegen nicht. Deshalb sind Unterlassungen nicht geeignet, die gesetzlichen Tatbestände, die auf Handlungen zugeschnitten sind, zu erfüllen."

87 Bezüglich der verfassungsrechtlichen Konsequenzen muß diese Untersuchung die referierten Thesen ernster nehmen, als dies ihre Urheber tun. So meint Bockelmann, obwohl er die Aussage Welzels übernimmt, daß die Tatbestände der unechten Unterlassungsdelikte nur zum Teil gesetzliche Tatbestände seien, insoweit handele es sich um erweiternde Auslegung (extensive Interpretation) des Strafgesetzes, und es möge zulässig sein, „dem Richter gelegentlich Dispens vom Analogieverbot zu erteilen" (a.a.O., S. 452 f.). Widersprüchlich sind die Ausführungen Grünwalds, der mit seiner apodiktischen Feststellung, die Tatbestände des StGB könnten durch Unterlassungen nicht erfüllt werden, scheinbar ein Auslegungsresultat mitteilt, an anderer Stelle aber die Ansicht vertritt, daß nach der Auffassung des Gesetzgebers auch der Unterlassende töte, so daß keine Garantie des Staatsbürgers verletzt sei, wenn man ihn wegen Totschlags bestrafe (ZStW 70, 417 f.; Das unechte Unterlassungsdelikt, S. 68 f.).

88 Oder wenn die Unterlassungskausalität von anderer Qualität als die Begehungskausalität wäre, wie das jüngst wieder Welp unter Berufung auf die allein dem Tun eignende „Erhaltungs- und Auslösungskausalität des energievollen Bewirkens" behauptet (Vorangegangenes Tun, S. 168 ff. [170]). S. dazu unten II. 2.

tischer quasikausaler Verknüpfung zu ersetzen wäre, das im gesetzlich fixierten Tatbestand keine Deckung fände.

Zur Diskussion der Thesen Bockelmanns und Grünwalds ist es nicht notwendig, die alte dogmengeschichtliche Kontroverse um die Kausalität von Unterlassungen, die für die heute überwiegende Meinung zu den unfruchtbarsten dogmatischen Streitfragen überhaupt zählt[89], in ihrer gesamten Breite und mit all ihren Spitzfindigkeiten wieder aufzurollen[90]. Es genügt, die referierten Thesen auf die Tragfähigkeit ihrer Prämissen zu untersuchen und, soweit im Rahmen dieser Überlegungen notwendig, das Problem der Ursächlichkeit von Unterlassungen zu erörtern. Die zu diskutierenden Prämissen lauten:

Erstens: Der Unterlassung ermangele im Gegensatz zum Tun jegliche Kausalität.

Zweitens: Abgesehen von vereinzelten Fällen gesetzlich ausdrücklich geregelter Unterlassungsstrafbarkeit sei den Straftatbeständen eine verbindliche gesetzliche Entscheidung zugunsten eines Kausalbegriffs zu entnehmen, der sich allein auf die Verknüpfung von positivem Tun und Erfolg beziehe.

II. Die Kausalität von Handlungen und Unterlassungen

1. Der Begriff der Kausalität bei den Normalfällen der aktiven Begehung

a) *Die condicio-sine-qua-non-Formel. Kausalität als naturgesetzmäßige Verbundenheit*

Zu Beginn verschafft man sich zweckmäßigerweise Gewißheit über den Kausalbegriff, der bei der Beurteilung strafbaren Tuns zugrundegelegt und dessen Anwendbarkeit auf Unterlassungen bestritten wird. Die herrschende, von der gerichtlichen Praxis akklamierte Lehre verweist auf die condicio-sine-qua-non-Formel[91], jedoch zu Unrecht, da diese Formel den strafrechtlichen Ursachen-

89 Vgl. v. Liszt-Schmidt, Lehrbuch des deutschen Strafrechts, S. 135, ferner Maurach, Allg. Teil, S. 500: „Wirklichkeitsfremde und unergiebige Streitfrage, die die deutsche Strafrechtswissenschaft unnötig belastete".

90 Zur Dogmengeschichte vgl. Nagler, GS 111, 1 (28 ff.); Rudolphi, Gleichstellungsproblematik, S. 7 ff.; Kessler, Tatbestandsmäßigkeit, S. 26 ff.; Traeger, Unterlassungsdelikte, S. 27 ff. Zum Streitstand in neuerer Zeit vgl. die ausführlichen Nachweise bei Welp, Vorangegangenes Tun, S. 166, Anm. 107 und 108. Nachzutragen ist Rödig, der in der Unterlassungskausalität sogar den leichter erfaßbaren Regelfall erblickt (Die Denkform der Alternative, S. 125 ff.), s. dazu unten II 1 b).

91 Vgl. Maurach, Allg. Teil, S. 167 ff.; Schönke-Schröder, StGB, Vorbem., Rn. 57 ff., jeweils m.w.Nw.

begriff nicht umschreibt, sondern voraussetzt[92]. Den bei dem Verweis auf die Formel vorausgesetzten Ursachenbegriff könnte man in allgemeiner Form folgendermaßen definieren: Als Ursache wird eine solche Gegebenheit bezeichnet, die nach bestimmten Gesetzen zeitlich nachfolgende andere Gegebenheiten mit Notwendigkeit hervorbringt[93]. Verständigt man sich darauf, nur eine naturgesetzlich begründete Notwendigkeit der Hervorbringung zuzulassen, kann man formulieren: ursächlich ist ein Antecedens, welches das Konsequens gemäß den Naturgesetzen hervorgebracht hat. Auf der Grundlage eines solchen Verständnisses von Kausalität hat *Engisch* für die ursächliche Beziehung zwischen einem menschlichen Verhalten als Antecedens und einem tatbestandsmäßigen Erfolg als Konsequens die Formel der gesetzmäßigen Bedingung entwickelt. Bezogen auf ein positives Tun lautet sie: Ein Verhalten erweist sich dann als ursächlich für einen nach einem bestimmten Straftatbestand abgegrenzten konkreten Erfolg, wenn sich an jenes Verhalten als zeitlich nachfolgend Veränderungen in der Außenwelt angeschlossen haben, die mit dem Verhalten und untereinander in ihrer Aufeinanderfolge naturgesetzmäßig verbunden waren und die ausgemündet sind in irgendeinen Bestandteil des konkreten Sachverhalts, der dem Strafgesetz gemäß als Erfolg abgegrenzt ist[94]. Für den Bereich des positiven Tuns erscheint dieser Kausalitätsbegriff auf Anhieb als brauchbar[95]: Eine Handlung des Täters war ursächlich für den tatbestandsmäßigen Erfolg, wenn dessen Eintritt gemäß den Naturgesetzen von eben diesem Tun abhängig war.

b) Der Kausalitätsbegriff Rödigs

Bevor der Frage nachgegangen werden kann, ob dieser Kausalitätsbegriff auch auf Unterlassungen anwendbar ist, muß auf die Kritik *Rödigs* gegenüber der Formel der gesetzmäßigen Bedingung und seinen eigenen Kausalitätsbegriff

92 Es ist erstaunlich, daß diese auf Engisch (Kausalität, S. 18 f.; Weltbild, S. 130) zurückgehende Erkenntnis häufig negiert wird (richtig hingegen in neuerer Zeit Arthur Kaufmann, Eberhard Schmidt-Festschrift, S. 210; Rödig, Die Denkform der Alternative, S. 118). Dabei läßt die Anwendung der condicio-sine-qua-non-Formel auf jeden beliebigen Begehungsfall unschwer erkennen, daß sich aus ihr nur folgende tautologische Aussage ergibt: Das Wegdenken der Handlung nötigt, wenn diese kausal für den Erfolg war, zum Wegdenken des Erfolges, und daher ist die Handlung für den Erfolg kausal. Ob das Wegdenken des Antecedens zum Fortfall des Konsequens führt, läßt sich eben nur „anhand der Kausalkategorie" (Engisch, Kausalität, S. 18) beantworten. Wenn Androulakis, Problematik, S. 87 ff. (90) zu den Darlegungen von Engisch bemerkt, die condicio-sine-qua-non-Formel setze nicht die Kausalität, sondern die Gesetzmäßigkeit voraus, so dürfte er entgegen seiner eigenen Überzeugung mit Engisch übereinstimmen, dem ja gerade die Formel der gesetzmäßigen Bedingung zu verdanken ist, vgl. dazu unten im Haupttext.

93 Formulierung in Anlehnung an E.A. Wolff, Kausalität, S. 11.

94 Kausalität, S. 21.

95 Zu problematischen Begehungsfällen vgl. unten II 2.

eingegangen werden, von dem er behauptet, er löse das Scheinproblem der Unterlassungskausalität. In seiner Untersuchung über die Denkform der Alternative kommt Rödig u.a. zu dem Ergebnis, daß ein Verhalten, das nicht als Unterlassung angesehen werden könne, nicht kausal sei, daß es demnach eine Kausalität der Unterlassung nicht nur gebe, sondern daß sie sogar die ausnahmslose Regel sei[96]. Der Autor hält es für eine Frage lediglich des Standpunkts, ob man anstatt von der Kausalität des Tuns von einer Kausalität des Unterlassens spreche[97].

Um diese Aussagen Rödigs einordnen und richtig würdigen zu können, muß man auf seine Definitionen der Begriffe Unterlassen, Handlung, Verhalten, Kausalität zurückgreifen. So wird der Begriff des „Verhaltens" definiert „als jeder durch eine Zeitstelle und den Körper eines und desselben Lebewesens bestimmte Ausschnitt einer Welt"[98]. Die Menge der Verhalten, die für ein und dasselbe Lebewesen, insbesondere für einen Menschen jeweils in Frage kommen, nennt Rödig „Verhaltensspielraum"[99]. Von hier aus gelangt er zu seiner Definition der Unterlassung, für die charakteristisch ist, daß die Unterlassung nicht per se, sondern im Zusammenhang mit dem unterlassenen Verhalten, das heißt als „eine Beziehung über zwei Verhalten" definiert wird: „s_1 ist eine Unterlassung von s_2 genau dann, wenn s_1 zum selben Verhaltensspielraum wie s_2 gehört und sich von s_2 unterscheidet"[100]. Von dieser definitorischen Basis aus kommt Rödig zu dem Ergebnis, daß Tun und Unterlassen dem Begriff des Verhaltens unterfielen[101] und daß ein Verhalten, sofern der betreffende Mensch sich zur gleichen Zeit auch anders hätte verhalten können, gleichzeitig als Tun und Unterlassen angesehen werden könne[102].

96 Die Denkform der Alternative, S. 126.

97 A.a.O., S. 129.

98 A.a.O., S. 78.

99 A.a.O., S. 79.

100 A.a.O., S. 89, 85.

101 A.a.O., S. 98.

102 Beispiel des Geigers a.a.O., S. 85 f. Übrigens ist Rödig auf diese Weise sogar in der Lage, Tun und Unterlassen im Oberbegriff der Handlung zusammenzufassen, die er wie folgt definiert: „Ist s_1 ein Verhalten und gibt es wenigstens ein s_2, das zum selben Verhaltensspielraum wie s_1 gehört und sich von s_1 unterscheidet, so sagen wir: s_1 ist eine Handlung" (a.a.O., S. 98). Vergleicht man diese Definition der Handlung mit der oben referierten der Unterlassung, so zeigt sich, da die Bedingungen der Zugehörigkeit zum selben Verhaltensspielraum und die der Nichtidentität von s_1 und s_2 in beiden Fällen vorliegen, daß der Unterlassungsbegriff im Handlungsbegriff aufgeht. So wird auch Rödigs weitere, zunächst überraschende Aussage verständlich: „Ist s_1 eine Unterlassung von s_2, so ist s_1 eine Handlung und ist s_2 eine Handlung" (a.a.O., S. 98).

Diesen Begriff der Unterlassung setzt Rödig voraus, wenn er Kausalität im juristischen Sinne[103] durch die Kurzformel umschreibt: „Wer sich so verhalten konnte, daß ein Sachverhalt, der eingetreten ist, nicht eingetreten wäre, der hat diesen Sachverhalt verursacht"[104]. Da die in dieser Kausalitätsformel angesprochene Verhaltensalternative zugleich Kern der Definition der Unterlassung ist, wird Kausalität für Rödig automatisch primär zu einer solchen der Unterlassung und erst mittelbar auch zu einer solchen des Tuns.

Es muß bezweifelt werden, daß Rödig mit diesen Darlegungen wirklich über den bisherigen Streitstand bezüglich der Unterlassungskausalität hinausgelangt oder gar, wie er selbst glaubt, dieses Problem endgültig löst. Etwas überspitzt könnte man sagen, daß Rödig Begehungs- und Unterlassungskausalität dadurch zur Harmonie bringt, daß er bei der Begehungskausalität ihr Kernstück, nämlich den naturgesetzmäßigen Zusammenhang zwischen Tun und Erfolg[105] als unwichtig eliminiert: „Fragt man ..., ob das Verhalten Jemandes kausal ist für einen bestimmten Erfolg, so sind ja bereits beide Sachverhalte bekannt. Der Jurist hat keinen Anlaß, darüber zu räsonieren, ob zwischen dem Verhalten und dem Erfolg ein naturgesetzlicher Zusammenhang obwaltet. Daß ein solcher Zusammenhang mit Sicherheit besteht, dies konnten die beiden Sachverhalte gar nicht besser als durch ihren Eintritt beweisen. Der Jurist interessiert sich denn auch weniger für diese Sachverhalte selbst als vielmehr für deren Alternativen. Hinsichtlich dieser Alternativen freilich wird die Frage nach dem naturgesetzlichen Zusammenhang gestellt. Es kommt darauf an, ob, falls an Stelle des früheren Sachverhalts ein anderer gestanden hätte, an Stelle des späteren ein anderer eingetreten wäre. Diesmal sind nun in der Tat nicht beide Sachverhalte bekannt, und insofern ist es eben sinnvoll, nach dem naturgesetzlichen Zusammenhang zu fragen"[106].

Diese Darlegungen leuchten nach Rödigs eigenen Gedanken nicht ein. Wenn zwischen Sachverhalten, die zur selben Welt gehören, der naturgesetzliche Zusammenhang offensichtlich vorhanden ist, wenn also jeder Sachverhalt, der auf einen früheren folgt, mit diesem auf naturgesetzliche Weise zusammenhängt[107], wenn demnach alles Frühere für alles Spätere kausal ist, hat zwar ein Räsonnement darüber, ob zwischen Verhalten und Erfolg ein naturgesetzlicher Zusammenhang besteht, keinen Sinn, aber dann ergibt sich auch kein Anlaß,

---

103 Rödig scheidet Kausalität als juristische Kategorie scharf von der naturwissenschaftlichen (verstanden als naturgesetzlicher Zusammenhang), indem er ein Denken in Alternativen nur für jene, nicht für diese für sinnvoll erklärt (a.a.O., S. 120).

104 A.a.O., S. 125, dort auch die genaue Kausalitätsdefinition.

105 Also nach der Auffassung derer, die einem ontologischen Kausalitätsbegriff anhängen: das Reale. Vgl. dazu unten II 2.

106 Denkform der Alternative, S. 120.

107 So Rödig, a.a.O., S. 118 f.

nach Alternativen zu suchen und für diese die Frage nach dem naturgesetzlichen Zusammenhang zu stellen. Rödig freilich sieht die Sache anders: „Fragen wir, ob das Verhalten Jemandes ursächlich war für einen bestimmten Erfolg, so kommen wir nicht um ein Denken in Alternativen herum. Wir setzen diesem Verhalten vielmehr eine ... Alternative entgegen und entscheiden, ob sich an diese Alternative eine Alternative auch des Erfolgs knüpft. Die Weise *dieser Verknüpfung*[108] ist die des naturgesetzlichen Zusammenhanges"[109, 110].

Rödig verlagert die Frage nach dem naturgesetzlichen Zusammenhang also auf die Beziehung zwischen alternativem Verhalten und alternativem Erfolg.

Die Konsequenz dieser Problemverlagerung sei an einem Beispiel illustriert: A schüttet um 9.00 Uhr ein sofort wirkendes tödliches Gift in die mit Kaffee gefüllte Tasse des B (s_1). B trinkt in einem Zug die Tasse leer. Um 9.01 Uhr sinkt er tot zusammen (s_2). Alternative: A zieht um 9.00 Uhr das Uhrwerk einer Spieluhr auf (s_3). Die Spieluhr beginnt zu spielen. Um 9,01 Uhr lächelt B beglückt, als er seine Lieblingsmelodie erkennt (s_4). Rödigs Formel für die Ermittlung der Kausalität zwischen Giftbeibringung durch A und Tod des B lautet in ihrer präzisen Form: „s_1 ist genau dann kausal für s_2, wenn es wenigstens ein s_3 und wenigstens ein s_4 gibt, dergestalt, daß s_1 nicht später als s_2 ist, s_1 und s_2 gleichweltig sind, s_3 und s_4 gleichweltig sind, s_3 eine Unterlassung von s_1 und s_4 eine Alternative von s_2 ist"[111]. Die Bedingungen dieser Formel sind im Beispielsfall erfüllt. Also wird nach Rödig durch die Existenz der Alternative „Aufziehen der Musikuhr durch A/Lächeln des B" die Kausalität der Giftbeibringung durch A für den Tod des B bewiesen.

Es ist nicht ersichtlich, inwiefern diese umständliche Art der Kausalitätsermittlung dem traditionellen Verfahren[112] überlegen wäre. Daß es keineswegs nur eine Frage des Geschmacks ist, welchem der beiden Kausalitätsbegriffe man den Vorzug gibt, sondern daß differierende Resultate unvermeidlich sind, zeigen Rödigs Erörterungen zum Fall OGH SJZ 1949, Sp. 347 ff.: Rödig bezeichnet das Verhalten der angeklagten Ärzte gegenüber den Geisteskranken, die auch im Fall

108 Im Original nicht hervorgehoben.

109 Denkform der Alternative, S. 123.

110 Erneut ist kritisch zu fragen, wieso bei Rödigs weitem Verständnis des naturgesetzlichen Zusammenhangs, demzufolge alles (gleichweltige) Spätere aus allem (gleichweltigen) Früheren hervorgeht, die Bejahung des naturgesetzlichen Zusammenhangs Schwierigkeiten bereiten soll; es brauchte doch nur festgestellt zu werden, daß das alternative Verhalten dem alternativen Erfolg vorausgeht.

111 Denkform der Alternative, S. 125.

112 Nach dem traditionellen Verfahren kommt es im obigen Beispielsfall darauf an nachzuweisen, daß der von A in den Kaffee geschüttete Stoff ein Gift darstellte, dieses in tödlicher Dosis dem Kaffee zugefügt wurde und daß B nicht „per Zufall" aus einem ganz anderen Grunde, z.B. wegen plötzlichen Versagens seines altersschwachen Herzens, gestorben ist.

des Ungehorsams der Ärzte ums Leben gekommen wären, weil SS-Ärzte sie selektiert hätten, als nicht kausal für den Tod[113]. Das entspricht zwar seiner Kausalitätsformel, weil er zum Tod des Opfers (s_2) keine Alternative (s_4) findet, steht aber im Widerspruch zur natürlichen und auch zur geläufigen juristischen Kausalauffassung. Und in der Tat: Niemand anders als die Ärzte hat die Geisteskranken getötet[114].

Zusammenfassend ist zu sagen: Die Alternative als Denkform mag in zahlreichen Gebieten der Rechtswissenschaft eine bereichernde, ja nützliche Funktion entfalten. Ihr zuliebe die naturgesetzliche Verbundenheit realer Geschehensabläufe aus dem Kausalitätsbegriff zu eliminieren und statt dessen auf die potentielle naturgesetzliche Verbundenheit eines alternativen Ablaufs abzustellen, wäre ein sachlich nicht begründbares Opfer und zugleich ein Verlust eines wichtigen Stücks Realität im juristischen Kausalitätsbegriff, der damit mehr Distanz zum allgemeinen Kausalitätsverständnis erhielte als notwendig.

2. Der Kausalitätsbegriff der naturgesetzlichen Verbundenheit in seiner Anwendbarkeit auf Unterlassungen

Ist somit trotz der Einwände Rödigs für den Bereich positiven Tuns an einem Kausalitätsbegriff festzuhalten, der auf die naturgesetzliche Verbundenheit zwischen Tun und Erfolg abstellt, so ist nunmehr zu fragen, ob dieser Kausalitätsbegriff auch die Beziehung zwischen einem Antecedens, das eine Unterlassung darstellt, und dem Eintritt des tatbestandsmäßigen Erfolgs deckt. Die Gegner einer Unterlassungskausalität bestreiten das mit Vehemenz und führen für ihre Auffassung das Argument ins Feld, ein naturgesetzlicher Wirkungszusammenhang zwischen der nur gedachten, nicht realisierten erfolgsabwendenden Handlung und dem real eingetretenen Erfolg könne unmöglich

113 Denkform der Alternative, S. 123 sowie 75.

114 Vgl. bezüglich der Bedeutung hypothetischer Erfolgsursachen in vergleichbaren Fällen Arthur Kaufmann, Eberhard Schmidt-Festschrift, S. 207 f.

115 Aus der Vielzahl einschlägiger Zitate seien hier die knappen Formulierungen Arthur Kaufmanns herausgegriffen: „Wenn, um das alte Beispiel zu gebrauchen, das von der Mutter nicht genährte Kind stirbt, dann ist hier der Tod (wie könnte es auch anders sein!) die kausale Folge eines realen, tatsächlichen, positiven Geschehens: das Kind ist, kurz gesagt, verhungert. Daß es nicht verhungert *wäre*, wenn die Mutter ihre Pflicht erfüllt *hätte*, hat mit der Kausalität nichts zu tun. Die Kausalität kann nicht in einem Irrealis Plusquamperfecti liegen. Die Unterlassung als solche ist daher niemals kausal. Die Vorstellung, zwischen einem Nichttun (also etwas Nicht-Realem) und einem Ereignis in der Wirklichkeit könne ein Kausalzusammenhang bestehen, konnte überhaupt nur auf der Grundlage der Auffassung erwachsen, daß die Kausalität nichts Reales, sondern nur etwas im Denken Existierendes sei" (Eberhard Schmidt-Festschrift, S. 213 f.).

angenommen werden[115]. In der klassischen Formulierung „ex nihilo nihil fit" hat diese Argumentation ihren prägnantesten Ausdruck gefunden[116].

Engisch selbst ist trotz dieses naheliegenden und gravierenden Einwands der Auffassung, seine Kausalitätsformel sei auch auf Unterlassungen anwendbar[117]. Aus dem Satz, daß ein geeignetes Tun (erfolgsabwendende Handlung) gesetzmäßig mit dem Nichteintritt des tatbestandsmäßigen Erfolges verbunden ist, gewinnt er durch logische Umkehrung die Aussage, daß die Unterlassung dieses Tuns mit dem Eintritt des tatbestandsmäßigen Erfolges ebenfalls gesetzmäßig verbunden sei[118].

Bei näherem Zusehen ergibt sich allerdings, daß Engisch den Begriff der Gesetzmäßigkeit bei Tun und Unterlassen in verschiedenem Sinn verwendet. Während er im Bereich des positiven Tuns die Gesetzmäßigkeit so versteht, daß auf ihr die Hervorbringung des Konsequens durch das Antecedens beruht, verwendet er für die Unterlassung gerade die Negation dieses Begriffs von Gesetzmäßigkeit: Weil die naturgesetzlich mögliche Kausalkette Rettungshandlung – Erfolgsverhinderung *nicht* in Gang gesetzt wurde, trat (aufgrund anderer Ursachen und anderer gesetzmäßiger Beziehungen) der Erfolg ein. Bei der Unterlassung läßt Engisch also die Nichtrealisierung der *naturgesetzlich möglichen* Rettung genügen, um von naturgesetzmäßiger Verbundenheit zwischen Unterlassung und tatbestandsmäßigem Erfolg zu sprechen. Eine solche Weite des Begriffs der naturgesetzmäßigen Verbundenheit ist natürlich möglich, entspricht aber wohl nicht dem Sprachgebrauch innerhalb der Naturwissenschaften selbst[119]. Jedenfalls würden die Anhänger der Doktrin „ex nihilo nihil fit" darauf verweisen können, daß auch auf dem von Engisch beschrittenen Weg die Einbeziehung bloß hypothetischer Kausalverläufe nicht vermieden werden könne – denn um nichts anderes handelt es sich bei der Frage, ob dem Garanten eine „geeignete" Rettungshandlung möglich gewesen wäre[120] – und daß deshalb ihr oben dargestellter prinzipieller Einwand fortbestehe.

Bei diesem Streitstand sind weitere Überlegungen unumgänglich. Die Aussage, das unterlassene Tun stehe in keinem naturgesetzlichen *Wirkungs*zusammenhang mit dem Erfolg, ist richtig, sofern man unter der Bewirkung eines Erfolges nur die Entfaltung von Kraft in Richtung auf den tatbestandsmäßigen Erfolg,

---

116 Vgl. demgegenüber Naglers beißende Charakterisierung: „verwüstendes Axiom", vgl. GS 111, 1 (30).

117 Vgl. Kausalität, S. 29 ff., ferner ders., Weltbild, S. 135 sowie aus jüngster Zeit ders., v. Weber-Festschrift, S. 264 f.

118 Kausalität, S. 30.

119 Das räumt auch Engisch, Weltbild, S. 135 ein.

120 Engisch selbst hält mit Recht diese hypothetische Kausalitätsfrage für unvermeidlich, wie seine bezeichnende Bemerkung „insofern läßt sich hier der Irrealis nicht vermeiden" zeigt (Kausalität, S. 27 Anm. 6 i.V.m. Anm. 2).

allgemeiner gesagt, die Ingangsetzung einer auf den Erfolg zielenden Ursachen*kette* versteht. Zur Bezeichnung dieser Prämisse des ex-nihilo-nihil-fit-Einwands soll im folgenden in bewußter Anlehnung an die offensichtlich zum Vorbild genommene ehrwürdige causa efficiens der Begriff „wirkende Kausalität" gebraucht werden[121].

Ohne das umstrittene Gefilde der Unterlassungen zu betreten, läßt sich zeigen, daß der Begriff der wirkenden Kausalität bereits für den Bereich des positiven Tuns zu eng ist. Wer einen Nichtschwimmer mit Tötungsabsicht ins tiefe Wasser stößt, kann seinen ruchlosen Plan unter anderem nur deshalb erfolgreich ausführen, weil die menschliche Lunge so beschaffen ist, daß sie Sauerstoff nur aus der Luft, nicht aber aus dem Wasser gewinnen kann. Oder negativ: X mißlingt die geplante Tötung des Y durch Erschießen, weil dieser eine kugelsichere Weste trägt. Auch die auf der Doktrin ex nihilo nihil fit beharrende Auffassung wird in diesen Fällen nicht leugnen können, daß im ersten Fall die Beschaffenheit der menschlichen Lunge für den Tod, im zweiten Fall die Härte der Weste für das Scheitern der Tötung ursächlich waren. Zwar sind derartige Eigenschaften und Zustände für sich allein genommen nicht in der Lage, den Erfolg herbeizuführen, sondern vermögen ihre kausale Wirkung nur im Zusammenspiel mit anderen Teilursachen zu äußern. Das ändert jedoch, wenn man mit der ganz herrschenden Meinung das Äquivalenzprinzip zugrundelegt, nichts an ihrer Ursächlichkeit[122]. Mit anderen Ursachen zusammen bilden sie, wie man sagen könnte, ein „Ursachen*bündel*", das gerade durch das Zusammenwirken seiner Einzelteile für den Geschehensverlauf entscheidend wird. Vermögen also Eigenschaften oder Zustände allein nicht einen Erfolg hervorzubringen, so erweist sich ihre naturgesetzliche Verbundenheit mit dem Erfolg doch in den Fällen, in denen sie zu bestimmten Außenweltsveränderungen hinzutreten und erst durch eben dieses Hinzutreten den Erfolgseintritt ermöglichen[123]. Man mag diese Form der Ursächlichkeit „ermöglichende Kausalität" nennen, wenn man den gegenüber der wirkenden Kausalität anders gearteten Einfluß auf den Erfolg hervorheben will[124].

---

121 Den Begriff des „energievollen Bewirkens" gebraucht jetzt auch Welp zur Bezeichnung der Kausalität des Tuns, vgl. Vorangegangenes Tun, S. 170. Kern des Bewirkens ist für ihn „die vom Tun ausgehende reale Kraftbeziehung" (a.a.O., S. 169). Abweichend wird der Begriff des „Bewirkens" von E.A. Wolff gerade zur Kennzeichnung derjenigen Veränderungen benutzt, an denen der Mensch mit seinem verständigen Willen beteiligt ist; Wolff bezeichnet ihn als Synonym von „Kausalität aus Freiheit" und unterscheidet ihn von der „einfachen Kausalität" (Kausalität, S. 8).

122 Vgl. zur Problematik des Übergangs von der Gesamtursache zu den Einzelbedingungen Engisch, Kausalität, S. 32 ff. sowie aus neuerer Zeit E.A. Wolff, Kausalität, S. 15 ff.; Rödig, Die Denkform der Alternative, S. 112 ff.

123 Im Gegensatz zur Ursachenkette ist es für das Ursachenbündel charakteristisch, daß die ihm angehörenden Faktoren gegenseitig nicht notwendig durch wirkende Kausalität verbunden sind.

Doch ist die Frage der Terminologie nebensächlich; jedenfalls ist nicht einzusehen, weshalb eine ontologische Kausalitätsauffassung wie die hinter der ex-nihilo-nihil-fit-Doktrin stehende, welche die Rückführbarkeit einer Außenweltsveränderung auf bestimmte Antecedentien kraft eines naturgesetzlich zu erklärenden Realzusammenhangs als entscheidendes Kriterium der Ursächlichkeit ansieht, statische Faktoren aus der Kausalitätsermittlung sollte ausklammern dürfen. Die alleinige Orientierung an Kraftentfaltungen muß als Relikt allzu mechanistischer Vorstellungen über den Ablauf von Naturvorgängen erkannt und überwunden werden.

Es hat den Anschein, als sei mit diesen Überlegungen der Boden bereitet, um auch die Kausalität von Unterlassungen bejahen zu können. Denn vom Verhalten des Unterlassungstäters läßt sich sagen, daß es zwar nicht in Form wirkender Kausalität den Erfolg herbeiführt, wohl aber in der Form der ermöglichenden Kausalität die Rechtsgutsverletzung möglich macht.

Zu den naturgesetzmäßig notwendigen Voraussetzungen für den Erfolgseintritt, so könnte man sagen, gehört unter anderem der Umstand, daß der Garant diese Verletzung nicht verhindert hat, obwohl er zu einer erfolgsabwendenden Handlung in der Lage gewesen wäre. Doch der Konjunktiv in der Formulierung

---

124 Daß jedenfalls Engisch die ermöglichende Kausalität in seinen Kausalitätsbegriff einbezieht, ergibt sich aus seiner Auseinandersetzung mit der Bezugnahme v. Buris auf den Satz causa causae est causa causati: „Und was den Satz von der causa causae anbelangt, so ist zu Unrecht für jeden Bestandteil der Gesamtursache vorausgesetzt, daß er für sich genommen Ursache (der anderen Bestandteile) sei, obwohl er sich doch erst mit den anderen zur Ursache vereinigen soll; das Zusammenwirken wird also fälschlich zu einem Aufeinanderwirken gestempelt . . . Was aber v. Buri richtig gesehen hat, ist dies, daß ein Umstand oder Vorgang, der sich mit anderen zur Ursache vereinigt, eben selbst ursächlich ist, in Ursachenzusammenhang mit dem konkreten Erfolg steht. Mehr wollen auch wir nicht behaupten, indem wir ein menschliches Verhalten als Ursache (nicht als *die* Ursache) eines konkreten Erfolges bezeichnen. Es wurde ja ausdrücklich betont, daß ein Verhalten mit einem Erfolg nur bei Gegebensein bestimmter Umstände gesetzmäßig verknüpft sei. Den Übergang von der Gesamtursache zu den einzelnen in ihr sich vereinigenden Bedingungen (Vorgängen und Umständen) als Ursachen vollzieht sich demgemäß anhand der Erwägung, daß jede Bedingung *unter Voraussetzung der übrigen* ursächlich ist" (Kausalität, S. 34). Vgl. ferner Engisch, v. Weber-Festschrift, S. 264. In derselben Richtung Armin Kaufmann, Dogmatik, S. 203: „Das Geschoß erhielt seine Anfangsgeschwindigkeit und Richtung nur dadurch, daß das Vorhandensein von Patronenlager, Schloß und Lauf verhinderte, daß die verbrennenden Pulvergase ihre Kraft in einer anderen Richtung entfalteten. Die Nichtausdehnung der Pulvergase nach hinten, links oder rechts, oben oder unten, . . . ist ursächlich für den Flug des Geschosses und damit für den Tod des X . . .". Kritisch, insbesondere gegenüber den Darlegungen von Engisch: E.A. Wolff, Kausalität, S. 16, der jedoch nicht zu beweisen vermag, weshalb eine Bedingung als Teil eines Ursachenbündels nicht als ursächlich für das Konsequens angesehen werden dürfte; unannehmbar ist solche Anschauung nur, wenn man die „Hervorbringung" des Konsequens als Kraftentfaltung deutet.

des letzten Satzes zeigt, daß den Gegnern einer Unterlassungskausalität auch jetzt noch eine wirkungsvolle Replik, nämlich der Verweis auf die Zuhilfenahme bloß hypothetischer Kausalität verbleibt: Die Suche nach einem zur Erfolgsabwendung geeigneten Tun[125] beweise, daß anders als beim Tun, wo nur realisierte Abläufe in die Kausalitätsermittlung einbezogen würden, bei der Unterlassung der Boden der Realität verlassen werden müsse, um die angebliche Ursächlichkeit zu bejahen.

Und doch ist mit diesem Einwand der Stab über die Unterlassungskausalität nicht gebrochen. Ist es eigentlich richtig, so lautet die letzte Frage an die Adresse der Gegner einer Unterlassungskausalität, daß im Bereich positiven Tuns die naturgesetzliche Verbundenheit immer unter alleinigem Abstellen auf realisierte Geschehensverläufe, also ohne Rekurs auf hypothetische Entwicklungen ermittelt werden kann? Die Antwort sei an einem Fall demonstriert:

B ist lebensgefährlich erkrankt. Das zu seiner Rettung eilig herbeigeschaffte Beatmungsgerät wird von A, dem Alleinerben des B, absichtlich demoliert, damit dem B keine Überlebenschance bleibe. Binnen kurzem erstickt B.

Der Kausalzusammenhang zwischen dem Tun des A (Demolierung des Beatmungsgeräts) und dem Tod des B dürfte kaum in Zweifel gezogen werden[126]. Aber die Evidenz des Ergebnisses sollte nicht über die Art der Kausalitätsermittlung hinwegtäuschen: Ohne Rekurs auf einen hypothetischen Geschehensverlauf, nämlich den Anschluß des B an das Gerät und die daraus resultierende Entlastung seines Kreislaufs mit dem Ergebnis der Rettung, läßt sich in diesem Fall die Ursächlichkeit der Handlung des A für den Tod des B nicht begründen. Würde man, wie für die Unterlassung gefordert, darauf bestehen, nur realisierte Geschehensabläufe in die Kausalitätsermittlung einzubeziehen, so ließe sich lediglich negativ sagen, das Gerät sei nicht ursächlich für die Rettung des B geworden[127].

Dieselbe Situation liegt bei den typischen Fällen einer Erfolgsherbeiführung durch Blockierung der Rettungshandlung eines Dritten vor, die häufig den sogenannten Unterlassungsdelikten durch Begehung zugeordnet werden[128]. Jedenfalls dann, wenn der rettungsfähige und rettungswillige Dritte durch den Täter total ausgeschaltet wird, nimmt die herrschende Meinung zu Recht Begehungstäterschaft an und bejaht die Kausalität[129].

---

125 Gerade bei Anerkennung ermöglichender Kausalität ist die Auffindung eines im dargelegten Sinne geeigneten Tuns unumgänglich, wenn nicht alles für alles kausal sein soll, sei es als positive, sei es als negative Ursache.

126 Bejahend Armin Kaufmann, Dogmatik, S. 59 f.; Roxin, Engisch-Festschrift, S. 380 (382); Schönke-Schröder, StGB, Vorbem., Rn. 95a; Welzel, Strafrecht, S. 44; E.A. Wolff, Kausalität, S. 29 f.

127 So wie sich nach der Auffassung vieler Gegner der Unterlassungskausalität bei der unechten Unterlassung nur sagen ließe, der Garant habe den Erfolgseintritt nicht verhindert, er sei nicht ursächlich für eine Erfolgsverhinderung geworden.

Man kann auch nicht sagen, die Kausalitätsermittlung durch Rekurs auf einen hypothetischen Kausalverlauf sei bei den genannten Begehungsfällen anders geartet als bei den Unterlassungsfällen[130].

Bei den Begehungsfällen lautet das Kausalitätsurteil: Hätte der bereitstehende (Beatmungsgerät) oder in Gang gesetzte[131] Rettungsfaktor im Falle seines Wirksamwerdens den Erfolg abgewendet, so ist die Ausschaltung dieses Faktors ursächlich (im Sinne ermöglichender Kausalität) für den Erfolgseintritt gewesen. Für Unterlassungen lautet das Urteil: Hätte der bereitstehende oder in Gang gesetzte Rettungsfaktor (Garant oder Handlungspflichtiger) im Falle seines Einsatzes bzw. weiteren Einsatzes den Erfolg abgewendet, so ist sein Nichteinsatz bzw. der vorzeitige Abbruch seines Einsatzes ursächlich (im Sinne ermöglichender Kausalität) für den Eintritt des Erfolgs gewesen.

---

128 Vgl. zu dieser Fallgruppe Armin Kaufmann, Dogmatik, S. 194 ff. (mit weiteren Literaturbelegen); Engisch, Kausalität, S. 27 f., Roxin, Engisch-Festschrift, S. 380 (381 ff.); Schönke-Schröder, StGB, Vorbem., Rn. 95a; Traeger, Unterlassungsdelikte, S. 15 ff. Enger begrenzt Androulakis, Problematik, S. 152 ff. die Gruppe der Unterlassungsdelikte durch Begehung, indem er verlangt, daß „die Unterlassung selbst in einen gesetzlichen Tatbestand aufgenommen ist“ (a.a.O., S. 153).

129 Vgl. Fall Nr. 4 bei Armin Kaufmann, a.a.O., S. 196; vgl. ferner Engisch, a.a.O.; Traeger, a.a.O.; E.A. Wolff, Kausalität, S. 29 f. (allerdings will Wolff die Kausalität in diesen Fällen nur nach seiner Theorie des ursächlichen menschlichen Bewirkens bejahen; die Bedingungstheorie müsse, so meint er, die Kausalität verneinen (a.a.O., S. 18). Diese Meinung beruht auf Wolffs apodiktischer Ablehnung negativer Bedingungen (a.a.O., S. 12 Anm. 4).

130 A.A. Traeger, Unterlassungsdelikte, S. 15 ff.; E.A. Wolff, Kausalität, S. 35. Traeger räumt ein, daß „das Verfahren zur Feststellung der Kausalität der positiven Bedingung zu einer negativen Bedingung eines Erfolges zum Teil das gleiche wie bei der Feststellung der Relevanz der Unterlassung in Beziehung auf den Erfolg“ sei (a.a.O., S. 16), meint aber, es bestehe nichtsdestoweniger „ein fundamentaler Unterschied zwischen der *Verursachung* der Nichthinderung des Erfolgs und der bloßen Nichthinderung des Erfolgs seitens des Unterlassers“ (a.a.O., S. 16, dort auch die Hervorhebung), und zwar liege dieser Unterschied darin, daß im ersten Fall „durch positive Tätigkeit in den Zusammenhang der Ereignisse eingegriffen, der schädliche Erfolg gefördert“ worden sei, während bei der Unterlassung der Rettungsfähige „nicht gehandelt, jedenfalls nicht in einer den Erfolg fördernden Weise gehandelt, sondern den Dingen nur ihren Lauf gelassen“ habe. Das Nichthandeln des Unterlassenden stelle sich „bloß in logischem Sinne als negative Bedingung des Erfolgs dar“ (a.a.O., S. 17). Hier wird die Inkonsequenz offenkundig, denn für die Fälle der Unterlassung durch Begehung sieht Traeger sich nicht gehindert, eine Kausalität zu bejahen, „die freilich mit dem naturwissenschaftlichen Begriff des Verursachens nichts mehr gemein“ habe (a.a.O., S. 15). Auch Traeger steht sichtlich im Bann einer mechanistischen Kausalitätsvorstellung, die allein wirkende Kausalität zum Inhalt hat. E.A. Wolff beruft sich für den behaupteten „fundamentalen Unterschied“ auf Armin Kaufmanns These von der mangelnden Ursächlichkeit des Unterlassenden für seine Unterlassung, s. dazu unten Anm. 132.

131 Das auf den Ertrinkenden zutreibende Schlauchboot im Beispiel Armin Kaufmanns (Dogmatik, S. 195, Fall Nr. 2).

Die vorstehenden Darlegungen haben ergeben, daß ein auf die naturgesetzmäßige Verbundenheit von Täterverhalten und Erfolg abstellender Kausalitätsbegriff auf Tun und Unterlassen gleichermaßen anwendbar ist, sofern man erstens entgegen der ex-nihilo-nihil-fit-Doktrin eine ermöglichende Kausalität anerkennt und zweitens die Einbeziehung hypothetischer Kausalentwicklungen zuläßt[132]. Es

---

132 Im Ergebnis übereinstimmend bejaht Armin Kaufmann Dogmatik, S. 59 ff. eine kausale Beziehung zwischen Unterlassung und Erfolg. Hingegen leugnet er, daß der Unterlassende ursächlich für das Ausbleiben der unterlassenen Handlung sei (a.a.O., S. 61 ff.). Kaufmann behauptet selbst nicht, daß aus seiner These Konsequenzen im Hinblick auf die verfassungsrechtliche Problematik der unechten Unterlassungsdelikte zu ziehen seien; deshalb soll die Auseinandersetzung mit seiner These auf das folgende beschränkt werden.
Die Beweisführung Armin Kaufmanns ist denkbar einfach: bei der Handlung sei die Ursächlichkeit des Handelnden für sein Handeln selbstverständlich, da er die Handlung bewirke (a.a.O., S. 63). Hingegen fehle es an einer Kausalbeziehung zwischen dem Unterlassenden und der unterlassenen Handlung deshalb, weil „ich den Unterlassenden ‚hinwegdenken' (kann), ohne daß das Unterlassene entfiele; am Fehlen des Energieeinsatzes, an der Negation der Handlung, ändert sich nichts dadurch, daß der handlungsfähige Mensch vorhanden ist oder fehlt" (a.a.O., S. 61). Diese Beweisführung beruht auf einer Überschätzung der condicio-sine-qua-non-Formel, die nicht zu beweisen vermag, ob eine bestimmte Beziehung *ihrer Art nach* überhaupt kausal ist. Vor jeder Anwendung dieser Formel wäre also zu fragen, ob die Beziehung zwischen dem Handelnden und seiner Handlung und die andere zwischen dem Unterlassenden und seiner Unterlassung ihrer Natur nach als Kausalitätsbeziehungen verstanden werden dürfen. Schon für die Beziehung zwischen dem Handelnden und seiner Handlung ist diese Frage zu verneinen. Handelnder und Handlung stehen sich nicht als Antecedens und Konsequens gegenüber. Wodurch sollte der Handelnde A von seiner Handlung b (z.B. Wegnahme einer Sache) geschieden sein? Die Antwort kann nur lauten: durch nichts. Wohl läßt sich eine Handlung des A von einer anderen (späteren, früheren oder auch gleichzeitig erfolgenden) unterscheiden, wohl kann man A vor dem Diebstahl als einen anderen (z.B. als aufgeregten Menschen) als nach dem Diebstahl (nunmehr als befriedigten Menschen) erkennen, aber eine Unterscheidung zwischen A und b in dem Sinne, daß sich die Handlung völlig isoliert vom Handelnden betrachten ließe, ist nicht möglich. Eine Kausalbeziehung zwischen dem Handelnden und seiner Handlung kann nicht bestehen, weil die Handlung untrennbarer Teil des Handelnden ist. Dem steht nicht entgegen, daß man einzelne Ursachen der Handlung auch in der Person des Handelnden ermitteln kann. So läßt sich der Akt des A, mit dem er die Sache wegnimmt, auf eine Bewegung seiner Arm-, Hand- und Fingermuskeln zurückführen, diese wiederum auf von Nerven übermittelte „Befehle" des Gehirns, diese wiederum auf einen geistig-seelischen Akt, den man als Tatentschluß bezeichnet. Ob dieser Entschluß letztlich auf Willensfreiheit beruht oder als kausal gebildete Resultante in einem Parallelogramm bestimmter Komponenten in der Persönlichkeit des Menschen anzusehen ist, ist trotz des uralten Streits zwischen Deterministen und Indeterministen bis heute nicht entschieden. Selbst vom Standpunkt des Deterministen aus kommen als Ursachen der Handlung nur bestimmte Faktoren in der Persönlichkeit des Handelnden, nicht aber der Handelnde als Gesamtpersönlichkeit in Betracht. Gerade an die letztere knüpft Armin Kaufmann aber das „Wegdenken" gemäß der condicio-sine-qua-non-Formel.

erscheint als in erster Linie terminologische Frage, ob man einen so gefaßten Kausalitätsbegriff für angemessen hält oder nicht[133] oder ob man in bestimmten Fällen nur von „Quasi-Kausalität", „hypothetischer" oder „potentieller" Kausalität sprechen will. Ob die Verwendung des oben dargelegten Kausalitätsbegriffs innerhalb des Rechts, speziell innerhalb des Strafrechts legitim ist oder nicht, ist nicht nach philosophischen, naturwissenschaftlichen oder sonstigen außerrechtlichen Anforderungen an diesen Begriff zu entscheiden, sondern danach, welche Funktion der Kausalitätsbegriff im (Straf-)Recht erfüllen soll. Insofern ist von Bedeutung, daß der Jurist die Kategorie der Kausalität, anders als der Naturwissenschaftler und wohl auch anders als der Philosoph, nicht primär als Hilfsmittel zur Gewinnung von Realitätserkenntnissen benutzt, sondern als Anknüpfungspunkt für die rechtliche Zurechnung eines menschlichen Verhaltens im Blick auf bestimmte Sanktionen[134]. Die Folgen eines bestimmten Verhaltens

---

Auch bei der Unterlassung könnte eine Kausalbetrachtung allenfalls auf einzelne Persönlichkeitsfaktoren, nicht aber auf den Unterlassenden als Gesamtpersönlichkeit gerichtet sein. Auch hier scheitert ein Kausalitätsurteil, wie es Kaufmann im Sinn hat, an der Untrennbarkeit von Unterlassendem und Unterlassung. Wenn der Garant hinweggedacht wird, so sind die ihm möglichen erfolgsabwendenden Handlungen ebenfalls hinweggedacht, denn durch wen und mit wessen Mitteln hätte die unterbliebene Garantenhandlung erfolgen sollen, wenn nicht durch den Garanten? Treffend bemerkt Engisch, JZ 1962, 190 r.Sp., er könne sich ein Unterlassen ohne einen Unterlassenden nicht vorstellen.

133 A.A. Welp, Vorangegangenes Tun, S. 167 ff.: Der Grundsatzstreit um die Unterlassungskausalität habe keineswegs nur terminologische Bedeutung; da nicht gut angenommen werden könne, daß die nur vom Tun ausgehende reale Kraftbeziehung ein von ihrer Kausalität verschiedenes Merkmal sei, sei es in höchstem Maße irreführend, verschiedene Gegenstände, nämlich die Kraftbeziehung und ihre Negation, derselben Nomenklatur, nämlich einem einheitlichen Kausalitätsbegriff, zu unterwerfen, ohne die sachliche Differenz irgendwie kenntlich zu machen; die sachliche Defizienz der Unterlassung gegenüber dem Tun liege gerade in dem Energiemoment, das der Unterlassung abgehe und nur dem Tun eigne.
Welps Gedankengang beruht auf der These, daß Kausalität des Tuns und Kausalität des Unterlassens deshalb qualitativ verschiedenartige Zurechnungskriterien sein müßten, weil nur die Unterlassung das zusätzliche Zurechnungskriterium der Garantenstellung kenne. Welp hat natürlich recht, wenn er den Unrechtsgehalt eines erfolgsverursachenden Tuns deutlich höher ansetzt als den einer beliebigen erfolgsverursachenden Unterlassung. Aber wieso sollten Strafgesetzgeber und Strafrechtswissenschaft daran gehindert sein, den Kausalitätsbegriff so zu fassen, daß er beim Tun ohne Ergänzung als Kriterium der Erfolgszurechnung fungiert, während er beim Unterlassen nur in Verbindung mit der Garantenstellung diese Funktion erfüllen kann? Funktionsidentität eines Begriffs in allen seinen Verwendungen ist zwar ein anstrebenswertes, keineswegs aber die Begriffsbildung verbindlich determinierendes Ziel.

134 Treffend schreibt Engisch: „Tatsächlich ist aber die Kausalität im Strafrecht nicht als Prinzip der Erklärung, sondern als Haftungsvoraussetzung zu würdigen" (Kausalität, S. 48; vgl. ferner a.a.O., S. 4). In der Sache übereinstimmend, wenn auch mit leichten

sollen einer Person nur dann (straf-)rechtlich zugerechnet werden dürfen, wenn zwischen beiden mindestens ein kausaler Zusammenhang bestand. Was ohne Einfluß auf den tatbestandsmäßigen Erfolg war oder mit Sicherheit[135] gewesen wäre, soll als Anknüpfungspunkt für die Strafbarkeit eines menschlichen Verhaltens nicht genügen. Der juristische Kausalitätsbegriff erweist sich daher, obwohl er allgemein gebräuchliche Kausalitätsvorstellungen nicht völlig negiert[136], als ein durch seine spezifisch rechtliche Aufgabe und Verwendung geformter, wenn man so will, juristischer Begriff[137].

Als Resultat der Untersuchung bleibt festzuhalten, daß die erste Prämisse der Argumentation Bockelmanns und Grünwalds nicht akzeptiert werden kann.

Unterschieden in der Terminologie, die h.M., vgl. beispielsweise Maurach, Allg. Teil, S. 163 u. 165 m.w.Nw. Auch wer im Gefolge der finalen Handlungslehre den Handlungsunwert stärker betont, wird die Maßgeblichkeit des ursächlichen Zusammenhangs zwischen Täterverhalten und Erfolg für die strafrechtliche Haftung nicht leugnen können, vgl. dazu Maurach, a.a.O., S. 162.

135 Die Rechtsprechung gebraucht hier häufig die Formulierung, daß die unterlassene Handlung den Erfolg mit einer an Sicherheit grenzenden Wahrscheinlichkeit verhindert haben müßte, vgl. RGSt 51, 127; 58, 130 (131); 75, 49 (50), 372 (374); BGHSt 7, 211 (214); BGH 4 StR 373/55 bei Dallinger, MDR 1956, 144. Inwieweit an dieser Stelle Adäquanzkriterien zu berücksichtigen sind, ist eine interessante, hier jedoch nicht weiter verfolgbare Frage, vgl. dazu Androulakis, Problematik, S. 92 ff.; Engisch, Kausalität, S. 64, Anm. 1.

136 Vgl. dazu des näheren Engisch, Weltbild, S. 126 ff. und in bezug auf Unterlassungen a.a.O., S. 135.

137 Dem ist immer wieder entgegengehalten worden, es könne innerhalb der Rechtswissenschaft keinen anderen Kausalbegriff geben als in anderen Wissenschaften. Von dieser Seite werden allerdings durchaus unterschiedliche Kausalitätsbegriffe für allein maßgeblich erklärt: Manche deklarieren einen ontologischen Kausalitätsbegriff für verbindlich (so in neuerer Zeit Welzel, Strafrecht, S. 43; weniger rigoros: Armin Kaufmann, Dogmatik, S. 60, Anm. 157), andere einen der allgemeinen Wissenschaftslehre angehörenden logischen Kausalitätsbegriff (Mezger-Blei, Allg. Teil, S. 72, ähnlich schon Mezger, Lehrbuch, S. 111). Abgesehen von dieser Verschiedenheit der für allein relevant erklärten Kausalitätsbegriffe hat diese Lehre nicht überzeugend erklären können, weshalb sie einhellig ihrem vorjuristischen Kausalbegriff nicht (im Sinne des sog. philosophischen Ursachenbegriffs) die Gesamtursache, sondern – in der Sache natürlich zu Recht – die Einzelursache zugrunde legt. Die hierfür gegebene Begründung, der für das Strafrecht allein erhebliche Anknüpfungspunkt der Kausalitätsfrage sei ein bestimmtes menschliches Verhalten (so dem Sinne nach Mezger, Lehrbuch, S. 11, Anm. 6), ist gerade keine metajuristische, so daß die genannte Lehre jedenfalls an dieser Stelle ihren Kausalbegriff nach den Aufgaben und Bedürfnissen des Rechts formt. Im übrigen hat diese Lehre bisher den Beweis dafür nicht erbringen können, weshalb es unzulässig sein sollte, einen spezifisch rechtlichen Kausalitätsbegriff zu bilden und zu verwenden. Die von Mezger-Blei, a.a.O., S. 72 befürchtete Entfremdung des Rechts von der allgemeinen Lebenserfahrung ist kein durchschlagendes Argument, wenn man an andere, oft notwendigerweise lebensferne Rechtsbegriffe denkt.

III. Die Aussagen des Strafgesetzbuchs zur Unterlassungskausalität

Streng genommen erübrigt sich eine Diskussion der oben dargelegten zweiten Prämisse dieser Autoren[138], da sie auf der ersten unmittelbar aufbaut. Dennoch empfiehlt sich aus doppeltem Grund eine Auseinandersetzung mit der These, den Straftatbeständen sei eine verbindliche Entscheidung zugunsten eines Kausalitätsbegriffs zu entnehmen, der sich allein auf die Verknüpfung von Tun und Erfolg beziehe. Zum einen läßt sich nicht ausschließen, daß in einer breiter angelegten Untersuchung zum Problem der Unterlassungskausalität bisher noch unerkannte spezifische Abweichungen von der Begehungskausalität entdeckt werden, die es rechtfertigen könnten, verschiedene Rechtsbegriffe der Kausalität für Unterlassen und Tun zu definieren. Zum anderen steht es gerade einer Untersuchung, die Art. 103 Abs. 2 GG und dem Problem der gesetzlichen Fixierung gewidmet ist, gut an, das Gesetz selbst und seine Tatbestände auf ihre Stellung zur Unterlassungskausalität zu befragen.

Zunächst ist von Interesse, ob das Strafgesetzbuch die Kategorie der Unterlassungskausalität benutzt.

Einen ersten Beleg für eine bejahende Antwort bietet § 223 b, wo von einer Gesundheitsschädigung „*durch* böswillige Vernachlässigung" der Pflicht, für bestimmte Personen zu sorgen, die Rede ist. Ganz offensichtlich setzt das Gesetz an dieser Stelle eine Kausalbeziehung zwischen Unterlassung und konkretem Erfolg voraus. Dieselbe Haltung des Gesetzgebers dokumentiert sich deutlich in § 221 Abs. 1 zweite Alternative, wo das Verlassen bestimmter gefährdeter Personen in hilfloser Lage generell unter Strafandrohung gestellt und gemäß Abs. 3 eine Strafverschärfung für den Fall angedroht ist, daß durch die Unterlassung eine schwere Körperverletzung verursacht worden ist[139].

Da die Lehre von der ausschließlichen Maßgeblichkeit eines metajuristischen Kausalitätsbegriffs ihren Verbindlichkeitsanspruch nicht schlüssig begründen kann, sie andererseits aber gezwungen ist, an anderer Stelle der Verbrechenslehre jene Erfordernisse zu berücksichtigen, die ein juristischer Kausalitätsbegriff in sich aufzunehmen vermag (besonders illustrativ ist insoweit die „Relevanztheorie" Mezgers, vgl. Mezger-Blei, Allg. Teil, S. 76 ff.), erscheint es überwiegend als Frage der Systemgerechtigkeit und Zweckmäßigkeit, ob und bejahendenfalls mit welchen Inhalten man sich eines (straf-) rechtlichen Kausalitätsbegriffs bedient (treffend aus zivilrechtlicher Sicht Enneccerus-Lehmann, Recht der Schuldverhältnisse, S. 64: „Der juristische Kausalbegriff ist ein rechtstechnischer Hilfsbegriff zur vernünftigen Begrenzung der Rechtswidrigkeit").

138 Vgl. oben I.

139 Es kann dahingestellt bleiben, ob das Verlassen in hilfsloser Lage eine räumliche Entfernung des Täters von der hilfslosen Person voraussetzt, wie die herrschende, aber bestrittene Lehre annimmt (zum Streitstand vgl. Dreher, JZ 1966, 577 sowie Schönke-Schröder, StGB, § 221, Rn. 7 f.). Selbst wenn man das „Verlassen" als posi-

Die unbefangene Einstellung des Strafgesetzgebers gegenüber der Unterlassungskausalität dokumentiert sich des weiteren in vereinzelten Straftatbeständen, in denen das Gesetz sogar durch die Formulierung zum Ausdruck bringt, daß ein hypothetischer Kausalzusammenhang zwischen Unterlassung und Außenweltsveränderung (hier in Form einer strafbaren Handlung, die das Gesetz als objektive Strafbarkeitsbedingung ausgestaltet) genügen soll (§§ 143, 361 Ziff. 9)[140].

Weiterhin ist auf eine Gruppe von Straftatbeständen zu verweisen, bei der die Verursachung einer bestimmten Gefahr durch Unterlassungen des Handlungspflichtigen pönalisiert wird. Hier ist an erster Stelle § 315 c Abs. 1 Ziff. 2 Buchstabe g) zu nennen („*Wer* im Straßenverkehr grob verkehrswidrig und rücksichtslos haltende oder liegenbleibende *Fahrzeuge nicht* auf ausreichende Entfernung *kenntlich macht*, obwohl das zur Sicherung des Verkehrs erforderlich ist, *und dadurch* Leib oder Leben eines anderen oder fremde Sachen von bedeutendem Wert *gefährdet* . . ."). Weiterhin sei auf die §§ 170 b bis 170 d hingewiesen, in denen die Gefährdung des Lebensbedarfs, des körperlichen und des sittlichen Wohls schutzbedürftiger Personen durch bestimmte Unterlassungen unter Strafe gestellt wird. Schon in der Formulierung dieser Tatbestände (§ 170 b: „so daß", § 170 c: „und dadurch", § 170 d: „dadurch gefährdet, daß") kommt zum Ausdruck, daß ein ursächlicher Zusammenhang zwischen Unterlassung und Gefährdung vorausgesetzt wird. Diese Auslegung entspricht auch der ratio legis, denn eine Gefährdung des körperlichen Wohls durch Bakterienbefall, eine Gefährdung des Lebensbedarfs durch katastrophenbedingten Ausfall der Lebensmittellieferungen in einem bestimmten Gebiet und ähnliche außerhalb der Einflußmöglichkeiten des Handlungspflichtigen liegende Gefährdungsursachen sollen diesem strafrechtlich selbstverständlich nicht zugerechnet werden. Wenn das Gesetz in den angeführten Vorschriften demnach einen kausalen Zusammenhang zwischen Unterlassung und Gefährdung voraussetzt und sich offensichtlich auch nicht an der für die Gefährdungsdelikte typischen Situation stößt, daß eine die Rechtsgutsbedrohung indizierende Veränderung in der Sphäre des Geschützten noch nicht eingetreten sein muß, so zeigt sich darin einmal mehr, daß es die Verbindlichkeit eines nur die bewirkende

---

tives Tun qualifiziert, ist dieses Tun nicht mit dem qualifizierenden Erfolg gem. Abs. 3 durch wirkende Kausalität verbunden. Die räumliche Entfernung allein könnte entfallen, ohne daß der Erfolg entfiele. „Ursache" im Sinne von § 221 Abs. 3 ist die unterlassene Betreuung.

140 Daß zwischen der Unterlassung und der strafbaren Handlung des nicht ausreichend Beaufsichtigten Kausalzusammenhang bestehen muß, entspricht allgemeiner Meinung, vgl. Schönke-Schröder, StGB, § 143, Rn. 5; § 161 Rn. 50; LK, Bd. 1, § 143, Anm. III; Maurach, Bes. Teil, S. 401, der allerdings gerade im Hinblick auf den notwendigen Kausalzusammenhang die strafbare Handlung des Jugendlichen nicht als objektive Strafbarkeitsbedingung ansieht (a.a.O., S. 400), was indessen im vorliegenden Zusammenhang unerheblich ist.

Kausalität umfassenden Kausalbegriffs für den Bereich des Strafrechts nicht anerkennt. Auch in diesen Fällen läßt sich ein ursächlicher Zusammenhang im Rechtssinne nur mit Hilfe der hypothetischen Überlegung bejahen, daß ein pflichtgemäßes Handeln des Verpflichteten einen Eintritt des – im Tatbestand nicht explizierten, aber als hypothetisches Konsequens für die inhaltliche Bestimmung der Gefährdung unentbehrlichen – Erfolgs verhindert hätte[141].

Die angeführten Fälle belegen zur Genüge, daß sich das Strafgesetz in schöner Unbefangenheit gegenüber der Grundsatzkontroverse um die Existenz und die Natur der Unterlassungskausalität nicht daran gehindert sieht, in zahlreichen Fällen einen ursächlichen Zusammenhang zwischen einem nicht realisierten Tun und dem tatbestandsmäßigen Erfolg ausdrücklich zum Tatbestandsmerkmal zu erheben. Wer bei dieser Sachlage behaupten wollte, die angeführten Beispiele seien als Sonderfälle gesetzlich geregelter Unterlassungen nicht verallgemeinerungsfähig, hätte jedenfalls die Beweislast zu tragen. Da das Gesetz überdies in etlichen Bestimmungen die Verursachung rechtlich mißbilligter Erfolge durch Tun und Unterlassen nebeneinander behandelt und damit im Unrechts- und Schuldgehalt gleichstellt[142], spricht doch wohl alles dafür, daß es unter dem Gesichtspunkt der Kausalität keinen Unterschied zwischen Tun und Unterlassen sieht oder machen will. Zu erinnern ist schließlich mit Nachdruck an das im zweiten Kapitel ermittelte Auslegungsergebnis, das die prinzipielle Unterlassungsoffenheit zahlreicher Begehungstatbestände zum Inhalt hatte. Alle diese Gesichtspunkte konvergieren dahingehend, daß die Subsumtion von Unterlassungen unter unterlassungsoffene Begehungstatbestände nicht an der Kontroverse um die Unterlassungskausalität scheitern soll. Genauer gesagt: Bezüglich des erforderlichen Ursachenzusammenhangs besteht zwischen dem Unterlassungsgarantietatbestand und dem jeweiligen gesetzlich fixierten Begehungstatbestand Kongruenz.

---

141 Es ist auffällig, daß die Ausleger der §§ 170 b bis 170 d die Frage des Kausalzusammenhangs nicht behandeln. Daß man bei den Gefährdungsdelikten stillschweigend von der Notwendigkeit ursächlicher Verknüpfung des Täterverhaltens mit der Gefährdung ausgeht, zeigen die Ausführungen Maurachs, Allg. Teil, S. 201, der bei den schlichten Tätigkeitsdelikten die Kausallehre für nicht anwendbar hält (worüber man übrigens anderer Ansicht sein kann, vgl. etwa Engisch, Kausalität, S. 3), während er bei den sogleich im Anschluß daran behandelten Gefährdungsdelikten einen solchen Vorbehalt nicht macht. Ganz im Sinne der hier vertretenen Auffassung spricht Mezger, Lehrbuch, S. 228 f. im Hinblick auf den Gefahrbegriff davon, daß „für das Recht als eine Regel des praktischen Lebens ... nämlich nicht nur die Wirklichkeit des tatsächlichen Kausalverlaufs, sondern auch die Möglichkeit eines zu erwartenden Kausalverlaufs von Bedeutung" ist.

142 Vgl. §§ 121/347, 221 Abs. 1, 223 b, 315 c Abs. 1 Ziff. 2, 354, 355, 357 (in den letzten drei Fällen ist anerkannt, daß das „Gestatten" bzw. „wissentliche Geschehenlassen" jedenfalls auch durch Unterlassen begangen werden kann, vgl. Maurach, Bes. Teil, S. 729, 705; LK, Bd. 2, § 354, Anm. VII, § 357, Anm. I.

4. Kapitel

Das Problem der gesetzlichen Fixierung der Garantenstellungen

I. Das Tatbestandsmerkmal „Garantenstellung"

Die auf Grund der bahnbrechenden Darlegungen Naglers[143] in der Strafrechtswissenschaft und in der Rechtsprechung zur Herrschaft gelangte Garantenlehre unterscheidet seit der Entscheidung des Großen Senats für Strafsachen des Bundesgerichtshofs aus dem Jahre 1961[144] den Begriff der Garantenstellung von demjenigen der Garantenpflicht (Erfolgsabwendungspflicht). Unter Garantenstellung versteht man die Gesamtheit der besonderen Voraussetzungen, unter denen ein Rechtsgenosse zur Erfolgsabwendung verpflichtet ist. Diese Garantenstellung wird zum Tatbestand eines jeden unechten Unterlassungsdelikts gerechnet, während die aus ihr resultierende Garantenpflicht auf der Ebene der Tatbestandsmäßigkeit keine Rolle spielt. Repräsentativ für diese herrschende Lehre formuliert der Kommentar von Schönke-Schröder: „Tatbestandsmerkmal aller unechten Unterlassungsdelikte ist danach die Stellung des Täters als Garant für die Schadensabwehr, d.h. eine Summe von Voraussetzungen, aus denen sich seine Verpflichtung ergibt, gegen Rechtsgutsgefährdungen einzuschreiten"[145]. Im folgenden wird diese von früheren Lehren abweichende Grundentscheidung über den Verbrechensaufbau der unechten Unterlassungsdelikte zugrunde gelegt und der Begriff der Garantenstellung[146] im Sinn der herrschenden Lehre verwendet.

Im Hinblick auf die Mannigfaltigkeit der in Rechtsprechung und Lehre anerkannten Entstehungsgründe für eine Erfolgsabwendungspflicht könnte es scheinen, als ob der Begriff der Garantenstellung besser nur im Plural verwendet würde. So unterscheidet man bei formeller Systematisierung zwischen Erfolgsabwendungspflichten aus Gesetz, Vertrag und vorangegangenem gefährdendem Tun, bei einer Systematisierung nach materiellen Gesichtspunkten zwischen Erfolgsabwendungspflichten aus natürlicher Verbundenheit, aus enger Gemeinschaftsbeziehung, aus freiwilliger Übernahme, aus vorangegangenem gefährdendem Tun, aus Verantwortung für die Überwachung von Gefahrenquellen, aus Verantwortung für das Handeln dritter Personen[147]. Bedenkt man weiterhin,

143 GS 111, 1 ff.

144 BGHSt 16, 155 (158).

145 Schönke-Schröder, StGB, Vorbem., Rn. 101.

146 Oder synonym: Garantenposition.

147 Vgl. Jescheck, Lehrbuch, S. 413 ff.; Schönke-Schröder, StGB, Vorbem., Rn. 102, 108 bis 135.

daß diese Kategorien ihrerseits eine ganze Reihe von Fallkonstellationen umfassen, die untereinander differenziert sind[148], so wird deutlich, daß der Begriff der Garantenstellung, im Singular verwendet, als Sammelbegriff fungiert. Solcher Sprachgebrauch ist unschädlich, solange er der Bezeichnung einer bestimmten Stelle im Tatbestandsaufbau der unechten Unterlassungsdelikte dient. Er würde gefährlich, wenn er bei der Erörterung des Problems der gesetzlichen Fixierung die Vielzahl von Garantenpositionen in Vergessenheit geraten ließe. Durch ständige Vergegenwärtigung der großen Fülle und der Vielgestaltigkeit der in der strafgerichtlichen Praxis als strafbarkeitsbegründend angesehenen Garantenstellungen soll im folgenden dieser Gefahr begegnet und damit vermieden werden, daß der Begriff der Garantenstellung zur inhaltsarmen Formel erstarrt.

II. Das Mißverhältnis zwischen der Vielzahl strafbarkeitsbegründender Garantenstellungen und der mangelnden unmittelbaren Ergiebigkeit des Gesetzes

Bekanntlich enthält das Strafgesetzbuch keine unmittelbar auffindbare Aussage darüber, daß und welche Garantenstellungen innerhalb der Tatbestände der unterlassungsoffenen Delikte zur Grundlage einer strafgerichtlichen Verurteilung gemacht werden sollen. Im Allgemeinen Teil des StGB gibt es keine Bestimmung, die nach Art des § 14 E 1959 die Gleichstellung strafbarer Unterlassungen mit strafbarem Tun an das Vorliegen bestimmter, immerhin umrißartig umschriebener Entstehungsgründe der Erfolgsabwendungspflicht knüpfen würde; selbst eine ganz allgemein gehaltene Garantenformel nach Art des § 13 StGB in der ab 1.10.1973 geltenden Fassung[149] fehlt. Für die Entstehungszeit des Strafgesetz-

148 Insbesondere bei der Ingerenz und der Verantwortlichkeit für Gefahrenquellen.

149 § 14 E 1959 lautet:

(1) Wer es unterläßt, einen Erfolg abzuwenden, steht dem Täter oder Teilnehmer, der den Erfolg durch sein Tun herbeiführt, tatbestandsmäßig nur dann gleich, wenn er kraft Gesetzes verpflichtet ist, den Erfolg zu verhindern, und den Umständen nach dafür einzustehen hat, daß der Erfolg nicht eintreten werde.

(2) Die Pflicht zur Verhinderung des Erfolgs besteht auch für den, der durch sein Verhalten entweder die nahe Wahrscheinlichkeit des Erfolgseintritts herbeigeführt oder die Gewähr dafür übernommen hat, daß der drohende Erfolg nicht eintreten werde.

§ 13 StGB in der ab 1.10.1973 geltenden Fassung lautet:

(1) Wer es unterläßt, einen Erfolg abzuwenden, der zum Tatbestand eines Strafgesetzes gehört, ist nach diesem Gesetz nur dann strafbar, wenn er rechtlich dafür einzustehen hat, daß der Erfolg nicht eintritt, und wenn das Unterlassen der Verwirklichung des gesetzlichen Tatbestandes durch ein Tun entspricht.

(2) Die Strafe kann nach § 49 Abs. 1 gemildert werden.

buchs wirkt diese Tatsache nicht unbedingt befremdlich, weil damals über die drei formellen Entstehungsgründe für Erfolgsabwendungspflichten (Gesetz, Vertrag, Ingerenz) im wesentlichen Einigkeit bestand und eine den Gesetzgeber bindende verfassungsrechtliche Verankerung des Grundsatzes nullum crimen sine lege nicht bestand. Daß die Strafgerichte später, als sich Art. 116 WRV in Geltung befand, ohne Bedenken tradierte Garantenstellungen erweitert[150] und neue Garantenpositionen kreiert haben[151], mutet schon erstaunlicher an. Mochte auch die zeitweilige Berufung auf den Kanon der drei Quellen für Garantenpflichten den Anschein einer Vereinbarkeit mit dem nullum-crimen-sine-lege-Satz hervorrufen, so mußte eigentlich jede Illusion verfliegen, seit die Entscheidung RGSt 66, 71 ff. vom 4.1.1932 die Tendenz dokumentierte, statt der bisher immer beschworenen Rechtspflichten nunmehr auch tatsächliche Umstände, namentlich die tatsächliche Lebens- oder Hausgemeinschaft, als Strafbarkeitsbegründung ausreichen zu lassen[152]. Es mag sein, daß der politische Umschwung zum nationalsozialistischen Staat das Aufkommen einer gegenüber dieser Entwicklung der Judikatur kritischen Haltung, wie sie bei Fortbestand demokratischer Verhältnisse immerhin denkbar gewesen wäre, verhindert hat. Andererseits beruht die seit der Entscheidung RGSt 69, 321 ff. sich noch deutlicher abzeichnende Ausuferung der Garantenpflichten nach Zahl, Art und Umfang nicht oder jedenfalls nicht primär auf nationalsozialistischer Rechtsideologie oder auf der Aufhebung des Analogieverbots im Jahre 1935, wie die beinahe unveränderte Fortsetzung dieser Rechtsprechung seit 1945 beweist[153]. Auch nach Inkrafttreten des Grundgesetzes haben die Strafgerichte die Zulässigkeit dieser Entwicklung nie in Zweifel gezogen.

Wenn das Mißverhältnis zwischen der Aussagekraft des Strafgesetzes bezüglich der Garantenstellungen und der Vielzahl richterrechtlich entwickelter Garantenpositionen den Verdacht aufkommen läßt, ob es sich hierbei nicht um eine „transpositive Ausweitung strafbewehrter Garantengebote" handelt, „deren alleinige Grundlage das Rechtsgefühl ist"[154], so bedarf es einer besonders

150 Zum Beispiel durch die Aufwertung bloßer moralischer Pflichten zu Rechtspflichten innerhalb enger Lebensgemeinschaft (seit RGSt 69, 321 ff.).

151 Zum Beispiel die Garantenstellung als Haushaltungsvorstand, vgl. RGSt 72, 373 (374); als Eltern, vgl. RGSt 77, 125 ff.

152 Vgl. die Charakterisierung der Entwicklung bei Busch, von Weber-Festschrift, S. 192 (196 ff.); Meyer-Bahlburg, Beitrag, S. 24 ff., vgl. dens., a.a.O., S. 26: „Eine geschlossene Zahl von Rechtspflichtgründen gibt es nicht . . . mehr".

153 Vgl. BGH FamRZ 1954, 48 f. zur Garantenstellung als Haushaltungsvorstand, BGHSt 13, 162 ff. zur Garantenstellung als Schwiegersohn, BGH JR 1955, 104 f. zur Garantenstellung als Verlobter, BGH NJW 1959, 1979 zur Garantenstellung als Fernfahrer in einer Fahrgemeinschaft.

154 Busch, von Weber-Festschrift, S. 192 (203).

sorgsamen und kritischen Überprüfung der vielfältigen Lehrmeinungen, die desungeachtet die gesetzliche Fixierung der Garantenstellungen[155] bejahen.

III. Die Bemühungen der Lehre um einen Nachweis der Gesetzesfixierung der Garantenstellung

Die positiven Stellungnahmen in der Strafrechtswissenschaft zum Problem der gesetzlichen Fixierung der Garantenstellung haben zum Teil sehr unterschiedlichen Charakter und bedienen sich dementsprechend verschiedenartiger Argumentationen. Sie lassen sich in zwei große Gruppen gliedern, deren Lösungsweg verschieden ist:

Entweder unterstellt man durch dogmatische Konstruktionen die unechten Unterlassungen den unterlassungsoffenen Begehungstatbeständen, um die unechten Unterlassungsdelikte gleichsam automatisch an der zweifelsfreien Gesetzesbestimmtheit der Begehungsdelikte teilnehmen zu lassen.

Oder man unternimmt gezielte Versuche, um die Garantietatbestände der unechten Unterlassungsdelikte mit dem traditionell interpretierten nullum-crimen-sine-lege-Satz zur Harmonie zu bringen.

1. Lösungsversuche im Wege dogmatischer Konstruktion

Die in den vergangenen 150 Jahren unternommenen vielfältigen Versuche, durch dogmatische Konstruktionen die unechten Unterlassungsdelikte als von den Tatbeständen der sogenannten Begehungs-(Kommissiv-)Delikte erfaßt nachzuweisen, hatten und haben natürlich auch zum Ziel, auf diese Weise die Gesetzmäßigkeit der Strafbarkeit der Garantenunterlassungen darzutun. Soweit damit die prinzipielle Strafbarkeit von Unterlassungen nach unterlassungsoffenen Tatbeständen bewiesen werden soll, sind diese Konstruktionen überflüssig, wie das oben dargelegte Auslegungsergebnis beweist[156]. Soweit jedoch aus der Unterstellung der unechten Unterlassungsdelikte unter die sogenannten Begehungstatbestände Konsequenzen für die Gesetzesfixierung *aller* Merkmale der Garantietatbestände der unechten Unterlassungsdelikte gezogen werden, bedürfen solche Schlußfolgerungen im Hinblick auf das Tatbestandsmerkmal der Garantenstellung genauerer Untersuchung. Sie ist eingehend und mit überzeugender Beweisführung von Armin Kaufmann vorgenommen worden, auf dessen Ausführungen weitgehend Bezug genommen werden kann[157].

155 Dabei wird im Sinne der oben erörterten Definition von Garantenstellung auch dann gesprochen, wenn der jeweilige Autor sich anderer Begriffe bedient.

156 S. oben 2. Kap. 2 e).

157 Dogmatik, S. 241 ff.

Zutreffend konzentriert er seine Beweisführung darauf, daß sämtliche Theorien, unabhängig davon, ob sie die Gleichstellung von Tun und Unterlassen auf der Ebene der Tatbestandsmäßigkeit, der Rechtswidrigkeit oder mit Hilfe eines entsprechend definierten Handlungs- oder Kausalbegriffs vornehmen, die für die Strafbarkeit konstitutiven Garantenstellungen nicht aus einer Interpretation der sogenannten Begehungstatbestände gewinnen, sondern sie praeter legem hinzufügen müssen[158]. So kommt Armin Kaufmann für die der Garantenlehre vorausgehenden oder ihr widerstreitenden Theorien, aber auch für Naglers Lehre selbst zu dem Ergebnis: „Keine wie auch immer geartete dogmatische Konstruktion vermag die ‚empfindliche Lücke der gesetzlichen Tatbestandsbildung' zu schließen"[159].

Daß insbesondere die Garantenlehre *Naglers* das Problem der gesetzlichen Fixierung der Garantenstellung nicht zu lösen vermag, sei im folgenden näher dargelegt[160]. Nagler formuliert die für die unechten Unterlassungsdelikte entscheidende Frage dahin, „ob (und gegebenenfalls wann) ein passives Verhalten der positiven Tätigkeit ... rechtlich gleichstehe"[161]. Für ihre richtige Beantwortung ist nach seiner Auffassung die zutreffende Einordnung der Gleichstellung innerhalb des Verbrechensaufbaus, „der richtige Standort"[162], und die Ermittlung des Gesetzessinns von zentraler Bedeutung: „Daher darf die Kommission durch Unterlassung nur dann angenommen werden, wenn die Untätigkeit als Handlung im Sinne des Tatbestandes sich erweist, der Aktivität mithin nach dem Willen des Gesetzes gleichsteht"[163]. Daß eine Gleichstellung von Tun und Unterlassen nur auf der Ebene der Tatbestandsmäßigkeit zulässig sei, entnimmt Nagler „positiv-rechtlich ... der Parallelisierung der Aktivität mit der Passivität gerade im Bereiche der Tatbestandshandlung, die das Strafgesetzbuch (wie alle seine Vorgänger) überall da vornimmt, wo es des unechten Unterlassungsverbrechens ausdrücklich gedenkt"[164], nämlich den §§ 121, 221,

158 Die einzige Ausnahme bilden die an die aktive Vorhandlung anknüpfenden Kausalitätstheorien von Glaser, Krug, Adolf Merkel und Binding, die jedoch aus anderen Gründen gescheitert sind, vgl. dazu Armin Kaufmann, Dogmatik, S. 244, 266, 267 ff., 281 Anm. 186 sowie Rudolphi, Gleichstellungsproblematik, S. 11 ff., 15 ff. Irrig Baumann, Allg. Teil, S. 230, der gerade die Rechtswidrigkeitslösung für verfassungskonform hält.

159 Dogmatik, S. 281 unter Verwendung einer Formulierung von Welzel.

160 Diese Lehre als Demonstrationsobjekt zu verwenden, legt die von ihr intendierte Gesetzestreue (vgl. Nagler, GS 111, 1 [16, 57, 61]), aber auch ihr großer Einfluß auf die herrschende Meinung und die Rechtsprechung nahe.

161 GS 111, 1 (2).

162 A.a.O., S. 51, vgl. ferner Nagler, LK, 6. Aufl., Bd. 1, Einleitung, Anhang 2, S. 62.

163 GS 111, 1 (53 f.).

164 A.a.O., S. 55.

223 b, 315 Abs. 1 a.F.[165], 318 Abs. 1 in Verbindung mit Abs. 2 a.F.[166], 347 Abs. 1, 354, 355 Abs. 1, 357. Durch eine Analyse dieser Tatbestände[167] gewinnt er sodann das Kriterium der „gesetzlichen Gleichordnung" der strafrechtlich „relevanten Unterlassungen" mit den „tatbestandsmäßigen positiven Handlungen"[168]: das „besondere Pflichtenverhältnis" des Garanten[169]. Diese besondere Pflicht, die Garantie wirksam werden zu lassen, stelle die Untätigkeit rechtlich auf die gleiche Stufe wie die Aktivität. „Soweit ein Volksgenosse rechtlich erhebliche Schutzaufgaben zu versehen hat, erzwingt das im Verbot immer mit enthaltene (freilich nur sekundäre) Gebot die Erstreckung der tatbestandsmäßigen Handlung auch auf die Unterlassung der ihm obliegenden Abwehr des widerrechtlichen Erfolges"[170]. Daher könne der Garant das Verbot sowohl durch eine positive Ausführungshandlung als auch durch Unterlassung übertreten, das Begehungsverbrechen sei für ihn in beiden Ausführungsformen möglich[171].

Mit der aus den gesetzlich geregelten Fällen erschlossenen Qualifizierung der Erfolgsabwendungspflicht als Garantenpflicht und ihrer Einordnung in die Tatbestandsmäßigkeit glaubt Nagler „die Gesetzlichkeit dieser Tatbestandserstreckung"[172] nachgewiesen zu haben: „Diese (den engen Wortlaut des Gesetzes sprengende, aber) sinngemäße Gleichstellung der Unterlassung mit der Aktivität bedeutet nicht sowohl eine Tatbestandserweiterung als vielmehr eine Tatbestands*berichtigung* im Wege zweckorientierter, ausdehnender Textdeutung. Es wird nur enthüllt, was noch immer dem Willen der Gesetzgebung entsprach, aber aus technischen Gründen nicht zum klaren Ausdruck gekommen war"[173].

Man kann verstehen, daß Naglers Gedanken- und Beweisführung seinerzeit etwaige Zweifel an der Gesetzeskonformität der Strafbarkeit unechter Unterlassungsdelikte auszuräumen vermochte. Nach der faktischen Außerkraftsetzung der Weimarer Reichsverfassung und damit auch des Artikels 116 und der später

165 In der Fassung vor Inkrafttreten des zweiten Gesetzes zur Sicherung des Straßenverkehrs vom 26.11.1964 (BGBl. I, 921).

166 § 318 ist durch das Strafrechtsänderungsgesetz vom 30.8.1951 (BGBl. I, 739) aufgehoben.

167 GS 111, 1 (59).

168 A.a.O., S. 57 f.

169 A.a.O., S. 59. Zum Inhalt der Garantenstellung vgl. a.a.O., S. 60 ff.; insoweit knüpft Nagler insbesondere an Bindung und Kohler an, vgl. dazu Armin Kaufmann, Dogmatik, S. 249; Bärwinkel, Struktur der Garantieverhältnisse, S. 77 f.; Rudolphi, Gleichstellungsproblematik, S. 47 f.

170 A.a.O., S. 61.

171 A.a.O., S. 61.

172 A.a.O., S. 16.

173 A.a.O., S. 61 (Hervorhebung im Original).

erfolgten formellen Aufhebung des nullum-crimen-sine-lege-Satzes durch § 2 StGB in der Fassung des Gesetzes vom 26.6.1935 mußte es als im besonderen Maße gesetzestreu erscheinen, wenn die Lehre Naglers die unechten Unterlassungsdelikte bruchlos in die „Begehungs"-Tatbestände des Besonderen Teils einfügte und das Kriterium der Gleichstellung, das Garantenverhältnis, aus den ausdrücklich im Gesetz geregelten Fällen ableitete. Daß nach der Wiederinkraftsetzung des nullum-crimen-sine-lege-Satzes geraume Zeit vergehen mußte, ehe nicht nur von Einzelgängern die Fragwürdigkeit der Naglerschen Beweisführung erkannt und dargelegt wurde, bleibt dennoch erstaunlich.

Denn eigentlich ist doch evident, daß Naglers Konstruktion trotz ihrer intendierten Gesetzestreue erheblich mehr beinhaltet als eine bloße „Tatbestandsberichtigung". Befragt man die Lehre Naglers präzise darauf, woraus sich die gesetzliche Fixierung der verschiedenen zur Strafbarkeitsbegründung von Lehre und Rechtsprechung benutzten Garantenstellungen ergibt, so bleibt sie die Antwort schuldig. Die gesetzliche Anerkennung einer Garantenpflicht aus Obhuts- und Fürsorgeverhältnissen in §§ 170 d, 221, 223 b, aus bestimmten Amts- oder Aufsichtsverhältnissen in §§ 121, 318 Abs. 2 a.F., 340, 341, 343, 347, 354, 355, 357 besagt noch nicht einmal etwas Entscheidendes über die Zulässigkeit einer Übertragung dieser speziellen Garantenpflichten auf andere Delikte[174]; noch viel weniger kann daraus die Gesetzesfixierung ähnlicher[175] oder gar völlig andersartiger[176] Garantenstellungen gefolgert werden[177]. Sieht man genauer zu, so ermittelt Nagler auch gar nicht ein wenigstens andeutungsweise vorhandenes gesetzliches Gebot zur Ergänzung unterlassungsoffener Tatbestände um bestimmte Garantenstellungen, sondern er setzt eine Legitimation zur Ergänzung dieser Tatbestände einfach voraus[178]. Offensichtlich geht Nagler ebenso wie die herrschende Meinung und ständige Rechtsprechung seit jeher von einer axiologischen Gleichwertigkeit der Garantenunterlassungen mit dem positiven Tun aus und identifiziert die daraus resultierende gleiche Straf*würdigkeit* mit dem Willen des *Gesetzes* zur Bestrafung gerade dieser Unterlassungen. Daß diese Identifizierung zu Recht bestünde, legt Nagler jedoch nicht dar. Deshalb kann sein Vorgehen nicht als Auslegung des Gesetzes verstanden werden.

---

174 Passen alle gesetzlich anerkannten Garantenstellungen zu allen unterlassungsoffenen Delikten? Oder alle zu einigen? Oder einige zu allen?

175 Z.B. des Haushaltungsvorstands.

176 Z.B. der Ingerenz oder der Gefahrengemeinschaft.

177 Eben deshalb hat sich der Kanon der in Lehre und Rechtsprechung anerkannten Garantenverhältnisse weniger in Anlehnung an jene gesetzlich geregelten Fälle als auf der Basis intuitiv-axiologischer Erwägungen herausgebildet.

178 Das ist umso erstaunlicher, als Nagler – zu Unrecht, wie oben dargelegt – davon ausgeht, die gesetzlichen Tatbestände seien grundsätzlich nur auf den Normalfall positiver Tätigkeit zugeschnitten, vgl. a.a.O., S. 58, auch S. 54.

Die Lehre Naglers führt demnach in die Garantietatbestände der unechten Unterlassungsdelikte die verschiedenen Garantenverhältnisse ein, ohne dartun zu können, daß gerade diese Garantenverhältnisse kraft gesetzlicher Anordnung zum Tatbestandsmerkmal geworden seien[179]. Hierbei handelt es sich nicht um irgendeinen theoretischen Mangel dieser Lehre von mehr peripherer Bedeutung, sondern um ein für die unechten Unterlassungsdelikte entscheidendes non liquet gegenüber der Forderung nach gesetzlicher Fixierung des Garantietatbestandes. Beruhen die verschiedenen Garantenstellungen nicht auf gesetzlicher Grundlage, so hängt das für die Strafbarkeit der unechten Unterlassungsdelikte entscheidende[180] Tatbestandsstück in der Luft.

Als Ergebnis ist festzuhalten, daß die der herrschenden Meinung zugrundeliegende Garantenlehre Naglers die gesetzliche Fixierung der Garantenstellungen nicht darzutun vermag[181].

---

179 Stärker von einem dogmatischen Blickwinkel her argumentierend kommt durch einen Vergleich von Begehungs- und (unechtem) Unterlassungstatbestand Armin Kaufmann in seiner Kritik an Nagler zum gleichen Ergebnis: Die Garantenstellung ist ein im Begehungstatbestand nicht enthaltenes *zusätzliches* Merkmal (vgl. Dogmatik, S. 251, 256, 260 f.). Die weiterhin von Kaufmann gegen Nagler erhobenen normlogischen Einwände (a.a.O., S. 256 ff.) überzeugen deshalb weniger, weil ein und dieselbe Strafbestimmung zwei Normen enthalten kann, nämlich ein Tätigkeitsverbot und ein Handlungsgebot; vgl. dazu die treffenden Ausführungen von Bärwinkel, Struktur der Garantieverhältnisse, S. 26 ff.

Im Ergebnis stimmen ferner mit der hier dargelegten Kritik an Naglers Lehre überein: H. Mayer, Strafrecht, S. 119 f.; Welzel, Strafrecht, S. 211.

180 Denn an den Garantenstellungen sondern sich nach Naglers zutreffender Bemerkung die strafrechtlich relevanten von den irrelevanten Unterlassungen (GS 111, 1 [57, 59]).

181 Auch die später von Vogt ZStW 63, 381 ff. vorgetragene Modifikation des Garantengedankens bietet zur verfassungsrechtlichen Problematik nichts prinzipiell von Nagler Abweichendes. Vogt postuliert, um dem Vorwurf analoger Tatbestandsbildung zu entgehen, eine „tatbestandliche Kongruenz von Aktivität und Passivität" (S. 391) für die Fälle, in denen „der Unterlassende aus engerer sozialer Ordnung zur Abwendung des verbotenen Erfolges verpflichtet ist" (S. 411), doch bleibt unbewiesen, daß bei den unterlassungsoffenen Tatbeständen das Strafgesetz (Vogt, a.a.O., S. 411: der Tatbestand des verletzten Strafgesetzes [!]) die Stellung in einer engeren sozialen Ordnung zum „ungeschriebenen Tatbestandsmerkmal" erhebt. Anders ausgedrückt: Wieso *muß* nach Vogt ein Begehungstatbestand im Sinne der Kongruenzformel gelesen werden, um zur Beschreibung der Unterlassungstat zu gelangen? In Wahrheit wird auch Vogt dem von ihm selbst aufgeworfenen, allerdings nur gegen das damalige Schrifttum gerichteten Bedenken, ob ungeschriebenes Recht den Tatbestand einer Strafnorm ergänzen könne, ohne daß der Satz nulla poena sine lege aus den Angeln gehoben wird (a.a.O., S. 411), nicht gerecht; im Ergebnis daher zutreffend die Kritik von H. Mayer, Strafrecht, S. 120.

2. Gezielte Harmonisierungsversuche gegenüber dem Grundsatz der gesetzlichen Fixierung

Nachdem mit besonderem Nachdruck Hellmuth Mayer die fehlende gesetzliche Fixierung der Garantenstellungen (-pflichten) behauptet hatte[182], wurden in der Folgezeit verschiedentlich Versuche unternommen, dem nunmehr stärker ins Bewußtsein tretenden verfassungsrechtlichen Problem beizukommen. Es lassen sich zwei grundverschiedene Richtungen unterscheiden. Entweder man leugnet die Zugehörigkeit der Garantenstellung zu den Garantietatbeständen der unechten Unterlassungsdelikte und ist dann des Problems enthoben, die gesetzliche Fixierung des Garantenmerkmals nachzuweisen. Oder man geht umgekehrt aus von der Zugehörigkeit der Garantenstellung zu den Garantietatbeständen und versucht, durch Rechtsfindung secundum legem jenen Nachweis zu führen.

Für die Eliminierung der Garantenstellung als Garantietatbestandsmerkmal beruft man sich teils auf ihre strafbarkeitseinschränkende Wirkung (Maurach), teils auf die Zulässigkeit gewohnheitsrechtlich entwickelter Rechtsfiguren (Jagusch, Jescheck, Maurach, Mezger-Blei, Schönke-Schröder, Sax), teils auf historisch-kasuistische Auslegung der unterlassungsoffenen Tatbestände des Besonderen Teils (H. Mayer, Kessler).

Bei den in entgegengesetzter Richtung verlaufenden Bemühungen um den Nachweis der Gesetzesfixierung der Garantenstellungen werden unterschiedliche methodische Wege beschritten. Die einen stützen sich auf Interpretationen von Tatbeständen des Besonderen Teils (Meyer-Bahlburg, Böhm), andere nehmen zu Rechtsfindungsverfahren eigener Art Zuflucht. Bei ihnen steht im Vordergrund die analoge Gleichbehandlung von unechten Unterlassungsdelikten und Begehungsdelikten auf der Basis entweder ontologischer Erfassung des Phänomens der unechten Unterlassung (Androulakis) oder sinnerfassender Betrachtungsweise der verschiedenen Garantenverhältnisse (Rudolphi); daneben wird aber auch die Auffassung vertreten, daß eine Inhaltsbestimmung der Verhaltensmerkmale der unterlassungsoffenen Tatbestände mit Hilfe eines mehrstufigen, auf soziologische und rechtliche Kriterien gestützten Wertungsverfahrens möglich und mit Art. 103 Abs. 2 GG vereinbar sei (Bärwinkel).

In der hier vorgenommenen Gruppierung und Reihenfolge sollen die auf die Bewältigung des Problems der gesetzlichen Fixierung der Garantenstellungen gerichteten Bemühungen der Lehre behandelt und kritisch gewürdigt werden.

a) Leugnung der Zugehörigkeit der Garantenstellung zum Garantietatbestand

aa) Eliminierung der Garantenstellung aus dem Garantietatbestand

Besonders deutlich wird das Bestreben, die unechten Unterlassungsdelikte vom Verdacht strafbegründender Analogie dadurch zu befreien, daß die Garantenstel-

182 Strafrecht, S. 119 f.; SJZ 1947, Sp. 12 (14 f.).

lungen aus den Garantietatbeständen eliminiert werden, bei *Maurach:* „Das erfolgsbedingende ‚Täterverhalten' (Welzel[183]) ist . . . bei den unechten Unterlassungsverbrechen ebenso gesetzlich bestimmt wie bei den Begehungsdelikten, wenngleich in einer die Haftung überdehnenden Weise. Das gewohnheitsrechtlich begründete Verbrechensmerkmal der ‚Garantiepflicht' (der ‚täterschaftlichen Merkmale' nach Welzel[184]) dient also nicht zur verbotenen Erweiterung, sondern zur gebotenen, gewohnheitsrechtlich statthaften Einschränkung der Täterhaftung"[185].

Maurachs Berufung auf Gewohnheitsrecht kann im vorliegenden Zusammenhang außer Betracht bleiben, da dieses Hilfsargument, dessen sich auch andere Autoren bedienen, später erörtert wird[186]. Aufschlußreich ist Maurachs konstruktive Einkleidung der Argumentation. Obwohl er sonst die Garanten*stellung*[187] zum objektiven Tatbestand rechnet[188], bezieht er sich hier auf die Garantie*pflicht*, die er an früherer Stelle zutreffend als „ein außerhalb des Tatbestands stehendes vorsatzfreies Verbrechensmerkmal" auffaßt[189]. Für die Frage, welchen Umfang der Garantietatbestand eines unechten Unterlassungsdelikts hat, ist es jedoch unerheblich, ob man auf die Garantenstellung oder auf die Garantenpflicht abstellt. Wenn die haftungsbeschränkende Funktion eines Kriteriums seine Lokalisierung außerhalb des Garantietatbestandes rechtfertigen soll, erscheint es zutreffender, die Garantenstellungen selbst zum Gegenstand der Aussage zu machen. Maurachs These muß daher entgegen ihrer Formulierung dahin verstanden werden, daß die außergesetzlich entwickelten Garantenstellungen als gebotene Einschränkung der vom Gesetz überdehnten Täterhaftung zulässig und somit nicht Bestandteil des gesetzlicher Fixierung bedürftigen Garantietatbestands seien.

Maurachs These widerspricht dem herkömmlichen Verständnis des Art. 103 Abs. 2 GG und hat zur Folge, daß von einer Garantiefunktion des Strafgesetzes und des Garantietatbestands nicht mehr gesprochen werden könnte[190]. Würde man sie akzeptieren, so wäre es beispielsweise mit dem Grundsatz nullum crimen

---

183 Strafrecht, 8. Auflage 1963, S. 185.

184 Strafrecht, 8. Auflage 1963, S. 187 = 11. Auflage, S. 209.

185 Maurach, Allg. Teil, S. 510. Die Identifizierung der Garantenpflicht mit den „täterschaftlichen Merkmalen" im Sinne Welzels erfolgt zu Unrecht, da diese eben nicht die rechtliche Handlungspflicht des Garanten, sondern die konstituierenden Elemente der Garantenposition bezeichnen, vgl. Welzel, Strafrecht, S. 213.

186 S. dazu unten bb).

187 In seiner Terminologie: die „garantiepflichtbegründenden rechtlichen oder tatsächlichen Umstände" (Allg. Teil, S. 509).

188 Allg. Teil, S. 509.

189 A.a.O., S. 509.

190 Insofern befindet sich Maurach im Widerspruch zu seinen eigenen Ausführungen (Allg. Teil, S. 80, 88 f.).

sine lege vereinbar, § 300 in haftungsüberdehnender Weise (und zugleich in einer gegenüber dem geltenden Recht viel knapperen Formulierung) wie folgt zu fassen: „Wer unbefugt ein fremdes Geheimnis offenbart, das ihm bei Ausübung seines Berufes anvertraut oder bekannt geworden ist, wird ... bestraft". Die gebotene Tatbestandsbegrenzung auf Angehörige bestimmter Berufe müßte und dürfte selbständig durch die Gerichte vorgenommen werden. Oder: § 330 dürfte dahin vereinfacht werden, daß ein Handeln wider die allgemein anerkannten Regeln der Baukunst dergestalt, daß für andere eine Gefahr entsteht, gesetzlich für strafbar erklärt würde und die Begrenzung des Täterkreises wiederum der Rechtsprechung überlassen bliebe[191]. Für zahlreiche weitere Sonderdelikte sowie für Delikte mit näherer Täterkennzeichnung würde das gleiche gelten. Wenn man die These von der Zulässigkeit gesetzlich nicht fixierter haftungsbeschränkender Tatbestandsmerkmale akzeptiert, wird man ferner kaum dartun können, daß nur täterbeschreibende, nicht auch verhaltensbeschreibende Tatbestandselemente strafbarkeitsbeschränkend wirken. Es wäre also sogar die Aussonderung bestimmter das Täterverhalten qualifizierender Merkmale aus dem Garantietatbestand kaum zu vermeiden. Mit welcher Begründung sollte man verhindern können, daß de lege ferenda beispielsweise die Unwahrheit der ehrenrührigen Tatsache bei der Verleumdung, die Öffentlichkeit der Ankündigung bzw. des Anerbietens in §§ 219 Abs. 1, 220, die Verhaltensmodalitäten List, Drohung, Gewalt bei den Straftaten gegen die persönliche Freiheit u.ä. aus dem Garantietatbestand ausgeschieden und als lediglich strafbarkeitseinschränkend der richterlichen Rechtsfindung zugewiesen werden?

Die angeführten Bedenken belegen zur Genüge die Behauptung, daß der Garantietatbestand die aus Art. 103 Abs. 2 GG abgeleitete Garantie (!)-Funktion verliert, wenn man aus ihm strafbarkeits-„einschränkende" Merkmale aussondert. Soll der Garantiefunktion Rechnung getragen werden, so müssen alle für die Strafbarkeit einer Handlung oder Unterlassung konstitutiven Elemente Bestandteile des Garantietatbestands sein, weil andernfalls die Entscheidung über die Strafbarkeit bestimmter Handlungen oder Unterlassungen nicht mehr allein vom Gesetzgeber getroffen würde. Ob dieses von der Verfassungsnorm erstrebte Ziel heute noch realistisch ist, wird später eingehend zu erörtern sein. Jedenfalls kann auf dem Boden des herkömmlichen Verständnisses des nullum-crimen-sine-lege-Satzes die Zugehörigkeit von Merkmalen zum Garantietatbestand nicht davon abhängig gemacht werden, ob sie im Verhältnis zu anderen gesetzlich festgelegten Merkmalen strafbarkeitseinschränkend wirken[192]. Gerade die Garantenstellungen bei den unechten Unterlassungsdelikten sind ein vorzügliches Beispiel für die strafbarkeitskonstitutive Wirkung sogenannter haftungseinschränkender

191 Diese wäre dann kaum gehindert, auch entsprechende Fehlhandlungen bau*planender* Architekten zu bestrafen, was de lege lata nach herrschender Meinung gerade nicht zulässig ist, vgl. etwa Schönke-Schröder, StGB, § 330, Rn. 13.

Merkmale. Nicht für jedermann, sondern nur für einen bestimmten Personenkreis wird nach dem Sinn der Garantenlehre (und aller neueren Theorien über die unechten Unterlassungsdelikte) die Pönalisierung von Unterlassungen in den unterlassungsoffenen Tatbeständen von Bedeutung. Die für das überlieferte Verständnis des nullum-crimen-sine-lege-Prinzips entscheidende Linie zwischen straffreiem und strafbarem Verhalten wird bei der unechten Unterlassung primär durch das Garantenmerkmal bezeichnet[193]. Daher lassen sich – entgegen der These Maurachs – die Garantenstellungen nicht aus den Garantietatbeständen der unechten Unterlassungsdelikte eliminieren; ob sie der Forderung gesetzlicher Fixierung genügen, läßt die Lehre Maurachs offen.

bb) Garantenstellungen auf Grund zulässigen Gewohnheitsrechts

Auf einc Leugnung der Zugehörigkeit der Garantenstellungen zu den Garantietatbeständen der unechten Unterlassungsdelikte läuft es auch hinaus, wenn sich maßgebliche Autoren im strafrechtlichen Schrifttum auf eine im Strafrecht angeblich zulässige, durch den nullum-crimen-sine-lege-Satz nur zum Teil eingeschränkte Bildung von Gewohnheitsrecht berufen. Im Zusammenhang mit der Erläuterung des nullum-crimen-sine-lege-Satzes führen *Maurach, Mezger-Blei, Schönke-Schröder, Jagusch, Sax* und *Jescheck* als Beispiel zulässiger Gewohnheitsrechtsbildung im Strafrecht die „Lehre von den unechten Unterlassungsdelikten" an[194]. Wenn auch mit Ausnahme von Sax[195] diese Autoren nicht ausdrücklich alle Garantenstellungen als gewohnheitsrechtlich entstanden bezeichnen[196], so müssen diese dennoch von der Aussage mit umfaßt sein, denn

---

192 Eben weil die Aussagen „haftungsbegründendes Merkmal – haftungsbeschränkendes Merkmal" aufeinander bezogen sind, wäre der Gesetzgeber de lege ferenda in der Wahl der Merkmale, die er dem Tatbestand inkorporieren will, und jener, die er der Rechtsprechung überließe, weitgehend frei. Gerade das widerspräche nach herkömmlichem Verständnis dem Satz nullum crimen sine lege.

193 Mit diesem Argument lehnt auch Welp, Vorangegangenes Tun, S. 144 die These Maurachs ab.

194 So die Formulierung bei Maurach, Allg. Teil, S. 81 und Jagusch, LK, Bd. 1, § 2 Anm. I 2a), c); zur Formulierung bei Sax, Grundrechte III/2, S. 909 (1003) vgl. unten Anm. 195, zur Formulierung bei Jescheck, Lehrbuch, S. 78, Schönke-Schröder, StGB, § 2, Rn. 29 und bei Mezger-Blei, Allg. Teil, S. 22 f. vgl. unten Anm. 197.

195 Grundrechte III/2, S. 909 (1003): „Gewohnheitsrechtliche Gebilde sind . . . die meisten strafrechtlichen Allgemeinbegriffe, wie z.B. . . . die ‚Garantenpflicht' bei den unechten Unterlassungsdelikten . . .".

196 Für einzelne Garantenstellungen berufen sich auf zulässiges Gewohnheitsrecht: Nagler (Mezger), LK, Bd. 1, Einleitung Anh. 2, S. 37 (Ingerenz); Schönke Schröder, StGB, § 2, Rn. 29 (Ingerenz); Maurach, Allg. Teil, S. 511 (sozialethische Handlungspflichten), S. 513 (Ingerenz).

sie bilden den Kern der auch von diesen Autoren gebilligten herrschenden Lehre von den unechten Unterlassungsdelikten[197].

Die Auffassung, eine durch Gewohnheitsrecht legitimierte Entwicklung der Garantenstellungen verletze nicht den „von Art. 103 Abs. 2 GG. . . gezogenen Sperrbereich“[198] beruht auf der These, Gewohnheitsrecht sei im Strafrecht nur insoweit ausgeschlossen, als es weder Straftatbestände schaffen noch gesetzliche Strafdrohungen verschärfen könne[199]. Diese These wird jedoch dem Gehalt des Art. 103 Abs 2 GG in seinem tradierten Verständnis nicht gerecht. Der nullum-crimen-sine-lege-Satz verbietet die außergesetzliche Bildung neuer Tatbestände in toto, aber auch einzelner strafbarkeitskonstitutiver Tatbestandsteile, da nur dann die Strafbarkeit allein durch das Gesetz bestimmt und dadurch die staatsbürgerliche Freiheit gegen richterliche Willkür geschützt wird. Da die Garantenstellungen als strafbarkeitskonstitutive Merkmale Bestandteile der Garantietatbestände der verschiedenen unechten Unterlassungsdelikte sind, beruht die These von der zulässigen gewohnheitsrechtlichen Entwicklung der Garantenpositionen auf einer an entscheidender Stelle zu engen und deshalb fehlerhaften Prämisse. Im Hinblick auf die Garantiefunktion müßte man gerade entgegengesetzt zu der bekämpften These sagen: eine sich allein auf Gewohnheitsrecht gründende Legitimierung der Garantenstellungen wäre mit dem traditionell verstandenen Grundsatz der notwendigen gesetzlichen Fixierung des Garantietatbestands unvereinbar.

Deshalb ist es nicht überraschend, daß vier der genannten Autoren zusätzliche Argumente für die Zulässigkeit von Garantenstellungen auf gewohnheitsrechtlicher Grundlage für erforderlich halten. Maurach[200] nimmt für die Erfolgsabwendungspflichten in Anspruch, sie seien als tatbestandseinschränkendes Gewohnheitsrecht zulässig. Schröder[201] hält die gewohnheitsrechtliche Entwicklung von Regeln, die der Rechtsordnung immanent sind, als auslegungsähnlichen Vorgang für zulässig und rechnet hierher ausdrücklich die Gleichstellung der unechten Unterlassungsdelikte mit den Begehungsdelikten. Jagusch[202] vertritt die Auffassung, im Bereich des Allgemeinen Teils, „wo das Gesetz die Fortent-

197 Ebenso kann man sich nur unter Einbeziehung der Garantenstellungen die „Gleichstellung der unechten Unterlassungsdelikte mit den Begehungsdelikten“ (Schönke-Schröder, a.a.O.) oder „Grundsätze für die Bestrafung der unechten Unterlassungsdelikte“ (Mezger-Blei, a.a.O.) oder „die Strafbarkeit der im Gesetz nicht geregelten unechten Unterlassungsdelikte“ (Jescheck, a.a.O.) als gewohnheitsrechtlich begründet vorstellen.

198 Mezger-Blei, Allg. Teil, S. 22.

199 Vgl. Jagusch, LK, Bd. 1, § 2, Anm. I 2a) am Ende; Jescheck, Lehrbuch, S. 79; Maurach, Allg. Teil, S. 81; Mezger-Blei, Allg. Teil, S. 22; Schönke-Schröder, StGB, § 2, Rn. 24; ähnlich Sax, Grundrechte III/2, S. 909 (1002 f.).

200 Allg. Teil, S. 82.

201 Schönke-Schröder, StGB, § 2, Rn. 29.

wicklung in großem Umfang der höchstrichterlichen Rechtsprechung überlassen hat (bewußte Gesetzeslücken)", seien auch strafbegründende gewohnheitsrechtliche Bildungen und Grundsätze wie z.B. die unechte Unterlassung zulässig und als unvermeidliche Einschränkungen des nullum-crimen-sine-lege-Satzes hinzunehmen. Sax[203] schließlich beruft sich darauf, Art. 103 Abs. 2 GG bezwecke nicht die Festlegung der Strafrechtsanwendung „auf die gesetzeswortlautliche Umschreibung des Tatvollzugs, sondern die Begrenzung der Strafgewalt auf die tattypisierend bestimmten unmittelbaren oder mittelbaren *Wert*verletzungen". Dieser Wertverletzungstypus sei bei den unechten Unterlassungsdelikten gesetzlich bestimmt[204].

Gegen die von Maurach vorgenommene Eliminierung der Garantenpositionen aus den Garantietatbeständen der unechten Unterlassungsdelikte wurde bereits in anderem Zusammenhang Stellung genommen[205].

Gegen Schröder ist zunächst einzuwenden, daß eine Rückführung der Garantenstellungen auf immanente Regeln der Rechtsordnung bisher in zahlreichen Fällen nicht gelungen ist – man denke etwa an die Garantenstellungen aus tatsächlicher Lebensgemeinschaft, aus Ingerenz, aus der Stellung als Wohnungsinhaber. Vor allem aber ist das Aufspüren nicht ausdrücklich verlautbarter Inhalte der Rechtsordnung und ihre Formung zu bestimmten „Regeln" ein so diffiziler, mit erheblichen Unsicherheitsrisiken behafteter Vorgang, daß man ihn nach dem überlieferten Verständnis des nullum-crimen-sine-lege-Satzes kaum als Tatbestandspräzisierung auf der Grundlage der lex scripta ansehen kann. Ferner widerspricht die von Schröder postulierte Maßgeblichkeit von Regelungen der gesamten Rechtsordnung der Art. 103 Abs. 2 GG zugrundeliegenden Vorstellung von der alleinigen oder doch primären Relevanz des *Straf*gesetzes für die Bestimmung des Garantietatbestands.

Im Hinblick auf die These von Jagusch mag offenbleiben, ob im Bereich des Allgemeinen Teils die gewohnheitsrechtliche Bildung von Rechtsbegriffen und -figuren zulässig ist. Soweit es sich um Teile von Garantietatbeständen handelt wie unzweifelhaft bei den Garantenstellungen, ist deren gewohnheitsrechtliche Entwicklung ohne Bruch mit dem traditionsgebundenen Verständnis des nullum-crimen-sine-lege-Satzes nicht zu rechtfertigen. Wenn Jagusch demgegenüber strikte Geltung des Art. 103 Abs. 2 GG „auf tatbestandlichem Gebiet" (gemeint ist: im Bereich des Besonderen Teils)[206], schwächere im Bereich des

202 LK, Bd. 1, § 2, Anm. I 2c). Hier und an anderen Stellen wird zu § 2 Abs. 1 die Kommentierung durch Jagusch herangezogen, auf der die stilistische Überarbeitung durch Tröndle in der 9. Aufl. fußt.

203 Grundrechte III/2, S. 909 (1003, Anm. 296). Hervorhebung im Original.

204 Ähnlich argumentiert Arthur Kaufmann, Analogie, S. 41 f., allerdings ohne spezifischen Bezug auf die Garantenstellungen.

205 Vgl. oben aa).

206 LK, Bd. 1, § 2, Anm. I 2c.

Allgemeinen Teils behauptet, so übersieht er das Zusammenspiel von Regelungen des Allgemeinen und des Besonderen Teils bei der Konstituierung der Garantietatbestände[207]. Seine Darlegungen zur Lückenhaftigkeit des Allgemeinen Teils und ihrer Auswirkung auf den nullum-crimen-sine-lege-Satz werden später bei der Frage nach einer Neuinterpretation dieses Prinzips zu berücksichtigen sein. Eine veränderte Auslegung des Art. 103 Abs. 2 GG ließe sich jedoch nicht allein durch den Hinweis auf die gefestigte Judikatur zu gesetzlich nicht oder nur unzureichend präzisierten Begriffen des Allgemeinen Teils stützen, sondern bedürfte außerdem grundsätzlicher Überlegungen zum Verhältnis von Gesetz und Rechtsprechung auf dem Gebiet des Strafrechts.

Wenn sich schließlich Sax für die behauptete Zulässigkeit einer gewohnheitsrechtlichen Bildung der Garantenstellungen darauf beruft, der Wertverletzungstypus der unechten Unterlassungen sei gesetzlich fixiert, so muß demgegenüber nach der Begründung dieser Behauptung gefragt werden. Sax sieht in der gesetzlichen Vertypung des strafwürdigen Unrechts den materialen Kern des Garantietatbestands[208]. Wenn er die Garantenstellungen nicht zum Garantietatbestand rechnen will, müßte er darlegen, daß sie für die tatbestandliche Beschreibung des Unrechtstypus der strafbaren Unterlassungen ohne Bedeutung sind. Derartige Darlegungen fehlen[209] und wären mit Überzeugungskraft auch kaum nachzuholen. Denn daß nicht die Unterlassung jedes irgendjemand, sondern nur die ausgebliebene Erfolgsabwendungshandlung eines ganz bestimmten „Täters", eben des Garanten, dem Unrechtsgehalt einer Erfolgsherbeiführung durch Tun gleichwertig ist, dürfte kaum bestreitbar sein und entspricht seit langem allgemeiner Überzeugung. Aus der Vielzahl unterbliebener Erfolgsabwendungen die der aktiven Erfolgsverursachung gleichwertigen und daher strafrechtlich relevanten auszusondern, ist die Funktion des Garantenmerkmals innerhalb des Tatbestands. Wegen dieser Funktion ist es konstitutives Element auch des Unrechtstypus der unechten Unterlassung und dürfte nach Sax' eigener Lehre aus dem Garantietatbestand des unechten Unterlassungsdelikts nicht ausgeschieden werden.

---

207 Deutlich wird dies, wenn Jagusch, LK, Bd. 1, § 2, Anm. I 1b) bb) die unbeschränkte Zulässigkeit der Analogie im Bereich des Allgemeinen Teils behauptet, da sie „nicht strafbegründend im Tatbestandssinn oder strafschärfend wirkt".

208 Grundrechte III/2, S. 909 (1001). An anderer Stelle spricht Sax inhaltlich übereinstimmend von der Ausformung der gesetzlichen Straftatbestände zu Unrechtstypen (S. 914).

209 Statt dessen stellt Sax auf die gesetzliche Fixierung des Unterlassens ab: Die tattypisierend bestimmten Wertverletzungen könnten zumeist durch Tun oder Unterlassen verwirklicht werden (a.a.O. S. 1003, Anm. 296, deutlicher noch im Zusammenhang mit dem Tatbestandsbestimmtheitsgebot, a.a.O., S. 1009, Anm. 322). Doch damit ist die gesetzliche Vertypung gerade der Garantenunterlassungen auch nicht nachgewiesen.

cc) Leugnung eines Tatbestandsmerkmals „Garantenstellung“

Für Hellmuth *Mayer*, der über die Garantenlehre das Verdikt verbotener Analogie besonders nachdrücklich gesprochen hat, ist die Nichtzugehörigkeit der Garantenstellungen zu den Garantietatbeständen vorsätzlicher unechter Unterlassungsdelikte selbstverständlich[210]. Die unechten Unterlassungsdelikte sind nach seiner Auffassung vom Verdacht verbotener Analogie allein durch Auslegung der Tatbestände des Besonderen Teils zu befreien. Mit Hilfe historisch-kasuistischer Auslegung seien die unterlassungsoffenen Tatbestände und in ihrem Rahmen die Modalitäten strafbaren Unterlassens zu ermitteln[211]. Dementsprechend lehnt es Mayer ab, nach „irgendwelchen Rechtsgründen“ für eine bloße Gleichstellung der Unterlassung mit dem Tun auf außerrechtlicher Basis zu fahnden. „Die körperliche Untätigkeit ist aber im Rechtssinn als echtes Tun, Begehung, Kommission aufzufassen, wenn diese unechte Unterlassung das gleiche Maß rechtsfeindlicher Willensenergie verlangt wie die positive Tätigkeit ... Nicht etwa wird eine echte[212] Unterlassung, aus irgendwelchen Rechtsgründen, dem Tun nur gleichgestellt, vielmehr ist sie im Rechtssinn echtes Tun. Darum hat die Rechtssprache von vornherein derartige unechte Unterlassungen in die Tatbestandsbeschreibung einbezogen ... Inwieweit derartige Unterlassungen unter das Vorstellungsbild fallen, welches durch die Tatbestandsbeschreibung ausgedrückt wird, darüber entscheidet der natürliche[213] Sprachgebrauch“[214].

Und wenig später fährt H. Mayer fort: „Hinter der historischen, kasuistischen Auslegung steht der materielle Rechtsgedanke der Betätigung gleichwertiger Verbrechensenergie. Damit ist dem Erfordernis einer hinreichend bestimmten Tatbestandsbeschreibung (Art. 103 GG) durchaus genügt. Ernste Zweifel über den Umfang des Tatbestandes können kaum entstehen“[215].

Anstelle des aus dem Garantietatbestand eliminierten Garantenmerkmals sieht H. Mayer das für die Entscheidung über die strafrechtliche Relevanz von Unterlassungen maßgebende Kriterium in dem „materielle(n) Rechtsgedanken der Betätigung gleichwertiger Verbrechensenergie“[216], die von ihm letztlich nicht als

210 Strafrecht, S. 113 f., 139 f., 147 f., 151 ff.; Allg. Teil, S. 80 ff. Bezüglich seines Vorwurfs gegen die herrschende Lehre, sie verstoße gegen das Analogieverbot, vgl. a.a.O., S. 119 ff., ferner SJZ 1947, Sp. 12 ff.; Allg. Teil, S. 80 f.

211 Auch Kessler, wohl ein Schüler H. Mayers, sieht in der „Auslegung der Tatbestände nach dem Lebenssprachgebrauch“ die „sinnvolle und systemgerechte Lösung“ des Unterlassungsproblems, vgl. seine Dissertation „Die Tatbestandsmäßigkeit der unechten Unterlassung“, S. 142 ff., zur Tatbestandsauslegung allgemein S. 136 ff.

212 Von Mayer hier wohl kaum im technischen Sinn gemeint.

213 Gelegentlich spricht Mayer auch synonym vom „teleologisch verstandenen Lebenssprachgebrauch“ (Strafrecht, S. 152).

214 A.a.O., S. 113.

215 A.a.O., S. 114; ähnlich Kessler, Tatbestandsmäßigkeit, S. 140.

216 A.a.O., S. 114.

empirisch feststellbares Faktum, sondern als Werturteil[217] verstanden wird. Hiergegen hat Armin Kaufmann eingewandt, daß in der für Mayer unumgänglichen Bewertung bestimmter Unterlassungen als Tun eine zusätzliche, speziell auf die Unterlassung zugeschnittene tatbestandsmäßige Voraussetzung enthalten sei, die prinzipiell den gleichen Bedenken im Hinblick auf Art. 103 Abs. 2 GG unterliege wie das Garantenmerkmal Naglers. Denn die Kriterien des erforderlichen Werturteils folgten nicht unmittelbar aus dem Gesetz[218].

Die „Zusätzlichkeit" des für die Bejahung der rechtsfeindlichen Willensenergie notwendigen Werturteils wäre unter dem Aspekt des nullum-crimen-sine-lege-Satzes dann unbedenklich, wenn es im Wege der Auslegung den Strafrechtssätzen entnommen werden könnte. Wenn das StGB in einer Anzahl von Bestimmungen Tun und Unterlassen nebeneinander als Formen der Erfolgsherbeiführung unter die gleiche Strafdrohung stellt, so wird man daraus schließen dürfen, daß in diesen Fällen der Unrechtsgehalt beider Tatmodalitäten gleich bewertet worden ist. Versteht man mit H. Mayer die rechtsfeindliche Willensanstrengung nicht als (individuell unterschiedliches) psychisches Faktum, sondern als normativen Maßstab[219], der die von einem Normalmenschen zu überwindende Hemmungsbarriere angesichts des Rechtsunwerts bezeichnet, so wird man für diese gesetzlich geregelten Fälle eine ungefähr gleichwertige rechtsfeindliche Willensenergie bei Tun und Unterlassen annehmen dürfen. Widerrechtliches Eindringen in die Wohnung einerseits, unbefugtes Verweilen trotz Aufforderung andererseits (§ 123), Unterstützung der Gefangenenbefreiung einerseits, Entweichenlassen andererseits (§ 121), Aussetzen Hilfloser einerseits, Verlassen in hilfloser Lage

217 So ausdrücklich a.a.O., S. 153. Vgl. ferner a.a.O., S. 113: Das Fehlen jeglichen Rettungsimpulses wegen völliger seelischer Verhärtung ist „als aktive Auflehnung gegen den Allgemeinwillen zu *bewerten*", S. 152: „... weil er seinen Willen anstrengen muß, um untätig zu bleiben, bzw. weil *jeder anständige*, an seiner Stelle stehende *andere Mensch* eine solche Willensanstrengung *aufbringen müßte* um untätig zu bleiben" (Hervorhebung nicht im Original).
Rudolphi, Gleichstellungsproblematik, S. 72 interpretiert zwar abweichend Mayers Kriterium der verbrecherischen Willensenergie als „die subjektive Komponente der Unterlassung, d.h. den ihr zugrundeliegenden Willensentschluß", kommt aber wenig später zu der These, das Maß der erforderlichen Willensenergie hänge insbesondere von der Stellung und Pflichtbindung des Täters in der sozialen Gemeinschaft ab. Das ist zumindest insofern im Ansatz richtig gesehen, als H. Mayers Lehre zwar gegen die analogieverdächtige Begründung der Garantendoktrin und ihre ausufernden Konsequenzen in der Rechtsprechung vehement zu Felde zieht, inhaltlich aber von den Ergebnissen einer vorsichtigen Verwendung tradierter Garantenstellungen nicht allzuweit entfernt ist. Das zeigt nicht zuletzt Mayers Friedensschluß mit dieser Doktrin für den Bereich der Fahrlässigkeitstaten, vgl. Strafrecht, S. 115, 139.

218 Dogmatik, S. 270 f., insbesondere Anm. 153. Der Kritik Armin Kaufmanns hat sich Rudolphi, Gleichstellungsproblematik, S. 70 angeschlossen.

219 Ebenso verstehen Armin Kaufmann, Dogmatik, S. 269 f. und Bärwinkel, Struktur der Garantieverhältnisse, S. 89 das Kriterium Mayers.

andererseits (§ 221) mögen als Beispiele für die gesetzliche Gleichbewertung von Tun und Unterlassen im Hinblick auf ihren Unrechtsgehalt und dementsprechend auf die in solchem Verhalten dokumentierte rechtsfeindliche Willensenergie genügen. Wenn das Gesetz nun in den unterlassungsoffenen Tatbeständen eine Bestrafung von Unterlassungen nach demselben Strafrahmen ermöglicht, der für die ausdrücklich geregelte aktive Tatverübung gilt, so muß man in der Tat, will man hier nicht plötzlich eine unmotivierte Wertungsverschiedenheit unterstellen, eine vom Gesetz vorausgesetzte Gleichwertigkeit, gemessen an jenem normativen Maßstab, annehmen.

Lenkt also die Lehre H. Mayers den Blick in verdienstvoller und stärkerer Beachtung würdiger Weise darauf, daß nach der Intention des Gesetzes nur die der aktiven Erfolgsherbeiführung im Unrechtsgehalt gleichwertigen Unterlassungen vom strafbarkeitsbegründenden Garantietatbestand erfaßt sein können[220], so geht die für die gesetzliche Fixierung dieses Tatbestands entscheidende Frage nun aber dahin, ob das Gesetz Kriterien dieser Gleichwertigkeit enthält. Diese Fragen, auf die die herrschende Garantendoktrin mit dem bloßen Hinweis auf die tradierten Garantenstellungen reagiert, will H. Mayer allein aus der Fassung der unterlassungsoffenen Tatbestände beantworten. Natürlich verweist er damit nicht auf eine grammatikalische Wortauslegung. Vielmehr setzt er sein Vertrauen in eine historisch-teleologische Auslegungsmethode, die sich insbesondere an der vom Gesetzgeber „historisch vorgestellten Kasuistik" zu orientieren habe[221]. Gerade vom Boden dieser – heute wie je von der dominierenden objektiven Auslegungsmethode angefochtenen – historischen Interpretationsauffassung aus erscheint es aber sehr zweifelhaft, ob die unterlassungsoffenen Tatbestände des Besonderen Teils hinreichend bestimmte Gleichwertigkeitskriterien ergeben.

Schon in dem von H. Mayer häufig verwendeten Fall der Kindestötung durch Verhungern- oder Erfrierenlassen ist es problematisch, die Mutter wegen der Unterdrückung des natürlichen Muttergefühls in jedem Fall als Unterlassungstäterin zu bestrafen, den außerehelichen Vater dagegen nur dann als Mittäter anzusehen, wenn seine Hilfe selbstverständlich erwartet und leicht zu leisten war[222]. Der Verdacht liegt nahe, bei dieser Entscheidung des Falles habe weniger der natürliche, teleologisch verstandene Sprachgebrauch des StGB Pate gestanden als vielmehr die zivilrechtlichen Normen der §§ 1708, 1705 BGB a.F.[223]. Noch unsicherer und zweifelhafter erscheint die Entscheidung von Ingerenzfällen. H. Mayer billigt die Bestrafung desjenigen, der eine von ihm versehentlich eingesperrte Person nicht wieder frei läßt, will aber den Bibliotheksbeamten straflos

220 Vgl. dazu den Schlußteil dieser Arbeit.

221 Strafrecht, S. 114 sowie S. 84 f.

222 A.a.O., S. 153.

223 In der Fassung vor Inkrafttreten des Gesetzes über die rechtliche Stellung der nichtehelichen Kinder vom 19.8.1969 (BGBl. I, S. 1243).

lassen, dem gutgläubig ein ähnliches Versehen unterlaufen ist und der, am heimischen Mittagstisch davon verständigt, die Befreiung bis zum Ende der Mittagspause hinausschiebt[224]. Ist im zweiten Fall aber die rechtsfeindliche Willensanstrengung des Unterlassungstäters wirklich geringer als die des Begehungstäters, der, um den Bus zur mittäglichen Heimfahrt nicht zu versäumen, mit dem Verschließen der Bibliothek nicht wartet, bis der letzte, etwas saumselige Benutzer den Raum verlassen hat? Diese und ähnliche Fälle lassen den begründeten Zweifel aufkommen, ob die historisch-kasuistische Auslegung der Tatbestände, gerade wenn sie sich am „materialen Rechtsgedanken der Betätigung gleichwertiger Verbrechensenergie" orientieren soll, zu Ergebnissen gelangt, die aus dem Gesetz wirklich herausgelesen und nicht nur hineininterpretiert werden.

Dieser durch die praktischen Schwierigkeiten einer Gleichbewertung gemäß dem natürlichen Sprachgebrauch des Gesetzes hervorgerufene Zweifel an der Durchführbarkeit der von H. Mayer vorgeschlagenen Lösung wird zur negativen Gewißheit, wenn man sich vor Augen hält, daß der Gesetzgeber auf die tatbestandsmäßige Umschreibung der rechtsfeindlichen Willensenergie beim positiven Tun häufig sichtliche Mühe aufgewandt hat[225] und sich dann fragt, warum ähnliches bei den unechten Unterlassungen unterblieben ist. Angesichts der bei Gesetzeserlaß absolut dominierenden formellen Rechtspflichtdoktrin spricht alles dafür, daß der Gesetzgeber denjenigen Unterlassungen gleichen Unrechtsgehalt wie den Begehungen beigemessen hat, die einer durch Gesetz, Vertrag oder Ingerenz begründeten Erfolgsabwendungspflicht zuwiderlaufen. Diese nach damaliger Auffassung für die Gleichwertigkeit maßgeblichen Kriterien hat der Gesetzgeber jedoch weder ausdrücklich positiviert – etwa in Form einer allgemeinen Klausel nach Art der in § 14 E 1959 vorgeschlagenen –, noch hat er im Hinblick auf sie die unterlassungsoffenen Tatbestände des Besonderen Teils besonders ausgeformt[226]. Daher kann gerade eine historische Auslegung für das Kriterium der Betätigung gleichwertiger rechtsfeindlicher Willensenergie in diesen Tatbeständen keinen hinreichenden Ansatzpunkt finden.

Ob entgegen den Intentionen H. Mayers eine tatbestandsergänzende Rechtsfindung zur Ermittlung gleichwertiger Unterlassungen führen kann, ohne Art. 103 Abs. 2 GG zu verletzen, ist eine andere, später zu erörternde Frage[227].

---

224 Strafrecht, S. 118.

225 Verwiesen sei nur auf Merkmale wie „Absicht" (im engeren Sinne), „Mordlust", „Befriedigung des Geschlechtstriebs", „Habgier". Zu den Zweifeln über die Funktion subjektiver Tatbestands- und Unrechtselemente, insbesondere aber der sog. Gesinnungsmerkmale, innerhalb des Verbrechensaufbaus vgl. die Nachweise bei Schönke-Schröder, StGB, Vorbem., Rn. 39 ff., 46 f.

226 Clemens, Unterlassungsdelikte, S. 47 kommt in seiner rechtshistorischen Untersuchung zu dem Ergebnis, der Gesetzgeber habe die Strafbarkeitsvoraussetzungen gerade der Unterlassungen angesichts weitgehender „Übereinstimmung im Allgemeinen" stillschweigend der Wissenschaft und Praxis überlassen.

Betrachtet man abschließend die Versuche, das Problem der gesetzlichen Fixierung der Garantenstellungen durch deren Eliminierung aus den Garantietatbeständen der unechten Unterlassungsdelikte zu lösen, so ist festzustellen: Solange man gemäß überliefertem Verständnis des nullum-crimen-sine-lege-Satzes daran festhält, daß die strafbarkeitskonstitutiven Merkmale den Garantietatbestand bilden, der gesetzlicher Verankerung bedarf, kann man die unzweifelhaft strafbarkeitskonstitutiven Garantenstellungen nicht aus den Garantietatbeständen der unechten Unterlassungsdelikte herauslösen. Deshalb sind alle Versuche, dem verfassungsrechtlichen Problem dadurch auszuweichen, daß man die Garantenstellungen als nicht der gesetzlichen Fixierung bedürftig erklärt, zum Scheitern verurteilt. Auch der Versuch H. Mayers, das Garantenkriterium gänzlich aus der Dogmatik der vorsätzlichen unechten Unterlassungsdelikte zu verbannen und statt dessen durch Auslegung nach dem Kriterium der Betätigung gleichwertiger Verbrechensenergie zur verfassungsrechtlich unbedenklichen Strafbarkeit unechter Unterlassungen zu gelangen, kann nicht als geglückt akzeptiert werden.

Somit wendet sich nunmehr das Interesse verstärkt jenen Bemühungen zu, welche die Garantenstellungen vom Verdacht unzulässiger Analogie durch spezifische Verfahren einer Rechtsfindung secundum legem zu befreien trachten.

b) Garantenstellungen als Ergebnis einer Rechtsfindung secundum legem

aa)

Hier ist zunächst *Meyer-Bahlburg*[228] zu nennen, der wie H. Mayer entscheidendes Gewicht auf eine Auslegung der Tatbestände des Besonderen Teils legt[229], jedoch im Gegensatz zu Mayer die Garantenlehre nicht prinzipiell verwirft. Meyer-Bahlburg vertritt die Auffassung, daß hinter der Berufung auf die verschiedenen Garantenstellungen[230] in Wahrheit die Frage verborgen sei, unter welchen Umständen man im Sinne der entsprechenden Gesetzesbestimmungen durch Unterlassen töte, in Brand setze, Irrtum errege, Vorschub leiste usw.[231]; diese

227 Vgl. dazu die Ausführungen im Schlußteil dieser Arbeit.

228 Beitrag zur Erörterung der Unterlassungsdelikte (Hamburger Dissertation); MschrKrim 1965, 247 ff.; GoltdA 1966, 203 ff.

229 Allerdings tritt er anders als H. Mayer nicht für eine historisch-kasuistische Auslegung ein, sondern steht wohl auf dem Boden der objektiven Auslegungstheorie.

230 Er sieht die Garantendoktrin als Ausprägung der „Rechtspflichtlehre" an und spricht häufig von dieser, wenn er jene meint.

231 „Bei den Problemen der unechten Unterlassungsdelikte handelt es sich um Auslegungsprobleme, es geht um die Frage, was unter den gesetzlichen Begriffen ‚töten', ‚in Brand setzen', ‚Irrtum erregen', ‚Vorschub leisten' usw. zu verstehen ist. . . . Da es sich bei den Problemen der unechten Unterlassungsdelikte um nichts anderes als um Auslegungsprobleme handelt . . . , sind diese Delikte im Gegensatz zur Meinung mancher Autoren . . . mit dem verfassungsrechtlichen Satz ‚nulla poena sine lege' (Art. 103 Abs. 2 GG) durchaus vereinbar" (MschrKrim 1965, 251 und Anm. 15; ähnl. ders. GoltdA 1966, 203 und Beitrag, S. 62, Anm. 49, S. 135).

Frage sei durch Auslegung dieser Begriffe nach bestimmten materiellen Kriterien und gemäß den besonderen Umständen des jeweiligen Falles zu beantworten[232].

Die von Meyer-Bahlburg vorgenommene Untersuchung der Tötungs-, Körperverletzungs-, Sachbeschädigungs- und Brandstiftungstatbestände sowie einiger anderer Deliktsgruppen wird jedoch ihrer anspruchsvollen Zielsetzung nicht gerecht. Der Autor sieht sich bei der Begründung der Strafbarkeit unechter Unterlassungen den gleichen Schwierigkeiten wie die herrschende Lehre gegenüber, wenn er die gesetzliche Verankerung von bestimmten Garantenstellungen[233] in den Tatbeständen der jeweiligen Delikte nachweisen soll. Teils muß er auf eine Ableitung aus Straftatbeständen ganz verzichten (so bei den Gemeinschaftsverhältnissen mit Ausnahme der Hausgemeinschaft[234], bei den „Beeinflussungsverhältnissen"[235] und bei der Ingerenz[236]), teils überträgt er Merkmale aus bestimmten im Gesetz geregelten Fällen auf andere Tatbestände, die eine solche Regelung nicht aufweisen[237], ohne Zulässigkeit und Grenzen einer derartigen Übertragung zu erörtern[238]. Hierbei versucht Meyer-Bahlburg nicht etwa, die Auslegung der das Täterverhalten beschreibenden Tatbestandsmerkmale (z.B. töten, in Brand setzen usw.) durch systematische Überlegungen, z.B. über die Bedeutung gesetzlich geregelter Garantenfälle für andere Straftatbestände, zu stützen, sondern er systematisiert eine umfangreiche Kasuistik nach Garantenkriterien, über deren Gewinnung ex lege er keinen oder nur unzureichenden Aufschluß gibt. Ein solches Verfahren mag für die Rechtsschöpfung von Wert sein, als Ermittlung des Gesetzessinns kann es nicht akzeptiert werden[239]. Die Bezeichnung seines Vorgehens als Auslegung ist ebenso unrichtig wie irreführ-

---

232 Beitrag, S. 135, 139, ferner S. 62 ff.

233 Zum Beispiel von Fürsorge- und Obhutsverhältnissen, von Gemeinschafts-, Aufsichts- oder Beeinflussungsverhältnissen, in denen der Unterlassende steht.

234 Beitrag, S. 78 ff.; für die Hausgemeinschaft sieht er einen „Anhaltspunkt" in § 223 b, vgl. a.a.O., S. 79.

235 A.a.O., S. 97 ff.

236 A.a.O., S. 108 ff.

237 Z.B. die in §§ 221, 223 b, 170 d genannten Fürsorge- und Obhutsverhältnisse (a.a.O., S. 67 ff.) sowie die in den Gefährdungstatbeständen der §§ 367 Ziff. 5, 5 a, 6, 11, 12, 13; 368 Ziff. 4; 369 Ziff. 3 umschriebenen Beziehungen zu bestimmten Gefahrenquellen (a.a.O., S. 84 ff.) auf Tötungs- und Körperverletzungsdelikte.

238 Mutatis mutandis sind gegen Meyer-Bahlburg insoweit dieselben Einwände zu erheben wie gegen Nagler (vgl. dazu oben III 1) und gegen Böhm [vgl. dazu unten bb]).

239 Damit soll natürlich nicht die Bedeutung von Fallgruppen für die Auslegung geleugnet werden (vgl. zur „umfangsbestimmenden" Auslegung Engisch, Einführung, S. 70; ders., Logische Studien, S. 16 ff., 28 ff.; Schweizer, Rechtsfindung, S. 98 f.). Da aber Meyer-Bahlburg in den meisten Fällen nicht darlegt, *warum* bestimmte Garantenunterlassungen den gesetzlichen Begriffen „töten", „in Brand setzen" usw. zu subordinieren seien, können seine Resultate nicht als *Auslegungs*ergebnis anerkannt werden.

rend; zur Problematik der gesetzlichen Fixierung der Garantenstellung liefern die Ausführungen Meyer-Bahlburgs keinen klärenden Beitrag.

bb)

Durch Ermittlung eines Gleichstellungsobersatzes versucht *Böhm*, das von ihm klar erkannte Problem der gesetzlichen Fixierung der Garantenstellung zu bewältigen[240]. Hierbei nimmt er den Gedanken Naglers auf, aus gesetzlich geregelten Garantenverhältnissen auf das vom Gesetz intendierte Gleichstellungskriterium zu schließen. Zutreffend geht er zunächst davon aus, daß bei „richtiger Auslegung" für zahlreiche Tatbestände des Besonderen Teils auch das Unterlassen als Form der Deliktsverübung als gesetzlich gewollt anzusehen sei[241]. Klarer als Nagler erkennt er, daß das für die Strafbarkeit unechter Unterlassungen entscheidende „zusätzliche Tatbestandsstück" nur dann gesetzlich bestimmt im Sinne von Art. 103 Abs. 2 GG ist, wenn aus den gesetzlich geregelten Fällen „allgemeine Kriterien für die Gleichstellung gewonnen" werden können, d h. ein „allgemein geltender Gleichstellungsobersatz" abgeleitet werden kann[242]. Die Legitimation zur Aufstellung dieses Gleichstellungsobersatzes hält Böhm angesichts der vom Gesetzgeber nicht beabsichtigten Beschränkung der Strafbarkeit unechter Unterlassungen auf die im Gesetz ausdrücklich geregelten Fälle für naheliegend[243]. Die Bestandteile dieses Satzes, eben jene allgemeinen Kriterien für eine Gleichstellung, lassen sich nach Böhms Auffassung zwanglos der gesetzlichen Regelung in §§ 123, 221, 223 b, 315, 357 entnehmen[244]: Beschränkter Personenkreis der Handlungspflichtigen, vorherige Gefährdung des Rechtsguts entweder durch vorausgegangenes Tun (Fall des § 123) oder durch freiwillige bzw. gesetzliche Pflicht (Fall des § 221) oder durch die Rechtsordnung selbst (Fall des § 357)[245]. Anhand dieser Kriterien könne „bei vorsichtiger und gewissenhafter Anwendung ganz allgemein die Garantenstellung abgeleitet und über sie das Unterlassen dem Tun gleichgestellt werden"[246]; bei diesem Verfahren handele es sich „um eine Auslegung des Tatbestandes nach im Gesetz aufgestellten Regeln"[247], die obendrein einschränkend sei.

240 JuS 1961, 177 ff. Erheblich problematischer unter dem Aspekt des nullum-crimen-sine-lege-Satzes muten seine Ausführungen in „Die Rechtspflicht zum Handeln bei den unechten Unterlassungsdelikten", S. 50 f., 94 f. an; vgl. zu den Konsequenzen dieser unklaren Problemsicht unten im Text.

241 JuS 1961, 177 (178).

242 JuS 1961, 177 (179 l.Sp.).

243 Ebenda, r.Sp.

244 In seiner Dissertation stellt Böhm u.a. noch auf §§ 170 b, 170 c, 170 d, 266, 300 ab, vgl. Rechtspflicht, S. 54, 62, 78.

245 JuS 1961, 177 (180 l.Sp.).

246 Ebenda.

247 JuS 1961, 179 r.Sp.

Vergleicht man die Ausführungen Böhms mit denen Meyer-Bahlburgs, so fällt positiv auf, daß der Verfasser nicht durch bloße Deklaration der von ihm vorgeschlagenen Lösung als Auslegung eine Vereinbarkeit mit Art. 103 Abs. 2 GG herzustellen versucht, sondern daß er den Grundsatz der gesetzlichen Fixierung ernst nimmt. Dennoch vermag auch sein Vorschlag nicht die „empfindliche Lücke der gesetzlichen Tatbestandsbildung"[248] zu schließen. Wenn es lediglich darum ginge, bestimmte im Gesetz geregelte Garantenpositionen auf andere unterlassungsoffene Tatbestände sinngemäß zu übertragen, so könnte man vielleicht die verfassungsrechtliche Zulässigkeit eines solchen begrenzten Analogiegebots, das sich immerhin auf die prinzipielle gesetzliche Anerkennung unterlassungsoffener Tatbestände stützen könnte, in Erwägung ziehen. So aber verfährt Böhm nicht. Er hebt die in den §§ 123, 221 und 357 geregelten Garantensituationen auf ein derart hohes Abstraktionsniveau, daß dabei zwar ein Dach für zahlreiche von der Rechtsprechung benutzte Garantenpositionen gewonnen wird, die legitimierende Verbindung zur ohnehin schmalen gesetzlichen Induktionsbasis jedoch verloren geht. Mit anderen Worten: Böhms Gleichstellungskriterien sind viel allgemeiner als das, was den gesetzlich geregelten Einzelfällen wirklich entnommen werden kann[249]. So knüpft beispielsweise die Unterlassungsalternative des § 123 eine Handlungspflicht an ein vorangegangenes Verhalten, läßt aber nicht im entferntesten erkennen, welche Anforderungen an ein vorangegangenes Verhalten bei anderen unterlassungsoffenen Tatbeständen zu stellen wären. Die zahlreichen Zweifelsfragen, die die Ingerenz[250] aufwirft, sind durch Interpretation des in § 123 geregelten Falles nicht zu entscheiden. In Wahrheit ergibt diese Bestimmung nicht mehr, als daß hier eine von vielen denkbaren Ingerenzkonstellationen eine gesetzliche Regelung erfahren hat[251]. Diese Regelung als generalisierbare Ausprägung des Ingerenzprinzips zu verstehen, erscheint ausgeschlossen.

---

248 Welzel, Strafrecht, S. 208.

249 Vgl. auch seine Gleichstellungsformel (Rechtspflicht, S. 95):
„Eine Rechtspflicht zum Tätigwerden ist grundsätzlich immer dann gegeben, wenn
auf Grund einer besonderen, von der Rechtsordnung gewährten Vorrechtsstellung,
auf Grund der freiwilligen Übernahme des Schutzes eines Rechtsguts,
oder auf Grund einer Handlung
eine Lage geschaffen wird, die geeignet ist, ein Rechtsgut
unmittelbar durch die Vorhandlung
oder mittelbar dadurch, daß sich die Allgemeinheit oder Einzelne auf die Behütung des Rechtsguts durch den zu diesem Zweck besonders Berechtigten oder freiwillig Verpflichteten verlassen,
zu gefährden".

250 Z.B. bezüglich der rechtlichen Beschaffenheit des Vorverhaltens (Tun oder auch Unterlassen, rechtswidrig-schuldhaftes oder nur rechtswidriges oder auch rechtmäßiges Verhalten?).

251 Gegen jede Deutung des § 123 vom Ingerenzgedanken her neuestens Welp, Vorangegangenes Tun, S. 154 f.

Nicht von ungefähr beruft man sich üblicherweise zur Begründung der Ingerenz auf Gewohnheitsrecht[252]; Böhm selbst leitet übrigens in seiner Dissertation die Erfolgsabwendungspflicht bei vorangegangenem Tun in wenig überzeugender Weise aus dem Recht auf freie Entfaltung der Persönlichkeit (Art. 2 GG) ab, also gerade nicht aus einem Strafrechtsatz[253].

Ebensowenig läßt sich den §§ 340, 341, 347, 357 ein allgemeiner Grundsatz entnehmen, daß überall dort, wo das geschützte Rechtsgut durch die allgemeine Rechtsordnung gefährdet wird, eine gesetzlich fixierte Garantenstellung vorliege. Schon die Kennzeichnung der in diesen Bestimmungen umschriebenen Garantenstellungen als Rechtsgutsgefährdung durch eine Norm der Rechtsordnung ist wenig glücklich. In Wahrheit werden in diesen Fällen Verletzungen von Amtspflichten durch Unterlassen pönalisiert, und es ist mehr als zweifelhaft, ob eine Übertragung dieser Garantenpositionen auf Delikte, die im Gesetz nicht in den Katalog der Verbrechen und Vergehen im Amt aufgenommen worden sind, zulässig ist[254]. Darüber hinaus aber als ratio legis dieser Vorschriften ganz allgemein Garantenpflichten zur Abwehr solcher Gefahren zu behaupten, die typischerweise im Herrschaftsbereich von Personen auftreten, denen die Rechtsordnung besondere Rechte eingeräumt hat[255], überschreitet offensichtlich die Grenzen, die jeder Interpretation der genannten gesetzlichen Bestimmungen gesetzt sind.

Nach alledem kann Böhms Methode der induktiv-generalisierenden Aufstellung eines Gleichstellungsobersatzes, aus dem dann deduktiv die aus der gerichtlichen Praxis bekannten Garantenstellungen abgeleitet werden sollen, nicht mit dem Prinzip der gesetzlichen Fixierung aller Strafbarkeitsvoraussetzungen in Einklang gebracht werden.

Gerade weil Böhm die Problematik der Garantenstellungen im Hinblick auf Art. 103 Abs. 2 GG deutlich sieht, darf auch seine einige Jahre früher verfaßte, den unechten Unterlassungsdelikten gewidmete Dissertation Interesse beanspru-

252 Vgl. BGHSt 2, 150, LS 1 sowie die Nachweise oben S. 63, Anm. 196.

253 Rechtspflicht, S. 83.

154 Einzig § 357 läßt sich, wenn man unter strafbaren Handlungen der Untergebenen „im Amte" nicht nur die Amtsdelikte im Sinn von §§ 331 ff., sondern jede strafbare Handlung in Ausübung eines Amtes versteht (so z.B. BGHSt 3, 349 [LS u. S. 352] und die herrschende Lehre), eine Tendenz zur Einbeziehung von Delikten, die keine Amtsdelikte im technischen Sinne sind, entnehmen. Da jedoch „das wissentliche Geschehenlassen" in § 357 als Beihilfe, nicht als Täterschaft aufzufassen ist (die Bestimmung enthält eine „Sonderregelung der Teilnahmehaftung" für Amtsvorgesetzte und Kontrollbeamte, vgl. Maurach, Bes. Teil, S. 704; Schönke-Schröder, StGB, § 357, Rn. 1, 7), stößt auch und gerade hier eine Übertragung auf Delikte, die beim strafbaren Tun quemvis ex populo als Täter voraussetzen, auf schwerwiegende Bedenken.

255 So Böhm, Rechtspflicht, S. 71 f., 74.

chen, zumal sie stärker ins Detail geht und im strafrechtlichen Schrifttum Beachtung gefunden hat. Damals hat Böhm keineswegs die strafgesetzes*immanente* Ermittlung des Gleichstellungsobersatzes gefordert, sondern bezüglich der Rechtspflichten aus Gesetz wie folgt argumentiert[256]: Rechtspflichtbegründend sei nicht die gesetzliche Bestimmung, sondern die dahinterstehende Norm. Einzelne Gesetzesvorschriften ergäben ein Indiz, ob nach dem Willen der Gesamtrechtsordnung eine rechtspflichtbegründende Norm existiere. So resultiere die gegenseitige Hilfspflicht der Ehegatten nicht aus § 1353 BGB, sondern beruhe auf der ehelichen Lebensgemeinschaft; die Hilfspflicht des Vaters gegenüber seinem unehelichen Kind ergebe sich nicht aus § 1708 BGB, sondern aus der in dieser und anderen Bestimmungen sich dokumentierenden Norm, daß der Erzeuger für sein Kind verantwortlich ist. Da man den Inhalt einer Norm an den gesetzlichen Vorschriften erkenne, die ihr Niederschlag seien, sei es zur Bejahung einer Erfolgsabwendungspflicht aus Gesetz ausreichend, aber auch erforderlich, „daß die Rechtsordnung eine in den gesetzlichen Vorschriften verankerte Norm kennt, die von solcher Bedeutung ist, daß sie eine strafrechtliche Erfolgsabwendungspflicht begründet. Dafür wieder ist richtungweisend der aus dem Strafgesetzbuch selbst zu entnehmende Katalog von Lebensstellungen besonderer Art, die zu gewissen Erfolgsabwendungen verpflichten“[257].

Sieht man von einer leicht möglichen immanenten Kritik dieser Gedanken ab und mißt man statt dessen Böhms Argumentation am nullum-crimen-sine-lege-Satz, so liegt die Unvereinbarkeit offen zutage. Während nach diesem Grundsatz die Elemente des Garantietatbestandes nur aus Normen des Strafrechts gewonnen werden dürfen, nimmt Böhm die Strafrechtssätze als bloße Indizien für eine der Gesamtrechtsordnung angehörende Norm, aus der er, falls sie für die Allgemeinheit von besonderer Bedeutung ist, strafrechtserhebliche Handlungspflichten ableitet, die in den Straftatbeständen selbst nicht verlautbart sind. Ein entscheidendes Element des Garantietatbestands ist also nicht im Strafgesetz normiert, sondern erst durch Rückgriff auf – häufig ungeschriebene – Normen des geltenden Rechts insgesamt zu ermitteln. Für die entscheidende Frage, welche der zahlreichen rechtlichen Handlungspflichten für die unterlassungsoffenen Tatbestände relevant sind, ergeben die im Strafgesetzbuch geregelten Fälle entgegen der Auffassung Böhms häufig noch nicht einmal ein Indiz, wie oben an den Fällen der Ingerenz und der Handlungspflicht aus besonderer beruflicher Stellung gezeigt wurde. Auch die früheren Darlegungen Böhms belassen es also bei der richterlichen Tatbestandsergänzung nach im Strafgesetzbuch nur punktuell oder gar nicht verlautbarten Kriterien.

---

256 A.a.O., S. 56. Diese Darlegungen stehen dort in einem hier nicht näher interessierenden Zusammenhang mit der Ablehnung einer Herleitung von Erfolgsabwendungspflichten aus Tatbeständen echter Unterlassungsdelikte.

257 A.a.O., S. 56 f.

cc)

Der von *Androulakis* unternommene Versuch zur Bewältigung des Problems der gesetzlichen Fixierung ist charakterisiert durch die Herabstufung der Garantenstellungen zu ontologischen Merkmalen, die nicht die unechten Unterlassungs*delikte*, sondern die unechten Unterlassungen selbst konstituieren sollen[258], sowie durch die Gleichstellung der unechten Unterlassungsdelikte mit den Begehungsdelikten durch innertatbestandliche Analogie. Zwar seien nur Unterlassungen von Garanten den pönalisierten erfolgsherbeiführenden Tätigkeiten ontologisch vergleichbar, keineswegs aber sei jede derartige Unterlassung auch ein unechtes Unterlassungsdelikt[259]. Nur wo im Wege innerbegrifflicher Analogie eine konkrete unechte Unterlassung der gesetzlich geregelten erfolgsherbeiführenden Handlung als gleichwertig erwiesen werde[260], liege ein unechtes Unterlassungsdelikt vor, das dem Gebot gesetzlicher Fixierung (in der Terminologie des Autors: dem formalen Aspekt des Prinzips nullum crimen sine lege[261]) genüge. Die entscheidende „Differenzierungsfrage", welche Garantenpositionen strafbegründend seien und welche nicht, sei „nicht auf der ganzen Linie absolut beantwortbar", doch seien für die Entscheidung die „Gegebenheiten der Gegenwart", das „jeweils vorherrschende weltanschauliche, politische, im allgemeinen soziale Klima" maßgeblich[262].

Die von Androulakis vorgeschlagene Gleichstellungsmethode der innerbegrifflichen Analogie könnte mit dem verfassungsrechtlichen Grundsatz der gesetzlichen Fixierung vereinbar sein. Androulakis hat eine Form der Gesetzesinterpretation im Sinn, bei der innerhalb der vom gesetzlichen Wortlaut gesteckten Grenzen durch konkrete Wertvergleichung ermittelt wird, ob bestimmte Fälle den zweifellos vom Gesetz gemeinten gleichzubewerten sind und daher von der interpretierten Rechtsnorm erfaßt werden[263]. Tatsächlich bedient sich Androulakis

258 Problematik, S. 205, 219. Allerdings verwendet Androulakis nicht den Begriff der Garantenstellung, sondern bezeichnet als Kriterium der unechten Unterlassung das „schon-vorher-Danebensein" des Unterlassers. Die damit angesprochenen Fälle entsprechen jedoch weithin denjenigen, die traditionell bei den verschiedenen Garantenpositionen erörtert werden (vgl. a.a.O., S. 205–223 und den bezeichnenden Formulierungsvorschlag de lege ferenda, a.a.O., S. 227 f.).

259 A.a.O., S. 205, 219 f.

260 A.a.O., S. 172–176.

261 A.a.O., S. 176.

262 A.a.O., S. 220.

263 Vgl. a.a.O., S. 173: „Funktioniert die festgestellte Gleichheit innerhalb oder außerhalb des Begriffsumfanges des Verbrechens, inner- oder außerhalb der Klasse derjenigen Geschehensabläufe, die durch die den kriminellen Erfolg bezeichnenden Worte des Gesetzes (Tötung eines Menschen, Körperverletzung, Freiheitsberaubung) gemeint werden können („möglicher Wortlaut')? . . . Pointierend: Gleichbewertung als Begriffszugehörigkeit oder als Gleichbewertung ‚des Begriffs'? Liegt ersterer Fall vor,

jedoch gar nicht eines solchen Verfahrens bei der Gewinnung seiner Resultate. Daß das Strafgesetz die Garantenstellungen im Hinblick auf eine „ontologische Vergleichbarkeit" von Garantenunterlassungen mit strafbarem Tun zu notwendigen Bedingungen[264] der Strafbarkeit erklärt, folgert Androulakis nämlich nicht mit Hilfe innerbegrifflicher Analogie, sondern er setzt das als ontologisch zwingende Notwendigkeit voraus. Die ontologische Vergleichbarkeit mag als Kriterium einer Vorauswahl von Unterlassungen gelten, über deren Pönalisierung gemäß der Kompetenzverteilung, wie sie sich nach dem traditionsgebundenen Verständnis des nullum-crimen-sine-lege-Satzes darstellt, der Gesetzgeber endgültig zu entscheiden hat. Es bleibt bei Androulakis unbewiesene Vermutung, daß der lex scripta dieses Kriterium zugrunde liegt[265]. Daß sein Vorschlag dem „formalen Aspekt" des Art. 103 Abs. 2 GG nicht genügt, wird vollends darin deutlich, daß nach seinem eigenen Eingeständnis die endgültige Entscheidung über die Strafbarkeit unechter Unterlassungen nicht nach in toto gesetzlich verlautbarten Garantietatbeständen, sondern in Anlehnung an die jeweils herrschenden Wertvorstellungen, an die „Gegebenheiten der Gegenwart", das „jeweils vorherrschende soziale Klima"[266] getroffen werden soll. Damit entrückt Androulakis ausdrücklich die für Art. 103 Abs. 2 GG zentrale Entscheidung über Strafbarkeit oder Straflosigkeit bestimmter Verhaltensweisen der Schutzzone des nullum-crimen-sine-lege-Satzes und macht sie von gesetzlich nicht fixierten Strafwürdigkeitsargumenten abhängig[267]. Was bei ihm bloße innerbegriffliche Analo-

---

dann befinden wir uns vor der jedem Subsumtionsverfahren innewohnenden Analogie in einem weiteren Sinne, vor der ‚innerbegrifflichen' Analogie, die sich hier bei mangelnder ausdrücklicher Regelung als ‚extensive Auslegung' produziert; liegt dagegen der zweite Fall vor, dann kommt die eigentliche, ‚außerbegriffliche', verfassungswidrige Analogie in Frage (Art. 103 II GG)."

264 Der Begriff der Bedingung wird hier im Sinne der Logik verwendet. Weil diese Bedingung für Androulakis keine hinreichende ist, muß er zusätzlich auf das „soziale Klima" abstellen, siehe dazu unten im Text.

265 Die ontologische Grundeinstellung von Androulakis prägt seine Schrift in auffallender Weise. Der umfangreiche 1. Teil ist den „erkenntnis-theoretischen Problemen der unechten Unterlassungsdelikte" gewidmet, über die es in der methodologischen Einleitung heißt: sie betreffen „die ontologische Beschaffenheit *und folglich das ‚Erfassen' der ‚Tatbestände'* im Sinne von Voraussetzungen der Rechtsfolgen in der Rechtsnorm. Das Problematische dreht sich hier also jeweils um dasjenige Sein, das die Materie der in Frage stehenden rechtlichen Normierung bildet" (S. 4/5; Hervorhebung nicht im Original). Ob die ontologische Beschaffenheit dieser Materie bestimmenden Einfluß hat auf den Inhalt der Rechtsnorm (Androulakis, a.a.O., S. 7: „. . . den Ausspruch des rechtlich kat' exochen bedeutsamen ‚letzten Wortes' "), ist für den Nichtontologen eine durchaus offene, diffizile Frage.

266 A.a.O., S. 220.

267 Die von Androulakis beispielhaft genannten „objektiven Bewertungsmomente" der Strafwürdigkeit (Grad der Blutsverwandtschaft, Befindlichkeit des Opfers im Herrschaftsbereich des Unterlassenden, Monopolstellung zur Erfolgsabwendung, Grad der

gie zu sein scheint, ist in Wahrheit richterliche Rechtsfindung praeter legem. Gerade dies aber ist mit dem tradierten Verständnis des nullum-crimen-sine-lege-Satzes unvereinbar[268].

dd)

Einen im methodischen Ansatz in mancher Hinsicht ähnlichen Vorschlag hat in neuerer Zeit *Rudolphi* vorgelegt. Im Hinblick auf die durch den nullum-crimen-sine-lege-Satz gestellten Anforderungen formuliert Rudolphi als Programm seines Gleichstellungsvorschlags, daß die richtungweisenden Wertgesichtspunkte der gesetzlichen Strafrechtsordnung selbst zu entnehmen seien[269]. Allerdings bedürften diese für die Gleichstellung maßgeblichen strafgesetzlichen Grundideen der Konkretisierung und Ergänzung durch andere gesetzliche Ordnungsprinzipien[270]. Diese wertermittelnde und wertbeziehende Verfahrensweise müsse des weiteren ergänzt werden durch eine auf Sinnerfassung gerichtete Betrachtung der mannigfaltigen Formen unterlassener Erfolgsabwendung nach ihren verschiedenen sozialen Sinn- und Bedeutungsgehalten[271]. Auf diese Weise, so hofft Rudolphi, lasse sich „ein durch die gesetzliche Grundidee der unechten Unterlassungsdelikte zusammengehaltenes und zu einer konkreten Einheit verbundenes Bündel von Ordnungsprinzipien (Obersätzen) entwickeln, die sich wie ein feinmaschiges Netz über die gesamte soziale Wirklichkeit erstrecken und in allen Fällen eine klare Beantwortung der Gleichwertigkeitsfrage gewährleisten. Ein solcher Begriff genügt daher nicht nur den Erfordernissen des nulla-poena-Satzes, sondern ist auch in der Lage, alle Fälle strafwürdigen und dem positiven Tun gleichwertigen Unterlassens zu erfassen“[272].

Die Frage, welche gesetzlichen Wertgesichtspunkte und Prinzipien für die Entscheidung der Gleichstellungsfrage richtungweisend seien, beantwortet Rudolphi „mit Hilfe eines analogistischen Verfahrens“[273]. Es gehe darum, „das Unrecht der unechten Unterlassungsdelikte im einzelnen mit Hilfe von Analogieschlüssen und einer Übertragung und Umwandlung der für den Unrechtsgehalt der Begehungsdelikte konstitutiven Prinzipien zu bestimmen“[274].

Konkretisierung der durch vorangegangenes Tun herbeigeführten Gefahr, vgl. a.a.O., S. 221) dürften im übrigen richtiger bereits als konstitutive Elemente bestimmter Garantenstellungen anzusehen sein; so auch Bärwinkel, Struktur der Garantieverhältnisse, S. 74 f.

268 Ebenso Rudolphi, Gleichstellungsproblematik, S. 62.

269 Gleichstellungsproblematik, S. 91.

270 Ebenda.

271 A.a.O., S. 91 f.

272 A.a.O., S. 92.

273 A.a.O., S. 93.

274 Ebenda.

Es erscheint zweckmäßig, nicht schon diese methodischen Prämissen auf ihre Vereinbarkeit mit Art. 103 Abs. 2 GG zu untersuchen, sondern statt dessen vor dem Hintergrund seiner Aussagen zur Methode den von Rudolphi in concreto eingeschlagenen Lösungsweg zur gesetzeskonformen Ermittlung der Garantenstellung zu verfolgen und kritisch zu würdigen. Demzufolge konzentriert sich das Interesse darauf, ob durch eine Analyse des Unrechtsgehalts der Begehungsdelikte Kriterien ermittelt werden können, als deren Analogon sich bei den unechten Unterlassungsdelikten die Garantenstellungen darstellen[275].

Rudolphi wertet zur Beantwortung dieser Frage seinen Ansatz wie folgt aus: Den allen Begehungsdelikten gemeinsamen Unrechtsgehalt[276] sieht er in Anlehnung an Detlef Krauß[277] in drei Elementen verkörpert: der Rechtsgutsverletzung (Erfolgsunwert), dem fehlerhaften Willensentschluß und der Verfehlung der sozial-rechtlichen Pflichtenstellung des Täters (Handlungsunwert)[278]. Von diesen Elementen tritt das erste bei Tun und Unterlassen gleichermaßen auf und ist daher unproblematisch. Das zweite ist bezüglich der intellektuellen Komponente ebenfalls Tun und Unterlassen gemeinsam; bezüglich der voluntativen Komponente schließt sich Rudolphi ohne Begründung der Auffassung an, generell erfordere Unterlassen einen geringeren Willensaufwand als Tun[279], doch sei für Unterlassungen eines Garanten die gleiche Willensenergie notwendig wie für eine Handlung, und deshalb stünden solche Unterlassungen dem Handlungsunwert der aktiven Begehung gleich. Daß das dritte Element, die soziale Pflichtverfehlung, nicht erst bei den unechten Unterlassungen, sondern auch beim strafbaren Tun dasjenige Element des Handlungsunrechts sei, das die Maßgeblichkeit

275 Einen Vorstoß in gleicher Richtung hat jüngst Welp, Vorangegangenes Tun, unternommen, auf den hier jedoch nur beiläufig einzugehen ist, weil er anders als Rudolphi die Gleichstellungsproblematik allein auf Ingerenzfälle beschränkt (vgl. a.a.O., S. 146, 176 f.). Nach Welps Auffassung besitzt die unterlassene Erfolgsabwendung nach vorangegangener rechtswidriger Rechtsgutsgefährdung Handlungsäquivalenz, weil das hier bestehende Abhängigkeitsverhältnis zwischen Unterlassendem und Opfer eine analoge Struktur aufweise wie das Vertrauensverhältnis zwischen Täter und Opfer im Falle aktiver Rechtsgutsverletzung. Deshalb seien diese Fälle von den auf aktives Tun zugeschnittenen gesetzlichen Tatbeständen mitgemeint, vgl. a.a.O., S. 171–194. Bei rechtmäßigen Risikovorhandlungen soll die Handlungsäquivalenz hingegen aus dem Sinn der Gefährdungserlaubnis resultieren (vgl. a.a.O., S 191, 224).

276 Gewissermaßen einen Grundsockel strafbaren Begehungsunrechts; spezifische Unrechtselemente bei einzelnen Tatbeständen des Besonderen Teils läßt Rudolphi hier bewußt außer Betracht, da erst nach prinzipieller Gleichstellung der unechten Unterlassungsdelikte im Rahmen des Allgemeinen Teils die Bedeutung dieser spezifischen Tatbestandsausprägungen für das jeweilige unechte Unterlassungsdelikt zu erfragen sei, vgl. Gleichstellungsproblematik, S. 58 ff. (59 f.).

277 ZStW 76, 19 ff.

278 Gleichstellungsproblematik, S. 96.

279 A.a.O., S. 97 unter Berufung auf H. Mayer.

des Täters und seiner Willensentschlüsse für den Unrechtserfolg beinhalte und damit die Grundlage für eine Zurechnung als tatbestandsmäßig-rechtswidrig bilde, sucht Rudolphi durch den Hinweis auf den fehlenden Handlungsunwert sozialadäquater oder unter vis compulsiva vorgenommener Handlungen zu beweisen[280]. Ein weiteres Charakteristikum des Unrechtsgehalts jeder Handlung sieht er (unter Rückgriff auf den Inhalt des Schuldvorwurfs!) darin, daß der Handelnde versäumt habe, die in seiner Person liegenden Gefahren rechtsfeindlicher Motivation zu bekämpfen. Durch analoge Übertragung dieser „Erkenntnisse über das Wesen des Handlungsunwerts ... auf den Unterlassungsunwert"[281] ergibt sich für Rudolphi, daß nur die Unterlassung eines Garanten dem Unrechtsgehalt positiven Tuns gleichsteht.

Die Ausführungen Rudolphis sind weder im Detail überzeugend, noch werden sie seinen methodischen Prämissen gerecht: Daß gerade der Garant die gleiche Energie wie ein aktiv handelnder irgendjemand aufbringen muß, um durch Untätigkeit den erstrebten Erfolg zu erzielen, läßt sich einer Analyse des Unrechts der Begehungsdelikte nicht entnehmen. Es ist schon irrig, von einem quantitativ gleichen Unrechtsgehalt der aktiven Begehung beispielsweise eines Mords zur Verdeckung einer Straftat im einen Fall durch die Mutter des Opfers, im anderen Fall durch einen völlig Fremden, auszugehen. Richtig ist nur, daß bei den meisten vorsätzlichen Begehungsdelikten der Energieeinsatz eines irgendjemand als Untergrenze des Handlungsunwerts ausreicht. Dieser Mindestwert ist aber ebensowenig quantifizierbar wie der Verhaltensunwert einer Garantenunterlassung und deshalb kann man eine Kongruenz im Unrechtsgehalt nicht als selbstverständlich voraussetzen. Stützt man wie Rudolphi die Analogie auf eine lediglich postulierte Gleichheit des Unrechtsgehalts, so haftet ihr das Odium der Willkürlichkeit an.

Noch problematischer wirkt Rudolphis Berufung auf den „Gedanken der sozialen Pflichtverfehlung", der ebenso wie bei den unechten Unterlassungen auch bei den vorsätzlichen Begehungsdelikten diejenigen Verhaltensweisen als tatbestandsmäßig-rechtswidrig kennzeichnen soll, bei denen der Handelnde „die maßgebliche Entscheidung über das Ob der ... Unrechtsverwirklichung getroffen hat"[282]. Versucht man den nicht sehr durchsichtigen Gedankengang Rudolphis zu erfassen[283], so zielt er offenbar auf Fälle, bei denen bestimmte Rechtsgutsverletzungen dem Täter nicht zugerechnet werden, weil sein Verhalten nicht denjenigen Unrechts- und/oder Schuldgehalt aufweist, den das Gesetz bei der

280 A.a.O., S. 98.

281 A.a.O., S. 98.

282 A.a.O., S. 98.

283 Während die „Maßgeblichkeit" des Täters zunächst im Sinne final-kausaler Bedeutsamkeit gemeint zu sein scheint (a.a.O., S. 97), wird sie danach offenbar als rechtliche Wertung verstanden („nach den Wertmaßstäben der Rechtsordnung", a.a.O., S. 98).

Tatbestandstypisierung vorausgesetzt hat. Welche Fälle Rudolphi außer den beiden genannten (Nötigungsstand, sozialadäquate Rechtsgutsverletzung) im Auge hat, ist nicht auszumachen. Jedenfalls muß bestritten werden, daß den genannten Fällen wegen mangelnder sozialer Pflichtverfehlung keine Relevanz für den Unrechtstatbestand zukomme. Ganz abgesehen davon, daß die herrschende Meinung die unter vis compulsiva vorgenommene rechtsgutsverletzende Handlung als tatbestandsmäßig-rechtswidrig ansieht[284] und die Sozialadäquanz in ihrer Einordnung im Verbrechensaufbau überaus umstritten ist[285], leuchtet die mangelnde soziale Pflichtverfehlung als gemeinsamer Nenner dieser Fälle nicht ein. § 52 trägt der Unzumutbarkeit rechtsnormgemäßen Verhaltens im Falle der Nötigung Rechnung, der Gesichtspunkt der Sozialadäquanz bezeichnet einen Bereich sozialer Üblichkeit oder Nützlichkeit von Verhaltensweisen, der unterhalb der Schwelle tatbestandsmäßigen-rechtswidrigen-schuldhaften Handelns im Sinne der Straftatbestände liegt. Eine der sozialen Pflichtenstellung eines Garanten entsprechende soziale Pflichtbindung bei den vorsätzlichen Begehungsdelikten anzunehmen, die bei Nötigungsnotstand oder sozialer Adäquanz ausnahmsweise ausgeschlossen wäre, erscheint durch nichts gerechtfertigt[286]. Die „Maßgeblichkeit" der Handlung für die Rechtsgutsverletzung wird in diesen Fällen mit Erwägungen verneint, die ganz anderer Art sind als die für die Bejahung der Maßgeblichkeit von Garantenunterlassungen.

Schließlich kann man entgegen Rudolphis Behauptung aus dem Inhalt des Schuldvorwurfs bei den Begehungsdelikten keine Folgerungen für den Unrechtsgehalt der unechten Unterlassungsdelikte ableiten. Deutet man mit Rudolphi den Inhalt des Schuldvorwurfs entweder dahin, daß der Täter es unterlassen hat, sich

---

284 Vgl. Schönke-Schröder, StGB, § 52, Rn. 15 m.w.Nw.

285 Vgl. dazu Maurach, Allg. Teil, S. 245 und die mehrfachen Schwenkungen in der Lehre Welzels (die – einstweilen? – letzte in Strafrecht, 9. Aufl., S. 50 ff.).

286 A.A. D. Krauß, ZStW 76, 19 (43 ff., 48); Maihofer, Rittler-Festschrift, S. 141 (157 ff.). Es soll nicht bestritten werden, daß man eine objektiv-personale Unrechtslehre konzipieren kann, wie das Maihofer tut, und dabei als wesentliches Element des Rechtswidrigkeitsurteils über ein positives Tun die Verfehlung des sozialen (generellen) Sollens ansehen kann. Unter letzterem versteht Maihofer den Verstoß des Täters „gegen die Pflichten zur Erfolgsvermeidung . . . , die jedermann . . . hatte", und er bezeichnet diese Pflichten als generelle Garantenpflichten (a.a.O., Anm. 46). Im gleichen Atemzug die Pflichten zur Erfolgsabwendung (die speziellen Garantenpflichten bei den unechten Unterlassungsdelikten) zu nennen, die der Täter als ein *bestimmter Jemand* hat (a.a.O., S. 157 mit Anm. 47), ist jedoch nur möglich, wenn man schon vorher die Strafbarkeit gerade der Garantenunterlassungen bejaht hat. Das aber ist zwar nicht für Maihofer, wohl aber für Rudolphi thema probandum, und deshalb wäre der Nachweis notwendig, daß die soziale Pflichtverfehlung für den Unrechtsgehalt der Begehungs- und der unechten Unterlassungsdelikte die gleiche Bedeutung hat. Stattdessen begnügt sich Rudolphi mit terminologischer Gleichheit. Vgl. im übrigen Bärwinkel, Struktur der Garantieverhältnisse, S. 46 f. zur Kritik gegenüber Maihofer.

in seinem Handeln von rechtsgetreuen Motiven bestimmen zu lassen, oder dahin, daß er die in seiner Person liegenden Gefahren rechtsfeindlicher Motivation nicht bekämpft hat[287], so ist nicht erkennbar, inwiefern daraus eine *objektive* Zurechnung des durch ein positives Tun verursachten Erfolgs resultieren soll[288].

Zusammenfassend ist festzustellen, daß Rudolphi sein Programm, eine Basis für das von ihm vorgeschlagene analogistische Verfahren herauszuarbeiten, nicht erfüllt. Er nimmt keine gründliche Analyse des Unrechtsgehalts der Begehungsdelikte vor, sondern konstruiert Elemente einer Gleichstellungsformel[289] in das Unrecht der Begehungsdelikte hinein. Dieser Versuch einer Parallelisierung kann als Grundlage innertatbestandlicher Analogieschlüsse zur Ermittlung des „für die Bestimmung der verschiedenen Garantenstellungen leitenden *gesetzlichen* Wertungsgesichtspunkt(s)"[290] keinesfalls überzeugen[291].

ee)

Abschließend ist auf die Untersuchung *Bärwinkels* über die Struktur der Garantenstellungen einzugehen[292]. Zwar verzichtet der Autor darauf, sich im einzelnen mit den Anforderungen auseinanderzusetzen, die Art. 103 Abs. 2 GG an die Garantenstellungen stellt[293]. Wohl aber geht es Bärwinkel um den Nachweis, daß bei den unterlassungsoffenen Delikten Begehungs- und Unterlassungstat in einem gemeinsamen Kodifikationstatbestand geregelt seien und demgemäß eine Ermittlung der Garantenstellungen durch Gesetzesauslegung möglich sei[294]. Im Hinblick auf diese Zielsetzung verdienen seine Ausführungen im vorliegenden Zusammenhang Beachtung, da ein Verfahren, das die Garantenstellungen im Wege der Gesetzesauslegung zutage förderte, zugleich deren gesetzliche Fixierung nachweisen würde.

---

287 Gleichstellungsproblematik, S. 98.

288 Rudolphi mag vielleicht etwas ganz anderes vorgeschwebt haben: eine Vergleichbarkeit derjenigen Gefahr, die für das geschützte Rechtsgut vom Begehungstäter ausgeht, mit derjenigen des Ausfalls eines Garanten. S. dazu unten Schlußteil III, IV.

289 Gleichstellungsproblematik, S. 99.

290 A.a.O., S. 100 (Hervorhebung nicht im Original).

291 Mit dieser Feststellung soll nicht der Wert von Rudolphis weiteren Ausführungen für die zutreffende systematische und auch rechtspolitische Erfassung der Ingerenz geleugnet werden.

292 Zur Struktur der Garantieverhältnisse bei den unechten Unterlassungsdelikten.

293 Vgl. a.a.O., S. 14, Anm. 5. Daß Bärwinkel die durch Art. 103 Abs. 2 GG aufgeworfenen Probleme zu leicht nimmt, ergibt der auf die zitierte Anmerkung bezogene Satz im Haupttext („Für das Strafrecht wird unter dem Zwang des nulla-poena-sine-lege-Satzes in Art. 103 Abs. 2 GG nur die rechtliche Materie relevant, die *irgendwie* von einer gesetzlichen Regelung erfaßt wird". Hervorhebung nicht im Original).

294 A.a.O. S. 52 f.

Bärwinkel geht davon aus, daß die Kodifikationstatbestände der unterlassungsoffenen Delikte komplexer Natur seien, da sie sowohl Begehungs- als auch Unterlassungstaten beschrieben[295]. Die das Täterverhalten kennzeichnenden Tatbestandsmerkmale seien in Richtung auf ein Tun verhältnismäßig leicht, in Richtung auf ein Unterlassen nur unter erheblichen Schwierigkeiten auszulegen[296]. Im Hinblick auf die unechten Unterlassungen seien die Verhaltensmerkmale der kodifizierten Tatbestände als unbestimmte, wertausfüllungsbedürftige Rechtsbegriffe anzusehen[297]. Die für wertausfüllungsbedürftige Begriffe charakteristische Verweisung auf Wertmaßstäbe außerhalb des Gesetzes führe gleichsam von selbst auf die dem Gesetz vorgegebenen sozialethischen Pflichten, soweit diese für die Rechtsordnung relevant würden[298]. Für die Inhaltsbestimmung der auf Unterlassungen bezogenen Verhaltensmerkmale komme der soziologischen Kategorie „soziale Rolle" maßgebliche Bedeutung zu[299]. Bärwinkel versteht darunter diejenigen Verhaltensweisen, die von einem Menschen in seiner sozial-funktionellen Stellung als Mitglied einer sozialen Gruppe typischerweise wahrgenommen werden[300]. Da sich das Sozialleben so abspiele, daß jeder seine Rollen mit den abgegrenzten Bereichen geforderter Verhaltensweisen einhalten müsse, weil sonst das menschliche Zusammenleben gestört würde, müsse das Recht dem Gefüge von sozial-funktionellen Stellungen und Rollenkonstellationen Rechnung tragen und könne nur rollengemäßes, nicht aber rollenfremdes Verhalten verlangen[301]. Daraus folgert Bärwinkel, daß von einer Unterlassung rechtlich nur gesprochen werden könne, wenn eine soziale Rolle eine Handlung gebiete und daß demgemäß nur derjenige wegen der Nichtabwendung eines Erfolges bestraft werden könne, zu dessen Rolle die Abwendung gehörte[302].

Dem Erfordernis, aus der Vielzahl existierender sozialer Rollen diejenigen herauszuschälen, die für die unechten Unterlassungsdelikte bedeutsam werden, versucht Bärwinkel mit Hilfe eines mehrstufigen, am gedeihlichen Gemeinschaftsleben (Gemeinwohl) als Endzweck des Rechts ausgerichteten Verfahrens gerecht zu werden. Zunächst scheidet er diejenigen sozialen Gruppen aus, deren Zweckverfolgung für das gedeihliche soziale Zusammenleben nicht unbedingt notwendig seien, wie etwa Freundschaft, Nachbarschafts-, Liebesverhältnisse[303]. Innerhalb gemeinschaftswichtiger Gruppen eliminiert Bärwinkel des weiteren diejeni-

295 Vgl. a.a.O., S. 17 f., 30 ff.

296 A.a.O., S. 53.

297 A.a.O., S. 52 f.

298 A.a.O., S. 54.

299 A.a.O., S. 104 ff.; vgl. ferner die aufschlußreiche Bemerkung a.a.O., S. 98, Anm. 12.

300 A.a.O., S. 108.

301 A.a.O., S. 111.

302 Ebenda.

303 A.a.O., S. 112.

gen Rollen, die von der Sinnverwirklichung der Gruppe her keinen sozialen und rechtlichen Forderungscharakter besäßen und damit nicht gruppennotwendig seien, wie etwa die Rolle des Nesthäkchens oder des Lieblings innerhalb einer Familie[304]. Mit diesen Feststellungen sei der notwendige Ausleseprozeß aber noch nicht beendet. Vielmehr sei als weiteres Strukturelement des Garantieverhältnisses das tatbestandlich geschützte Rechtsgut in seiner Beziehung zur sozialen Rolle ins Auge zu fassen[305]. Nur wenn der Schutz des tatbestandlich erfaßten Rechtsguts zur sozialen Rolle einer Person gehöre, könne von einer Garantenstellung gesprochen werden[306].

Nach diesen Schritten im „Dienst einer Pflichtenspezialisierung"[307] soll gemäß den Darlegungen Bärwinkels die Abschichtung der unrechtskonstitutiven Rechtspflichten von den bloß sozial-ethisch relevanten Handlungspflichten in einem letzten Akt des Ausleseverfahrens erfolgen[308]. Hierfür seien „objektive Bewertungsmerkmale des Gemeinwohls" maßgeblich, nämlich „außerhalb der Rollenposition gelegene, aber unter Rechtswertaspekten innerhalb der Gruppe aus deren Sinngebung folgende objektive Bewertungsmerkmale"[309]. Diese Merkmale seien von Gruppe zu Gruppe verschieden und daher nicht ohne weiteres übertragbar. Bärwinkel begnügt sich mit einer beispielhaften Aufzählung solcher Merkmale; unter anderem nennt er die Hochwertigkeit der Rechtsgutobjekte, den Grad der Konkretisierung der Gefahr bei vorangegangenem gefährdendem Tun, die Monopolstellung einer Sozialrolle, die existentielle Wichtigkeit der Vermögensgüter für den Ehepartner[310]. Zu objektiven Bewertungsmerkmalen des Gemeinwohls werden diese faktischen Kriterien der Gruppensituation nach Bärwinkel dadurch, daß sie über die Dringlichkeit bzw. Notwendigkeit der sozialethischen Pflichten für ein gedeihliches Zusammenleben Auskunft geben[311].

Die Ergiebigkeit des geschilderten stufenweisen Wertungsverfahrens für eine konkrete Beschreibung einzelner Garantenstellungen steht hier nicht zur Diskussion. Stellung zu nehmen ist vielmehr zu der Frage, ob das von Bärwinkel vorgeschlagene Rechtsfindungsverfahren tatsächlich, wie vom Autor behauptet, als Gesetzesauslegung verstanden und demgemäß eine gesetzliche Fixierung der Garantenstellungen angenommen werden darf.

Auch Bärwinkel leugnet nicht, daß die Garantenstellungen im Gesetz nicht expli-

304 A.a.O., S. 112 f.

305 A.a.O., S. 114 ff.

306 A.a.O., S. 115.

307 A.a.O., S. 118.

308 Vgl. a.a.O., S. 118 ff.

309 A.a.O., S. 126, vgl. ferner S. 118, 119.

310 A.a.O., S. 119.

311 A.a.O., S. 118, 126.

zit, insbesondere nicht als geschriebene Merkmale, in Erscheinung treten. In der Qualifizierung der verhaltensbeschreibenden Merkmale als unbestimmte, wertausfüllungsbedürftige Rechtsbegriffe und in der Ausrichtung seines stufenweisen Wertungsverfahrens am obersten Rechtswert des gedeihlichen Zusammenlebens sieht er jedoch eine ausreichende Absicherung gegen den Vorwurf einer Rechtsfindung praeter legem. Nun ist aber die Verwendung wertausfüllungsbedürftiger Tatbestandsmerkmale, die als solche keine Subsumtion gestatten, sondern einen Wertungsakt des Richters erforderlich machen, im Hinblick auf ein konsequent angewendetes nullum-crimen-sine-lege-Prinzip durchaus problematisch. Ohne späteren Erörterungen vorgreifen zu müssen[312], läßt sich an dieser Stelle bereits sagen, daß jedenfalls dort, wo der vom Gesetz in Bezug genommene außerrechtliche Maßstab nicht eindeutig oder wo die Bezugnahme im Gesetz selbst nicht klar genug ist, von einer gesetzlichen Fixierung dessen, was als Ergebnis solcher Wertausfüllung zutage gefördert wird, nicht gesprochen werden kann. Ob die verhaltensbeschreibenden Tatbestandsmerkmale der unterlassungsoffenen Delikte tatsächlich, wie Bärwinkel behauptet, eine Verweisung auf außergesetzliche Normenbereiche zur Ermittlung der Garantenstellungen enthalten oder ob nicht vielmehr die Unvollständigkeit der gesetzlich fixierten Garantietatbestände ein Gebot zur richterrechtlichen Tatbestandsergänzung beinhaltet, soll an dieser Stelle noch offenbleiben[313]. Selbst wenn man mit Bärwinkel eine gesetzlich vorgenommene Verweisung auf den Bereich sozialethischer Normen unterstellt, könnte man die Garantenstellungen nur dann als gesetzlich fixiert bezeichnen, wenn – da das Gesetz schweigt – das in Bezug genommene metarechtliche Normensystem die strafrechtlich relevanten Handlungspflichten von den allein sozialethisch bedeutsamen absondern würde. So gesehen ist es zutreffend, wenn Bärwinkel schreibt: „In diesem außergesetzlichen Bereich gilt es, die Rechtspflicht von der ‚bloß' sittlichen, rein sozialethischen Pflicht zu trennen"[314]. Eine solche Differenzierung aber kann die Sozialethik gar nicht liefern, weil sie ihre Gebote an eigenen, nicht aber an spezifisch rechtlichen Kriterien ausrichtet. Daher kommt Bärwinkel zu einer Differenzierung zwischen Rechtspflichten und sozialethischen Pflichten auch lediglich dadurch, daß er ein zusätzliches Kriterium, nämlich die unbedingte Notwendigkeit (besondere Dringlichkeit) der Pflichterfüllung für ein gedeihliches Gemeinschaftsleben einführt[315]. Er gewinnt es aus der ultima-ratio-Funktion des Strafrechts[316], also gerade nicht aus dem sozialethischen Normensystem, das er im Anschluß an Utz[317] insgesamt auf das

312 Vgl. unten, 2. Hauptteil, 3. Kap., I 2.

313 S. dazu unten 2. Hauptteil, 1. Kap., I.

314 A.a.O., S. 94.

315 A.a.O., S. 95 f., 126.

316 A.a.O., S. 95.

317 Vgl. das Zitat a.a.O., S. 94, Anm. 14.

Gemeinwohl hin ausgerichtet sieht. Die unbedingte Notwendigkeit (besondere Dringlichkeit) der Pflichterfüllung für ein gedeihliches Gemeinschaftsleben kann jedoch angesichts der Vielfalt sozialethischer Handlungspflichten und ihrer weitreichenden Interdependenz allenfalls als ungefähre Leitlinie für eine Abgrenzung verstanden werden, die einen großen Beurteilungsspielraum offenläßt. Bärwinkel ist zwar der Auffassung, daß für eine am Gemeinwohlaspekt ausgerichtete Prüfung sich aus der Natur der Sache, genauer gesagt, aus der Situation der ins Auge gefaßten sozialen Gruppe objektive Merkmale ergäben, die die Dringlichkeit der Pflichterfüllung evident machten[318]. Dem ist jedoch zu widersprechen. Ob beispielsweise die existentielle Wichtigkeit von Vermögensgütern für den Ehepartner dem anderen Ehegatten eine strafrechtlich relevante Rechtspflicht zur Vermögensfürsorge auferlegt[319], ist eine Frage, die mangels gesetzlicher Entscheidung kontroverser Beurteilung ebenso zugänglich ist wie etwa die andere Frage, welchen Grad der Hochwertigkeit[320] Rechtsgutobjekte erreichen müssen, damit aus bloßen sozialethischen Schutzpflichten Garantenpflichten werden.

Die gemäß den Darlegungen Bärwinkels anzustellenden Erwägungen über die Dringlichkeit der Erfüllung bestimmter sozialethischer Pflichten machen Wertungsakte erforderlich, die nach dem überlieferten Verständnis des nullum-crimen-sine-lege-Satzes allein dem Gesetzgeber zukommen. Mangels allgemein gültiger Maßstäbe für die Grenzziehung zwischen sozialethischem und strafrechtlichem Unrecht kann keine Rede davon sein, daß „bereits vor aller gesetzlichen Regelung eine rechtswerthafte Sozialpflicht, kurz eine Rechtspflicht, gegeben" sei[321], auf die der Strafgesetzgeber einfach hätte verweisen können. Die Behauptung Bärwinkels, die Sinnbezüge festgefügter sozialer Institutionen bildeten eine recht gut fundierte objektive Grundlage für konkrete Wertentscheidungen[322], verdient Zustimmung, wenn man sie entgegen der Auffassung des Autors auf die Tätigkeit des Gesetzgebers bezieht; als Aussage über die strafrichterliche Rechtsfindung im Bereich der unechten Unterlassungsdelikte steht sie im Widerspruch zu Art. 103 Abs. 2 GG in seinem herkömmlichen Verständnis[323].

Noch aus einem weiteren Grunde steht das von Bärwinkel vorgeschlagene

318 A.a.O., S. 119.

319 Vgl. dazu die Darlegungen Bärwinkels, a.a.O., S. 119 f., ferner S. 146 ff.

320 A.a.O., S. 119.

321 A.a.O., S. 96.

322 A.a.O., S. 132 f.

323 Nach diesem Verständnis ist es dem Gesetzgeber untersagt, im Kodifikationstatbestand einen derart unbestimmten Rechtsbegriff zu verwenden, daß Lehre und Rechtsprechung gezwungen sind, „das Verhaltensmerkmal des kodifizierten Tatbestandes bei der Gesetzesanwendung im Bereich der Unterlassungsdelikte *begrifflich auf seine eigentliche rechtliche Bedeutung festzulegen*" (Bärwinkel, a.a.O., S. 53. Hervorhebung nicht im Original).

Rechtsfindungsverfahren nicht im Einklang mit dem nullum-crimen-sine-lege-Satz. Könnte man dieses Verfahren noch als Gesetzesinterpretation, wenn auch in einem sehr weiten Sinn, auffassen, so müßte eine danach ermittelte Garantenunterlassung den gleichen Unrechtsgehalt aufweisen wie die korrespondierende Begehungstat, da beide Deliktsarten nach demselben Kodifikationstatbestand strafbar und mit derselben Strafdrohung belegt sind. Die Gleichwertigkeit der Garantenunterlassung als Unrechtssachverhalt taucht jedoch an keiner Stelle des Bärwinkelschen Wertungsverfahrens auf. Sie ergibt sich auch nicht etwa implizit aus der Bejahung des Vorliegens der von Bärwinkel angeführten Wertungselemente. Es spricht vieles dafür, daß Bärwinkel eine Gleichwertigkeit von Begehungs- und Unterlassungstat gar nicht für erforderlich hält. Denn er führt aus, daß zwar eine gemeinsame Bewertung von Handlung und Unterlassung hinsichtlich des Erfolgs- und des Gesinnungsunwerts möglich, hinsichtlich des Handlungs- bzw. Unterlassungsunwerts jedoch unmöglich sei[324]. Damit wird dem unechten Unterlassungsdelikt eine so weitgehende Selbständigkeit im Unrechtsgehalt beigemessen, daß die möglichst präzise Beschreibung des Unrechtssachverhalts durch den Gesetzgeber nach der Grundtendenz des nullum-crimen-sine-lege-Satzes um so dringlicher wäre. Auch aus diesem Grunde können die Darlegungen Bärwinkels nicht als Lösung des Problems der gesetzlichen Fixierung der Garantenstellungen akzeptiert werden.

IV. Das Ergebnis der Analyse

Die Analyse der Stellungnahmen im Schrifttum, die die Garantenstellungen vom Makel fehlender gesetzlicher Fixierung befreien wollen, hat zu einem negativen Ergebnis geführt. Durch dogmatisch-konstruktive Unterordnung der unechten Unterlassungsdelikte unter die Begehungstatbestände läßt sich eine gesetzliche Aussage über die verschiedenen Garantenstellungen nicht gewinnen. Eine Eliminierung der Garantenstellungen aus den Garantietatbeständen der unechten Unterlassungsdelikte ist ebenfalls ein untaugliches Mittel zur Bewältigung des verfassungsrechtlichen Problems. Auch die Versuche, die Ausbildung der verschiedenen Garantenstellungen durch Interpretation bestimmter Tatbestände des Besonderen Teils, sei es unmittelbar, sei es mit Hilfe eines Gleichstellungsobersatzes gesetzlich zu legitimieren, sind als gescheitert anzusehen. Ebensowenig führen bestimmte ontologische, sozialethische oder dem Unrechtsgehalt der Begehungsdelikte zugeschriebene Gleichstellungskriterien zu Rechtsfindungsresultaten, die mit dem nullum-crimen-sine-lege-Satz im herkömmlichen Verständnis vereinbar wären und die Garantenstellungen als gesetzlich fixiert zu erweisen vermöchten.

324 A.a.O., S. 43 f., insbesondere S. 47 f.

Neuartige verfassungskonforme Lösungen aus dem Bereich des Strafrechts sind nicht zu erwarten. Gegen eine solche Erwartung spricht nicht nur die Ergebnislosigkeit der seit längerer Zeit unternommenen Bemühungen, sondern vor allem der Umstand, daß mit den bisher beschrittenen Lösungswegen die strafrechtlichen Mittel zur Bewältigung des Problems de lege lata erschöpft sind.

So bleibt nichts anderes übrig, als illusionslos festzustellen, daß die Garantenstellungen als Merkmal der Garantietatbestände nicht gesetzlich fixiert sind, sondern Rechtsschöpfungsakten der von der Strafrechtswissenschaft dazu angeregten Strafgerichte ihr Leben verdanken. In Übereinstimmung mit Äußerungen namhafter Strafrechtler[325] ergibt sich als Resultat: Die Strafbarkeit von Garantenunterlassungen beruht auf richterrechtlicher Tatbestandsergänzung.

Der Frage, welche Konsequenzen im Hinblick auf Art. 103 Abs. 2 GG aus diesem Befund zu ziehen sind, soll erst dann näher nachgegangen werden, wenn die gesetzliche Fixierung der noch nicht behandelten Elemente des Garantietatbestands der unechten Unterlassungsdelikte untersucht worden ist.

325 Vgl. Welzel, Strafrecht, S. 209 ff.; ders., Niederschriften der Gr.StrRK., Bd. 12, S. 94; ferner Bockelmann, Niederschriften der Gr.StrRK., Bd. 12, Anhang A, Nr. 23, S. 475 ff.; Busch, von Weber-Festschrift, S. 192 (199); Grünwald, Das unechte Unterlassungsdelikt, S. 69 f.; ZStW 70, 412 (418); Armin Kaufmann, JuS 1961 173 (176 l. Sp.); Dogmatik, S. 280 ff.

5. Kapitel

Die gesetzliche Fixierung weiterer Merkmale des objektiven Tatbestands

1. Die Existenz tatcharakterisierender Tatbestandsmerkmale und ihre unterschiedliche Bedeutung für die unechten Unterlassungen

Über die bisher behandelten Tatbestandselemente hinaus weisen die unterlassungsoffenen Tatbestände des Besonderen Teils häufig weitere Merkmale auf, die den Unrechtsgehalt näher bestimmen. Soweit es sich dabei um Merkmale handelt, die die Person des Täters[326] oder die Tatsituation[327] charakterisieren, entstehen in aller Regel auch bei einer Tatbestandsverwirklichung durch Unterlassen keine besonderen Probleme.

Anders verhält es sich hingegen mit solchen Merkmalen, die Art und Weise der Tatverübung näher beschreiben. Wenn beispielsweise in § 211 die heimtückische Tötung (neben anderen Tötungsarten) als Mord qualifiziert ist oder in § 263 das betrügerische Täterverhalten als Vorspiegeln unwahrer oder Entstellen oder Unterdrücken wahrer Tatsachen umschrieben wird, wenn die Tatverübung in § 142 durch den Begriff der Flucht näher gekennzeichnet wird, wenn in § 180 als Tatmodalitäten die Vermittlung, Gewährung oder Verschaffung von Gelegenheit zur Unzucht genannt werden, so entsteht in diesen und zahlreichen anderen Fällen die Frage, welche Bedeutung solche Merkmale für eine Tatbestandsverwirklichung durch Unterlassen haben.

Seitdem Gallas auf diese Merkmale aufmerksam gemacht hat[328], pflegt man diese Frage unter dem Stichwort der ,,Gleichwertigkeit" einer Unterlassung mit dem im jeweiligen Tatbestand umschriebenen aktiven Tun zu erörtern. Es wird die Auffassung vertreten, die Unterlassung eines Garanten bedürfe einer zusätzlichen Prüfung dahingehend, ob sie der aktiven Tatverübung „gleichwertig" sei[329], und zwar nicht nur im Hinblick auf tatcharakterisierende Merkmale, sondern sehr viel allgemeiner im Hinblick auf den gesamten Unrechtsgehalt einer Garantenunterlassung. Auf diese Weise wird die Bedeutung der tatcharakterisierenden Merkmale für die unechten Unterlassungsdelikte eher verschleiert. Diese Merkmale werfen in Wahrheit eine Auslegungsfrage auf, nämlich die, ob die nähere Kennzeichnung des deliktischen Verhaltens in einem Tatbestand des

326 Insbesondere bei den Sonderdelikten.

327 Z.B. „vor Gericht" (§§ 153, 154); ,,in oder gleich nach der Geburt" (§ 217).

328 Niederschriften der Gr.StrK., Bd. 12, S. 80 f.; ders., JZ 1960, S. 649 ff., 686 ff.

329 Henkel, MschrKrim 1961, 178 (188 ff.); Arthur Kaufmann–W. Hassemer, JuS 1964, 151 (153); Amtliche Begründung zu § 13 E 1962 (S. 125).

Besonderen Teils nur auf positives Tun oder auch auf Unterlassen bezogen ist. Als Resultat der Tatbestandsauslegung kann sich entweder die Unterlassungsfeindlichkeit oder die Unterlassungsoffenheit eines tatcharakterisierenden Merkmals ergeben. Nur im zweiten Fall ist es Bestandteil des Garantietatbestands eines unechten Unterlassungsdelikts.

a) Ausgestaltung zu reinen Begehungsdelikten durch solche Merkmale

Für die Unterlassungsfeindlichkeit tatcharakterisierender Merkmale lassen sich eine Reihe von Beispielen anführen[330]: Wenn § 132a Abs. 1 Ziff. 1 das unbefugte Führen von Amts- oder Dienstbezeichnungen, Titeln oder Würden unter Strafe stellt, so ergibt ein Vergleich mit den Tatbestandsalternativen der Ziff. 2 und 3 ohne weiteres, daß nur die aktive Verwendung der Bezeichnung durch den Täter, nicht die passive Hinnahme der Anrede strafbar sein soll[331]. Ebenso ergab sich für § 166 i.d.F. vor Inkrafttreten des ersten Strafrechtsreformgesetzes, daß Gotteslästerung durch „beschimpfende Äußerungen" nur aktiv begangen werden konnte. Oder um an die oben genannten Fälle anzuknüpfen: Mit Armin Kaufmann[332] wird man § 211 dahingehend auszulegen haben, daß eine Tötung durch Unterlassung nicht heimtückisch begangen werden kann, denn unter *Ausnutzung* der Arg- und Wehrlosigkeit des Opfers kann zwar aktiv die Todesursache gesetzt, nicht aber die Erfolgsabwendung unterlassen werden[333]. Als letztes Beispiel sei das Merkmal der Entziehung „durch Flucht" in § 142 genannt, das dahingehend auszulegen ist, daß die unterlassene Rückkehr zum Unfallort nach strafloser Entfernung nicht vom Tatbestand erfaßt sein soll[334].

b) Unterlassungsoffenheit derartiger Merkmale

In anderen Fällen kann hingegen die Auslegung ergeben, daß tatcharakterisierende Merkmale ebenso auf ein Tun wie auf ein Unterlassen bezogen werden können. So dürfte in § 180 Unzuchtsförderung durch „Gewährung von Gelegenheit" auch die unterlassene Gelegenheitsvereitelung durch einen Garanten umfas-

---

330 Zwar sind die Auslegungsresultate teilweise streitig, doch kommt es hier nicht auf Stellungnahmen zum Einzelfall, sondern auf eine Exemplifizierung beider Merkmalstypen an.

331 H.M. seit RGSt 33, 305 (306) zu § 360 Nr. 8; vgl. LK, Bd. 1, § 132 a, Anm. III 1; Schönke-Schröder, StGB, § 132 a, Rn. 10 m.w.Nw.

332 Dogmatik, S. 289.

333 Das gilt jedenfalls für eine „eigenhändige" Tatverübung. Ob heimtückische Tötung in mittelbarer Unterlassungstäterschaft möglich ist, bleibe dahingestellt.

334 Richtig Schröder, NJW 1966, 1001 ff., der ferner darauf verweist, daß eine Bejahung der Garantenstellung aus vorangegangenem Tun an der fehlenden Vergrößerung der Rechtsgutsgefährdung scheitert. Zum Streitstand vgl. die Nachweise bei Schönke-Schröder, StGB, § 142, Rn. 22–24.

sen[335]. Von den auf die Art der Tötung zugeschnittenen Merkmalen des § 211 ist jedenfalls die Grausamkeit auch auf Tötungen durch Unterlassen beziehbar[336, 337]. Bei der vorsätzlichen Tötung mit gemeingefährlichen Mitteln wird man differenzieren müssen: Nach dem in der Tatbestandsfassung klar zutage tretenden Gesetzessinn liegt die Unrechtsqualifizierung in der skrupellosen Gefährdung von Leben, Gesundheit oder bedeutenden Sachwerten Unbeteiligter durch die Benutzung gefährlicher Naturgewalten zur Tötung eines Menschen. Dem Unrechtsgehalt der aktiven Entfesselung solche Gewalten zwecks Tötung entspricht das Nichteinschreiten gegen den drohenden Tod nicht schon dann, wenn der Unterlassende Garant für das Leben des Opfers ist, sondern nur dann, wenn er außerdem auch zur Verhinderung solcher Gemeingefährdungen rechtlich verpflichtet ist, wie z.B. ein Angehöriger der Polizei oder der Feuerwehr[338, 339].

Bezüglich der tatqualifizierenden Merkmale des § 223 a hat Armin Kaufmann die Auffassung vertreten, sie könnten nicht auf unechte Unterlassungen übertragen

---

335 H.L. und Rspr. machen die Strafbarkeit einer Unterlassung im Rahmen von § 180 nur vom Vorliegen einer Garantenstellung und von der Zumutbarkeit des Einschreitens abhängig, vgl. LK, Bd. 2, § 180, Anm. 3; Maurach, Bes. Teil, S. 436 f.; Schönke-Schröder, StGB, § 180, Rn. 11, 12 (mit Rechtsprechungsnachweisen); Welzel, Strafrecht, S. 443 f. Daß der Frage einer Strafbarkeitseinschränkung der Unterlassung durch die Merkmale Vermittlung, Verschaffung und Gewährung von Gelegenheit nur gelegentlich Aufmerksamkeit geschenkt wird (etwa von Dreher, StGB, § 180, Anm. 3 B; Gallas, Niederschriften der Gr.StrRK., Bd. 12, S. 80 l.Sp., 81 r.Sp.), hängt mit der extensiven Tendenz zur Bestrafung jeder Unzuchtsförderung im Bereich des positiven Tuns zusammen (vgl. etwa RGSt 51, 46; RG HRR 1927 Nr. 972; BGHSt 9, 71 (75 ff.); BGH NJW 1959, 1284) sowie mit der oft behaupteten Nichtunterscheidbarkeit zwischen Gewährung und Verschaffung von Gelegenheit. Nimmt man die im Gesetz deutlich zum Ausdruck gebrachte Beschränkung strafbarer Unzuchtsförderung auf bestimmte Verhaltensweisen ernst, so ergibt sich für die Unterlassungen: *Vermittlung*, d.h. die Zusammenführung von Partnern, ist wohl nur durch zweckgerichtetes Tun möglich. Bei der „Gelegenheitsmacherei" ist zu unterscheiden: Verschaffen bedeutet die Bereitstellung von Umständen, die die Unzucht ermöglichen und ohne Zutun des Kupplers nicht zur Verfügung stehen; Gewähren liegt in einem Verhalten, durch das sich der Kuppler als Hindernis beseitigt und dadurch dem (den) Unzuchtsbereiten den Zugang zur Gelegenheit eröffnet. So gesehen ist Unzuchtsförderung *durch Verschaffung* von Gelegenheit ein reines Begehungsdelikt. Kuppelei *durch Gewährung* von Gelegenheit kann sowohl durch aktives Tun (Verlassen der Wohnung, in der andere Unzucht treiben wollen) als auch durch Unterlassen (bloßes Nichteinschreiten gegen das Ausnutzen der Gelegenheit) begangen werden.

336 Für den Unrechtsgehalt bedeutet es keinen ins Gewicht fallenden Unterschied, ob der Mörder seinem Opfer besonders starke Schmerzen oder Qualen zufügt oder ob er den qualvollen Tod einfach zuläßt.

337 Zur Heimtücke vgl. oben S. 91.

338 Ob eine Garantenstellung aus Ingerenz ausreicht (der Unterlassende hatte schuldlos die Gemeingefahr ausgelöst), muß bezweifelt werden.

werden, weil die Qualifizierung an die erhöhte verbrecherische Intensität anknüpfe, die in der Ausgestaltung des Angriffs zutage trete, ohne auch den Erfolg zu erschweren[340]. Diese Auffassung verkennt jedoch, daß Qualifizierungsgrund in § 223 a allein die erhöhte Gefährlichkeit des Angriffs auf das geschützte Rechtsgut ist[341]. Sowenig innerhalb des Grundtatbestands des § 223 ein Unterschied im Unrechtsgehalt zwischen der Nichthinderung des Erfolgs durch einen Garanten und einer aktiv verübten Körperverletzung besteht, sowenig besteht ein Unterschied zwischen der Unterlassung eines Garanten, der den auf gefährliche Weise eintretenden Körperverletzungserfolg nicht vereitelt, und der aktiven Begehung des § 223 a[342].

Als letztes Beispiel seien die bei einigen Delikten gegen die persönliche Freiheit genannten Tatmittel der Gewalt und der List angeführt. Zutreffend nimmt die herrschende Lehre an, daß die gewaltsame oder listige Freiheitsbeeinträchtigung auch durch Unterlassen geschehen kann[343].

2. Die Bedeutung der tatcharakterisierenden Merkmale für die Garantietatbestände der unechten Unterlassungsdelikte

Die Bedeutung der tatcharakterisierenden Merkmale für die Garantietatbestände der unechten Unterlassungsdelikte ist demnach eindeutig: Entweder ergibt die Auslegung die Unterlassungsoffenheit dieser Merkmale und damit ihre Zugehörigkeit zum Unterlassungsgarantietatbestand, oder aber das Merkmal ist unterlassungsfeindlich und schließt damit die Annahme einer unechten Unterlassung

---

339 Im Schrifttum finden sich nur vereinzelte Stellungnahmen, die nicht differenzieren: Für Begehbarkeit durch unechte Unterlassung auf Grund des von ihm entwickelten Umkehrprinzips Armin Kaufmann, Dogmatik, S. 289; gegen eine Anwendung des § 211 auf die bloße Ausnutzung vorhandener gemeingefährlicher Situationen, selbst durch aktives Tun, Schönke-Schröder, StGB, § 211, Rn. 18.

340 Dogmatik, S. 289 in betonter Gegenüberstellung zu § 224.

341 Zutreffend spricht Maurach, Bes. Teil, S. 87 vom „strafschärfenden Gefährdungscharakter" des § 223 a.

342 Zweifelhaft könnte vom hier vertretenen Standpunkt aus sein, ob der untätige Garant „mittels eines hinterlistigen Überfalls" oder mit „mehreren gemeinschaftlich" den Tatbestand des § 223 a verwirklichen kann. Ersteres dürfte in Form mittelbarer Täterschaft ohne weiteres möglich sein. Gemeinschaftliche Körperverletzung nehmen Krumme, Anm. zu BGH LM § 223 a Nr. 2 und Schaefer, LK, Bd. 2, § 223 a, Anm. 3 (unter Berufung auf OLG Schleswig SchlHA 49, 88 und OGHSt 1, 305 f.) auch in dem Fall an, daß einer von mindestens zwei Beteiligten die Körperverletzung geschehen läßt, obwohl er zur Verhinderung verpflichtet war; ablehnend Schönke-Schröder, StGB, § 223 a, Rn. 9.

343 Nachweise bei Schönke-Schröder, StGB, Vorbem., Rn. 15 und Rn. 27 vor §§ 234 ff. Hingegen dürfte eine „Drohung" im Sinne der §§ 234 ff. wenigstens konkludentes Handeln, d.h. ein Tun, voraussetzen.

aus. Der erste Fall ist unter dem Aspekt der gesetzlichen Fixierung unproblematisch, denn die betreffenden Tatbestandselemente sind im Gesetz niedergelegt, eine Bestrafung insoweit also unbedenklich. Im zweiten Fall liegt ein Verstoß gegen das Verbot der Bestrafung auf der Grundlage gesetzlich nicht fixierter Tatbestände vor, wenn ein Gericht einem reinen Begehungstatbestand entgegen dem Sinn des in ihm enthaltenen unterlassungsfeindlichen Merkmals eine Unterlassung subsumiert. Daß solche Verstöße gegen Art. 103 Abs. 2 GG nicht nur theoretisch denkbar sind, beweist am augenfälligsten die neuere Rechtsprechung zu § 142, derzufolge die unterlassene Rückkehr zum Unfallort nach strafloser Entfernung als Unfallflucht strafbar ist[344].

Eine Legalisierung einer derartigen Gerichtspraxis schien, wenn man der amtlichen Begründung glauben darf, die Gleichwertigkeitsklausel des § 13 E 1962 anzustreben[345]. Zunächst beruft sich die amtliche Begründung für die Notwendigkeit einer Gleichwertigkeitsprüfung darauf, daß „im Besonderen Teil die Unrechtsbewertung auch von etwaigen besonderen Handlungsmerkmalen des jeweiligen Tatbestandes beeinflußt ist"[346]. Wenig später heißt es dann: „Es kommt hierbei (sc. für die Gleichwertigkeitsprüfung unter Berücksichtigung der Umstände des einzelnen Falles) darauf an, ob dessen Unterlassung nach ihrem sozialethischen Unwert bei sinngemäßer Auslegung des Gesetzes in den Unrechtsbereich der betreffenden Strafnorm fällt. Maßgebend hierfür ist eine Gesamtbewertung: Setzt der Tatbestand bestimmte unrechtsbeeinflussende Handlungsmerkmale voraus, die durch eine Unterlassungstat nicht sichtbar werden können, so kann dies durch die größere Pflichtenbindung des Garanten oder auch sonst durch andere Umstände aufgewogen werden, die den Grad des Unrechts erhöhen"[347]. Hier wird im Gewand einer richterlichen Gleichwertigkeitsprüfung der Dispens von Bestandteilen des gesetzlich fixierten Garantietatbestands geradezu dekretiert; die Bestrafung soll auch dann möglich sein, wenn

344 Unter der Voraussetzung, daß noch ein räumlicher und zeitlicher Zusammenhang mit dem Unfallgeschehen vorhanden war. Rechtsprechungsnachweise bei Schönke-Schröder, StGB, § 142, Rn. 22 ff. Wie leicht sich die Rechtsprechung über die Bedeutung tatcharakterisierender Merkmale hinwegsetzt, zeigt die Entscheidung BGHSt 14, 213 (218), wo die Konstruktion der Rückkehrpflicht dazu dient, unwahre Angaben über das Unfallgeschehen als Tatbestandsverhalten gem. § 142 auszuweisen. Der Tatbestand, nach dem in diesem Fall verurteilt wurde, lautet demnach: Wer sich nach einem Verkehrsunfall der Feststellung seiner Person, seines Fahrzeugs oder der Art seiner Beteiligung an dem Unfall vorsätzlich *durch Täuschung* entzieht, . . .

345 § 13 E 1962 lautet: Wer es unterläßt, einen Erfolg abzuwenden, der zum Tatbestand eines Strafgesetzes gehört, ist als Täter oder Teilnehmer strafbar, wenn er rechtlich dafür einzustehen hat, daß der Erfolg nicht eintreten werde, und sein Verhalten den Umständen nach der Verwirklichung des gesetzlichen Tatbestandes durch ein Tun gleichwertig ist.

346 Amtliche Begründung zu E 1962, S. 125 l.Sp.

347 A.a.O., S. 125 r.Sp.

Merkmale des gesetzlichen Tatbestands nicht verwirklicht worden sind. Daß hierin ein Verstoß gegen den nullum-crimen-sine-lege-Satz liegt, ist offensichtlich[348].

348 Bedenken aus Art. 103 Abs. 2 GG gegen die genannte Gleichwertigkeitsklausel des § 13 E 1962 hatten Busch, von Weber-Festschrift, S. 192 (201 ff.) und Rudolphi, Gleichstellungsproblematik, S 61 erhoben. § 13 in der ab 1.10.1973 geltenden Fassung enthält eine Gleichwertigkeitsklausel, die nicht mehr auf die konkreten Tatumstände abstellt.

6. Kapitel

Die gesetzliche Fixierung des Unterlassungsvorsatzes

1. Früherer Meinungsstand

Daß es im Bereich der unterlassungsoffenen Tatbestände korrespondierend zum Begehungsvorsatz einen Unterlassungsvorsatz gäbe, entsprach bis in neuere Zeit hinein der ganz herrschenden Auffassung in Schrifttum und Rechtsprechung. Vorsatz verstanden als Wissen und Wollen der Tatbestandsverwirklichung erfreute sich bei Tun und Unterlassen als Tatbestandsmerkmal allgemeiner Anerkennung. Das Problem mangelnder Kongruenz zwischen dem Vorsatzmerkmal und dem subjektiven Sachverhalt beim unechten Unterlassungsdelikt konnte bei diesem Meinungsstand gar nicht aufkommen. Das Problem erscheint jedoch in einem anderen Licht, seit Armin Kaufmann in seinen Untersuchungen zur Dogmatik der Unterlassungen zu dem Ergebnis gelangte, ein Unterlassungsvorsatz existiere weder bei den unechten noch bei den echten Unterlassungsdelikten. Welche Konsequenzen die Lehre Kaufmanns für den Garantietatbestand der unechten Unterlassungsdelikte hat, bedarf daher zunächst der Untersuchung.

2. Die Lehre Armin Kaufmanns und ihre Bedeutung für die Gesetzesfixierung des Garantietatbestands der unechten Unterlassung

Nach der Lehre Armin Kaufmanns[349], der sich Welzel angeschlossen hat[350], konstituieren die Kenntnis der „tatbestandsmäßigen Situation" (= Garantenstellung und Rechtsgutsverletzung) und die „Planungsfähigkeit" des Garanten den subjektiven Tatbestand des unechten Unterlassungsdelikts. Nicht ein Vorsatz zu unterlassen, sondern das Fehlen eines Vorsatzes, die gebotene Handlung auszuführen, soll auf der subjektiven Seite das maßgebliche Kriterium der „quasi-vorsätzlichen" Unterlassungsdelikte sein, die im Unrechts- und Schuldgehalt den vorsätzlichen Begehungsdelikten entsprächen.

Armin Kaufmann legt seiner Beweisführung vor allem zwei Argumentationsreihen zugrunde: die eine ergibt sich für ihn aus Strukturunterschieden zwischen Tun und Unterlassen, die andere zielt auf die „Vorsatzfunktion" beim Unterlassungsdelikt, d.h. auf die Bedeutung des Vorsatzes für die Abschichtung gegenüber den im Unrechts- und Schuldgehalt weniger schwerwiegenden Fahrlässigkeitstaten. Im Rahmen des ersten Gedankengangs folgert Kaufmann aus seinem

---

349 Dogmatik, S. 66 ff., 104 ff., 134, 309 ff.; von Weber-Festschrift, S. 207 (218 ff.). Auf Vorläufer dieser Lehre weist Androulakis, Problematik, S. 31 hin.

350 Strafrecht, S. 201, 204 f., 212.

finalistischen Verständnis des Willenselements als Verwirklichungswillen und aus der fehlenden Einwirkung des Unterlassenden auf das äußere Geschehen die Nichtexistenz eines Unterlassungsvorsatzes[351]. „Mangels Kausalität und Willensbetätigung ist kein finales Unterlassen, kein Unterlassungsvorsatz als Verwirklichungswille denkbar"[352]. Die Überlegung, ob eine Verengung des Vorsatzbegriffs auf die Kenntnis der tatbestandsmäßigen Situation und das Bewußtsein der eigenen Erfolgsabwendungsfähigkeit angängig sei, führt Kaufmann zu seiner zweiten Begründung[353]: Ein derart abgewandelter Vorsatzbegriff werde seiner Funktion nicht gerecht, die schwerere Unrechts- und Schuldform von der leichteren der Fahrlässigkeit zu scheiden, da er diejenigen in höchstem Maße rechtsfeindlichen unbewußten Unterlassungen nicht erfasse, bei denen der Unterlassende aus völliger Gleichgültigkeit oder ruchloser Gesinnung gegenüber dem gefährdeten Rechtsgut an ein Eingreifen gar nicht denkt.

Die Thesen Armin Kaufmanns stellen, falls sie sich verifizieren lassen, in erster Linie einen frontalen Angriff auf die herkömmliche Vorsatzlehre im Bereich der Unterlassung dar. Die Reduzierung des subjektiven Tatbestands auf die Kenntnis der tatbestandsmäßigen Situation und die Fähigkeit, die Rettungshandlung zu planen und durchzuführen, schließt nicht nur das gesamte voluntative Vorsatzelement aus, sondern beschränkt auch die Bezogenheit der intellektuellen Komponente auf bestimmte Teile des objektiven Tatbestands (Garantenstellung, Rechtsgutsgefährdung); die dem Unterlassenden mögliche Erfolgsabwendungshandlung braucht von seiner Vorstellung nicht umfaßt zu sein.

Die Lehre Kaufmanns ist aber auch von erheblicher Tragweite für den Garantietatbestand der unechten Unterlassung. Die Annahme erscheint ausgeschlossen, daß dasselbe Tatbestandsmerkmal „vorsätzlich" im Fall der aktiven Begehung Kongruenz zwischen objektiver Tatbestandsverwirklichung einerseits und Tätervorstellung und Täterwillen andererseits beinhaltet, während es bei der unechten Unterlassung nur eine doppelt eingeschränkte Kongruenz bezeichnen soll: zwischen Garantenstellung und Rechtsgutsverletzung (Erfolgseintritt) einerseits und bloßer Kenntnis dieser Umstände andererseits. Verhielte es sich mit dem subjektiven Tatbestand der unechten Unterlassung so, wie Armin Kaufmann lehrt, so müßte man wegen der grundverschiedenen Ausgestaltung des subjektiven Tatbestands bei Tun und Unterlassen anerkennen, daß das Tatbestandsmerkmal „vorsätzlich" mit seinem ihm allgemein zuerkannten Begriffsinhalt allein auf die aktive Begehung zugeschnitten und die Kennzeichnung des subjektiven Tatbestands bei der unechten Unterlassung gesetzlich nicht vorgenommen worden wäre. Eine modifizierende Anpassung des Vorsatzbegriffs an die Unterlassungen wäre ausgeschlossen, der Garantietatbestand der unechten Unterlassungsdelikte

351 Dogmatik, S. 73.

352 Von Weber-Festschrift, S. 207 (219).

353 Von Weber-Festschrift, S. 207 (224 ff.).

an entscheidender Stelle gesetzlich nicht fixiert. Eine nähere Auseinandersetzung mit den Thesen Armin Kaufmanns ist bei dieser Sachlage unumgänglich.

Daß der Unterlassungsvorsatz nicht als ein den tatbestandsmäßigen Erfolg kausal bewirkender Verwirklichungswille verstanden werden kann, soll in Übereinstimmung mit Kaufmann vorausgesetzt werden[354]. Deshalb aber das Verhalten des Unterlassenden als nicht final (weil nicht den Kausalprozeß antizipierend *und* steuernd) und daher unvorsätzlich zu deuten, erscheint wenig einleuchtend und dürfte auf einer Verabsolutierung des Vorsatzbegriffs der finalen Handlungslehre beruhen. Dieser ganz offensichtlich an der aktiven Begehung entwickelte[355] und auf diese zugeschnittene ontologische Vorsatzbegriff identifiziert „Wissen und Wollen der Tat" mit der bewußten Steuerung von Kausalprozessen auf den Erfolg hin[356] und wird von den Finalisten als Element des strafrechtlichen Handlungsbegriffs angesehen. Von dieser Position aus ist es unausweichlich, jede Unterlassung als nicht final zu deklarieren; eine vorsätzliche Unterlassung kann es bei diesem Verständnis von Finalität und Vorsatz natürlich nicht geben. Wieso aber sollte man gezwungen sein, das Tatbestandsmerkmal vorsätzlich gerade und allein in diesem Sinne zu verstehen? Für Armin Kaufmann ist die „vorrechtliche Struktur der Unterlassung" maßgeblich für die Nichtexistenz eines Unterlassungsvorsatzes, und er hält auch den Gesetzgeber für gebunden an diese Seinsstrukturen, so daß der Gesetzesinterpret keineswegs gezwungen sei, „den Unterlassungsvorsatz, der nicht aufzufinden war, nunmehr zu erfinden"[357].

In Wahrheit stellt sich das Problem anders. Die Frage lautet: Hat der Gesetzgeber durch die Verwendung des Tatbestandsmerkmals „vorsätzlich" außer dem subjektiven Tatbestand der vorsätzlichen Begehungsdelikte auch den der korrespondierenden unechten Unterlassungsdelikte gekennzeichnet oder soll dieses Tatbestandsmerkmal allein der aktiven Begehung vorbehalten sein mit der Folge, daß die an den subjektiven Tatbestand der unechten Unterlassungsdelikte zu stellenden Anforderungen gesetzlich nicht umschrieben wären? Die Beantwortung dieser Frage wird durch Kaufmanns Vorsatzbegriff und die aus ihm abgeleiteten Folgerungen nicht präjudiziert, denn diese Frage zielt auf eine Inhaltsbestimmung des Vorsatzes gemäß den gesetzlich getroffenen Regelungen und leugnet die Maßgeblichkeit eines vorrechtlich gewonnenen Vorsatzbegriffs. Allerdings müssen auch bei dieser Sicht des Problems die von Armin Kaufmann

354 So auch Hardwig, ZStW 74, 27, (30 Anm. 2): „Bei einer Unterlassung fehlt es tatsächlich an einem Bewirkungswillen. Der Unterlassende will nicht etwas bewirken, sondern – bei den unechten Unterlassungen – bewirkt werden oder geschehen lassen.").

355 Hardwig ZStW 74, 27 (28) spricht treffend davon, diese Bestimmung des Willens sei eindeutig vom Handeln abgezogen.

356 Dabei wird Kausalität als wirkende Kausalität verstanden.

357 Dogmatik, S. 121.

behaupteten Verschiedenheiten zwischen dem subjektiven Begehungs- und dem subjektiven Unterlassungstatbestand erörtert werden, doch hat dies ohne eine Präjudizierung durch metarechtliche Beobachtungen zu geschehen.

3. Die Bestandteile des Unterlassungsvorsatzes

a) Die Gesetzeslage bei den Begehungsdelikten

Ausgangspunkt der Problemerörterung bildet das Faktum, daß eine gesetzliche Definition des Vorsatzbegriffs fehlt[358]. Auch eine Anknüpfung an den Sprachgebrauch des täglichen Lebens vermag zur Begriffsbestimmung nichts Nennenswertes beizutragen, weil der Vorsatz ein durch und durch rechtlicher Begriff ist. Immerhin enthält das StGB deutliche Hinweise auf den zugrundegelegten Inhalt des Vorsatzmerkmals, das in den Tatbeständen der nichtfahrlässigen Delikte teils ausdrücklich, teils implizit enthalten ist. So muß man aus § 59 schließen, daß die Kenntnis der Tatbestandsverwirklichung ein Kernbestandteil des Vorsatzes ist („Wissen"). Die Maßgeblichkeit des (betätigten) Tatentschlusses für den strafbaren Versuch in § 43 sowie die Abgrenzung gegenüber fahrlässigem Verhalten, bei dem die Tatbestandsverwirklichung nicht oder jedenfalls nicht in vollem Umfang[359] in den Täterwillen aufgenommen ist, führen weiterhin zur Anerkennung einer voluntativen Vorsatzkomponente („Wollen"). Demgemäß versteht man gemeinhin unter Vorsatz das „Wissen und Wollen der Tatbestandsverwirklichung"[360, 361].

Um die Anwendbarkeit dieses Vorsatzbegriffs auch auf die unechten Unterlassungen geht es im folgenden. Dabei darf jene Funktion des Vorsatzes nicht aus den Augen verloren werden, die ablesbar ist an den im Vergleich zu den Fahrlässigkeitsdelikten höheren Strafdrohungen der Vorsatzdelikte: Der Vorsatz kenn-

---

358 Anders die vom 2. Strafrechtsreformgesetz nicht übernommenen früheren Vorschläge de lege ferenda, vgl. § 16 E 1962; § 17 AE.

359 Insbesondere nicht hinsichtlich der Rechtsgutsverletzung.

360 Vgl. statt vieler die Formulierungen bei Baumann, Allg. Teil, S. 377 und Maurach, Allg. Teil, S. 218, 222.

361 Gelegentlich wird behauptet, bei dolus directus zweiten Grades und bei dolus eventualis fehle das voluntative Element (so in neuerer Zeit vor allem Schmidhäuser, GoltdA 1958, 161 (180) u. Grünwald, H. Mayer-Festschrift, S. 281 [286 ff.]). Dabei wird die automatische und unvermeidbare Kopplung zwischen Wissen und Wollen übersehen, die entsteht, wenn der Täter in Kenntnis der (nicht unmittelbar erstrebten) Folge sich zum Handeln entschließt. Der „reale psychische Sachverhalt" (Grünwald, a.a.O., S. 287) läßt sich nicht aufspalten in einen allein auf die Handlung bezogenen Willen und bloße Kenntnis bestimmter Folgen. Vielmehr nimmt (nicht: „wünscht") der Täter notgedrungen die nach seiner Vorstellung sichere (dolus directus) oder nicht völlig unwahrscheinliche (dolus eventualis) Folge in seinen Handlungswillen auf.

zeichnet diejenigen Delikte, bei denen der Verstoß gegen das Recht als besonders schwerwiegend bewertet wird, d.h. er trägt wesentlich zur Charakterisierung des Unrechts- und Schuldgehalts dieser Delikte bei[362].

b) Gesetzliche Erwähnung vorsätzlicher Unterlassungen

Ein Indiz dafür, daß das Gesetz das Tatbestandsmerkmal vorsätzlich, wie es unter a) umschrieben wurde, nicht allein den Begehungsdelikten vorbehalten will, bilden diejenigen Tatbestände, bei denen ein erfolgs- oder gefahrverursachendes Unterlassen ausdrücklich als vorsätzliches gekennzeichnet wird (z.B. §§ 121 erste Alternative/347 Abs. 1 erste Alternative, 170 b, 310 a Ziff. 2 dritte Alternative)[363]. Allerdings ist dieses Indiz widerlegbar. Das Gesetz könnte – wie auch sonst und gerade bei subjektiven Tatbestandsmerkmalen häufig – denselben Begriff mit verschiedenem Inhalt gebrauchen. Daher macht der Hinweis auf die genannten Tatbestände nicht die weitere Prüfung entbehrlich, ob die Struktur des unechten Unterlassungsdelikts die Übertragung des allgemein anerkannten Vorsatzbegriffs auf die unechten Unterlassungen hindert, wie Armin Kaufmann behauptet.

c) Die intellektuelle Vorsatzkomponente

Zur intellektuellen Vorsatzkomponente („Wissen") ist zunächst festzustellen, daß die Kenntnis der Garantenstellung und des drohenden Erfolgseintritts beim Täter vorhanden sein muß, wenn von vorsätzlicher Unterlassung die Rede sein soll. Das bestreitet auch Armin Kaufmann nicht, der insoweit von der notwendigen Kenntnis der tatbestandsmäßigen Situation spricht[364].

Hingegen besteht kein Konsens darüber, ob das Bewußtsein des Unterlassenden auch die Erfolgsabwendungsmöglichkeit umfassen muß. Armin Kaufmann gibt an dieser Stelle die Kongruenz zwischen Vorsatz und objektivem Tatbestand preis, weil er die Unterlassung desjenigen, der aus Gleichgültigkeit, Gefühllosigkeit oder ruchloser Gesinnung trotz Kenntnis der tatbestandsmäßigen Situation nicht zum Bewußtsein der eigenen Hilfsmöglichkeit gelangt, als besonders schwerwiegend ansieht und deshalb die Vorsatzstrafe für angemessen hält[365].

Dieser Auffassung kann nicht beigepflichtet werden. Die Möglichkeit des Unter-

362 Diese Feststellung kann ungeachtet der Kontroversen über Grundsatzfragen der Dogmatik der Vorsatzdelikte (Stellung des Vorsatzes im Verbrechensaufbau; Bedeutung des Rechtswidrigkeitsbewußtseins) getroffen werden; sie trotz ihres beinahe banalen Charakters zu unterstreichen, ist notwendig, um der Gefahr zu entgehen, den Vorsatzbegriff bei der Unterlassung einzig in Reaktion auf jene Grundsatzkontroverse zu bestimmen (so deutlich Hardwig, ZStW 74, 27 ff.).

363 Bezüglich der „ungenügenden Beaufsichtigung" von offenem Feuer oder Licht.

364 Dogmatik, S. 310, vgl. auch Welzel, Strafrecht, S. 212, 218.

365 Vgl. Dogmatik, S. 310 f.; von Weber-Festschrift, S. 207 (224 ff.).

lassenden, den tatbestandsmäßigen Erfolg abzuwenden, gehört zum objektiven Tatbestand des unechten Unterlassungsdelikts. „Töten", „an der Gesundheit beschädigen", „eine Sache beschädigen" usw. durch Unterlassen kann nur derjenige, der in der Lage ist, die Tötung oder Gesundheitsschädigung des Opfers, die Beschädigung der Sache usw. zu verhindern. Das in § 59 normierte Erfordernis der Kongruenz zwischen allen Teilen des objektiven Tatbestands und dem Vorsatz verbietet es, die Erfolgsabwendungsmöglichkeit des Täters aus der Vorsatzbezüglichkeit auszuklammern. Die Behauptung Armin Kaufmanns, „§ 59 StGB behandelt eben den Handlungsirrtum, nicht den Unterlassungsirrtum"[366], ist unbewiesen und schon angesichts der Existenz gesetzlich ausdrücklich normierter vorsätzlicher Unterlassungsdelikte unhaltbar. Wenn Armin Kaufmann unter Berufung auf Welzel gegen die Kenntnis der Handlungsmöglichkeit als Element des Unterlassungsvorsatzes einwendet, dies laufe auf eine Prämiierung des sozial Gleichgültigen und Gefühllosen hinaus[367], so übersieht er, daß die Unkenntnis der Möglichkeit zur Erfolgsverhinderung ebenso auf Entsetzen, Mitleid, Trauer oder ähnlichen seelischen Ursachen beruhen kann[368]. Seine Bewertung dieser Unkenntnis ist einseitig an seelischen Einstellungen wie verroht, gleichgültig, schadenfroh, gefühllos, skrupellos orientiert[369]. Für die Ermittlung des Unrechts- und Schuldgehalts vorsätzlicher Unterlassungen sind diese Gesinnungsmerkmale untauglich, weil sie Unrecht und Schuld des normalen Vorsatzdelikts nicht prägen[370]. Wer, aus welchen Gründen auch immer, als Garant nicht zur Erkenntnis der ihm in die Hand gegebenen Erfolgsabwendungsmöglichkeit gelangt, war hinsichtlich eines wesentlichen Tatumstands „blind"; ihn der Vorsatzstrafe zu unterwerfen, weil einem Normalmenschen mit den Kenntnissen und Fähigkeiten des Garanten angesichts der tatbestandsmäßigen Situation die Erfolgsabwendungsmöglichkeit bewußt geworden wäre[371], bedeutete die unangemessene Anwendung eines Vorsatztatbestands auf einen Sachverhalt, der deutliche Fahrlässigkeitsstrukturen zeigt[372].

Im übrigen sind die Fälle, in denen einem Rettungsfähigen trotz der Kenntnis des drohenden Erfolgseintritts und seiner Garantenstellung die eigene Tatmacht nicht zu Bewußtsein kommt, sehr viel seltener, als Kaufmann anzunehmen

366 Dogmatik, S. 123, ähnlich S. 122.

367 Dogmatik, S. 112, 309 ff.

368 Darauf hat Grünwald, H. Mayer-Festschrift, S. 281 (293) zutreffend hingewiesen.

369 Vgl. seine Beispiele in von Weber-Festschrift, S. 207 (209).

370 Anders in Tatbeständen mit Gesinnungsmerkmalen, aber auch dort bleibt das Unrecht der Tat als einer vorsätzlichen von ihnen unberührt.

371 So muß man wohl Kaufmanns Kriterium der „Erkennbarkeit des Weges zur Realisierung der Erfolgsabwendung" interpretieren.

372 Daß Kaufmann sich dessen bewußt ist, ergibt seine Bemerkung in von Weber-Festschrift S. 207 (231): „Dieses auch als Erkennbarkeit der Handlungsmöglichkeit bezeichnete Element scheint verdächtig, ein Requisit der Fahrlässigkeit zu sein".

scheint. Wo nicht besonders schwierige oder komplizierte Erfolgsabwendungshandlungen den allein möglichen Rettungsweg darstellen oder wo die Situationsbeurteilung des Garanten nicht durch ungewöhnliche Gefühlsstürme oder Charaktermängel übermäßig getrübt ist, wird in der Regel das Bewußtsein der Handlungsmöglichkeit vorhanden sein, mag es auch nicht zu eingehenden Überlegungen über die Durchführung der Erfolgsabwendung im einzelnen kommen[373].

d) Der Unterlassungsentschluß

Ist somit daran festzuhalten, daß sich die intellektuelle Komponente des Vorsatzes auf den gesamten objektiven Tatbestand der unechten Unterlassung beziehen muß, so bleibt die Frage, ob ein in diesem Sinn bewußtes Unterlassen bereits als vorsätzliches angesprochen werden kann oder ob in jedem Fall ein Unterlassungsentschluß hinzukommen muß. Die hiermit aufgeworfene Frage nach der voluntativen Komponente des Unterlassungsvorsatzes wird von Armin Kaufmann gleichsam a priori unter Hinweis auf die der Unterlassung mangelnde (wirkende) Kausalität und das daraus gefolgerte Fehlen der Finalität verneint. Bereits eingangs ist diese These wegen ihrer unkritischen Absolutsetzung eines ontologisch-finalistischen Vorsatzbegriffs abgelehnt worden, was hier noch bekräftigt werden soll: Daß beim Unterlassen die steuernde Gestaltung eines Kausalprozesses fehlt, wie sie für das vorsätzliche Tun charakteristisch ist, ist eine elementare Wahrheit, die aber nur beweist, daß die Unterlassung kein Tun ist. Ob es von einem erfolgsbezogenen Wollen getragene Unterlassungen gibt und ob dieser erfolgsbezogene Wille notwendiger Bestandteil des Unterlassungsvorsatzes ist, kann nicht von einem Begriff finaler Willentlichkeit her entschieden werden, der allein auf das Tun paßt[374].

Die Gegenposition gegenüber Armin Kaufmann hat am treffendsten Engisch formuliert: „Wer immer um eines bestimmten von ihm angestrebten Erfolges willen sich zur Umwelt so verhält, daß dieses Verhalten (Tun oder Unterlassen) in klar erkanntem gesetzmäßigem (kausalen) Zusammenhang mit dem Eintritt oder Nichteintritt jenes Erfolges steht, verhält sich final zu diesem Erfolg und dem allgemeinen Sprachgebrauch gemäß auch ‚willentlich' und ‚vorsätzlich'"[375].

373 Ähnlich Grünwald, H. Mayer-Festschrift, S. 281 (294). Welche Anforderungen an dieses Bewußtsein der Handlungsmöglichkeit zu stellen sind, bedürfte noch genauerer Klärung, worauf Grünwald zu Recht aufmerksam macht.

374 Kaufmanns Schlußfolgerung läßt sich auf folgende Kurzform bringen (vgl. von Weber-Festschrift S. 207 [219]): Der Wille des Begehungsvorsatzes ist betätigter Wille – der Unterlassung fehlt unzweifelhaft die Willensbetätigung – demnach fehlt der Unterlassung der Wille – also fehlt der Unterlassung der Wille des Begehungsvorsatzes. Dagegen ist natürlich nichts einzuwenden, doch ist damit nicht bewiesen, ob es einen Unterlassungswillen (Wollen der Nichtbetätigung in Richtung auf eine Erfolgsabwendung) gibt.

375 JZ 1962, 189 (190).

Dem ist jedenfalls für all die Fälle zuzustimmen, in denen der Täter den Entschluß gefaßt hat, keine erfolgsabwendende Handlung vorzunehmen[376]. Es bedeutet keinen Rückfall in überholte Interferenzlehren, wenn man auch im Bereich des Unterlassens als Resultat eines unter Umständen länger dauernden und vielschichtigen Willensbildungsvorgangs den Entschluß, die mögliche Erfolgsabwendung durch eigene Tätigkeit nicht durchzuführen, als etwas Reales anerkennt. Damit ist nicht die Unterdrückung angeblich natürlicher und bei Situationsbewußtheit gleichsam automatisch und immer vorhandener Rettungsimpulse gemeint, sondern es wird lediglich auf die nicht bestreitbare Tatsache verwiesen, daß es Unterlassungen gibt, die von einem Entschluß, nicht zu handeln, getragen werden.

Damit spitzt sich das Problem des voluntativen Vorsatzelements dahingehend zu, ob *nur* beim Vorliegen eines Unterlassungsentschlusses von einer vorsätzlichen[377] Unterlassung gesprochen werden darf. Man sollte meinen, die Bejahung dieser Frage sei für die herrschende Lehre selbstverständlich. Entgegen dieser Erwartung, die sich darauf stützt, daß sich die unechten Unterlassungsdelikte im Rahmen der Begehungsdogmatik entwickelt haben und den für das strafbare Tun geltenden Lehren überall dort gefolgt sind, wo nicht gerade der Unterlassungscharakter Abweichungen erforderte[378], muß man jedoch überrascht feststellen, daß der Unterlassungsentschluß als Parallele zum Tatentschluß in der neueren Literatur nur von H. Mayer als Wesensmerkmal des Unterlassungsvorsatzes angesehen wird[379, 380]. Offenbar spielt hier die Befürchtung „kriminalpolitisch ...

376 Auch Armin Kaufmann leugnet inzwischen nicht mehr, daß es einen Willensentschluß zu unterlassen in bestimmten Fällen gibt, nur deklariert er diese Willensentscheidung als irrelevant für den Vorsatzbegriff (vgl. von Weber-Festschrift, S. 207 [208 Anm. 5 von Vorseite, S. 221 f.]).

377 Im Sinne des dolus directus.

378 Typisch die bekannte Bemerkung Naglers, die Struktur der Kommission durch Unterlassung unterscheide sich grundsätzlich in nichts vom normalen Begehungsverbrechen, ihre Sonderart sei mit der Gleichstellung erschöpft (vgl. GS 111, 1 [69]).

379 Strafrecht, S. 247, allerdings mit Beispielen, die das Mißverständnis hervorrufen können, H. Mayer fasse nicht nur das unentschlossene Schwanken des Unterlassenden, das weder zum Unterlassungs- noch zum Rettungsentschluß führt, als nicht vorsätzlich auf, sondern jedes Ausbleiben des Rettungsentschlusses.

380 Auch die Kennzeichnung des Willens als gemeinsamer Grundlage von Tun und Unterlassung durch Mezger-Blei, Allg. Teil, S. 68 („Ein [wirkliches] Abweisen eines vorhandenen, auf Handeln gerichteten Gedankens") könnte in gleichem Sinne verstanden werden, allerdings fehlen weiterführende Ausführungen bei der Behandlung des Unterlassungsvorsatzes. Näher liegt daher die Annahme, der „Willensakt" im Sinne Mezger-Bleis sei ebenso wie der „Wille, nicht tätig zu werden" in der Terminologie Maurachs (Allg. Teil, S. 498) als konstruktives Element des Tun und Unterlassen umspannenden Handlungsbegriffs im weiteren Sinne zu verstehen, der jedenfalls für Maurach mit dem Entschluß zur Unterlassung nicht in allen Fällen identisch ist (Allg. Teil, S. 506: Der unentschlossen Unterlassende nehme die Nichtbetätigung seiner Handlungspflicht in Kauf).

völlig unhaltbare(r) Folgen"[381] eine gewichtige Rolle. Wenn auch zuzugeben ist, daß wegen der häufig fehlenden äußeren Manifestation eines Unterlassungsentschlusses eine gewisse Gefahr besteht, der in Wahrheit zur Unterlassung Entschlossene werde später zu der Schutzbehauptung Zuflucht nehmen, er habe bis zum Erfolgseintritt unentschlossen zwischen Handlungs- und Unterlassungsimpulsen hin und hergeschwankt, so kann doch die Entscheidung für oder gegen den Entschluß zur Unterlassung als notwendiges Element des Unterlassungsvorsatzes nicht primär von kriminalpolitischen Erwägungen getragen werden. Notwendig ist, da die bloße Berufung auf das Parallelphänomen des Tatentschlusses bei der aktiven Begehung noch nicht völlig überzeugt, eine Besinnung auf die Relevanz des Vorsatzerfordernisses für den Unrechts- und Schuldgehalt[382].

Die vorsätzlichen Begehungsdelikte wiegen deshalb strafrechtlich schwerer als die fahrlässigen Begehungstaten, weil der Täter durch sein Handeln bewußt und gewollt das geschützte Rechtsgut verletzt oder gefährdet hat (bzw. beim Versuch hat verletzen wollen). „Wissen und Wollen der Tat" bezeichnet nicht nur den auf der Ebene der Tatbestandsmäßigkeit relevanten Vorsatz, sondern ist darüber hinaus ein wesentliches Kriterium für das strafrechtliche Unrecht und der entscheidende Anknüpfungspunkt des strafrechtlichen Schuldurteils. Daß der Täter bewußt und gewollt ein verbotswidriges Tun verwirklicht hat, bildet den Kern des von ihm begangenen, ihm vorwerfbaren Unrechts. Tatentschluß – ausführende Handlung – Rechtsgutsverletzung sind in ihrer Verknüpfung die wesentlichen unrechts- und schuldkonstitutiven Elemente des Gesamtphänomens „Begehungstat".

Da das vorsätzliche unechte Unterlassungsdelikt von derselben Strafdrohung erfaßt wird wie das korrespondierende Begehungsdelikt und deshalb einen diesem gleichwertigen Unrechts- und Schuldgehalt aufweisen muß, stellt sich die Frage, welche seiner Tatbestandselemente in vergleichbarer Weise unrechts- und schuldkonstitutiv sind. Nach der herrschenden Lehre wären dies: Kenntnis der Garantenstellung, der eigenen Erfolgsabwendungsmöglichkeit und der drohenden Rechtsgutsverletzung – Garantenunterlassung – Rechtsgutsverletzung. Das Defizit gegenüber dem Begehungsdelikt ist offenbar. Mag die Sonderstellung des Garanten auch die bloße Nichthinderung einer meist fremdverursachten Rechtsgutsverletzung mit der selbsttätigen Herbeiführung dieser Verletzung auf eine Stufe stellen, so hieße es die Garantenstellung überfordern, ihr darüber hinaus den Ausgleich des psychischen Minus gegenüber der Begehungstat aufzubürden. Ohne den Entschluß zur Unterlassung ist die Nichtverhinderung der Rechtsgutsverletzung dem Unterlassenden zwar immer noch zurechenbar, aber gemessen an der vorsätzlichen Begehungstat als dem gewollten Werk ihres Täters weist sie

381 Maurach, Allg. Teil, S. 506.

382 Armin Kaufmanns Berufung auf die „Vorsatzfunktion" ist im Ansatz durchaus zutreffend, nur gelangt man von hier aus zu anderen Ergebnissen, vgl. im Text.

einen deutlich geringeren Unrechts- und Schuldgehalt auf[383].

Wenn die herrschende Meinung das Rechtswidrigkeitsurteil und den Schuldvorwurf bei der unechten Unterlassung verkürzt, so beruht das außer auf der erwähnten Rücksicht auf angeblich kriminalpolitisch unerwünschte Folgen auf einer einseitigen Orientierung am Inhalt des Handlungsgebots, dem der Garant unterliegt. „Verhindere den Erfolgseintritt", lautet zwar das Handlungsgebot, aber die strafrechtliche Zurechnung erschöpft sich nicht in dem Urteil, der Garant habe wissentlich nichts zur Erfolgsabwendung unternommen, sondern bezieht maßgeblich das Wollen des Erfolgseintritts in den Vorwurf ein. Der Garant will aber den Erfolgseintritt nicht schon dann, wenn er den Rettungsentschluß nicht aufbringt, sondern erst dann, wenn er sich gegen die Erfolgsverhinderung entscheidet. In dieser Entscheidung liegt die zur Bejahung des Vorsatzes erforderliche Entscheidung für die Rechtsgutsverletzung[384], das Wollen des Erfolgseintritts, und erst mit dieser Entscheidung ist jene Höhenmarke des Unrechts und der Schuld überschritten, die das Tatbestandsmerkmal vorsätzlich für die Begehung und für die unechte Unterlassung[385] markiert. Gerade die herr-

---

383 De lege ferenda sollten daher für diese Fälle im Bereich zwischen Vorsatz und Fahrlässigkeit eigene Strafrahmen vorgesehen werden.

384 In der Entscheidung für die Rechtsgutsverletzung liegt jenes Element, das in der Terminologie Hardwigs (ZStW 74, 27 [36 ff.]) die willentliche Unterlassung zur vorsätzlichen macht. Seine Behauptung, allein das Bewußtsein der Rechtswidrigkeit, nicht aber die erkannte und gewollte Rechtsgutsverletzung, forme die Willentlichkeit eines Verhaltens zum Vorsatz, kann angesichts der Kontroverse zwischen Schuld- und Vorsatztheorie(n) nur die Anhänger der letzteren überzeugen und beruht auf einer seltsamen Verengung des Rechtsgutsbegriffs (a.a.O , S. 41) und auf der damit in Zusammenhang stehenden Überzeugung von einer materiellen Bedeutung des Vorsatzes und einer nur formalen Bedeutung der „reinen Tatbeschreibung". Daß auch ohne Bezugnahme auf das hinsichtlich seiner Vorsatzzugehörigkeit höchst umstrittene Rechtswidrigkeitsbewußtsein eine materielle Inhaltsbestimmung des Vorsatzes möglich ist, d h. eine solche, die nicht nur auf seine Bedeutung für die Tatbestandsmäßigkeit bezogen wird, zeigen die Ausführungen oben im Text.

385 Außerhalb der hier behandelten Problematik des Vorsatzes bei den unechten Unterlassungsdelikten liegt die Frage, ob auch bei vorsätzlichen *echten* Unterlassungsdelikten ein Unterlassungsentschluß vorliegen muß. Da der Erfolgseintritt hier außerhalb der tatbestandlichen Unrechtsvertypung bleibt und ferner die Verklammerung der Unterlassung mit der Begehung durch eine gemeinsame Strafdrohung entfällt, könnte man e contrario schließend geneigt sein, hier bereits die in Kenntnis aller Merkmale des objektiven Tatbestands erfolgende Unterlassung als vorsätzliche anzuerkennen. Auf der anderen Seite wird man schwerlich einleuchtende Argumente für eine vom Gesetz gewollte Verengung des Vorsatzbegriffs bei den echten Unterlassungen finden. Aus welchem Grund sollte das Gesetz gerade bei den echten Unterlassungen die (seltenen) Fälle deutlicher Entschlußlosigkeit als Vorsatzdelikt werten und mit Strafe bedrohen? Zum Streitstand in der Lehre vgl. einerseits Armin Kaufmann, Dogmatik, S. 110 ff., 126 f., Maurach, Allg. Teil, S. 506, Welzel, Strafrecht, S. 204 f., andererseits H. Mayer, Strafrecht, S. 247.

schende Meinung, die gegen Armin Kaufmann an der Verklammerung von unechter Unterlassung und positivem Tun in demselben gesetzlichen Tatbestand festhält und die Konstruktion eigener Gebotstatbestände der Unterlassung ablehnt, müßte konsequenterweise statt in der Nichtaufbringung des Handlungsentschlusses im Entschluß zur Unterlassung ein Kernelement des Unterlassungsvorsatzes sehen![386]

Im übrigen sind auch die kriminalpolitischen Konsequenzen der hier dargelegten Auffassung durchaus vertretbar. Kenntnis der tatbestandsmäßigen Situation und der Erfolgsabwendungsmöglichkeit muß dem Unterlassenden auch von Anhängern der herrschenden Meinung nachgewiesen werden, wenn die Bestrafung wegen vorsätzlichen Unterlassens nicht scheitern soll. Diese Kenntnis aber zusammen mit dem Verhalten des Unterlassenden begründet im Regelfall ein Indiz für das Vorliegen des Unterlassungsentschlusses. Wer trotz des Bewußtseins seiner Garantenstellung und Kenntnis der Erfolgsabwendungsmöglichkeit ruhig beobachtend dem Unglück seinen Lauf läßt oder sich von ihm ab- und einer neuen Tätigkeit zuwendet oder nach Kenntniserlangung ungerührt seine bisherige Tätigkeit fortsetzt, kann sich in der Regel nicht darauf berufen, sein Unterlassungsentschluß sei (noch) nicht gefaßt gewesen. Anders, wenn unkonzentriertes, ratloses, zögerndes oder auch kurzfristig wechselndes Verhalten des Garanten seine Unentschlossenheit erkennen läßt.

4. Ergebnis

Die Besonderheiten in der Struktur der Unterlassung nötigen nicht dazu, die Lehre von den nur quasi-vorsätzlichen Unterlassungsdelikten zu übernehmen. Ebenso wie der Begehungsvorsatz enthält der Unterlassungsvorsatz eine intellektuelle und eine voluntative Komponente. Das Vorsatzmerkmal erfaßt in seiner gebräuchlichen Definition als Wissen und Wollen der Tat auch den psychischen Befund beim Garanten[387]. Dieses Merkmal ist daher zu Recht Bestandteil der Garantietatbestände vorsätzlicher unechter Unterlassungsdelikte. Ein verdeckter Verstoß gegen das Prinzip der gesetzlichen Fixierung liegt nicht vor[388].

386 Zutreffend bejaht BGHSt (Gr.Sen.) 16, 155 (159) den „Entschluß, untätig zu bleiben" als Vorsatzerfordernis.

387 Treffend die frühere Lehre Welzels: „Der subjektive Tatbestand erfordert: a) Vorsatz bezüglich der Nichtabwendung des drohenden tatbestandsmäßigen Erfolgs. Der Unterlassende muß erkennen, daß der tatbestandsmäßige Erfolg einzutreten droht und daß er ihn abwenden könnte, und muß den drohenden Erfolg nicht abwenden wollen ... b) Kenntnis der Garantenstellung" (Strafrecht, 5. Aufl., S. 173).

388 Auf die von Grünwald, H. Mayer-Festschrift, S. 281 (289 ff.) und Schönke-Schröder, StGB, § 59, Rn. 46a behauptete Unterlassungsfeindlichkeit der „Absicht" sowie auf die Frage der Unterlassungsoffenheit von Gesinnungsmerkmalen kann nicht näher eingegangen werden, da die Problementscheidung eng mit der Auslegung des jeweiligen Straftatbestands im Besonderen Teil zusammenhängt.

7. Kapitel

Die gesetzliche Fixierung der Fahrlässigkeit

Die Existenz fahrlässiger unechter Unterlassungsdelikte ist in der Lehre allgemein anerkannt und wird ebenso in der strafgerichtlichen Praxis vorausgesetzt[389]. Da die bei einer Bestrafung angewendeten, im Gesetz verankerten unterlassungsoffenen Tatbestände das Fahrlässigkeitsmerkmal enthalten, kommt allenfalls ein versteckter Verstoß gegen das Prinzip der gesetzlichen Fixierung in Betracht. Er läge vor, falls zwischen dem Fahrlässigkeitsbegriff bei der aktiven Begehung und dem auf unechte Unterlassungen angewandten Fahrlässigkeitsmerkmal keine Kongruenz bestünde. Für eine solche Inkongruenz fehlt es jedoch an Anhaltspunkten. Zwar wirft die Fahrlässigkeit zahlreiche Probleme hinsichtlich ihrer Einordnung in den Verbrechensaufbau sowie im Hinblick auf die Kriterien des Sorgfaltsmaßstabs auf[390]. Beide Problemkreise sind jedoch nicht unterlassungsspezifisch, sondern stellen sich gleichermaßen für Tun und Unterlassen. Deshalb erscheint es gerechtfertigt, die gesetzliche Fixierung des Fahrlässigkeitsmerkmals auch in bezug auf Unterlassungen zu bejahen und die Frage, ob dieses Merkmal in Ansehung beider Verhaltensformen dem Gebot hinreichender Tatbestands*bestimmtheit* genügt, als ein den thematischen Rahmen dieser Arbeit überschreitendes Problem aus den weiteren Überlegungen auszuklammern.

---

389 Vgl. Jescheck, Lehrbuch, S. 421; Maurach, Allg. Teil, S. 518 f.; H. Mayer, S. 139 ff.; Welzel, Strafrecht, S. 222 f. m.w.Nw.

390 Vgl. Baumann, Allg. Teil, S. 436 ff.; Maurach, Allg. Teil, S. 460 ff.; Schmidhäuser, Allg. Teil, Kap. 10/81; 9/20 ff.; Schönke-Schröder, StGB, § 59, Rn. 159a ff., 175 ff.; Welzel, Strafrecht, S. 127 ff., 175 f.; ferner Jescheck, Aufbau und Behandlung der Fahrlässigkeit im modernen Strafrecht.

8. Kapitel

Die gesetzliche Fixierung der Zumutbarkeit

Das Kriterium der Zumutbarkeit der Erfolgsabwendung für den Garanten wirft sowohl in strafrechtsdogmatischer Hinsicht als auch bezüglich seiner Vereinbarkeit mit dem nullum-crimen-sine-lege-Satz besondere Probleme auf. Zwar sind sich Lehre und Rechtsprechung weitgehend darin einig, daß die strafrechtliche Verantwortlichkeit des Garanten entfallen soll, wenn die Vornahme der Rettungshandlung billigenswerte eigene Interessen des Garanten in erheblichem Umfang gefährden würde[391]. Über die Einordnung dieses Kriteriums strafrechtlicher Nichtzurechnung bestehen jedoch stark differierende Auffassungen. Zum Teil wird dem Kriterium der Unzumutbarkeit eine Begrenzungsfunktion gegenüber der Garantenstellung oder der Garantenpflicht zugesprochen und demzufolge tatbestands- oder rechtswidrigkeitsausschließende Wirkung zuerkannt[392]. Andere verstehen die Unzumutbarkeit als übergesetzlichen Entschuldigungsgrund[393]. Eine dritte Meinung schließlich will die Unzumutbarkeit normgemäßen Verhaltens nur im Rahmen der §§ 52, 54 berücksichtigen[394].

Es fragt sich, ob diese unterschiedlichen Rubrizierungen von Bedeutung für die Zugehörigkeit des Zumutbarkeitsmerkmals zum Unterlassungsgarantietatbestand und für die Notwendigkeit seiner gesetzlichen Fixierung sind. Kein Problem wirft in dieser Hinsicht die zuletzt referierte Meinung auf. Wenn die Unzumutbarkeit nur in den Fällen des Nötigungsstands und des Notstands Berücksichtigung zugunsten des Garanten finden kann, ist ein Verstoß gegen das Prinzip nullum crimen sine lege nicht zu befürchten, da beide Fälle gesetzlich geregelt sind. Es mag dahinstehen, ob diese Behandlung des Zumutbarkeitsproblems bei den unechten Unterlassungsdelikten theoretisch und sachlich richtig ist. Allein der Umstand, daß sich die strafgerichtliche Praxis nicht an den durch die §§ 52 und 54 gezogenen Rahmen hält, sondern mit Billigung der ganz überwiegenden Meinung im Schrifttum die Prüfung der Zumutbarkeit der Rettungshandlung auf gesetz-

---

391 So die Formulierung von Schönke-Schröder, StGB, Vorbem., Rn. 94; vgl. dort sowie bei Eggert, Unzumutbarkeit, S. 83 ff., 92 ff. die ausführlichen Nachweise zur herrschenden Auffassung in Lehre und Rechtsprechung.

392 So insbesondere Dreher, StGB, Erl. DV vor § 1; Henkel, Mezger-Festschrift, S. 280 f.; Kohlrausch-Lange, StGB, Vorbem. II B 3 e vor § 1; Schönke-Schröder, Vorbem., Rn. 94.

393 So insbesondere Baumann, Allg. Teil, S. 241 i.V.m. S. 225; Welzel, JZ 1958, 494 (495 f.); ders. Strafrecht, S. 220 f. Modifizierend Armin Kaufmann, Dogmatik, S. 156 ff. (Zumutbarkeit als Problem der Schuldquantifizierung).

394 Jescheck, Lehrbuch, S. 422; Maurach, S. 521.

lich nicht erfaßte Umstände und Besonderheiten des jeweiligen Falls erstreckt, bildet einen hinreichenden Anlaß, das Problem der gesetzlichen Fixierung des Zumutbarkeitskriteriums weiter zu verfolgen.

Um die Frage entscheiden zu können, ob die Zumutbarkeit Bestandteil des Garantietatbestands der unechten Unterlassung und daher der gesetzlichen Fixierung bedürftig ist, bedarf es keiner Option für eine der oben referierten Auffassungen, die das Merkmal der Zumutbarkeit entweder auf der Tatbestandsmäßigkeits- oder der Rechtswidrigkeits- oder der Schuldebene lokalisieren. Denn alle drei Auffassungen stimmen in einem für die verfassungsrechtliche Frage entscheidenden Punkt überein, nämlich darin, daß bei einer Kollision zwischen der Erfolgsabwendungspflicht mit geringerwertigen, gerade für den Garanten aber bedeutsamen eigenen Interessen oder Belangen die Strafbarkeit der Unterlassung entfallen kann. Damit erweist sich die Zumutbarkeit als ein Deliktselement, das zumindest in Ausnahmefällen über die Strafbarkeit oder Nichtstrafbarkeit einer unechten Unterlassung entscheidet. Wegen dieser Funktion muß seine Zugehörigkeit zum Garantietatbestand bejaht werden, denn dieser hat gemäß dem herkömmlichen Verständnis des nullum-crimen-sine-lege-Satzes alle Merkmale zu umfassen, auf die der Strafrichter die Entscheidung über die Strafbarkeit oder Nichtstrafbarkeit eines Verhaltens stützt. Gegenüber dem denkbaren Einwand, diese Konsequenz sei übertrieben, muß an die traditionell betonte Schutzintention der Parömie erinnert werden. Eine klare gesetzliche Grenzziehung zwischen strafbarem und nichtstrafbarem Verhalten sowie die Voraussehbarkeit der strafrichterlichen Entscheidung – beides im Dienst größtmöglicher Sicherung der staatsbürgerlichen Freiheit – sind nur dann garantiert, wenn auch solche Merkmale in den Garantietatbestand einbezogen werden, die im Ausnahmefall über die Strafbarkeit des Angeklagten entscheiden. Zweifel an der Vernünftigkeit einer solchen Lösung könnten nur bei veränderter Deutung des nullum-crimen-sine-lege-Prinzips Berücksichtigung finden.

Als Bestandteil des Garantietatbestands der unechten Unterlassung ist das Kriterium der Zumutbarkeit gesetzlicher Fixierung bedürftig. Weder die unterlassungsoffenen Tatbestände des Besonderen Teils, noch eine Vorschrift des Allgemeinen Teils des StGB enthalten eine auf die Zumutbarkeit bezogene Regelung. Zwar ist die Zumutbarkeit in den Tatbestand des § 330c aufgenommen und bezüglich bestimmter Anwendungsfälle in § 139 Abs. 2 und 3 enthalten. Eine sinngemäße Übertragung dieser Regelungen auf sämtliche *un*echten Unterlassungsdelikte scheitert jedoch schon daran, daß das Gesetz keine diesbezügliche Verweisung oder Bezugnahme enthält. Das Kriterium der Zumutbarkeit der Rettungshandlung für den Garanten entbehrt demnach der notwendigen gesetzlichen Fixierung.

ZWEITER HAUPTTEIL

Untersuchungen zum Normgehalt des Art. 103 Abs. 2 GG

1. Kapitel

Der Widerspruch zwischen dem strafrechtlichen Befund und dem nullum-crimen-sine-lege-Satz im herkömmlichen Verständnis

I. Der ermittelte strafrechtliche Befund

Die Untersuchung hat ergeben, daß die Garantietatbestände der unechten Unterlassungsdelikte nicht in vollem Umfang gesetzlich fixiert sind. Außer dem Merkmal der Zumutbarkeit einer erfolgsabwendenden Handlung ist die Garantenstellung, ein Kernmerkmal eines jeden unechten Unterlassungsdelikts, in den gesetzlichen Tatbestandsfassungen der unterlassungsoffenen Delikte nicht enthalten. Beide Merkmale sind von den Strafgerichten entwickelt und in die unterlassungsoffenen Tatbestände aufgenommen worden. Man ist gezwungen und berechtigt, insoweit von richterrechtlicher Tatbestandsergänzung zu sprechen.

Darüber hinaus enthält der strafrechtliche Befund ein bisher von der Lehre nicht genügend gewürdigtes Element: die prinzipielle Unterlassungsoffenheit zahlreicher sogenannter Begehungstatbestände. Es wurde im Wege der Auslegung nachgewiesen, daß das Strafgesetz in diesen Tatbeständen auch Unterlassungen pönalisiert, allerdings ohne endgültig die Grenzziehung zwischen verbotenen und erlaubten Unterlassungen vorzunehmen. Dieses Zusammentreffen von prinzipieller Unterlassungspönalisierung durch das Gesetz und Lückenhaftigkeit des Unterlassungsstraftatbestands kann nur als gesetzliche Ermächtigung zur richterlichen Tatbestandsergänzung gedeutet werden. Nur bei Annahme einer solchen gesetzlichen Ermächtigung, ja eines an die Strafgerichte adressierten Gebots zur Tatbestandsergänzung, wird der unzweifelhafte Wille des Gesetzgebers, Erfolgsherbeiführungen durch Unterlassen nicht generell straflos zu lassen, respektiert. Aus der Verklammerung mit den im jeweiligen Tatbestand für strafbar erklärten Handlungen und aus der Unterstellung der pönalisierten Unterlassungen unter den Strafrahmen des Begehungsdelikts ist zu folgern, daß die im Unrechts- und Schuldgehalt dem strafbaren Tun gleichwertigen Unterlassungen von den Strafgerichten ermittelt und abgeurteilt werden sollen. Das gesetzliche Tatbestandsergänzungsgebot enthält demnach die an die Strafgerichtsbarkeit gerichtete Anweisung, die gesetzlich fixierten Rumpftatbestände so zu vervollständigen, daß von ihnen nur handlungsäquivalente Unterlassungen erfaßt werden.

Die Bemühungen von Lehre und Rechtsprechung zur genaueren Erfassung und Beschreibung zumutbarer Garantenunterlassungen sind deshalb als Versuche zu verstehen, dem Tatbestandsergänzungsgebot nachzukommen. Sowenig die schlichte Berufung auf die Tradition einer Garantenposition zum Nachweis ausreicht, daß dem Tatbestandsergänzungsgebot Genüge getan worden ist, sowenig kann man andererseits alle Versuche zur axiologischen Gleichstellung der Unterlassungen mit dem strafbaren Tun als von vorneherein gesetzeswidrig abtun. Jedenfalls zur Zeit des Inkrafttretens des Strafgesetzbuchs war ein solches „Analogiegebot" wirksam, weil der nicht in einer Verfassungsnorm, sondern lediglich in § 2 StGB a.F. verankerte nullum-crimen-sine-lege-Satz nicht gesetzesfest war.

II. Die Unvereinbarkeit des strafrechtlichen Befunds mit Art. 103 Abs. 2 GG im herkömmlichen Verständnis

Mißt man diesen strafrechtlichen Befund an den Prinzipien, die den nullum-crimen-sine-lege-Satz nach tradiertem Verständnis konkretisieren[1], so liegt das Ergebnis auf der Hand. Mangels gesetzlicher Verankerung der Garantenstellungen und des Zumutbarkeitsmerkmals verletzen die Garantietatbestände der unechten Unterlassungsdelikte sowohl den Grundsatz der lückenlosen gesetzlichen Tatbestandsbeschreibung als auch das Gebot hinreichender Tatbestandsbestimmtheit. Durch Auslegung des Strafgesetzes kann die Klasse strafbarer (unechter) Unterlassungen nicht von der Klasse der nichtstrafbaren geschieden werden. Die dennoch von den Strafgerichten bejahte Strafbarkeit der Garantenunterlassungen beruht auf richterrechtlicher Tatbestandsergänzung in malam partem; diese Gerichtspraxis verletzt nach herkömmlichem Verständnis das Verbot strafbarkeitsbegründender Rechtsfindung praeter legem. In dieser Sicht vermag auch das dem StGB zu entnehmende Tatbestandsergänzungsgebot die strafgerichtliche Praxis nicht zu legitimieren, weil es seinerseits gegen das den Gesetzgeber bindende Tatbestandsbestimmtheitsprinzip verstößt.

Damit ist die Unvereinbarkeit der praktizierten Strafbarkeit unechter Unterlassungen mit Art. 103 Abs. 2 GG in seiner der Tradition verpflichteten Deutung nunmehr endgültig festgestellt. Angesichts dieses Resultats sich achselzuckend mit der Feststellung zu begnügen, an dieser Stelle sei Art 103 Abs. 2 GG eben durchbrochen, verbietet der Grundrechtscharakter[2] der Verfassungsnorm, die gemäß Art. 1 Abs. 3 GG Gesetzgebung und Rechtsprechung als unmittelbar gel-

1 S. oben 1. Hauptteil, 1. Kapitel, 2b.

2 Vgl. dazu Maunz-Dürig-Herzog, Grundgesetz, Art. 103 Abs. 2, Rn. 103; Sax, Grundrechte III/2, S. 909 (997).

tende Rechtsnorm zwingend bindet. Dennoch haben sich Lehre und Rechtsprechung bisher beinahe ausnahmslos[3] gescheut, die eigentlich unausweichliche Konsequenz zu ziehen und die Bestrafung unechter Unterlassungsdelikte für verfassungswidrig zu erklären[4]. Ebensowenig ist ein wegen eines derartigen Delikts ergangenes Strafurteil mit einer Verfassungsbeschwerde angefochten oder gar vom Bundesverfassungsgericht aufgehoben worden.

Diese überraschende Folgenlosigkeit für die gesamte Rechtspraxis beruht offensichtlich nicht auf verfassungsfeindlicher Gesinnung. In ihr spiegelt sich die allgemeine Überzeugung, daß die unechten Unterlassungsdelikte jedenfalls in ihrem Kernbestand strafwürdiges Unrecht verkörpern, das man durch ein Verdikt der Verfassungswidrigkeit nicht straflos stellen könne, ohne die materielle Gerechtigkeit gravierend zu verletzen. Bestärkt wird diese Haltung durch die weitgehende Erfolglosigkeit aller Bemühungen, in den verschiedenen Entwürfen zur Reform des Strafgesetzbuchs zu einer hinreichend genauen tatbestandlichen Erfassung der unechten Unterlassungsdelikte zu gelangen[5]. Vereinzelt mag man sich auch mit der Erwartung beruhigen, daß die Strafrechtsreform wenigstens zur gesetzlichen Fixierung des Garantenkriteriums (in allerdings sehr allgemeiner Form) führen werde[6].

In der Kapitulation vor der allgemein angenommenen Unmöglichkeit, den nullum-crimen-sine-lege-Satz bei den unechten Unterlassungsdelikten vollständig zu verwirklichen, kommt aber in Wahrheit noch ein weiteres zum Ausdruck, ein untergründiger Zweifel an der Haltbarkeit der herkömmlichen Interpretation der Parömie. Dieser nicht nur bei den unechten Unterlassungsdelikten, sondern auch bei anderen strafrechtlichen Phänomenen auftretende Zweifel hätte schon früher Anlaß bieten müssen, die Interpretation der Verfassungsnorm einer systemati-

3 Nur H. Mayer nimmt insoweit eine Sonderstellung ein, vgl. dazu die Nachweise oben S. 1, Anm. 3.

4 Typisch die Bemerkung Grünwalds ZStW 70, 412 (418, Anm. 18): „Die Frage zu beantworten, ob die Bestrafung von Unterlassungen ... nicht überhaupt unzulässig ist, ist nicht Aufgabe dieser Erörterung. Diese Frage zu stellen ist auch so lange müßig, als keine Aussicht besteht, daß die Rechtsprechung bereit wäre, eine solche radikale Folgerung zu akzeptieren".

5 Vgl. zum Verlauf der Beratungen in der Großen Strafrechtskommission oben Einleitung I. Des weiteren sei als Repräsentant einer verbreiteten, gegenüber der Natur der Sache resignierenden Haltung Henkel zitiert: „Man ist sich allerseits darüber einig, daß bei der Beurteilung und Festlegung der Garantenpositionen unübersehbare, vielfältige, spezifische Gruppenmerkmale und letztlich auch konkrete Fallmomente zu berücksichtigen sind. Dann aber ist daraus die ganz klare Konsequenz zu ziehen, daß dem Gesetzgeber, wenn er überhaupt im Gesetz Stellung nehmen will, nur die Wahl der Generalklausel verbleibt." (MschrKrim 1961, 178 [187]).

6 Vgl. jetzt § 13 StGB in der nach dem zweiten Strafrechtsreformgesetz ab 1.10.1973 geltenden Fassung.

schen Überprüfung zu unterziehen und je nach dem Ergebnis entweder dem nullum-crimen-sine-lege-Satz gemäß bestätigtem strengem Verständnis im Strafrecht wieder in vollem Umfang Geltung zu verschaffen oder aber die Interpretation des Art. 103 Abs. 2 GG zu korrigieren. Stattdessen hat man sich lange Zeit damit begnügt, in Ansehung einzelner Diskrepanzen gewisse Modifizierungen der Interpretation vorzunehmen und auf diese Weise die Strenge der Parömie abzumildern. Erst in jüngster Zeit sind parallel zur Entstehung der hier vorgelegten Untersuchung vereinzelte Vorschläge zur Neuinterpretation des Art. 103 Abs. 2 GG gemacht worden, ohne allerdings von der herrschenden Lehre rezipiert zu werden. Sie sind im folgenden daraufhin zu untersuchen, ob sie die oben konstatierte Disharmonie zwischen Art. 103 Abs. 2 GG und dem strafrechtlichen Befund bei den unechten Unterlassungsdelikten zu beseitigen vermögen.

2. Kapitel

Die mangelnde Ergiebigkeit neuerer Interpretationen des Art. 103 Abs. 2 GG für die verfassungsrechtliche Problematik der unechten Unterlassungsdelikte

I. Bestimmtheit des Wertverletzungstypus als ratio legis des Tatbestandsbestimmtheitsgebots

Der erste grundlegende Versuch einer neuen Inhaltsbestimmung des Art. 103 Abs. 2 GG stammt von *Sax*. Nachdem er in seiner dem strafrechtlichen Analogieverbot gewidmeten Habilitationsschrift aufgrund eingehender methodologischer Untersuchungen zu dem Ergebnis gekommen war, daß Auslegung und Analogie nicht voneinander unterscheidbar seien und deshalb ein Verbot strafbegründender oder strafschärfender Analogie nicht bestehe[7], bot ihm die monographische Bearbeitung von Art. 103 Abs. 2 und 3 GG im Rahmen des den Grundrechten gewidmeten Handbuchs von Bettermann-Nipperdey-Scheuner die Gelegenheit zur Neuinterpretation des nullum-crimen-sine-lege-Satzes[8]. Im Gegensatz zur herrschenden Lehre versteht Sax Art. 103 Abs. 2 GG nicht als „Konkretisierung des allgemeinen Rechtsstaatsgedankens"[9], sondern als eine solche des Art. 1 Abs. 1 GG und damit zugleich als eine „Spezifizierung des strafrechtlichen Schuldgrundsatzes"[10]. Demgemäß sieht Sax den Sinn eines Tatbestandsbestimmtheitsgebots nicht „in der Sicherung rechtsstaatlicher Vorausberechenbarkeit und Voraussehbarkeit der Strafbarkeit für den Betroffenen"[11], sondern in der Eindeutigkeit des strafgesetzlichen Wertverletzungstypus: „Nicht die äußere Tatbestandsumschreibung ist der Sitz der strafrechtlichen Freiheitsgarantie, sondern die durch die straftatbestandliche Verhaltensumschreibung vertypte unmittelbare oder mittelbare Verletzung in der Gemeinschaft als je verbindlich anerkannter Werte ... Sie muß ... ‚gesetzlich *bestimmt*', d.h. als Wertverletzungstypus inhaltlich eindeutig umrissen sein"[12]. Zwar sei die inhaltliche Bestimmtheit des Wertverletzungstypus in aller Regel von der Präzisierung des straftatbestandlichen Verhaltenstypus abhängig, doch könne auch hinter einem unbestimmten Verhaltenstypus ein eindeutig bestimmter Wertverletzungstypus stehen[13].

---

7 Analogieverbot, S. 148, 152.

8 Grundrechte III/2, S. 909 (992 ff.).

9 A.a.O., S. 998.

10 A.a.O., S. 999.

11 A.a.O., S. 1008.

12 A.a.O., S. 1008 f.

13 A.a.O., S. 1009.

In das Spannungsfeld unterschiedlich ausgeprägter Bestimmtheit des Verhaltens- und des Wertverletzungstypus stellt Sax auch das verfassungsrechtliche Problem der Strafbarkeit unechter Unterlassungsdelikte. Es ist lohnend, sich seine Gedanken zu dieser Frage in vollem Wortlaut vor Augen zu führen. Sax schreibt: „Schließlich kann auch der scheinbar eindeutig bestimmte äußere Verhaltenstypus angesichts des ihm zugrundeliegenden Wertverletzungstypus in Wahrheit weiter oder enger sein. Darauf beruht es zum Beispiel, daß die herrschend bejahte Strafbarkeit der Verwirklichung eines eindeutigen Begehungsdelikts durch pflichtwidrige Unterlassung mit dem Grundsatz der Gesetzesbestimmtheit der Strafe vereinbar ist"[14]. An dieser Stelle verweist Sax auf eine frühere Textstelle, die lautet: „Wenn daher H. Mayer . . . in der Anwendung eines Begehungsstraftatbestandes auf einen Unterlassungstäter eine gewohnheitsrechtliche Strafbegründung und damit einen Verstoß gegen den Grundsatz der Gesetzesbestimmtheit der Strafe sieht, verkennt er die Schutzrichtung des Art. 103 II. Er bezweckt nicht die Festlegung der Strafrechtsanwendung auf die gesetzeswortlautliche Umschreibung des *Tat*vollzugs, sondern die Begrenzung der Strafgewalt auf die tattypisierend bestimmten unmittelbaren oder mittelbaren *Wert*verletzungen. Sie aber können zumeist sowohl durch Tun oder Unterlassen verwirklicht werden"[15].

Es darf bezweifelt werden, daß das Fehlen präziser Kriterien für die Bestimmtheit eines Straftatbestands, wofür Sax die Berufung der herrschenden Lehre auf das Rechtsstaatsprinzip verantwortlich macht[16], nach seiner eigenen Lehre zu beheben ist. Jedem Strafrechtler ist die Schwierigkeit geläufig, die eine exakte Bestimmung der Schutzrichtung einer Strafvorschrift häufig bereitet und die sehr oft nicht geringer ist als die Ermittlung des vom Gesetzgeber gemeinten Verhaltenstypus. Natürlich soll nicht geleugnet werden, daß die Eindeutigkeit des geschützten Rechtsguts Unbestimmtheiten der Verhaltenstypisierung aufwiegen und dem Strafrichter die Ermittlung des für die Subsumtion erforderlichen Obersatzes ermöglichen kann. Ob man aber auf die Menge der Fälle gesehen eine ausreichende Effizienz des Art. 103 Abs. 2 GG als Freiheitsgarantie, wie Sax sie versteht, gewinnt, erscheint fraglich.

Es geht an dieser Stelle jedoch nicht um eine grundsätzliche Auseinandersetzung mit der Lehre von Sax. Vielmehr ist zu fragen, ob diese Lehre, wenn man sie als richtige Interpretation des Art. 103 Abs. 2 GG akzeptieren würde, wirklich die verfassungsrechtliche Problematik der unechten Unterlassungsdelikte lösen könnte, wie Sax behauptet. Es hat den Anschein, als ob Sax die Funktion des Garantenmerkmals für das strafbare Unrecht unterschätzt. Zwar ist es richtig, daß „die ‚Garantenpflicht' bei den unechten Unterlassungsdelikten" ein „straf-

14 A.a.O., S. 1009, Anm. 322.

15 A.a.O., S. 1003, Anm. 296 (Hervorhebungen im Original).

16 A.a.O., S. 1008.

rechtlicher Allgemeinbegriff" ist, aber es kann nicht zugegeben werden, daß er nur „Modalitäten des äußeren Tatvollzugs . . . in bezug auf einen Typus strafwürdigen Unrechts" betrifft, „der, wie es Art. 103 II fordert, gesetzlich bestimmt ist"[17]. Die einzelnen Garantenstellungen beziehen sich in erster Linie gar nicht auf den Verhaltenstypus, sondern sind konstitutive Bestandteile des Unrechtstypus, der außerdem die Rechtsgutsverletzung umfaßt. Wenn man mit Sax die gesetzlichen Straftatbestände als Unrechtstypen versteht[18], müßte man konsequenterweise den sogenannten Wertverletzungstypus mit dem Unrechtstypus identifizieren und bezüglich der unechten Unterlassungsdelikte zu dem Schluß kommen, daß hier der Wertverletzungstypus vom Gesetz nicht eindeutig bestimmt ist. Anders gesagt: Auch bei eindeutig bestimmtem Rechtsgut sind die strafwürdigen Formen seiner Verletzung nicht hinreichend vertypt, wenn nach dem Straftatbestand die unterlassene Erfolgsabwendung eines Jedermann von der Unterlassung ganz bestimmter Inhaber von Schutzfunktionen nicht unterschieden werden kann. Deshalb sind die Rumpftatbestände der unechten Unterlassungsdelikte auch mit denjenigen Anforderungen, die Sax aus einem modifizierten Tatbestandsbestimmtheits- und -vollständigkeitsgebot ableitet, nicht vereinbar.

II. Art. 103 Abs. 2 GG als demokratischer Grundsatz und spezifische Erscheinungsform der Gewaltenteilung

Ähnlich wie Sax lehnt auch *Grünwald* eine Rückführung des nullum-crimen-sine-lege-Satzes auf das rechtsstaatliche Prinzip der Rechtssicherheit ab[19]. Er versteht Art. 103 Abs. 2 GG und die aus ihm durch Konkretisierung gewonnenen vier Prinzipien (Analogieverbot, Ausschluß außergesetzlicher Rechtsquellen zur Strafbarkeitsbegründung, Bestimmtheitsgebot, Rückwirkungsverbot) als strafrechtsspezifische Ausformungen der Gewaltenteilung[20]. Die ersten drei Prinzipien seien darüber hinaus Ausfluß des Prinzips der demokratischen Legitimation der Rechtssetzung[21]. In dieser Funktion enthalte der Grundsatz nullum crimen/nulla poena sine lege eine Kompetenzzuweisung für die Entscheidung darüber, was die Gerechtigkeit gebiete. Als Ausfluß des Gewaltenteilungsgrundsatzes sei die Parömie dazu bestimmt, „die Gefahren abzuwenden, die sich gerade für die Gerechtigkeit ergeben, wenn strafbegründende Rechtssätze unter

17 A.a.O., S. 1003.

18 A.a.O., S. 914.

19 ZStW 76, 1 (11 ff.).

20 A.a.O., S. 14, 16, 17.

21 A.a.O., S. 14, 16.

dem Eindruck des Einzelfalles aufgestellt werden"[22]. Daher lasse sich Art. 103 Abs. 2 GG einseitig weder für die materielle Gerechtigkeit, noch für die Rechtssicherheit in Anspruch nehmen[23].

Im Ergebnis kommt Grünwald eher zu strengeren verfassungsrechtlichen Anforderungen an Strafgesetzgebung und -gerichtsbarkeit als die herrschende Meinung. Er betont die „einseitig strenge Bindung des Strafrichters an das Gesetz"[24] und hält eine Verweisung auf außerrechtliche Normen nur dann für zulässig, wenn der Richter eine Verurteilung auf unumstrittene, im allgemeinen sittlichen Bewußtsein gefestigte Normen gründen kann[25].

Wendet man Art. 103 Abs. 2 GG in Grünwalds Interpretation auf den oben dargelegten strafrechtlichen Befund bei den unechten Unterlassungsdelikten an, so bleibt die oben konstatierte Unvereinbarkeit bestehen. Wenn der Strafrichter ausschließlich den Befehl des Gesetzgebers zu vollziehen und jede darüber hinausgehende eigene Wertung zu unterlassen hat, weil allein der Strafgesetzgeber die demokratische Legitimation zur Pönalisierung und die notwendige Distanz gegenüber dem Einzelfall besitzt[26], so ist eine richterrechtliche Tatbestandsergänzung kraft analoger Strafwürdigkeitsbewertung unzulässig. Daß diese Schlußfolgerung Grünwalds Intentionen gerecht wird, bezeugt seine Bemerkung, daß „bei den Unterlassungen schon immer das Rechtsgefühl über die Bestrafung entschied"[27]. Gefühlsmäßige Wertungsakte sind dem Strafrichter sicherlich verwehrt, und gesetzliche Tatbestände, die ihn dazu ermächtigen, können mit Art. 103 Abs. 2 GG gemäß der Interpretation Grünwalds nicht vereinbar sein.

III. Das Tatbestandsbestimmtheitsgebot als Realisierung einer grundrechtlichen Freiheitsmaxime

In seiner allein dem Tatbestandsbestimmtheitsgebot gewidmeten umfassenden Untersuchung akzentuiert *Kohlmann*[28] die traditionelle Deutung des nullum-crimen-sine-lege-Satzes durch einen Rekurs auf Art. 1 Abs. 3 GG[29]. In dieser Bestimmung sieht Kohlmann eine Verfassungsentscheidung für den Primat der

22 A.a.O., S. 18.

23 A.a.O., S. 17 f.

24 A.a.O., S. 14.

25 A.a.O., S. 16.

26 A.a.O., S. 14, 18.

27 A.a.O., S. 7.

28 Der Begriff des Staatsgeheimnisses und das verfassungsrechtliche Gebot der Bestimmtheit von Strafvorschriften (Art. 103 Abs. 2 GG).

29 A.a.O., S. 250 f.

Freiheit des einzelnen manifestiert, die er im Anschluß an Klug als Freiheitsmaxime bezeichnet[30]. Diese Maxime erfahre in der Rechtswirklichkeit nur dann die gebotene Realisierung, wenn man das Tatbestandsbestimmtheitsgebot im Sinne der Voraussehbarkeit und Berechenbarkeit staatlicher Eingriffe für den einzelnen interpretiere[31]. Da man aber dem Verfassungsgeber eine Absage an die historisch gewachsene Strafrechtsordnung nicht unterstellen und deshalb eine Beschränkung auf rein deskriptiv formulierte Strafvorschriften nicht verlangen dürfe[32], könne das Tatbestandsbestimmtheitsgebot nur „als Aufforderung an den Gesetzgeber, *mit den gegenwärtig vorhandenen Mitteln* des Strafrechts Strafvorschriften zu formulieren, in denen ein Höchstmaß an Berechenbarkeit ... realisiert worden ist", verstanden werden[33]. Insbesondere die Verwendung normativer Merkmale hält Kohlmann unter bestimmten Voraussetzungen für zulässig. Die aus dem Tatbestandsbestimmtheitsgebot abzuleitenden Anforderungen stellt er in einem Drei-Stufen-Schema dar[34].

Kohlmann versteht seine Darlegungen zum Tatbestandsbestimmtheitsgebot als Ansatz zur Lösung eines speziellen Bestimmtheitsproblems innerhalb des Besonderen Teils des StGB, nämlich im Hinblick auf den Begriff des Staatsgeheimnisses. Deshalb äußert er sich nicht zur verfassungsrechtlichen Problematik der unechten Unterlassungsdelikte. Da die Auseinandersetzung mit seiner verfassungsrechtlichen Argumentation an anderer Stelle erfolgt[35], kann es hier lediglich darum gehen, ob die Rumpftatbestände der unechten Unterlassungsdelikte nach Kohlmanns Bestimmtheitskriterien mit Art. 103 Abs. 2 GG vereinbar sind. Zu diesem Zweck ist es nicht notwendig, auf die Einzelheiten seines Drei-Stufen-Schemas einzugehen. Wenn Kohlmann schon für Begriffe wie „Waffe", „Beamter", „Urkunde" eine Legaldefinition verlangt und für relativ unbestimmte Begriffe zumindest eine gesetzliche Exemplifikation fordert[36], muß die Lücke bezüglich des vieldeutigen Garantenkriteriums als besonders krasser Fall verfassungswidriger Unbestimmtheit angesehen werden[37]. Daß der Gesetzgeber darauf verzichtet hat, das Garantenmerkmal in irgendeiner Form in die Straftatbestände einzuführen, sondern seine Entwicklung völlig dem Strafrichter überlassen hat,

30 A.a.O., S. 251.

31 A.a.O., S. 252 ff.

32 A.a.O., S. 254.

33 A.a.O., S. 255 (Hervorhebung im Original).

34 A.a.O., S. 267 f.

35 S. unten 5. Kap. II 3.

36 A.a.O., S. 267 f., ferner S. 262 ff.

37 Das gleiche gilt hinsichtlich des schillernden Merkmals der Zumutbarkeit.

liegt nach Kohlmanns Deutung des Tatbestandsbestimmtheitsgebots sicher „jenseits der Toleranzgrenze“[38].

IV. Die Vereinbarkeit strafrechtlicher Rechtsinstitute mit Art. 103 Abs. 2 GG

Eine gegenüber dem traditionellen Verständnis modifizierte Interpretation des Art. 103 Abs. 2 GG hat jüngst *Lemmel* vorgeschlagen[39]. Auch er betrachtet als wesentlichen Zweck der Verfassungsnorm den Schutz der Freiheit des Bürgers vor der Übermacht des Staates[40]. Art. 103 Abs. 2 GG diene jedoch nicht der Vorhersehbarkeit und dem Vertrauensschutz[41], sondern dem Schutz der Freiheit des Bürgers durch Beschränkung der Strafkompetenz der staatlichen Organe[42]. Die Verfassungsnorm sei außerdem als Garantie der Kontrollmöglichkeit gegenüber der Strafrechtspflege[43] sowie als Garantie der sozialpädagogischen Funktion des Strafgesetzes zu verstehen[44] und sichere auch in diesen Funktionen die Freiheit des Bürgers.

Aus diesen Aussagen zur ratio legis des Art. 103 Abs. 2 GG leitet Lemmel bemerkenswerte Folgerungen im Hinblick auf strafrechtliche Rechtsinstitute ab, unter denen er richterliche Konkretisierungen und Ergänzungen der Strafgesetze versteht[45]. Solche Rechtsinstitute im Strafrecht seien verfassungsrechtlich zulässig, weil sie ebenso wie der nullum-crimen-sine-lege-Satz staatliche Willkür ausschlössen und eine gleichmäßige Rechtsprechung förderten[46]. Art. 103 Abs. 2 GG sei als eine Norm zu verstehen, „die durch das Prinzip der Gesetzesabhängigkeit des Strafens erreichen will, daß nur beim Vorliegen eines Strafgesetzes gestraft wird, die aber nicht verlangt, daß *ausschließlich* nach diesem Gesetz entschieden

38 Diese Formulierung verwendet Kohlmann innerhalb seines Drei-Stufen-Schemas zur Bezeichnung derjenigen Fälle, in denen eine an sich bestehende hochgradige Unbestimmtheit des Begriffs vom Gesetzgeber besondere Maßnahmen zur Verdeutlichung fordert (Exemplifikation oder Legaldefinition), vgl. a.a.O., S. 267, ferner S. 258.

39 Unbestimmte Strafbarkeitsvoraussetzungen, S. 156 ff.

40 A.a.O., S. 156.

41 A.a.O., S. 75 ff.

42 A.a.O., S. 158 ff.

43 A.a.O., S. 161 f.

44 A.a.O., S. 162 f.

45 A.a.O., S. 146. Als Beispiele aus dem Bereich des Allgemeinen Teils des StGB nennt Lemmel neben Fahrlässigkeit und mittelbarer Täterschaft auch die unechten Unterlassungsdelikte, vgl. a.a.O., S. 137.

46 A.a.O., S. 166 i.V.m. S. 164.

werde"[47]. Institute, die das Gesetz lediglich konkretisieren, seien als Institutionalisierung intra legem zulässig, weil die Wertung des Strafgesetzgebers nicht angetastet werde[48]. Unzulässig dagegen wären Institute, die ohne Anknüpfung an ein bestimmtes Strafgesetz entstünden, doch seien solche Institute bisher im Strafrecht nicht beobachtet worden[49].

Die Aussagen Lemmels könnten den Anschein erwecken, als ob die Strafbarkeit unechter Unterlassungen mit Art. 103 Abs. 2 GG in Einklang zu bringen sei. Denn zu den richterlich entwickelten Rechtsinstituten rechnet Lemmel, wie erwähnt, auch die unechten Unterlassungsdelikte, so daß man auch auf diese seine Aussage beziehen müßte, eine Institutsentwicklung extra legem sei bisher im Strafrecht nicht feststellbar. Dennoch muß bezweifelt werden, daß aus Lemmels Interpretation des Art. 103 Abs. 2 GG zu Recht die Verfassungsmäßigkeit der Strafbarkeit unechter Unterlassungen abgeleitet werden könnte. Dagegen spricht zunächst der Umstand, daß Lemmel die Diskussion von Bestimmtheitsproblemen auf den Besonderen Teil des StGB beschränkt und die unechten Unterlassungsdelikte zwar als Rechtsinstitute beiläufig erwähnt, in ihrer spezifischen verfassungsrechtlichen Problematik aber ausdrücklich aus seiner Untersuchung ausklammert[50]. Vor allem aber stehen einige Aussagen Lemmels über die gemäß Art. 103 Abs. 2 GG zu beachtenden Anforderungen an die Beschaffenheit von Straftatbeständen im Widerspruch zu einer Unbedenklichkeitsbescheinigung für die unechten Unterlassungsdelikte. So verlangt er, daß der Gesetzgeber die grundsätzliche Wertentscheidung selbst treffen und dem Richter im Gesetz eine Richtlinie geben müsse, an der dieser sich orientieren könne[51]. Das Gesetz müsse einen festen Rahmen bilden und möglichst erkennen lassen, wo die Grenzlinie zwischen strafbarem und straflosem Verhalten nach dem Willen des Gesetzgebers verlaufen solle[52]. Und an anderer Stelle bemerkt er, die Beschreibung des verbrecherischen Verhaltens im strafgesetzlichen Tatbestand sei regelmäßig eine vom nullum-crimen-sine-lege-Satz geforderte Notwendigkeit, denn nur durch die Tatbeschreibung könnten Typen gebildet werden[53]. Beiden Forderungen genügen die Rumpftatbestände der unechten Unterlassungsdelikte nicht. Von einer Beschreibung des verbrecherischen Verhaltens bei fehlender Täterkennzeichnung kann nicht gesprochen werden. Und die grundsätzliche Wertentscheidung über

47 A.a.O., S. 167 (Hervorhebung im Original).

48 Ebenda.

49 A.a.O., S. 167.

50 A.a.O., S. 20.

51 A.a.O., S. 172.

52 Ebenda.

53 A.a.O., S. 198, vgl. auch S. 169: „Für die Allgemeinheit ist es jedoch wichtig, daß wenigstens die *allgemeine* Entscheidung des Gesetzgebers über Strafwürdigkeit und Strafbarkeit einer bestimmten Verhaltensweise vorher festgelegt ist" (Hervorhebung im Original).

die Pönalisierung der *Garanten*unterlassungen wird im Gesetz gerade nicht getroffen. Lemmels Interpretation des Art. 103 Abs. 2 GG kann also nicht für die Aussage in Anspruch genommen werden, die Strafbarkeit unechter Unterlassungsdelikte stehe mit Art. 103 Abs. 2 GG in Einklang.

V. Ergebnis

Die Auswertung neuer Interpretationsbemühungen[54] zu Art. 103 Abs. 2 GG hat gezeigt, daß der Widerspruch zwischen dem oben dargelegten strafrechtlichen Befund und Art. 103 Abs. 2 GG unbewältigt bleibt. Dennoch wäre eine endgültige Resignation angesichts dieses Widerspruchs verfrüht. Die erörterten, von der herrschenden Deutung des Art. 103 Abs. 2 GG abweichenden Versuche einer neuen Inhaltsbestimmung der Verfassungsnorm sind bei all ihrer Verschiedenheit doch zumindest als seismographische Indikatoren dafür zu verstehen, daß das traditionsgebundene Verständnis des nullum-crimen-sine-lege-Satzes fragwürdig – in der elementaren Bedeutung dieses Worts – geworden ist. In der Tat ist es des Fragens würdig, wo die Gründe dafür liegen, daß ein seiner Konzeption nach so strenges Prinzip trotz seiner Aufnahme in die Verfassung an Wirksamkeit nichts gewonnen hat. Gerade die in der Praxis unangefochtene Existenz der unechten Unterlassungsdelikte demonstriert die beschränkte Wirksamkeit der Verfassungsnorm. Insofern kann eine auf die verfassungsrechtliche Problematik dieser Delikte konzentrierte Arbeit, obwohl sie die Problematik des nullum-crimen-sine-lege-Satzes nicht in ihrer ganzen Breite aufrollen kann, auf eigene Untersuchungen zum Normgehalt des Art. 103 Abs. 2 GG nicht verzichten. Die am Garantengedanken orientierten, mit Ausnahme mancher Hypertrophien im ganzen doch konsequenten richterrechtlichen Tatbestandsergänzungen und ihre weitgehende Übereinstimmung mit dem Strafwürdigkeitsbewußtsein der Rechtsgemeinschaft stellen das scheinbar klar und endgültig entschiedene Problem des Verhältnisses von Gesetzgebung und Rechtsprechung auf dem Gebiet des Strafrechts nachdrücklich zur Diskussion.

---

54 Nicht ausgewertet wurde die von Kielwein im Rahmen einer Ringvorlesung schon im Jahre 1960 vertretene These, Art. 103 Abs. 2 GG könne „heute nur noch als politisches Bekenntnis aufgefaßt werden" (Grundgesetz und Strafrechtspflege, S. 135). Seine Beweisführung gründet sich allein auf eine Analyse bestimmter Entwicklungen im Strafrecht und deren Widerspruch zum traditionsgebundenen Verständnis des nullum-crimen-sine-lege-Satzes, läßt jedoch eine interpretative Legitimation aus der Verfassung heraus vermissen.
Das folgende 3. Kapitel nimmt Kielweins analytischen Ansatz auf, dient aber insgesamt nur der schärferen Herausarbeitung der Auslegungsalternativen im Rahmen von Art. 103 Abs. 2 GG, über die anschließend durch Interpretation der Verfassung zu befinden ist; vgl. dazu auch unten S. 141 f., 159 ff. sowie Anm. 190 auf S. 160.

3. Kapitel

Weitere strafrechtliche Phänomene als Beweis für Funktionsdefizite des Strafgesetzes

I. Die Phänomene

Zweifel an der Wirksamkeit des Art. 103 Abs. 2 GG rufen keineswegs allein die unechten Unterlassungsdelikte hervor. Widersprüche zwischen einer strikten, traditionsgebundenen Interpretation des nullum-crimen-sine-lege-Satzes und der strafrechtlichen Praxis treten an verschiedenen Stellen und in verschiedenen Formen auf. Man kann drei grundlegende Phänomene unterscheiden, die mit der Deutung des nullum-crimen-sine-lege-Satzes als rechtsstaatlicher Garantie für Rechtssicherheit und größtmögliche staatsbürgerliche Handlungsfreiheit nicht vereinbar sind: die Notwendigkeit richterlicher Wertungsakte bei den wertausfüllungsbedürftigen Tatbestandsmerkmalen und Generalklauseln, die Möglichkeit totaler Veränderung der Rechtslage bei objektiv-teleologischer Auslegung und die richterliche Begriffsfüllung und Rechtsfortbildung im Allgemeinen Teil des Strafgesetzbuchs. Es wird zu zeigen sein, daß für diese Phänomene Funktionsdefizite des Gesetzes und damit korrespondierend Funktionserweiterungen auf seiten der Strafgerichtsbarkeit charakteristisch sind.

Zuvor soll kurz auf die starke Relativierung der Gesetzesbestimmtheitsdoktrin auf der Rechtsfolgenseite hingewiesen werden. Dieses nur scheinbar für das Verständnis des nullum-*crimen*-sine-lege-Satzes irrelevante Phänomen zeigt besonders deutlich das Scheitern einer einseitig am Gedanken der Rechtssicherheit und der Freiheitssicherung orientierten Konzeption.

1. Vorbemerkung: Der richterliche Handlungsspielraum bezüglich der Strafe

Die herrschende Meinung legt Art. 103 Abs. 2 GG unter Berufung auf seine Entstehungsgeschichte dahingehend aus, daß er neben der Tatbestandsseite auch die Straffolgenseite ergreife[55]. In der Tat wäre wenig von einer „Magna Charta" des Verbrechers zu halten, bei der das Strafgericht in der Auswahl und Bemessung des Strafübels freie Hand hätte. Bemerkenswert ist nun aber, daß Lehre und Rechtsprechung den Bestimmtheitsgrundsatz auf der Rechtsfolgenseite erheblich auflockern und lediglich „eine gewisse Bestimmtheit des Gesetzes" verlangen[56].

---

55 Vgl. Hamann-Lenz, Grundgesetz, Art. 103, Erl. B 3; Maunz-Dürig-Herzog, Grundgesetz, Art. 103 Abs. 2, Rn. 113; Schönke-Schröder, StGB, Rn. 61, jeweils m.w.Nw., ferner BVerfGE 25, 269 (285 f.). Hingegen wird die Anwendbarkeit der Verfassungsnorm auf Maßregeln zur Sicherung und Besserung überwiegend abgelehnt, vgl. die Zitierten.

56 So die Formulierung bei Schönke-Schröder, StGB, § 2, Rn. 65.

Mit der meist nicht belegten Behauptung, hinsichtlich der Rechtsfolgen bestünden „geringere rechtsstaatliche Notwendigkeiten als bei den Tatbestandsvoraussetzungen“[57], werden absolut unbestimmte Strafdrohungen, die das geltende Recht ohnehin nicht kennt, für unzulässig erklärt, relativ unbestimmte Strafen und unbenannte Strafschärfungsgründe hingegen als zulässig angesehen.

Die Behauptung, Rechtssicherheit und staatsbürgerliche Freiheit seien gegenüber der richterlichen Straffestsetzung weniger schutzbedürftig als gegenüber der Ermittlung der Strafbarkeit, ist offenkundig falsch. Für den Angeklagten ist die Auswahl und Bemessung der strafrechtlichen Sanktionen wahrlich nicht weniger einschneidend als die Subsumtion ihm zur Last gelegter Verhaltensweisen unter strafrechtliche Obersätze. In Wahrheit liegt der Rechtfertigung weitgespannter richterlicher Entscheidungsspielräume bezüglich der Straffolgen[58] die Erkenntnis zugrunde, daß die antizipierte präzise Bestimmung der Strafe durch das Gesetz für alle Fälle der Tatbestandsverwirklichung gar nicht möglich ist, weil die feinen Abstufungen des Unrechts- und Schuldgehalts der Straftat und die für die Straffestsetzung erheblichen Umstände in der Person des jeweiligen Täters eine allzu große Vielfalt aufweisen. Die Verwirklichung der materiellen Gerechtigkeit[59] fordert auf der Rechtsfolgenseite zwingend eine „Arbeitsteilung“ zwischen Gesetz und Richter[60] und schränkt damit die dem nullum-crimen/nulla-poena-sine-lege-Satz ursprünglich zugrundeliegende Forderung nach möglichst vollständiger Vorhersehbarkeit des strafrichterlichen Urteils ein[61].

---

57 Schönke-Schröder, a.a.O., Rn. 65.

58 Daß insbesondere die Bemessung der Strafe als Ausübung richterlichen Ermessens anzusehen ist (Ausnahmen: §§ 211, 220 a Abs. 1), ist heute nahezu unbestritten, vgl. Maurach, Allg. Teil, S. 712; Schönke-Schröder, StGB, § 13, Rn. 9 und eingehend Warda, Dogmatische Grundlagen, S. 81 ff., 111 ff.

59 Hier in Gestalt der individualisierenden, der Einzelfall-Gerechtigkeit, vgl. zur Terminologie Henkel, Rechtsphilosophie, S. 320 f., 326 f. sowie zur Gegentendenz der Typisierung im Bereich der Rechtsfolgen a.a.O., S. 363 f.

60 So treffend Maurach, Allg. Teil, S. 703.

61 Ganz zu Recht betont Bopp, Die Entwicklung des Gesetzesbegriffes, S. 21, daß die Forderung der Aufklärung sich auch auf die gesetzliche Bestimmtheit der Strafe bezog; dementsprechend ließ der Code pénal von 1791 für Verbrechen nur „peines fixes et déterminées“ zu; die Unmöglichkeit konsequenter Durchführung zeigte sich bald darauf in der französischen Strafgesetzgebung (dazu Bopp, a.a.O., S. 34 ff.). Wenn K. Peters, Gutachten zum 41. DJT, S. 23 meint, der Satz nullum crimen sine lege, nulla poena sine lege bedeute in seinen beiden Bestandteilen etwas völlig Verschiedenes, so ist das hinsichtlich der Praktizierung der Parömie zwar etwas überspitzt ausgedrückt, aber im Kern richtig, hinsichtlich ihrer einheitlichen Idee und Zielrichtung und der Verankerung ihrer beiden Komponenten in ein und demselben Verfassungssatz jedoch falsch. Im vorliegenden Zusammenhang interessieren gerade die Gründe, warum die Realisierung der aufklärerischen Konzeption sowohl auf der Rechtsfolgenseite als auch auf der Tatbestandsseite bedeutsame Abstriche hinnehmen muß.

Diese Feststellungen beinhalten mehr als eine bloße Betonung der Antinomie zwischen den Forderungen nach Rechtssicherheit und materieller Gerechtigkeit. Vielmehr machen sie deutlich, daß zur Verwirklichung materiell gerechter Strafen ein Handlungsspielraum der Gerichte notwendig ist, der sie über die Rolle eines „Dieners des Gesetzes"[62] weit hinaushebt. Das Strafgesetz enthält in den meisten Fällen nur eine sehr allgemeine Leitlinie sowie äußerste Grenzen für die richterliche Straffestsetzung, innerhalb deren der Richter in eigener Verantwortung tätig werden muß, um den Prozeß der Rechtsverwirklichung zum Abschluß zu bringen. In einem bedeutsamen Bereich der ursprünglich die Tatbestands- und die Rechtsfolgenseite umspannenden Garantienorm nullum crimen, nulla poena sine lege besteht das Gegenteil einer „einseitig strengen Bindung des Richters an das Gesetz"[63], und es drängt sich die Frage auf, ob jene Vorstellung von der durch Art. 103 Abs. 2 GG verschärften Gesetzesbindung des Richters wenigstens für die Tatbestandsseite aufrechterhalten werden kann.

2. Die Notwendigkeit richterlicher Wertungsakte bei den wertausfüllungsbedürftigen Tatbestandsmerkmalen und Generalklauseln

Die Wirksamkeit des Tatbestandsbestimmtheitsgebots ist durch die Existenz zahlreicher wertausfüllungsbedürftiger Tatbestandsmerkmale und Generalklauseln fragwürdig geworden. Die wertausfüllungsbedürftigen Tatbestandsmerkmale[64, 65] bedürfen, wie ihr unschöner[66], aber signifikanter Name besagt, der

62 Bockelmann, Smend-Festschrift, S. 29.

63 Grünwald, ZStW 76, 1 (14).

64 Beispiele: „böswillig" (§§ 134, 170 a, 223 b), „böswillig verächtlich macht" (§§ 90 a Abs. 1 Ziff. 1, 130 Satz 1 Ziff. 3), „beschimpfenden Unfug" (§§ 90 a, 104 Abs. 1, 167 Abs. 1 Ziff. 2, 168), „in einer das Ansehen des Staates gefährdenden Weise" (§ 90 b), „unzüchtig" (§§ 176, 181 a, 183, 184, 184 a), „Unzucht" (§§ 174, 175, 180, 181, 181 a, 236, 237, 361 Ziff. 6, 6 a–6 c), „heimtückisch", „oder sonst aus niedrigen Beweggründen" (§ 211 Abs. 2), „roh" (§ 223 b), „aus Not" (§ 248 a, 264 a), „aus Arbeitsscheu" (§ 361 Ziff. 7), „gewissenlos" (§ 170c), „in gewissenloser Weise" (§ 170 d), „hinterlistig" (§§ 181 Abs. 1 Ziff. 1, 223 a), „arglistig" (§ 170), „grob verkehrswidrig und rücksichtslos" (§ 315 c Abs. 1 Ziff. 2), „den Umständen nach zuzumuten" (§ 330 c), „das Schamgefühl gröblich verletzen" (§ 184 a), „in einer Sitte und Anstand verletzenden Weise" (§ 184 Abs. 1 Ziff. 3 a), „wichtige öffentliche Interessen (gefährdet)" (§§ 353 b Abs. 1 Satz 1, 353 c Abs. 1), „einen ähnlichen, ebenso gefährlichen Eingriff (vornimmt)" (§§ 315 Abs. 1 Ziff. 4, 315 b Abs. 1 Ziff. 3), „unter Ausnutzung der besonderen Verhältnisse des Straßenverkehrs" (§ 316 a Abs. 1), „in gefährlicher Nähe von Gebäuden" (§ 368 Ziff. 6 und 7) etc.

65 Die wertausfüllungsbedürftigen Merkmale bilden innerhalb der normativen Merkmale eine Untergruppe; über die Entwicklungsgeschichte dieser Merkmale seit ihrer Entdeckung durch Max Ernst Mayer vgl. Kunert, Die normativen Merkmale, S. 28 ff. und Engisch, Mezger-Festschrift, S. 127 (135 ff.), dort auch klärende Hinweise zur Entstehung und zum Wechsel der Terminologie.

66 Engisch, Einführung, S. 111 spricht zu Recht von einem „schrecklichen Wort".

wertenden Ausfüllung durch den Rechtsanwendenden; sie erlauben, so wie sie im Gesetz stehen, keine Subsumtion und können im Gegensatz zu deskriptiven Merkmalen nicht allein durch Auslegung[67] zum Bestandteil des (die Subsumtion ermöglichenden) spezielleren Obersatzes[68] innerhalb des Entscheidungssyllogismus gemacht werden.

Vielmehr bedarf es hierzu eines – im Gegensatz zur Auslegung primär nicht am Gesetz, sondern an außergesetzlichen Maßstäben orientierten – zusätzlichen Wertungsakts des Richters[69].

Über diese besondere Natur der wertausfüllungsbedürftigen Merkmale ist sich die Strafrechtslehre heute weitgehend einig[70]. Auf die Fragen, die die Existenz dieser Merkmale im Hinblick auf den nullum-crimen-sine-lege-Satz aufwerfen, ist in der Wissenschaft mehrfach hingewiesen worden[71], doch unterblieb lange Zeit

---

67 Zwar lassen sich die wertausfüllungsbedürftigen Begriffe, „die zunächst nur wenig scharf umrissene formelhafte Wendungen darstellen" (Warda, Dogmatische Grundlagen, S. 32), durch Umschreibungen oder Definitionen, deren Begriffe faßbarer sind, etwas näher verdeutlichen. Durch eine derartige „Auflösung in konstituierende Merkmale" (zu diesem Vorgang allgemein: Engisch, Logische Studien, S. 98 ff.; Jesch, AöR Bd. 82, 163 ff. (194 f.); Thelen, Tatbestandsermessen, S. 67; im Hinblick auf die wertausfüllungsbedürftigen Begriffe: Engisch, Mezger-Festschrift, S. 127 (157); Seel, Unbestimmte und normative Tatbestandsmerkmale, S. 41; Thelen, Tatbestandsermessen, S. 57; Warda, Dogmatische Grundlagen, S. 32) wird zwar ein größerer Bestimmtheitsgrad erreicht, ohne daß jedoch eine völlige Reduktion auf reine Tatsachenbegriffe möglich wäre; Wertbegriffe bleiben Bestandteil auch dieser Definitionen, wie ein Blick in die Kommentare beweist (im Ergebnis übereinstimmend: Seel, a.a.O.; Warda, a.a.O.).

68 Zu diesem Begriff näher Engisch, Einführung, S. 68 ff.; ders., Logische Studien, S. 15 ff.

69 Im Gegensatz zur Terminologie der Schweizer Lehre empfiehlt es sich nicht, hier von Lücken intra legem zu sprechen, da die Unbestimmtheit der Regelung nicht planwidrig ist, vgl. Canaris, Feststellung von Lücken, S. 26 ff. mit zahlreichen Nachweisen zum Streitstand.

70 Vgl. etwa Baumann, Allg. Teil, S. 113 f.; Engisch, Mezger-Festschrift, S. 127 (149 ff.); Lenckner, JuS 1968, 249 (250 f.); H. Mayer, Strafrecht, S. 108; Mezger-Blei, Allg. Teil, S. 108 f.; Sax, Analogieverbot, S. 42, Anm. 6; Seel, Unbestimmte und normative Tatbestandsmerkmale, S. 9 f., 38 ff.; Thelen, Tatbestandsermessen, S. 101 ff.; weitgehend ablehnend Kunert, Die normativen Merkmale, S. 93 ff. (für die „echten Wertmerkmale"); Lemmel, Unbestimmte Strafbarkeitsvoraussetzungen, S. 65 ff.; Maurach, Allg. Teil, S. 207 f., letztere unter Berufung auf Erik Wolf.

71 Erstmals im Jahre 1926 von Mezger, Traeger-Festschrift, S. 187 (229) und Grünhut, Begriffsbildung und Rechtsanwendung im Strafrecht, S. 7, 22; vgl. ferner Baumann, Allg. Teil, S. 104; Drost, Das Ermessen des Strafrichters, 203 f.; NJW 1955, 1255 ff.; Engisch, Mezger-Festschrift, S. 127 (156 f.); Hamann, Grundgesetz und Strafgesetzgebung, S. 48 ff.; Kohlmann, Der Begriff des Staatsgeheimnisses, S. 259 ff.; Lemmel, Unbestimmte Strafbarkeitsvoraussetzungen, S. 44 ff.; Lenckner, JuS 1968, 249 ff., 304 ff.; Maunz-Dürig-Herzog, Grundgesetz, Art. 103 Abs. 2, Rn. 107; Seel, Normative und unbestimmte Tatbestandsmerkmale; Welzel, Strafrecht, S. 23; Woesner, NJW 1963, 273 ff.

eine eingehendere Untersuchung dieser Problematik[72]. Sie läßt sich in der gebotenen Kürze wie folgt charakterisieren: Der Konflikt zwischen dem Tatbestandsbestimmtheitsgebot und den wertausfüllungsbedürftigen Tatbestandsmerkmalen liegt nicht schon in der Notwendigkeit eines richterlichen Wertungsaktes nach außergesetzlichen Maßstäben begründet, sondern beginnt erst dort, wo der im Gesetz in Bezug genommene Wertmaßstab fehlt oder aber keine eindeutige Wertung liefert. Wenn der außergesetzliche Wertmaßstab feststellbar und zur Werturteilsbildung geeignet ist[73], trägt die gesetzliche Verweisung auf diesen Maßstab noch dem Postulat der Erkennbarkeit und Vorhersehbarkeit in ausreichendem Maße Rechnung[74]. Aber es hieße die Augen vor der Wirklichkeit verschließen, wollte man leugnen, daß nur allzu häufig das Gegenteil der Fall ist, daß der Richter sich auf sozialethische Wertungen verwiesen sieht, die in der Gesellschaft kontrovers sind. Mochte beispielsweise um die Jahrhundertwende die in den Tatbestandsbegriffen „Unzucht" und „unzüchtig" enthaltene Verweisung auf das allgemeine Scham- und Sittlichkeitsgefühl in geschlechtlicher Hinsicht als bestimmt angesehen werden, weil die – zumindest offizielle – Sexualmoral der bürgerlichen Gesellschaft unangefochten und eindeutig war, so muß man heute eine weitgehende Wertungsunsicherheit auf diesem Gebiet konstatieren. Der vielfach und zu Recht scharf kritisierte Rückgriff des Bundesgerichtshofs auf eine angeblich existierende und klar erkennbare Norm des allgemeinen Sittengesetzes zur Begründung der Unzüchtigkeit des Verlobtenbeischlafs[75] war wohl gerade durch die Gegensätzlichkeit und das Umstrittensein der in § 180 in Bezug genommenen, gesellschaftlich praktizierten Werthaltungen in sexualibus veranlaßt. In gleichartige Schwierigkeiten gerät der Richter angesichts des gegenwärtigen Wertpluralismus, wenn er gemäß § 184 zugleich über die Unzüchtigkeit und den Kunstcharakter von Schriften, Abbildungen oder Darstellungen urteilen

---

72 Erst in neuerer Zeit ist diese Aufgabe von Seel, Unbestimmte und normative Tatbestandsmerkmale, Thelen, Tatbestandsermessen, Lenckner, JuS 1968, 249 ff., 304 ff. und Lemmel, Unbestimmte Strafbarkeitsvoraussetzungen, in Angriff genommen worden.

73 Dann handelt es sich bei der Wertausfüllung um einen Erkenntnisakt (Engisch, Einführung, S. 125 f.); grundsätzlich anderer Ansicht jetzt allerdings Lemmel, a.a.O., S. 57 ff.

74 Dies wird man beispielsweise außer für den Begriffskern auch für weite Zonen des Begriffshofs bei den Merkmalen „roh", „aus Not", „hinterlistig" und „in gefährlicher Nähe von Gebäuden", vielleicht auch bezüglich des Heimtückemerkmals in § 211 annehmen dürfen.

75 BGHSt (Gr.Sen.) 6, 46; vgl. ferner BGHSt 17, 232. Zur Kritik vgl. außer den bei Schönke-Schröder, StGB, § 180, Rn. 4 und Canaris, Feststellung von Lücken, S. 114, Anm. 198 Genannten noch Arndt, Rechtsdenken in unserer Zeit, S. 6 ff.; Henkel, Rechtsphilosophie, S. 148 ff., Weischedel, Recht und Ethik, S. 19 ff.

soll[76, 77]. Wenn sich in diesen und zahlreichen anderen Fällen Lehre und Rechtsprechung zur Begründung ihrer Wertung auf die „gesunde Volksmeinung"[78], „die sittlichen Anschauungen des Volkes"[79], das „Sittlichkeits- und Schamgefühl des unverdorbenen Beurteilers"[80] berufen, so wird damit der häufig bestehende Wertungspluralismus in der Gesellschaft geleugnet und ein Erkenntnisakt des Rechtsanwenders fingiert, der in Wahrheit wertende Auswahl unter verschiedenen Wertauffassungen zum Inhalt hat und deshalb als Akt richterlicher Eigenwertung angesprochen werden muß[81].

Natürlich wertet der Richter hier nicht nach Belieben, sondern nach bestem Wissen und Gewissen, nach seinem „subjektiven Rechtsgewissen"[82], das durch den „Willen zur Objektivität versachlicht"[83] wird und nur deshalb den Anspruch erheben kann, stellvertretend für das Werturteil der Rechtsgemeinschaft zu stehen[84]. Aber trotz dieser objektivierenden Ausrichtung ist in allen Fällen der geschilderten Art das Ergebnis des richterlichen Wertungsakts ex ante nicht festgelegt und damit für den Staatsbürger unvorhersehbar[85], umso mehr, als dem

76 Vgl. dazu Schönke-Schröder, StGB, § 184, Rn. 4 ff.; Hanack, Gutachten für den 47. DJT, Rz. 353 ff. (insbes. Rz. 356); dens. JZ 1970, 41 (43 ff.), jeweils m.w.Nw. Hanack, JZ 1970, 41 (43 ff.) ist der Auffassung, daß jedenfalls bei traditioneller Auslegung unter Bezugnahme auf das völlig unbestimmte Scham- und Sittlichkeitsgefühl der Allgemeinheit oder eines Normalmenschen „ein i.S. des Art. 103 Abs. 2 GG verfassungsmäßiger Tatbestand nicht vorhanden ist" (a.a.O., S. 44 l. Sp.); starke Zweifel auch bei Knies, NJW 1970, 15 (17 f.); differenzierend Lemmel, Unbestimmte Strafbarkeitsvoraussetzungen, S. 187: „Unzucht" sei bestimmt, „unzüchtig" i.S. des § 184 sei eventuell unbestimmt.

77 Eine Berücksichtigung der „tiefgreifenden und nachhaltigen Änderung der allgemeinen Anschauunggen über die Toleranzgrenze gegenüber geschlechtsbezogenen Äußerungen" hat der BGH jüngst im Fanny-Hill-Urteil für geboten erachtet (BGH JZ 1970, 72 [73 r.Sp.]).

78 So beispielsweise Schönke-Schröder, StGB, § 180, Rn.4.

79 BVerfGE 6, 389 (435).

80 Maurach, Bes. Teil, S. 405.

81 Der Fall der Konkurrenz gesellschaftlicher Wertauffassungen ist der markanteste Fall, in dem die richterliche Eigenwertung erforderlich wird, jedoch nicht der einzige. Zu Recht nennt Thelen, Tatbestandsermessen, S. 99 des weiteren den Fall, daß „eine Wertauffassung der Gesellschaft für den Richter nicht feststellbar ist" sowie den, daß zwar sehr allgemeine Wertvorstellungen existieren, deren Maßgeblichkeit für den zu entscheidenden Fall aber wegen des Fehlens ähnlicher bereits entschiedener Fälle ungewiß ist (vgl. dazu auch Lenckner, JuS 1968, 249 [250 f.]).

82 Seel, Unbestimmte und normative Tatbestandsmerkmale, S. 45.

83 Larenz, Methodenlehre, S. 275.

84 Larenz, a.a.O., S. 275; vgl. auch Engisch, Mezger-Festschrift, S. 127 (152 f.).

85 Treffend Larenz, a.a.O., S. 271 f.: „Auch wenn man hier noch daran festhält, daß ‚zumindest der Idee nach nur *eine* Entscheidung möglich ist' (Westermann), d.h.: die richtige ist, so muß man doch sagen, daß *vor* der Beurteilung durch den zur Entscheidung

deutschen Recht eine Präjudizienbindung fremd ist. Eben diese Unvorhersehbarkeit, die auf der gesetzlichen Nichtentscheidung zwischen konkurrierenden Wertungen beruht, kennzeichnet die Kollision zwischen Tatbestandsbestimmtheitsgebot und „subjektiv-wertausfüllungsbedürftigen"[86] Tatbestandsmerkmalen[87].

Prinzipiell gleichartig ist der Konflikt, in den das Tatbestandsbestimmtheitsgebot durch die Existenz von Generalklauseln und generalklauselartigen Tatbestandsalternativen gerät, die dem Strafrichter nicht als auslegungsfähige Normteile zur Verfügung stehen, sondern ihn vor eine Rechtsfindungsaufgabe stellen, die er wiederum nur durch das Aufsuchen oder gar durch den Ausspruch einer außergesetzlichen Wertung erfüllen kann. Bekannte Beispiele finden sich in §§ 226 a, 240 Abs. 2, 253 Abs. 2, 360 Ziff. 11 zweite Alternative. Der Übergang von den wertausfüllungsbedürftigen Tatbestandsmerkmalen zu den Generalklauseln ist angesichts der unscharfen Grenzen des Generalklauselbegriffs fließend[88]; aus Zweckmäßigkeitsgründen sollen im vorliegenden Zusammenhang als echte Generalklauseln nur solche gesetzlichen „Regelungen" bezeichnet werden, die entweder eine selbständig erfüllbare Tatbestandsalternative bilden (z.B. § 360 Ziff. 11 zweite Alternative) oder aber außerhalb der gesetzlichen Verhaltensbeschreibung stehen und zur Begründung oder zum Ausschluß der Rechtswidrigkeit dienen.

Fragt man nach dem Grad der Bestimmtheit solcher Generalklauseln, so ist die augenfällig unbestimmteste Regelung die des § 360 Ziff. 11 zweite Alternative. Was unter dem Verüben groben Unfugs verstanden werden soll, läßt sich weder

---

berufenen Richter die ‚richtige Beurteilung' nicht nur tatsächlich noch nicht erkannt, sondern *objektiv ungewiß* ist, weil sie erst in einem Akt persönlicher Stellungnahme des entscheidenden Richters gewonnen werden kann" (Hervorhebungen im Original).

86 So könnte man diese Merkmale in Fortführung der anschaulichen Kennzeichnung durch Engisch, Mezger-Festschrift, S. 150 f. („subjektiv-normative" Merkmale) nennen. Wenn Engisch an anderer Stelle allerdings Gesetzesformulierungen wie „guten Sitten", „Unzucht", „gotteslästerlich" den objektiv-normativen Merkmalen zurechnet (Einführung, S. 124 ff.) und die subjektiv-normativen Merkmale auf die den Strafrechtstatbeständen fremden echten Ermessensbegriffe und die Strafzumessungsbegriffe beschränken will, kann dem aus den dargelegten Gründen nicht gefolgt werden (im Ergebnis übereinstimmend: Seel, Unbestimmte und normative Tatbestandsmerkmale, S. 45 ff., 53 ff.; Thelen, Tatbestandsermessen, S. 99 ff.); vgl. auch die zurückhaltenderen Darlegungen Engischs in der Mezger-Festschrift (S. 154 f.), wonach methodologische Prinzipien darüber entscheiden sollen, „ob sich der Rechtsanwender mehr an vorgegebene Wertungen anlehnen oder ob er mehr auf die Stimme in seiner Brust hören soll".

87 Anders Germann, Methodische Grundfragen, S. 136, 154, der „ergänzende schöpferische Rechtsfindung" intra legem zwecks näherer Bestimmung von Normen und Merkmalen, die sich nicht durch gesetzliche Anhaltspunkte präzisieren lassen, für vereinbar mit dem nullum-crimen-sine-lege-Satz hält. Etwas enger Lemmel, Unbestimmte Strafbarkeitsvoraussetzungen, S. 183 ff.

88 Die methodologische Strukturgleichheit betonen Engisch, Einführung, S. 122; Lenckner JuS 1968, 249 (250 l.Sp.).

aus dem Wortlaut, noch aus der systematischen Einordnung der Bestimmung, noch aus der historischen Rückführbarkeit auf das „Bubengesetz“ des Preußischen Allgemeinen Landrechts[89] zuverlässig ermitteln[90]. Dem unbefangenen Betrachter, der sich den Blick nicht trüben läßt durch die von der Rechtsprechung vorgenommenen Interpretationsbemühungen, die ohne Anhalt im Gesetz die gesetzgeberische Verletzung des Bestimmtheitsprinzips abzumildern versuchen, erscheint die Vorschrift als Paradefall eines Schurkenparagraphen, wie ihn sich kein Professor des Strafrechts auf dem Katheder besser hätte ausdenken können – wenn ihm nicht der Gesetzgeber zuvorgekommen wäre.

Eben wegen dieses klaren Verstoßes gegen den nullum-crimen-sine-lege-Satz kommt dem Generalklauseltatbestand des groben Unfugs nur geringe Bedeutung für die Problematik des Tatbestandsbestimmtheitsgebots zu. Das mag paradox klingen. Aber die Ermächtigung des Richters zur beinahe vollständigen Bildung des Obersatzes im Wege der Eigenwertung[91] ist in ihrer krassen Mißachtung des Tatbestandsbestimmtheitsgebots atypisch für jene unmerkliche Unterwanderung dieses Gebotes, die etwa das Phänomen der wertausfüllungsbedürftigen Tatbestandsbegriffe kennzeichnet[92]. Festzuhalten bleibt lediglich, daß die Nachkriegsrechtsprechung noch nicht einmal in diesem klaren Fall der Tatbestandsunbestimmtheit die Konsequenz der Nichtigkeitserklärung gezogen hat[93].

Nach der Generalklausel der §§ 240 Abs. 2, 253 Abs. 2 soll der Richter zur Ermittlung der Rechtswidrigkeit das vom Täter eingesetzte Druckmittel in Beziehung zu dem damit verfolgten Zweck setzen und prüfen, ob danach der Mitteleinsatz als verwerflich anzusehen ist. Für diese Prüfung, an deren Ende die Wertung verwerflich oder nicht verwerflich stehen muß, rät die Lehre dem Richter, er möge „die ethischen Grundvorstellungen des Volkes als Maßstab dafür“ nehmen, „was an Zwang über das billigenswerte Maß hinausgeht“[94]. Der Ratschlag

89 Vgl. dazu Maurach, Bes. Teil, S. 489.

90 Zutreffend Schönke-Schröder, StGB, § 360, Rn. 47; Schröder JR 1964, 392 (Anm. zu OLG Celle); ders. JZ 1966, 649 ff. (Anm. zu OLG Hamm), dessen Auffassung sich u.a. Lenckner, JuS 1968, 305 f. und Welzel, Strafrecht, S. 477 angeschlossen haben. Nachweise zum Streitstand bei Lemmel, Unbestimmte Strafbarkeitsvoraussetzungen, S. 39. BVerfGE 26, 41 ff. hat die Bestimmtheit mit fragwürdiger Begründung bejaht, s. dazu oben S. 19, Anm. 48 und unten S. 174, Anm. 238. Bei Maurach, Bes. Teil, S. 490 findet sich der Hinweis, daß schon Frank die Vorschrift als „subsidiäres Delikt unter Umgehung des Grundsatzes nulla poena sine lege“ bezeichnet hat.

91 Denn eine Rückgriffsmöglichkeit auf eine Verkehrsanschauung, was strafbarer Unfug sei, besteht mangels eines solchen Maßstabs nicht.

92 Es fehlt auch jene für andere widersprüchliche Phänomene charakteristische Zwangssituation, aus der heraus der Gesetzgeber dem Richter die Tatbestandsvervollständigung überläßt, siehe dazu unten Anm. 97.

93 BVerfGE 26, 41 (43).

94 Schönke-Schröder, StGB, § 240, Rn. 15 b, ähnlich Maurach, Bes. Teil, S. 106.

klingt gut, doch erhält der Richter damit in zahlreichen Fällen Steine statt Brot. Es liegt auf der Hand, daß eindeutige Wertungen häufig entweder fehlen oder in der Rechtsgemeinschaft umstritten sind, weil die konkreten Druckmittel und die angestrebten Zwecke in außerordentlich großer Vielfalt auftreten[95]. So nimmt es nicht wunder, wenn für solche Fälle der Bundesgerichtshof in einer berühmt-berüchtigten Passage seiner grundlegenden Entscheidung zum Verbotsirrtum die Befugnis des Richters proklamiert, „an Stelle des Gesetzgebers durch unmittelbare Wertung zu entscheiden, ob die tatbestandsmäßige Nötigung im Einzelfall rechtswidrig ist oder nicht"[96]. Das Wörtchen „unmittelbar" bezeichnet dieselbe Problematik im Hinblick auf den Tatbestandsbestimmtheitsgrundsatz, die auch bei den wertausfüllungsbedürftigen Merkmalen auftritt, wenn der Richter zur letztlich allein von ihm verantworteten Eigenwertung schreitet[97]; insoweit kann auf das zuvor Gesagte verwiesen werden.

Gerade am Beispiel des Nötigungstatbestands mit seiner Generalklausel läßt sich darüber hinaus noch etwas für die nullum-crimen-sine-lege-Problematik Bedeutsames beobachten: die gesetzesähnliche Wirkung der von richterlicher Eigenwertung getragenen Gerichtsurteile auf die Wertmaßstäbe der Gesellschaft. Das Erzwingen der Einfahrt in eine Parklücke, vorher weithin als bloße Rüpelhaftigkeit unterhalb der Rechtswidrigkeitsschwelle betrachtet, wird seit der Entscheidung des Bayer. Obst.LG NJW 1961, 2074 f. von den Verkehrsteilnehmern als nun-

95 Die Wertungsunbestimmtheit tritt bei der Erpressung weniger häufig als bei der Nötigung auf, weil das zusätzliche Merkmale der Vermögensminderung stark selektierend wirkt (so richtig H. Mayer, Die gesetzliche Bestimmtheit, S. 259 [271]); eine weitere Sicherung zugunsten des Angeklagten liegt darin, daß ihm die Bereicherungsabsicht nachgewiesen werden muß.

96 BGHSt 2, 194 (196). Vgl. die dagegen gerichteten Angriffe von H. Mayer, Die gesetzliche Bestimmtheit, S. 259 (270, 273) und von Roxin, JuS 1964, 373 (377 f.).

97 Für die Würdigung der gerade durch die Generalklausel des § 240 aufgeworfenen Problematik ist die Entstehungsgeschichte aufschlußreich. Die jetzige Fassung der Vorschrift geht, wenn man von der sachlich unerheblichen Ersetzung des „gesunden Volksempfindens" durch den Begriff „verwerflich" im Jahre 1953 absieht, zurück auf die VO vom 29.5.1943. Sie wurde jedoch nicht durch eine typisch nationalsozialistische Tendenz zur Tatbestandsaufweichung, sondern durch die objektive Notwendigkeit einer Änderung des vorher bestehenden Tatbestands veranlaßt, der zwar erheblich bestimmter gefaßt war als heute (nur Drohungen mit einem Verbrechen oder Vergehen waren tatbestandsmäßig), aber den Unrechtsgehalt der strafwürdigen Willensbeeinflussungen nicht adäquat zu erfassen vermochte (vgl. dazu Maurach, Bes. Teil, S. 106, 111 f.). Sowohl der Gesetzgeber des Jahres 1943 wie der des Jahres 1953 sahen keine andere Möglichkeit, als einen offenen Tatbestand zu schaffen und die positive Feststellung der Rechtswidrigkeit durch Generalklauselregelung dem Richter zu übertragen. Dieser Zwang zur Unterwanderung des Tatbestandsbestimmtheitsgebots, dem sich an dieser Stelle auch der Reformgesetzgeber nicht entziehen kann (§ 170 E 1962 i.V.m. § 11 Abs. 1 Ziff. 7 schränkt zwar die Drohungen wieder etwas ein, behält aber die Generalklausel unverändert bei), bedarf der Reflexion im Rahmen der Interpretation des nullum-crimen-sine-lege-Satzes.

mehr „verboten" anerkannt[98]. In der gerichtlichen Bestätigung, Korrektur oder Verwerfung gesellschaftlicher Werturteile und der Auswirkung solcher Judikate auf die gesellschaftlichen Wertmaßstäbe zeigt sich die Übernahme einer sonst vom Gesetzgeber wahrgenommenen Funktion durch die Rechtsprechung. Den Widerstreit verschiedener Strömungen und unterschiedlicher Wertvorstellungen innerhalb der Gesellschaft verbindlich zu beenden und eine klare eigene Wertung zur Grundlage einer Verhaltenspönalisierung zu machen[99], ist in herkömmlicher Sicht alleinige Aufgabe des Gesetzgebers. Bei der Konkretisierung von Generalklauseln – und in engerem Umfange auch bei der Konkretisierung wertausfüllungsbedürftiger Tatbestandsmerkmale – wird diese Aufgabe partiell von der Rechtsprechung übernommen. Diese im Bereich zivilrechtlicher Generalklauseln wohl bekannte Erscheinung[100] läßt sich mit einer Funktionsverteilung zwischen Gesetzgeber und Strafgerichten, wie sie nach dem nullum-crimen-sine-lege-Satz im traditionellen Verständnis bestehen müßte, nicht in Einklang bringen. Das bleibt für die weitere Untersuchung festzuhalten[101].

98 Häufig wird nicht ein einzelnes Urteil, insbesondere unterer Instanzen, solche Wirkungen zeitigen, sondern erst eine gefestigte obergerichtliche Judikatur.

99 Sofern nicht gerade die Existenz unterschiedlicher Wertvorstellungen den Gesetzgeber vom Einsatz strafrechtlicher Mittel abhalten sollte.

100 Vgl. hierzu aus der umfangreichen Literatur zur Generalklauselproblematik insbesondere Esser, Grundsatz und Norm, S. 63, 150 ff.; Larenz, Methodenlehre, S. 140, 262 ff.; Werner, Zum Verhältnis von gesetzlichen Generalklauseln und Richterrecht, S. 20, 23; Wieacker, Zur rechtstheoretischen Präzisierung des § 242 BGB; dens., Gesetz und Richterkunst.

101 Auf § 226 a näher einzugehen, erübrigt sich, weil seine Konkretisierung die Gerichte vor prinzipiell gleiche Probleme wie die bereits behandelten stellt: Die „guten Sitten", interpretiert durch das „Anstandsgefühl aller billig und gerecht Denkenden" – beides Übernahmen aus dem Zivilrecht – versagen als Maßstab infolge tiefgehender Wertungskontroversen bei einem so gravierenden Problem wie der freiwilligen Sterilisation bzw. Kastration.
Im übrigen ist die Bedeutung des nullum-crimen-sine-lege-Satzes für Rechtfertigungsgründe wenig geklärt, wie Lenckner, JuS 1968, 248 (252, Anm. 30) zutreffend vermerkt. Für die am historischen Freiheitssicherungsgedanken orientierte Deutung des Art. 103 Abs. 2 GG müßte die Geltung des Bestimmtheitsgebots für gesetzlich fixierte Rechtfertigungsgründe eigentlich selbstverständlich sein. Für sie dürfte die gesetzestechnische Unterscheidung zwischen rechtswidrigkeitsbegründenden und -ausschließenden Vorschriften und die dem zugrundeliegende Regel-Ausnahmewertung nicht maßgeblich sein, weil sich sonst der Gesetzgeber, je nachdem wie er bei gleichem sachlichen Regelungsgehalt die Vorschriften faßt, dem Bestimmtheitsgrundsatz unterwerfen oder entziehen könnte: Wenn in die Tatbestände der Körperverletzungsdelikte das Merkmal „ohne Einwilligung des Verletzten" aufgenommen und § 226 a lauten würde: „Die mit Einwilligung des Verletzten vorgenommene Körperverletzung ist rechtswidrig, wenn die Tat gegen die guten Sitten verstößt", fände der Bestimmtheitsgrundsatz Anwendung. Würde hingegen der Gesetzgeber nach dem Vorschlag Lenckners (a.a.O., Anm. 29) lediglich § 226 a dahin umformulieren, „daß eine Körperver-

3. Der Auslegungswandel bei deskriptiven Tatbestandsmerkmalen

Gerade nach der Behandlung der wertausfüllungsbedürftigen Tatbestandsbegriffe drängt sich die Frage auf, wieso eigentlich die Unbestimmtheit mancher wertausfüllungsbedürftiger Merkmale als besonders problematisch angesehen wird, während von der Unbestimmtheit deskriptiver Merkmale und den Folgen für die Garantiewirkung des Art. 103 Abs. 2 GG seltener die Rede ist. Ist es berechtigt, könnte man in der Frage fortfahren, wenn häufig betont wird, es sei sehr bedenklich, daß der Gesetzgeber statt deskriptiver Merkmale normative bei der Tatbestandsbildung verwende[102], wenn also die Unbedenklichkeit deskriptiver Merkmale im Hinblick auf Art. 103 Abs. 2 GG hervorgehoben wird?
Den Grund für die ungleiche Bewertung deskriptiver und normativer – oder, wie terminologisch genauer zu sagen wäre, wertausfüllungsbedürftiger – Tatbestandsmerkmale unter dem Gesichtspunkt des Tatbestandsbestimmtheitsgebots darf man nicht darin suchen, daß die einen von Haus aus bestimmt, die anderen unbestimmt wären. Auch die deskriptiven Begriffe – mit Ausnahme der Zahlbegriffe – weisen mehr oder weniger große Begriffshöfe auf, die mit zunehmender Entfernung vom Begriffskern immer unbestimmter werden[103]. Wenn diese bei einzelnen deskriptiven Begriffen teils größere, teils geringere Unbestimmtheit allgemein als zwar für die Rechtspraxis mitunter lästig und schwierige Interpretationsarbeit verursachend, aber eben nicht als sonderlich beunruhigend im Hinblick auf Art. 103 Abs. 2 GG aufgefaßt wird, so deshalb, weil man in der Auslegung ein bewährtes Instrument sieht, das die aus der Unbestimmtheit resultierenden Zweifel zu beseitigen vermag. „Von der Basis der Auslegung", so liest man etwa bei Engisch, „und der mit ihr in engem Zusammenhang stehenden Subsumtion entfernen wir uns freilich noch nicht bei den unbestimmten deskriptiven Begriffen"[104]. Auslegungsschwierigkeiten, so fährt Engisch fort, mögen die Lehre Montesquieus vom Richter als Mund, der nur die Worte des Gesetzes mechanisch nachspricht, Lügen strafen, aber dennoch bleibe es bei „bloßer Aus-

---

letzung nicht rechtswidrig ist, wenn sie 1. mit Einwilligung des Verletzten erfolgt und 2. mit den guten Sitten zu vereinbaren ist", so würde er diese „lediglich strafbarkeitseinschränkende Vorschrift" der Meßbarkeit am nullum-crimen-sine-lege-Satz entziehen können. Zu den übergesetzlichen Rechtfertigungsgründen s. unten S. 138 ff.

102 Vgl. Drost, NJW 1955, 1256 l.Sp.; Grünhut, Begriffsbildung und Rechtsanwendung im Strafrecht, S. 7; Mezger, Lehrbuch, S. 191; Hamann, Grundgesetz und Strafgesetzgebung, S. 49; sinngemäß auch Class, Eb. Schmidt-Festschrift, S. 122 (136 ff.).

103 So sinngemäß schon Engisch, Mezger-Festschrift, S. 127 (142 f., 156), ihm folgend Kohlmann, Der Begriff des Staatsgeheimnisses, S. 236 (dennoch verlangt Kohlmann, der Gesetzgeber habe, wo möglich, deskriptiven Merkmalen den Vorzug zu geben, vgl. a.a.O., S. 237, 259); Lenckner, JuS 1968, 256 (mit ähnlicher Bevorzugungstendenz, vgl. a.a.O., S. 256 f., 304 f.); Seel, Unbestimmte und normative Tatbestandsmerkmale, S. 5 ff.; Thelen, Tatbestandsermessen, S. 59 ff.

104 Einführung, S. 123.

legung und Subsumtion" und diese, darf man ergänzen, sind im Hinblick auf das Tatbestandsbestimmtheitsgebot unproblematisch. Der Rekurs auf das methodische Instrument der Auslegung, dessen Versagen ja erst eine Verletzung des Tatbestandsbestimmtheitsgebots signalisiert[105], erklärt also die verbreitete Unbedenklichkeitserklärung für die deskriptiven Merkmale.

In Wahrheit beginnt aber an dieser Stelle erst die eigentliche Problematik. Seit dem Sieg der objektiv-teleologischen Auslegungsmethode auch im Strafrecht ist die Vorhersehbarkeit strafrichterlicher Subordination und Subsumtion erheblich geringer geworden, was sich wohl am deutlichsten in der Erscheinung eines manchmal plötzlichen, manchmal allmählichen Auslegungswandels niederschlägt. Die bekanntesten Beispiele aus der Nachkriegsrechtsprechung sind die Erweiterungen bei der Auslegung der Begriffe „Waffe" (§§ 223 a, 250 Abs. 1 Nr. 1)[106], „umschlossener Raum" (§ 243 Abs. 1 Ziff. 2 a.F.)[107], „Unglücksfälle" (§ 330 c)[108]. Derartige grundlegend veränderte Begriffsinterpretationen halten sich innerhalb der Grenzen „erlaubter Auslegung", denn sie sind mit dem „möglichen Wortsinn" noch vereinbar. Aber in der Konsequenz für den Angeklagten bedeuten sie, daß ex nunc ein Verhalten vom Gericht für strafbar erklärt wird, das nach bisheriger Rechtsauffassung vom Gesetz nicht pönalisiert war. Daß dies der ursprünglichen Tendenz des Tatbestandsbestimmtheitsprinzips zuwiderläuft[109], liegt auf der Hand und erweckt Zweifel, die sich durch den bloßen Hinweis auf die Einhaltung der Wortlautgrenze nicht ausräumen lassen.

Im Rahmen der vorliegenden Arbeit, die nicht der Klärung der Frage gewidmet ist, welche Auslegungsmethoden in welchen Grenzen mit Art. 103 Abs. 2 GG vereinbar sind, die sich vielmehr mit der verfassungsrechtlichen Problematik eines bestimmten strafrechtlichen Phänomens befaßt, kann jene Aufgabe nicht gleichsam en passant mit erledigt werden. Hierzu wären eingehende Untersuchungen erforderlich, innerhalb deren sich methodologische Feststellungen über den Charakter der Gesetzesauslegung im Strafrecht mit einer verfassungsrechtlichen Interpretation des Art. 103 Abs. 2 GG dialektisch verbinden müßten[110].

---

105 S. oben S. 18 f.

106 BGHSt 1, 1 ff.

107 In der Fassung vor Inkrafttreten des ersten StrRG vom 25.6.1969 (BGBl. I, 645). Den Auslegungswandel hat das Urteil BGHSt (Gr.Sen.) 1, 159 ff. begründet.

108 Einbeziehung des Selbstmords durch BGHSt (Gr.Sen.) 6, 147; 13, 162.

109 Ebenso der des Rückwirkungsverbots, wie Maunz-Dürig-Herzog, Grundgesetz, Art. 103 Abs. 2, Rn. 112, Anm. 2 nachdenklich vermerken und mit einer Anregung verbinden, die jetzt Kohlmann zu einer „Von-nun-an-Klausel" im strafgerichtlichen Urteilstenor ausformuliert hat (Der Begriff des Staatsgeheimnisses, S. 289 ff.).

110 Diese dialektische Beziehung ist gewiß nicht so einfach, wie Naucke sie darstellt. Naucke hält das Problem, welche Art der Auslegung gemäß Art. 103 Abs. 2 GG zulässig ist, für das „Zentralproblem" der Verfassungsnorm (Zur Lehre vom strafbaren Betrug, S. 192). Nach seiner Auffassung ist mit Art. 103 Abs. 2 GG nur eine

Muß also auch auf exakte Angaben über den Verlauf der Auslegungsgrenze verzichtet werden, so verdient der Wandel in der Auslegung deskriptiver Begriffe doch als ein weiteres Phänomen festgehalten zu werden, das die Relativierung der Erkennbarkeit dessen, was das Gesetz als strafbares Verhalten pönalisiert, deutlich zutage traten läßt. Diese Relativierung wird von der herrschenden Lehre in Kauf genommen, um Strafbarkeitslücken, die bei einem Festhalten an der bisherigen Auslegung unvermeidbar wären, zu schließen. Die Rechtsgemeinschaft akzeptiert die kriminalpolitische Rechtfertigung gewandelter Auslegung dann, wenn der Gedanke, bestimmte Verhaltensweisen würden andernfalls bis zum Eingreifen des Gesetzgebers straflos bleiben, unerträglich erscheint. Jedenfalls in solchen Fällen könnte das Versagen des Tatbestandsbestimmtheitsprinzips, das in der Nichtvorhersehbarkeit der richterlichen Verhaltenspönalisierung zum Ausdruck kommt, gerechtfertigt werden durch die Berufung auf das Gebot materieller Gerechtigkeit, dem nur auf diese Weise Rechnung getragen werden kann. Auf diesen Gesichtspunkt ist später zurückzukommen.

4. Richterliche Begriffsfüllung und Rechtsfortbildung im Allgemeinen Teil des StGB

Besondere Probleme im Hinblick auf Art. 103 Abs. 2 GG werfen die richterliche Inhaltsbestimmung und die richterliche Neubildung zahlreicher dem Allgemeinen Teil des Strafrechts zugehöriger Rechtsfiguren wie etwa der Begriffe dolus even-

---

streng subjektiv-historische Methode vereinbar, bei der nicht „über die Bedeutung, die der historische Gesetzgeber den Merkmalen eines Tatbestands gegeben hat" hinausgegangen werden darf (a.a.O., S. 189). Diese außerordentlich strenge Aussage muß nicht nur gegenüber Tatbeständen versagen, „die der Gesetzgeber kriminalpolitisch nicht voll durchdacht hat", wie Naucke selbst eingesteht (a.a.O., S. 190, Anm. 35 a.E.), sondern gründet sich auf die ungenügend bewiesene Prämisse, daß die Verfassungsnorm ihrerseits allein mit Hilfe der subjektiv-historischen Methode interpretiert werden dürfe (a.a.O., S. 183; die von Naucke angeführten Zitate belegen keineswegs den im Haupttext erhobenen methodischen Absolutheitsanspruch). Naucke scheint völlig zu verkennen, daß gerade die Interpretation einer Verfassungsnorm in dem Spannungsverhältnis zwischen der Bindung an den zum Ausdruck gebrachten Willen des historischen Verfassungsgebers als der höchsten Rechtsetzungsinstanz einerseits und der für eine Verfassung und ihre Normen zwingend erforderlichen Anpassungsfähigkeit an Situationen des politischen und sozialen Wandels steht. Davon abgesehen sind gerade die entstehungsgeschichtlichen Belege zu Art. 103 Abs. 2 GG recht dürftig (s. dazu unten S. 155 f.). Wenn man trotz alledem eine unmittelbare Anknüpfung an die historisch tradierten Gehalte des nullum-crimen-sine-lege-Satzes als für die Interpretation der Verfassungsnorm allein maßgeblich ansehen wollte, dürfte man jedenfalls die historische Inhaltsermittlung nicht bei § 2 des Preußischen Strafgesetzbuchs von 1851 abbrechen (so aber Naucke, a.a.O., S. 184 ff.), sondern müßte bis zur Erklärung der Menschen- und Bürgerrechte von 1789 zurückgehen. Vgl. ferner die Kritik von Kohlmann, Der Begriff des Staatsgeheimnisses, S. 163.

tualis, Fahrlässigkeit, Kausalität, untauglicher Versuch, mittelbare Täterschaft, Garant, Verbotsirrtum, übergesetzlicher Notstand auf. In der Regel wird die Frage nach der Garantiewirkung des Art. 103 Abs. 2 GG für diesen Bereich dahingehend beantwortet, daß die allgemeinen Lehren des Strafrechts in starkem Maße durch Gewohnheitsrecht geprägt seien, das „hier unbeschränkt, sowohl strafbegründend und -ausdehnend, als auch strafausschließend oder -beschränkend zum Zuge" komme[111]. Diese Antwort der herrschenden Lehre ist aus zwei Gründen wenig befriedigend. Erstens läßt sie im dunkeln, welchen Charakter die Rechtsanwendung der Gerichte in diesem Bereich hat, zum zweiten setzt sie die Zulässigkeit dieser Gerichtspraxis als selbstverständlich voraus. Beiden Fragen ist näher nachzugehen, wobei es für die erste Frage noch keine Rolle spielen soll, ob sich die Anwendung der jeweiligen Rechtsfigur in malam partem auswirkt oder nicht[112].

a) Der Charakter der richterlichen Rechtsfindung in diesen Fällen

Der methodologische Charakter der richterlichen Praktizierung solcher „strafrechtlicher Allgemeinbegriffe"[113] ist nicht einheitlich; richterliche Begriffsausfüllung und -fortbildung steht neben richterlicher Lückenfüllung.

Bei der Entwicklung der Regeln über den Verbotsirrtum und den übergesetzlichen rechtfertigenden Notstand haben die Gerichte das bestehen Gesetzesrecht in eigener Verantwortung durch die Ausbildung ungeschriebener Normen ergänzt. Gewohnheitsrecht existierte nicht, wie die Begründungen und der bahnbrechende Charakter der Entscheidungen RGSt 61, 242 ff. und BGHSt 2, 194 ff. beweisen[114].

Anders ist der methodologische Charakter der Rechtsfindung bei den strafrechtlichen Allgemeinbegriffen bedingter Vorsatz, Fahrlässigkeit, Kausalität, untaug-

---

111 Maurach, Allg. Teil, S. 81; ähnlich Jagusch, LK, Bd. 1, § 2, Anm. I 1 b bb und c; I 2 c; Jescheck, Lehrbuch, S. 78 f., 97; Mezger-Blei, Allg. Teil, S. 22; Schönke-Schröder, StGB, § 2, Rn. 29; Sax, Grundrechte III/2, S. 909 (1003).

112 Die methodologische Eigenart der richterlichen Rechtsfindung in diesem Bereich bleibt, wie sich zeigen wird, im wesentlichen unberührt von der positiven oder negativen Auswirkung für den Angeklagten.

113 So die treffende Bezeichnung durch Sax, Analogieverbot, S. 39; ders., Grundrechte III/2, S. 909 (1003). Engisch, Konkretisierung, S. 277, spricht in bezug auf einige der genannten Begriffsobjekte von „Rechtsbegriffe(n) von einer gewissen Allgemeinheit".

114 Zutreffend charakterisiert Engisch, Einführung, S. 139 ff., 149 f. diese Judikatur als Lückenausfüllung. Canaris, Feststellung von Lücken, S. 109 f., 161 ff. sieht in der Rechtsprechung zum übergesetzlichen Notstand einen Fall der Lückenfeststellung und -ausfüllung aufgrund eines allgemeinen überpositiven Prinzips (der Güterabwägung), dessen Geltung nur in seiner Verwurzelung in der Rechtsidee (Gerechtigkeit) gefunden werden könne. Welches Gewicht auch hier der richterlichen Eigenwertung zukommt, hat Lenckner, Der rechtfertigende Notstand, S. 172 ff. zu Recht betont.

licher Versuch, mittelbare Täterschaft zu beurteilen. Hier enthält das Gesetz, sei es im Allgemeinen, sei es im Besonderen Teil, wenigstens begriffliche Anknüpfungspunkte für die Entfaltung der diesbezüglichen allgemeinen Lehren, so daß von einer Lückenausfüllung im strengen Sinne nicht gesprochen werden kann. Wohl aber findet hier eine Begriffsausfüllung statt. Rittler hat diesen Prozeß anschaulich beschrieben: „Gerade sehr wichtige und entscheidende Begriffe sind von dem Gesetzgeber als leere Hülsen in die Rechtssätze hineingestellt, und es ist der Rechtsgewinnung aufgegeben, die Hülsen mit Inhalt zu füllen“[115]. Dieser Rechtsfindungsprozeß enthält Elemente sowohl der normalen Begriffsauslegung als auch der Lückenfüllung. Mit der Auslegung hat er gemeinsam den „möglichen Wortsinn“ als Grenzmarke zulässiger richterlicher Rechtsfindung im herkömmlichen Sinn; mit der Lückenausfüllung verbindet ihn die Unzulänglichkeit der traditionellen Interpretationsmittel (grammatische, systematische, historische, teleologische Argumente) als initiierender Faktor. Die inhaltliche Füllung dieser Begriffe und ihre Entfaltung zu Rechtsgrundsätzen des allgemeinen Strafrechts ist durch spezifische Argumentationsweisen charakterisiert. Ableitungen aus dem Wesen eines Rechtsinstituts[116], der Rückgriff auf einen dem Recht vorgelagerten Begriff[117], auf dem Gesetz nicht zu entnehmende Strafwürdigkeitsgründe[118] oder kriminalpolitische Zwecküberlegungen[119] dienen zur Begründung. Die Eigenart dieser Rechtsfindung, die im methodologischen Schrifttum noch wenig aufgehellt ist, beruht darauf, daß das Gesetz die Anknüpfungsbegriffe mit einem hohen systematischen und dogmatischen Stellenwert ausgestattet und eben deshalb inhaltlich hochgradig unbestimmt gelassen hat. Diese Verfahrensweise des Gesetzgebers räumt der Strafrechtswissenschaft und der strafgerichtlichen Judikatur einen großen Spielraum ein und verleiht dem Strafrecht einen hohen Grad an Flexibilität – freilich um den Preis partieller Aussagelosigkeit des Gesetzes und korrespondierender Befugnis der Rechtsprechung zur Inhaltsbestimmung. Im Hinblick auf Art. 103 Abs. 2 GG ist dabei bedeutsam, daß die vom Gesetzgeber der Rechtsprechung zur inhaltlichen Ausfüllung überlassenen Begriffshülsen echte Merkmale oder zumindest immanente Elemente von Garantietatbeständen sind.

115 ZStW 49, 451 (456).

116 Vgl. beispielsweise Maurach, Allg. Teil, S. 538 zur mittelbaren Täterschaft.

117 Vgl. etwa Welzel, Strafrecht, S. 43 zur Begründung der Äquivalenztheorie: „Auch das Recht muß von diesem ‚ontologischen‘ Kausalbegriff ausgehen“.

118 Vgl. Schönke-Schröder, StGB, § 43, Vorbem., Rn. 6 zur Strafbarkeit des untauglichen Versuchs; treffend auch Maurach, Allg. Teil, S. 429: „Untergrund des Theoriengegensatzes ist die wechselnde Beurteilung der Strafwürdigkeit des Versuchs“.

119 So für die Anerkennung des dolus eventualis Maurach, Allg. Teil, S. 224.

b) Die Problematik dieses Phänomens im Hinblick auf Art. 103 Abs. 2 GG

aa) Die richterliche Lückenausfüllung

Die herrschende Lehre hält die Existenz übergesetzlicher Rechtfertigungs- und Schuldausschließungsgründe für problemlos im Hinblick auf Art. 103 Abs. 2 GG[120]. Bezüglich der richterlichen Lückenausfüllung beim übergesetzlichen rechtfertigenden Notstand ist man offenbar der Auffassung, die Garantiezone des Art. 103 Abs. 2 GG werde nicht tangiert, weil hier für bestimmte Ausnahmefälle die Rechtswidrigkeit und damit die Strafbarkeit eines Verhaltens ausgeschlossen werde, das vom Gesetz durch einen lückenlosen und bestimmten Tatbestand erfaßt sei. In dieser Sicht ist auch die Judikatur zum Verbotsirrtum mit Art. 103 Abs. 2 GG vereinbar, weil sie zugunsten des Angeklagten die Feststellung fehlender oder doch verminderter Vorwerfbarkeit erlaubt.

Bei Licht besehen stellt sich diese Auffassung als Relativierung des Garantiecharakters des nullum-crimen-sine-lege-Satzes dar, die gegenüber der sonst zugrunde gelegten traditionellen Konzeption inkonsequent ist. Während man sonst verlangt, daß allein das Gesetz strafbares Verhalten von nichtstrafbarem sondern müsse, akzeptiert man in den genannten Fällen, daß die Grenzlinie erst aus einer Kooperation von Gesetzgeber und Rechtsprechung resultiert. Nirgends wird das deutlicher als an der Rechtslage zu § 218 Abs. 3[121]. Daß die Fremdabtreibung strafwürdig und deshalb als generell rechtswidrig anzusehen ist, kann noch dem Gesetz entnommen werden. Ob aber die von einem Arzt lege artis durchgeführte Schwangerschaftsunterbrechung in concreto strafbar ist oder nicht, hängt vom Ergebnis gesetzesergänzender Rechtsfindung durch die Gerichte ab, die die Grenzlinie bekanntlich dergestalt ziehen, daß die Abtreibung bei medizinischer Indikation erlaubt, bei ethischer, eugenischer oder sozialer Indikation hingegen rechtswidrig ist[122].

Erkennt man der Rechtsprechung im Blick auf die vermeintlich alleinige Auswirkung in bonam partem die Befugnis zu, die Verhaltenspönalisierung des Gesetzes für bestimmte Fälle oder Fallgruppen durch Berufung auf übergesetzliche Recht-

---

120 Vgl. statt vieler Schönke-Schröder, StGB, § 2, Rn. 18; typisch die Bemerkung von Lenckner, JuS 1968, 249 (252), aus dem Grundsatz nullum crimen sine lege sei bisher noch nie gefolgert worden, daß Rechtfertigungs- und Entschuldigungsgründe überhaupt einer gesetzlichen Normierung bedürften, und deshalb könnten die übergesetzlichen Rechtfertigungs- und Entschuldigungsgründe auch nicht am Prinzip hinreichender Bestimmtheit gemessen werden.

121 Gemeint ist die Rechtslage in ganz Deutschland vor Erlaß des Gesetzes zur Verhütung erbkranken Nachwuchses und der dazu gehörenden Ausführungsverordnung sowie die Nachkriegsrechtslage jedenfalls in den Bundesländern Bayern und Hessen, vgl. dazu im einzelnen Schönke-Schröder, StGB, § 218, Rn. 9, sowie Kienzle, GoltdA 1957, 65 ff.

122 Nachweise bei Maurach, Bes. Teil, S. 56 ff.; Schönke-Schröder, StGB, § 218, Rn. 9 ff., 21 ff.

fertigungs- oder Schuldausschließungsgründe aufzuheben, so legt man in Wahrheit die letzte Entscheidung über die Strafbarkeit oder Nichtstrafbarkeit tatbestandsmäßiger Verhaltensweisen in die Hand der Gerichte. Zwar kann das Gericht den durch die tatbestandliche Verhaltensbeschreibung gezogenen Rahmen nicht überschreiten; insoweit ist der nullum-crimen-sine-lege-Satz weiterhin wirksam. Ob und inwieweit das Gericht jedoch die gesetzliche Regelwertung durch eigene Ausnahmewertung korrigiert, ist aufgrund des Gesetzes objektiv nicht vorhersehbar. Eben dies widerspricht dem historischen Grundgedanken der Parömie.

Die Einschränkung des Grenzziehungsmonopols des Gesetzes konnte der aufklärerischen Konzeption nullum crimen sine lege noch nicht in den Blick kommen, weil ihr die Verbrechensschichtung der modernen Strafrechtsdogmatik in Tatbestandsmäßigkeit, Rechtswidrigkeit, Schuld unbekannt war, die erst die Annahme von (außergesetzlichen) Rechtfertigungsgründen ermöglicht[123].

Wenn Feuerbach schreibt, die „Bestimmtheit der gesetzlichen Strafvoraussetzungen" sei „die Grundbedingung jeder Gesetzgebung, weil sie die Grundbedingung aller Gewißheit ist"[124], so ist für ihn selbstverständlich, daß *nur* beim Vorliegen der gesetzlichen Strafvoraussetzungen, dann aber auch *ausnahmslos* Strafe zu verhängen sei. Sein Postulat lückenloser und präziser Gesetzesfassung erfährt eine bedeutsame Abwertung, wenn – modern ausgedrückt – der Gesetzgeber den Rahmen der Tatbestandsmäßigkeit so weit ziehen darf, daß die Rechtsprechung einen übergesetzlichen Strafausschließungsgrund „erfinden" muß, um materiell ungerechte Bestrafung zu verhindern.

Damit soll natürlich nicht geleugnet werden, daß bei lückenloser, aber zu weit gespannter gesetzlicher Tatbestandsfassung die richterliche Entscheidung über das „Ob" der Strafbarkeit sehr viel seltener gesetzesergänzend eingreifen muß als bei unbestimmten oder lückenhaften Tatbeständen. Letzteres ist ja das Problem der unechten Unterlassungsdelikte. Aber ob selten oder häufig, der quantitative Unterschied wird nicht zum qualitativen. Wer den Unrechtsausschluß kraft richterlicher Rechtsfindung beim übergesetzlichen Notstand oder den Schuldausschluß beim unvermeidbaren Verbotsirrtum für vereinbar mit Art. 103 Abs. 2 GG hält, wie das die herrschende Lehre tut, kann gegen eine Interpretation der Lückenausfüllung bei den unechten Unterlassungsdelikten als zulässige Einschränkung der gesetzlich zu weit gezogenen Verantwortlichkeit für tatbestandsmäßiges Unterlassen[125] nicht einwenden, das sei etwas ganz anderes, um so

123 Die Abschichtung der Rechtswidrigkeit von der Schuld vollzieht sich in der zweiten Hälfte des 19. Jahrhunderts (vgl. dazu Mezger, Lehrbuch, S. 162, Anm. 2; Welzel, Strafrecht, S. 48), die Verselbständigung der Tatbestandsmäßigkeit geht auf Belings „Lehre vom Verbrechen" zurück.

124 Zitiert nach Bopp, Die Entwicklung des Gesetzesbegriffes, S. 55.

125 So Maurach, Allg. Teil, S. 510, vgl. dazu oben 1. Hauptteil, 4. Kap. III 2 a) aa).

weniger, als logisch nichts im Wege stünde, das Fehlen einer Erfolgsabwendungspflicht als außergesetzlichen Rechtfertigungsgrund aufzufassen[126]. Der ursprüngliche Sinn des nullum-crimen-sine-lege-Satzes wird – in qualitativ gleicher Weise – durch Strafrechtssätze in Frage gestellt, die die Entscheidung über Verbotensein oder Erlaubtsein bestimmter Verhaltensweisen gesetzesergänzender Rechtsfindung durch die Gerichte überlassen.

bb) Die richterliche Begriffsfüllung

Die Problematik der richterlichen Inhaltsbestimmung bei den strafrechtlichen Allgemeinbegriffen ist bereits bei der methodologischen Analyse deutlich geworden. Sie liegt darin, daß der Gesetzgeber Begriffshülsen als echte Merkmale oder als immanente Elemente von Garantietatbeständen verwendet, deren inhaltliche Ausfüllung er Lehre und Rechtsprechung überläßt. Streng genommen kann hier von gesetzlicher Bestimmtheit nur insoweit gesprochen werden, als der mögliche Wortsinn äußerste Grenzen der Inhaltsfüllung markiert. Da es sich überwiegend nicht um Begriffe der Umgangssprache, sondern um Rechtsbegriffe handelt, kommt als Begriffskern eine allgemein geläufige Wortbedeutung nicht in Betracht, so daß diese Begriffe eigentlich der gesetzlichen Definition bedürften. Durch die Zuweisung dieser Aufgabe an Lehre und Rechtsprechung wächst diesen eine Funktion bei der Rechtsfindung zu, die sie stellvertretend für den Gesetzgeber ausüben; mit Verbindlichkeit für den Einzelfall nimmt das Strafgericht diese Aufgabe wahr.

In der von den Gerichten nicht etwa usurpierten, sondern ihnen vom Gesetzgeber übertragenen Begriffsfüllung tritt eine der ursprünglichen Konzeption des nullum-crimen-sine-lege-Gedankens zuwider laufende Funktionsverteilung zwischen Gesetzgeber und Rechtsprechung zutage, die bereits an anderen Phänomenen zu beobachten war. Als Folge davon büßt der nullum-crimen-sine-lege-Satz einen Teil der ihm zugedachten Garantiewirkung ein; das Gesetz ist nicht mehr alleiniges Erkenntnismittel für den Verlauf der Grenze zwischen verbotenem und erlaubtem Verhalten. Die Strafbarkeit inadäquat-kausalen Verhaltens, des vom untauglichen Subjekt unternommenen „Versuchs", der mittelbaren Täterschaft, der bedingt-vorsätzlichen Begehung ergeben sich ebensowenig allein aus dem Gesetz wie die Anforderungen an die Sorgfaltspflicht bei den Fahrlässigkeitsdelikten oder auch an die Zumutbarkeit normgemäßen Verhaltens. Ohne Ergänzung der durch Auslegung gewonnenen speziellen Obersätze durch Obersätze, die das Gericht in eigener Verantwortung setzt[127], ist eine Subsumtion und damit eine Verurteilung nicht möglich. Eben diese Form kooperativer Rechtsfindung stellt die Interpretation von Art. 103 Abs. 2 GG vor die Frage, ob am tradierten

126 Treffend Mezger, allerdings in anderem Zusammenhang: „Ob man aber die Rechtswidrigkeit als positive oder ihr Fehlen als negative Voraussetzung der Strafe bezeichnet, ist völlig gleichgültig, weil sachlich genau dasselbe" (Lehrbuch, S. 183 f.).

Verständnis des nullum-crimen-sine-lege-Satzes uneingeschränkt festgehalten werden kann.

II. Die konträren Deutungsmöglichkeiten angesichts dieser Phänomene: Rechtsstaatswidrige Entartungen oder Indikatoren rechtsstaatsgemäßer Funktionsneuverteilung

Die erörterten Phänomene haben bei mancher Unterschiedlichkeit im Detail eines gemeinsam: Sie demonstrieren Funktionsdefizite des Gesetzes und eine damit korrespondierende funktionelle Beteiligung der Rechtsprechung bei der Grenzziehung zwischen strafbarem und nichtstrafbarem Verhalten. Das Instrument zur Realisierung staatsbürgerlichen Freiheitsschutzes, das von der Volksvertretung beschlossene Strafgesetz, büßt seine strenge Bindungswirkung gegenüber den Strafgerichten überall da ein, wo es mangels Vollständigkeit und Präzision nur noch bruchstückhafte Handlungsanweisungen an den Richter enthält. In solchen Fällen übernimmt es, als wäre dies selbstverständlich, die Rechtsprechung, gesetzliche Hohlräume und Leerstellen nach Art eines Gesetzgebers auszufüllen. Damit wird aber der ursprüngliche Kerngedanke des nullum-crimen-sine-lege-Prinzips in Frage gestellt.

Gegenüber diesem Befund sind zwei konträre Stellungnahmen denkbar. Entweder versteht man unter Berufung auf den hermeneutischen Traditionszusammenhang Art. 103 Abs. 2 GG als verfassungsrechtlich verbriefte „magna charta libertatis", nämlich als formell-rechtsstaatliche Beschränkung strafgerichtlicher Kompetenz im Dienste der Sicherung größtmöglicher staatsbürgerlicher Handlungsfreiheit und Rechtssicherheit. Dann muß man richterliche Eigenwertung, Begriffsfüllung und Lückenausfüllung ebenso als verfassungswidrig verwerfen wie die Strafrechtssätze, die solche richterliche Rechtsfindung ermöglichen. Oder aber man sieht angesichts ihrer Häufigkeit und sachlichen Relevanz in den erörterten Phänomenen eine nicht negierbare Entwicklung unseres Strafrechts, in der ein neuartiges Verhältnis zwischen Legislative und Rechtsprechung zum Ausdruck kommt. Dann aber müßte sich aus der Verfassung erweisen lassen, daß diese neue Funktionsverteilung zulässig ist und das herkömmliche Verständnis des nullum-crimen-sine-lege-Satzes korrigiert werden muß[128]. Rechtsstaats-

127 Soweit die Begriffsfüllung bereits gewohnheitsrechtlich verfestigt ist, ergibt sich zwar eine Bindung für das nunmehr erkennende Gericht, aber diese beruht nichtsdestoweniger auf früheren Rechtsfindungsakten der Rechtsprechung, die mit dem ursprünglichen Verständnis des nullum-crimen-sine-lege-Satzes nicht in Einklang stehen. Eben dies wird von der h.M. bagatellisiert, wenn sie insoweit von zulässigem strafbegründendem Gewohnheitsrecht im Bereich des Allgemeinen Teils spricht.

128 Oder anders gesagt: Die Auslegung des Art. 103 Abs. 2 GG müßte ergeben, daß der Gehalt der Verfassungsnorm nicht identisch ist mit den tradierten Aussagen zum Prinzip nullum crimen sine lege.

widrige Entartungserscheinungen oder Indikatoren rechtsstaatsgemäßer Funktionsneuverteilung – das sind, auf eine kurze Formel gebracht, die denkbaren konträren Deutungen der oben erörterten Phänomene.

Als namhafte Vertreter der Entartungsthese dürfen Class[129], Drost[130], Hamann[131], Lange[132] und H. Mayer[133] gelten. Gerade der Letztgenannte hat frühzeitig, insbesondere aber seit Inkrafttreten des Grundgesetzes mit großem Nachdruck gegen unbestimmte normative Merkmale und Generalklauseln Stellung genommen, ihre Verfassungswidrigkeit behauptet und eindringlich davor gewarnt, den Maßstab des Art. 103 Abs. 2 GG für die Tatbestandsbestimmtheit aufzuweichen. So heißt es beispielsweise in seinem Gutachten für die Große Strafrechtskommission über die gesetzliche Bestimmtheit der Tatbestände: „Die Forderung nach gesetzlicher Bestimmtheit der Tatbestände ist ... die unausweichliche logische Folgerung aus dem Grundsatz nulla poena sine lege. Eine Tat ist eben nur dann vom Gesetz selbst mit Strafe bedroht, wenn auch das Gesetz selbst den in Betracht kommenden Fall eindeutig, plainly und unmistakably, précisément beschrieben hat. Das Gesetz hat keine Strafbarkeit für eine Handlung bestimmt, wenn es dem Richter nur die Ermächtigung gibt, innerhalb eines unbestimmten Allgemeinbegriffes, der auf strafwürdige und straflose Handlungen paßt, auszuwählen, was strafbar sein soll und was straffrei zu bleiben hat“[134]. Nicht weniger entschieden formuliert Class bezüglich der Generalklauseln, zu denen er auch zahlreiche wertausfüllungsbedürftige Tatbestandsmerkmale sowie die „Gewissensanspannung“ beim Verbotsirrtum und die Umschreibung der Garantenstellungen nach Art des § 13 E 1960 rechnet[135]: „Die Generalklauseln befinden sich ... im Strafrecht in einem unaufhebbaren Konflikt mit Idee und Wirklichkeit des Rechtsstaates“[136].

129 Eb. Schmidt-Festschrift, S. 122 (130 ff.).

130 NJW 1955, 1255 ff.

131 Grundgesetz und Strafgesetzgebung, S. 46 ff.

132 Rechtsstaat, S. 69 ff.

133 Die gesetzliche Bestimmtheit der Tatbestände, S. 268 ff.; ders., Strafrechtsreform für heute und morgen, S. 104 ff., 109 ff.

134 Die gesetzliche Bestimmtheit, S. 271. Daß H. Mayer Art. 103 Abs. 2 GG als „magna charta libertatis“ versteht und es ihm um die Wiederherstellung der „strenge(n) Gesetzlichkeit des Strafrechts i.S. des alten Liberalismus“ geht, hat er in seiner Schrift „Strafrechtsreform für heute und morgen“ noch einmal ausdrücklich betont (a.a.O., S. 47, 107, 109). Seine anhaltende Polemik gegen die Garantenstellungen, wenn auch unter der Flagge des Analogieverbots geführt, beruht auf eben dieser Sicht des nullum-crimen-sine-lege-Satzes (siehe dazu oben 1. Hauptteil, 4. Kap., III 2 a) cc).

135 Eberhard Schmidt-Festschrift, S. 122 (125 f.).

136 A.a.O., S. 135. Class geht sogar soweit, die zulässige richterliche Gesetzesanwendung auf logische Deduktion und Subsumtion zu beschränken, vgl. a.a.O., S. 136 ff.

Die herrschende Lehre hat sich die – aus der Sicht der klassischen nullum-crimen-sine-lege-Konzeption konsequente – Entartungsthese nicht zu eigen gemacht. Zwar hält sie unbestimmte Tatbestandsmerkmale für rechtsstaatlich bedenklich und registriert nicht ohne Unbehagen richterliche Rechtsfindung im Allgemeinen Teil des StGB[137]. Aber letztlich nimmt sie ebenso wie die Rechtsprechung die oben geschilderten Phänomene als mehr oder weniger unvermeidliche Einbrüche in das Prinzip nullum crimen sine lege hin, ohne die Grundlagen des traditionellen Verständnisses der Parömie in Frage zu stellen[138]. Auf solche Weise entkommt man jedoch nicht der durch die erörterten Phänomene aufgeworfenen Problematik. Ob deren Deutung als rechtsstaatswidrige Entartungserscheinungen zutreffend ist oder nicht, läßt sich nicht vom Boden eines unreflektiert übernommenen traditionellen Rechtsstaatsverständnisses und einer damit korrespondierenden nullum-crimen-sine-lege-Doktrin, sondern allein anhand von Aussagen des Grundgesetzes beantworten. Die erörterten Phänomene erzwingen eine Bestimmung des Normgehalts des Art. 103 Abs. 2 GG im Wege der Verfassungsauslegung.

Die Frage erscheint nicht unberechtigt, ob die notwendige vertiefte Reflexion über den Normgehalt des Art. 103 Abs. 2 GG in der vorliegenden Arbeit überhaupt geleistet werden kann. Eine umfassende, sämtliche tradierten Prinzipien des nullum-crimen-sine-lege-Satzes einbeziehende Untersuchung, deren Ergebnis den Anspruch der Verbindlichkeit erheben könnte, stößt schon deshalb auf Hindernisse, weil der strafrechtliche Untersuchungsgegenstand ein begrenzter ist. Insbesondere könnten präzise Aussagen über die vom Strafgesetz gezogene Grenze zulässiger richterlicher Rechtsfindung nicht ohne eingehende methodologische Untersuchungen gemacht werden. Wohl aber läßt sich auch auf verhältnismäßig knappem Raum das für die unechten Unterlassungsdelikte so bedeutsame Gebot gesetzlicher Tatbestandsbestimmtheit und -vollständigkeit kritisch überprüfen. In Fortführung von Untersuchungen aus jüngster Zeit, die gleichfalls am Demonstrationsobjekt einzelner strafrechtlicher Phänomene das herkömmliche Verständnis des nullum-crimen-sine-lege-Satzes kritisch erörtert haben[139], wird die hier vorgelegte Arbeit zu bestimmten Korrekturen in der Deutung des Art. 103 Abs. 2 GG gelangen, die möglicherweise auch für den nicht näher diskutierten Anwendungsbereich der Verfassungsnorm (Rechtsfindungsspielraum der Strafgerichte) die Generalrichtung einer Interpretationskorrektur markieren könnten.

---

137 Vgl. Maunz-Dürig-Herzog, Grundgesetz, Art. 103 Abs. 2, Rn. 107, 112.

138 Vgl. Schönke-Schröder, StGB, § 2, Rn. 29, 64, 64 a sowie die Nachweise oben S. 18, Anm. 42. Aus der Rechtsprechung sei verwiesen auf BVerfGE 4, 352 (358); 11, 234 (237); 14, 245 (251); 26, 41 (42 f.); BGHSt 11, 365 (371); 18, 359 (362).

139 Seel, Unbestimmte und normative Tatbestandsmerkmale; Thelen, Tatbestandsermessen; Lenckner, JuS 1968, 249 ff., 304 ff.

4. Kapitel

Die Aufwertung des materiellen Rechtsstaatsprinzips im Grundgesetz als neues Element im Kontext der Verfassung

I. Auslegung des Art. 103 Abs. 2 GG aus dem Verfassungskontext

Das bisher dominierende Verständnis des nullum-crimen-sine-lege-Satzes beruht, wie früher dargelegt, ganz wesentlich auf einem ausdrücklichen oder stillschweigenden Rekurs auf die hermeneutische Tradition. Die scheinbar zeitlose Wahrheit der Parömie und ihre prinzipielle Akzeptierung durch die deutsche Rechtsgemeinschaft haben den Blick dafür getrübt, daß der Grundsatz nullum crimen sine lege durch seine Aufnahme in das Grundgesetz nicht einfach nur in seinem Geltungsanspruch erhöht worden ist, sondern daß zugleich sein Normgehalt durch die Aussagen der Gesamtverfassung mit bestimmt wird. Notwendig und zureichend ist deshalb nur eine solche Interpretation des Art. 103 Abs. 2 GG, die neben der Entwicklungsgeschichte und den tradierten Inhalten des nullum-crimen-sine-lege-Prinzips den Kontext der Verfassung ernst nimmt und gebührend berücksichtigt. Gerade als Norm einer Verfassung, die unter total veränderten Verhältnissen für den einen Teil Nachkriegsdeutschlands eine Basis für neue politische und rechtliche Entwicklungen schaffen wollte, ist der nullum-crimen-sine-lege-Satz inhaltlich nicht notwendig identisch mit der gleichlautenden Parömie in ihrer Entwicklung von der Aufklärung über die Zeit Feuerbachs, die Strafgesetzgebung des Norddeutschen Bundes und des Bismarckreichs bis hin zu Art. 116 WRV.

Gerade im Hinblick auf die Verwurzelung des nullum-crimen-sine-lege-Satzes in der deutschen Rechtstradition erscheint es angebracht, eine vorschnelle Inanspruchnahme des dargelegten Interpretationsansatzes zugunsten einer einseitigen Deutung des Art. 103 Abs. 2 GG als magna charta libertatis abzuwehren. So könnte beispielsweise auf den gegenüber § 2 Abs. 1 StGB a.F. und Art. 116 WRV neu gewonnenen Grundrechtscharakter des Art. 103 Abs. 2 GG hingewiesen werden, der die Verfassungsnorm in die Nähe der klassischen Freiheitsgrundrechte rückt[139a]; Art. 103 Abs. 2 GG wäre dann als strafrechtsspezifische Einengung des Gesetzesvorbehalts zugunsten der staatsbürgerlichen Handlungsfreiheit zu interpretieren. Oder aber es könnte gerade eine Auslegung aus dem Kontext der Verfassung zugunsten jener Auffassung in Anspruch genommen werden, die den Strafrichter einer besonders strengen Gesetzesbindung unterworfen sieht. Denn, so könnte man sagen, während Art. 20 Abs. 3 GG alle Gerichte

---

139a Maunz-Dürig-Herzog, Grundgesetz, Art. 103 Abs. 2, Rn. 103; Sax, Grundrechte III/2, S. 909 (997).

an Gesetz und Recht bindet, enthält Art. 103 Abs. 2 GG eine Spezialnorm für die Strafgerichte, die im Sinn der traditionellen Konzeption des nullum-crimen-sine-lege-Prinzips und in Übereinstimmung mit dem Grundrechtscharakter der Norm der strafrichterlichen Rechtsfindung besonders enge Grenzen setzt[140].

Solche Erwägungen sind gewiß nicht leicht zu nehmen. Sie unterstreichen die bekannte formell-rechtsstaatliche Komponente des Art. 103 Abs. 2 GG mit Auslegungsargumenten aus dem Grundgesetz. Eine Interpretation des Art. 103 Abs. 2 GG, die den gesamten Verfassungskontext berücksichtigt, darf jedoch bei diesen formell-rechtsstaatlichen Gehalten nicht stehenbleiben, sondern muß, wie im folgenden darzulegen ist, die durch das Grundgesetz neugeschaffene materielle Dimension des Rechtsstaatsprinzips angemessen berücksichtigen.

II. Die Aufnahme des materiellen Rechtsstaatsprinzips in das Grundgesetz und ihre Bedeutung für die richterliche Rechtsfortbildung außerhalb des Strafrechts

Daß das Grundgesetz unter dem Eindruck des Rechtsmißbrauchs während des Dritten Reichs und in bewußter Abkehr von früherem deutschen Verfassungsdenken nicht nur formelle Rechtsstaatlichkeit garantiert, sondern den neuen Staat zugleich als Rechtsstaat im materiellen Sinn konstituiert, ist in der Staatsrechtslehre anerkannt[141]. Formelle Rechtsstaatlichkeit, wie sie den bürgerlich-liberalen deutschen Gesetzesstaat seit 1871 und weithin auch noch den Weimarer Staat nach 1919 geprägt hat[142], ist den Prinzipien der Gewaltenteilung, der

140 In dieser Richtung argumentieren nachdrücklich Grünwald, ZStW 76, 1 (13 ff.) und Hamann, Grundgesetz und Strafgesetzgebung, S. 46 ff.

141 Vgl. Bachof, VVDStRL 12 (1954), 37 (38 f.) = Rechtsstaatlichkeit und Sozialstaatlichkeit, S. 201 (203); dens. Grundgesetz und Richtermacht, S. 23 f.; Bäumlin, Stichwort: Rechtsstaat, Erl. III, in: Evangelisches Staatslexikon; Hamann-Lenz, Grundgesetz, Einf. I.D.1 (S. 55 ff.); Hesse, Grundzüge, S. 74 ff.; Maunz-Dürig-Herzog, Grundgesetz, Art. 20, Rn. 59 f.; Christian-Fr. Menger, Rechtsstaatlichkeit und Sozialstaatlichkeit, S. 42 (64 ff., allerdings unter Berufung auf die Sozialstaatsklausel; dagegen zutreffend Bachof im gleichen Sammelband, S. 204: „Gerechtigkeitsstaat ist schon der Rechtsstaat"); Scheuner, 100 J.-DJT-Festschrift, Bd. II, S. 229 (248 ff.) = Rechtsstaatlichkeit und Sozialstaatlichkeit, S. 461 (488 ff., allerdings unter Ablehnung der Formel vom Staat der materialen Gerechtigkeit, weil dies wiederum nur eine formale(?) Umschreibung sei); vgl. ferner BVerfGE 2, 380 (381, LS 4; 403); 11, 150 (163).

142 Christian-Fr. Menger, Rechtsstaat, S. 3 ff. = Rechtsstaatlichkeit und Sozialstaatlichkeit, S. 42 (51 ff.) hat darauf aufmerksam gemacht, daß dieser formale Rechtsstaatsbegriff eine Verengung gegenüber dem in der ersten Hälfte des 19. Jahrhunderts dominierenden darstellt, den er nicht ganz glücklich als materiellen Rechtsstaatsbegriff liberaler Prägung bezeichnet; vgl. auch Heller, Rechtsstaat oder Diktatur? , S. 8 ff.

Gleichheit vor dem Gesetz, der Gesetzmäßigkeit der Verwaltung und der Bindung unabhängiger Gerichte an das Gesetz verpflichtet[143]. Nach einem treffenden Wort von Hans Huber gipfelt dieser formelle Rechtsstaatsbegriff im Prinzip der Legalität[144]. Das Gesetz als einzig legales Mittel staatlicher Eingriffe in Freiheit oder Eigentum des einzelnen wird – ganz im Sinne des Ideenguts der Aufklärung – in eben dieser Funktion zugleich zum Garanten staatsbürgerlicher Freiheit gegen die gewaltenteilend organisierte und ausbalancierte Staatsgewalt. Spätestens der legale Machtmißbrauch in der Form gesetzlichen Unrechts bewies das Versagen eines solchen nur formell rechtsstaatlichen Verfassungsdenkens auf verheerende Weise.

Wie die Staatsrechtslehre zu Recht hervorhebt, dokumentiert sich die Abkehr von einem Rechtsstaatsverständnis allein im formellen Sinn in verfassungsrechtlichen Neuerungen wie der Verpflichtung aller staatlichen Gewalt zu Achtung und Schutz der Menschenwürde (Art. 1 Abs. 1 GG), der verfassungsmäßigen Anerkennung unverletzlicher und unveräußerlicher Menschenrechte (Art. 1 Abs. 2 GG), der Bindung der Staatsgewalt an unmittelbar geltende Grundrechte (Art. 1 Abs. 3 GG), der inhaltlichen Ausprägung bestimmter den Staat bindender Grundwerte in den Grundrechten, schließlich in der Institutionalisierung eines Bundesverfassungsgerichts als obersten Hüters der Verfassung (Art. 93, 94, 100 GG). Die „neue Dimension" des Rechtsstaatsprinzips[145] wird zutreffend zum Ausdruck gebracht, wenn vom Rechtsstaat der BRD gesagt wird, er ziele auf „die Erlangung und Erhaltung der materiellen Gerechtigkeit"[146].

Die Konstituierung unseres Staates als *Rechts*staat umfaßt jedoch noch ein weiteres wesentliches Moment, das bisher nicht genügend Beachtung gefunden hat. Durch die Verweisung des Staates auf das Recht als die einem verfaßten Gemeinwesen adäquate Form der Bewältigung sozialer Konflikte wird ihm zugleich eine Aufgabe auferlegt und das Instrument zu ihrer Bewältigung zur Verfügung gestellt.. Aufgabe eines Rechtsstaats ist die Ordnung regelungsbedürftiger, für die res publica relevanter Konfliktlagen mit den Mitteln des Rechts. Der Staat darf sich der rechtlichen Bewältigung solcher Konflikte nicht entziehen, er muß durch die Aufstellung verbindlicher Regeln, die den Postulaten der Rechtsidee (materielle Gerechtigkeit, Rechtssicherheit, Zweckmäßigkeit) in ausgewogenem Maße Rechnung tragen, konfliktverhindernd bzw. -entscheidend tätig werden.

Damit rückt die viel erörterte Existenz und Problematik des Richterrechts in ein

143 Vgl. Hans Huber, Giacometti-Festgabe, S. 59 (68 f.); Fechner, Freiheit und Zwang im sozialen Rechtsstaat, S. 3 ff. = Rechtsstaatlichkeit und Sozialstaatlichkeit, S. 73 (75).

144 Giacometti-Festgabe, S. 68.

145 So treffend Lange, Rechtsstaat, S. 72.

146 Maunz-Dürig-Herzog, Grundgesetz, Art. 20, Rn. 59; ähnlich beispielsweise Bachof, Rechtsstaatlichkeit und Sozialstaatlichkeit, S. 203; Hans Peters, Recht-Staat-Wirtschaft, Bd. 3, S. 66 (67).

neues Licht. Sie wird hinsichtlich der verfassungsrechtlichen Seite häufig nur unter den Aspekten der Gewaltenteilung und der Krise des Gesetzgebungsstaats erörtert. Die entscheidende Frage der Zulässigkeit richterlicher Rechtsfortbildung außerhalb des Strafrechts, insbesondere der Schaffung von subsumtionsermöglichenden Obersätzen im Wege der Generalklausel-Konkretisierung und der sonstigen „Rechtsfortbildung extra legem, aber intra jus" (Larenz[147]) ist verfassungsrechtlich einzig und allein vom Rechtsstaatsgedanken her begründbar. Warum denn hält man den Richter für befugt, dort, wo das Gesetz schweigt, die Lebenswirklichkeit aber der Rechtsentscheidung bedarf, anstelle des Gesetzgebers „vorsichtig, in methodisch gesicherter Weise sowie in Übereinstimmung mit dem allgemeinen Rechtsbewußtsein und mit den anerkannten ... Grundsätzen der gesamten Rechtsordnung"[148] die fehlende Rechtsregel hervorzubringen? Doch einzig und allein deshalb, weil eine Verweigerung der Rechtsentscheidung den Rechtsstaat desavouieren müßte. Was in dem aus dem Geist des Positivismus geborenen Dogma von der Lückenlosigkeit der Rechtsordnung und in dem stärker prozessual gefärbten Rechtsverweigerungsverbot schon immer als richtiger Kern enthalten war, ist in der verfassungsrechtlichen Festlegung auf Rechtsstaatlichkeit in jenem oben erörterten neuen Verständnis verbindlich geworden: Der Staat muß seine der Rechtsverwirklichung dienenden Institutionen, insbesondere die gesetzgebenden und die rechtsprechenden, zur rechtlichen, d.h. ordnenden und gerechten Konfliktlösung einsetzen; wo die Legislative allein dieser Aufgabe nicht gerecht zu werden vermag, darf und soll ergänzend und subsidiär die Rechtsprechung rechtsfindend tätig werden.

Diese Befugnis zur Rechtsfortbildung wird insbesondere von den Bundesgerichten mit großer Selbstverständlichkeit wahrgenommen[149]. Kurz und bündig erklärt das Bundesverfassungsgericht: „... diese Art rechtsfindender Lückenfüllung (ist) im modernen Rechtsstaat mehr und mehr zur echten richterlichen Aufgabe geworden"[150]; an anderer Stelle rechtfertigt das Gericht die richterliche Ausfüllung von unbestimmten Rechtsbegriffen und Generalklauseln wie folgt: „Diese weitgefaßten Normen können das Gebot materieller Gerechtigkeit überhaupt erst erfüllen, wenn der Richter Lücken schöpferisch ausfüllt und damit den objektiven Willen des Gesetzgebers im Einzelfall verwirklicht"[151]. Die Ausbildung regelrechter Tatbestände auf Grund der Generalklauseln der §§ 138, 242, 826 BGB, § 1 UWG, die Entwicklung der Regeln über die culpa in contrahendo, die Verträge mit Schutzwirkung für Dritte und die Sicherungsübereig-

147 Methodenlehre, S. 382.

148 Larenz, Methodenlehre, S. 347.

149 Vgl. beispielsweise BGHZ 3, 308 (308 LS 2, 315); 4, 153 (157 ff.); 17, 266 (275 ff.); BAG (Gr.Sen.) 1, 291 ff.

150 BVerfGE 3, 225 (242, vgl. auch S. 243 f.).

151 BVerfGE 13, 153 (164).

nung, die Rechtsschutzgewährung bei Verletzungen der Persönlichkeit, die – man kann es nicht anders nennen – gesetzesvertretende Normierung des Arbeitskampfrechts durch das Bundesarbeitsgericht sind die herausragenden Beispiele außerstrafrechtlicher richterlicher Rechtsfortbildung, die vor Jahrzehnten beginnend, jedenfalls seit Inkrafttreten des Grundgesetzes in ihrer prinzipiellen Zulässigkeit nicht mehr angefochten werden kann.

In allen diesen Fällen haben die Gerichte nicht verfassungswidrig Rechtssetzungsbefugnisse der Legislative usurpiert, sondern dort, wo der Gesetzgeber aus den verschiedensten Gründen regelungsbedürftige Materien nicht oder nicht vollständig normiert hat, allgemeine Obersätze aufgestellt in einem Verfahren, wie es § 1 Abs. 2 des schweizerischen Zivilgesetzbuchs den dortigen Richtern vorschreibt[152].

III. Art. 20 Abs. 3 GG als Ermächtigung zu gesetzesergänzender kooperativer Rechtsfindung durch die Gerichte

Die Befugnis der Rechtsprechung zu ergänzender Rechtsfindung und ihre Grenzen haben in Art. 20 Abs. 3 GG (Bindung an Gesetz und Recht) hinreichend deutlichen Ausdruck gefunden. Allerdings hat die Deutung der „mysteriöse(n) Alternative“[153] ‚Gesetz und Recht‘ der Staatsrechtslehre seit Inkrafttreten des Grundgesetzes erhebliche Schwierigkeiten bereitet[154]. Der Versuch, die Formel als Tautologie auszugeben und auf diese Weise mit dem Wortlaut des Art. 97 Abs. 1 GG in Einklang zu bringen[155], muß als gescheitert angesehen werden[156]. Die Entstehungsgeschichte[157] und die objektiv feststellbare Tendenz der Verfassung, die Rechtsprechung auf mehr als bloße Legalität zu verpflichten, machen eine Interpretation notwendig, die den Begriff „Recht“ als eigenständigen Teil der Bindungsformel ernst nimmt[158, 159].

---

152 Vgl. zu § 1 Abs. 2 Schw.ZGB Meier-Hayoz, Der Richter als Gesetzgeber; dens., Berner Komm., Art. 1, Rn. 41 sowie Abschnitt D Richterrecht, insbes. Rn. 311 ff.; Egger, Kommentar zum Schweizerischen ZGB, Art. 1, Rn. 5, 36 ff.

153 Zacher, DVBl. 1955, 649 (650 l.Sp.).

154 Vgl. Bonner Kommentar, Art. 20, Anm. II 3 e); Arthur Kaufmann, Erik Wolf-Festschrift, S. 357 (358 ff.); Maihofer, Bindung des Richters, S. 7 ff., 12 ff.; Maunz-Dürig-Herzog, Grundgesetz, Art. 20, Rn. 72, jeweils m.w.Nw.

155 Schrader, Recht-Staat-Wirtschaft, 3. Bd., S. 84.

156 Richtig Maihofer, a.a.O., S. 7 f.

157 Dazu Maihofer, a.a.O., S. 10 ff. mit Nachweisen.

158 Vgl. außer Maihofer, a.a.O., Arthur Kaufmann, Erik Wolf-Festschrift, S. 357 (360 f. m.w.Nw.).

159 Hierfür genügt es nicht, das Gesetz als „Positivität ohne Wertgehalt“ dem Recht als „Wertgehalt ohne Positivität“ gegenüberzustellen (von Mangoldt-Klein, Das Bonner

Neuartig ist die Bindungsformel in zweierlei Hinsicht: erstens ist die Rechtsprechung nicht mehr schlechthin an jedes korrekt zustandegekommene Gesetz gebunden; zweitens ist sie nicht nur an das Gesetz gebunden[160]. In der ersten Richtung verneint Art. 20 Abs. 3 GG eine Bindung an eine lex corrupta und zieht damit die Konsequenz aus dem Erlebnis gesetzlichen Unrechts. „Ein ‚Rechtsstaat', der den Richter nötigen würde, nach Unrechts-Gesetzen ‚Recht' zu sprechen, wäre ein Widerspruch in sich"[169]. Für den unter der Herrschaft des Grundgesetzes allerdings schwer vorstellbaren Konflikt mit einem schlechthin, d.h. bei jeder denkbaren Anwendungsmöglichkeit ungerechten Gesetz[162] verpflichtet die Verfassung die Rechtsprechung auf den obersten Rechtswert der Gerechtigkeit[163].

In anderer Weise gebietet Art. 20 Abs. 3 GG dem Richter die Orientierung an der Rechtsidee, wenn er für die ungleich häufigeren Fälle, in denen das Gesetz ihn im Stich läßt, auf das Recht im Ganzen verweist, auf die Rechtsordnung mit ihren ungeschriebenen Normen (Gewohnheitsrecht), aber auch mit ihren ungeschriebenen Prinzipien, Rechtsgedanken und Leitideen, die sich in Orientierung an der Rechtsidee entwickelt haben. Treffend schreibt Larenz unter Bezugnahme auf Art. 20 Abs. 3 GG: „Wo es an einer gesetzlichen Regelung fehlt, ist der Richter an das Recht als Sinnganzes mit Einschluß seiner ungeschriebenen Grundsätze und immanenten Wertungsprinzipien gebunden"[164]. Nirgendwo zeigt sich die

---

Grundgesetz, Art. 20, Erl. VI 2 [S. 603]). Abgesehen davon, daß man der Verfassung kaum eine derart totale Abweichung vom sonst üblichen Verständnis der Begriffe unterstellen kann, scheitert diese Auffassung an ihren praktischen Konsequenzen, die dem Verfassungsgeber nicht als gewollt unterstellt werden können, vgl. die durchschlagende Kritik von Maihofer, Bindung des Richters, S. 14 f.

160 Canaris, Feststellung von Lücken, S. 37, Anm. 95 spricht plastisch von zwei Funktionen, die dem „Recht" gegenüber dem Gesetz zukommen: Eine „kritische" und eine „komplementäre".

161 Arthur Kaufmann, Erik Wolf-Festschrift, S. 357 (364).

162 Zu Recht betont die Staatsrechtslehre, daß jedes Gesetz zunächst die Vermutung der Rechtmäßigkeit für sich hat, vgl. Maunz-Dürig-Herzog, Grundgesetz, Art. 20, Rn. 63; Wernicke, Bonner Kommentar, Art. 20, Anm. II 3 e) (S. 10 unten); zur „generellen Ungerechtigkeit" eines Gesetzes vgl. neben der bekannten Aussage Radbruchs (SJZ 1946, 105 (107 Ziffer III) = Rechtsphilosophie, S. 347 ff., 353, übernommen von BVerfG 3, 231 ff.) auch Arthur Kaufmann, Erik Wolf-Festschrift, S. 357 (367).

163 Praktische Konsequenz: Vorlage an das Bundesverfassungsgericht (Art. 100 GG), das die alleinige Kompetenz zur Kassation eines Gesetzes hat.

164 Methodenlehre, S. 346, Anm. 4. Wenn demgegenüber R. Schreiber, Die Geltung von Rechtsnormen, S. 221 ff. den Begriff „Recht" zur Leerformel stempelt, so beruht das auf seiner dem Aufbau logischer Systeme entlehnten Grundannahme, daß Recht „nur in Rechts*normen* beschrieben werden kann" (a.a.O., S. 221, Anm. 413 – Hervorhebung nicht im Original –; vgl. ferner S. 4: Rechtsordnung als Summe von Rechtsnormen). Überraschenderweise geht Schreiber im Ergebnis über die hier dargelegte Auffassung weit hinaus, wenn er mit Art. 20 Abs. 3 GG auch solche Gerichtsentscheidun-

Absage an das Ideal eines Gesetzesstaates, dessen Richter nur generelle Normen in logischer Deduktion auf den konkreten Streitfall anzuwenden haben[165], deutlicher als hier.

In der Verweisung der Rechtsprechung auf das Rechtsganze, das alles andere als ein zur richterlichen Deduktion bereitstehendes logisches System ist, anerkennt die Verfassung den „schöpferischen Charakter" richterlicher Rechtsfindung, sie wertet den Richter nicht länger als Sklaven oder Diener des Gesetzes, sondern als „Partner des Gesetzgebers"[166]. *Kooperative Rechtsfindung ist der Leitgedanke materiell-rechtsstaatlicher Funktionsverteilung zwischen Legislative und Rechtsprechung*[167]. Der autonome Beitrag der Rechtsprechung zum Prozeß der

---

gen für vereinbar hält, die gesetzliche Normen mit „verfassungsmäßige(r) Geltung" durch Bezugnahme auf andere Rechtssätze mit nur „ideeller" oder „faktischer" Geltung ausschalten (a.a.O., S. 225, 228).

165 Die Unzulänglichkeit dieses positivistischen Modells, das unter der Flagge einer Rückkehr zur strengen Logik neuerdings wieder Anhänger zu finden scheint (vgl. Schreiber, a.a.O., S. 169: Deduktionszusammenhang gewahrt bei Beachtung der Einsetzungs- oder der Grundschlußregel), hat jüngst Hassemer, Tatbestand und Typus, im Hinblick auf die strafrechtliche Rechtsfindung und Sachverhaltsentscheidung eindrucksvoll dargetan; vgl. a.a.O., S. 129 zum Fehlen hinreichender logisch-formaler, aber auch experimentell verifizierbarer Kriterien der Richtigkeit einer Sachverhaltsentscheidung sowie S. 131 ff. zur allein möglichen „Evidierung".

166 Maihofer, Bindung des Richters, S. 28. Im Blick auf Art. 1 Abs. 2 ZGB nennt Germann die schweizerischen Richter „selbständig das Recht findende und mitgestaltende Diener des Volkes" (Methodische Grundfragen, S. 141), „unentbehrliche Mitarbeiter bei der Rechtsfindung" (Probleme und Methoden der Rechtsfindung, S. 289).

167 Der hier skizzierten Sicht des Verhältnisses zwischen Legislative und Rechtsprechung auf der Grundlage eines modernen Rechtsstaatsbegriffs kommt Richard Bäumlins Deutung des Staats als „Verantwortungszusammenhang" am nächsten, vgl. Stichwort „Rechtsstaat", III B–E, in: Evangelisches Staatslexikon, insbesondere folgende Passagen: „Die Gewaltenteilung besteht nun, entsprechend der Lehre von der gemischten Verfassung und entsprechend auch der ursprünglichen Konzeption bei Montesquieu darin, daß im Hinblick auf dieses eine Ziel (nach Bäumlin: Verwirklichung von Recht, Gerechtigkeit und gemeinsamem Nutzen) verschiedene Teilaufgaben ausgeschieden und diese verschieden strukturierten Organen zugeordnet werden. Diese Organe sind aber nur relativ selbständig. Sie erhalten keine Willenssphäre, sondern eine Teilaufgabe, die auf die eine, letztlich unteilbare Gesamtaufgabe bezogen bleibt und unter persönlicher Verantwortung zu lösen ist. Die Teilaufgaben lassen sich nicht streng abgrenzen, sie sind einander zugeordnet, und es bestehen ferner Lücken, die nur durch eine kollektive Verantwortung aller ausgefüllt werden können . . ." (a.a.O., Sp.1740). „Auch sie (sc. die richterliche Tätigkeit) findet ihre Richtlinien im Gesetz, ist aber bei deren Anwendung selbst verantwortlich und hat das Recht auch fortzubilden. Gesetzgebung, Verwaltung und Justiz sind insofern gleich, als sie alle nach dem einen Ziel streben und nicht durch die willkürliche Entscheidung isolierter einzelner tätig werden, sondern als Glieder des ganzen Verantwortungszusammenhangs, den der Staat bildet, deshalb ihre Entscheidungen auch begründend, d.h. für andere nachvollziehbar und überprüfbar machend" (a.a.O., Sp.1741).

Rechtsverwirklichung ist geringer im Bereich der Auslegung, größer bei der Konkretisierung normativer Merkmale, von auffälligem Gewicht bei der Ausformung von Tatbeständen im Rahmen von Generalklauseln, schlechthin dominierend bei der Ausbildung neuer Rechtsinstitute. Immer aber vollzieht sich die richterliche Rechtsfindung im Blick auf das Gesetz, als Nach-, Zuende- und Weiterdenken des normierten Rechts.

Andererseits negiert Art. 20 Abs. 3 GG nicht die berechtigten Postulate der Rechtseinheitlichkeit und Rechtssicherheit. Die Präponderanz der Legislative[168] – das auch im Hinblick auf die möglichst unmittelbare demokratische Legitimation unentbehrliche Kernanliegen der Gewaltenteilung zwischen Gesetzgebung und Rechtsprechung – bleibt durch die Bindung der Rechtsprechung an das Gesetz gewahrt[169]. Mag der Richter das Gesetz auslegen, seine Wertungen weiterentwickeln, gesetzliche Leerräume schließen und mit alledem den positivierten Teil des Maßstabs seiner Bindung mitgestalten dürfen – contra legem zu entscheiden ist ihm in aller Regel verwehrt[170]. Außer in den krassen Ausnahmefällen einer lex corrupta und – allenfalls – des totalen Widerspruchs zwischen lex scripta und allgemeiner Rechtsüberzeugung (Fall des „Rechtsnotstands"[171]) kann der Richter das „Recht" i.S. von Art. 20 Abs. 3 GG nicht zum Maßstab des Gesetzes machen. Vielmehr ist das Recht in seiner Ganzheit derjenige Fundus, auf den der Richter dort, wo er den zur Entscheidung des Prozesses notwendigen Rechtssatz nicht oder nur teilweise dem Gesetz entnehmen kann, zur Rechtsfindung zurückgreifen darf und muß[172]. Die in diesem Bereich verbleibenden Ge-

168 Kriele, Theorie der Rechtsgewinnung, S. 60 ff. spricht synonym von einer Rechtsetzungsprärogative des Gesetzgebers (im Gegensatz zum Rechtsetzungsmonopol).

169 Außerdem hat der Gesetzgeber die Möglichkeit, richterlicher Rechtsfortbildung in unerwünschter Richtung durch Erlaß neuer Normen den Boden zu entziehen.

170 Abweichend Maihofer, Bindung des Richters, S. 19 ff., der jedoch den Unterschied zwischen einer generell ungerechten lex corrupta und dem nur in Ansehung einzelner Anwendungsmöglichkeiten unbilligen Gesetz außer acht läßt (siehe dazu unten im Text). Man verkennt das für das Grundgesetz und Art. 20 Abs. 3 GG typische Ineinandergreifen von formeller und materieller Rechtsstaatsidee, wenn man den Richter im Hinblick auf die Einzelfallgerechtigkeit von der Gesetzesbindung freistellt.

171 Larenz, Methodenlehre, S. 401, unter den weiteren Voraussetzungen, daß der Rechtsnotstand evident, auf andere Weise nicht zu beheben und mit alsbaldigem Eingreifen des Gesetzgebers nicht zu rechnen ist.

172 Gerade Germann, der zahlreiche Untersuchungen der „freien" richterlichen Rechtsfindung intra und praeter legem gewidmet hat, betont zutreffend „den Primat des Gesetzes": „Das Gesetz ist somit nicht nur *Schranke* freier Rechtsfindung, sondern *Wegweiser* auf Grund der ihm immanenten Wertungen" (Methodische Grundfragen, S. 111 – Hervorhebung teilweise wie im Original –, ähnlich im Beitrag „Primat des Gesetzes" in der Festschrift für Olivecrona, nahezu unverändert wieder abgedruckt in Germann, Probleme und Methoden der Rechtsfindung, S. 295). Treffend spricht Canaris, Feststellung von Lücken, S. 163 ff. von der limitierenden und konkretisierenden Funktion des Gesetzes bei der Ausfüllung von Prinzip- und Wertlücken.

fahren für die Rechtssicherheit und Rechtseinheitlichkeit werden erheblich verringert durch die de-facto-Maßgeblichkeit einer gefestigten obergerichtlichen Rechtsprechung[173]; sie können, wo dennoch durch widersprüchliche Urteile die Rechtseinheit in Gefahr gerät, durch das Eingreifen des Gesetzgebers beseitigt werden.

Gegen die dargelegte Deutung von Art. 20 Abs. 3 GG könnte folgender Einwand erhoben werden: Wenn der Richter im Fall der lex corrupta unter Berufung auf ihren Widerspruch zum „Recht" die Gesetzesbindung (unter Einschaltung des Bundesverfassungsgerichts) negieren dürfe, so sei nicht einzusehen, warum er nicht jedes Gesetz daraufhin prüfen dürfe, ob es im Einzelfall materiell gerecht sei. Bejahe man dies aber, so werde der Richter zum Herrn über jedes Gesetz und von kooperativer Rechtsfindung könne keine Rede mehr sein. Dieser Einwand

---

Was bedeutet demgegenüber der in neuerer Zeit wieder erhobene Ruf „Zurück zum Gesetz" (so der Schlußsatz der Antrittsvorlesung von H.J. Hirsch, JR 1966, 334 (342), vgl. ferner Flume, Richter und Recht, Verhandlungen des 46. DJT, Bd. II K 5 ff.)? Soweit damit *frei* wertender richterlicher Rechtsfindung contra legem der Kampf angesagt (vgl. Flume, a.a.O., K 20 ff.; Hirsch, a.a.O., S. 334, 340 f.) und die Berufung auf eine angeblich evidente übergesetzliche Wert- und Normenordnung (Hirsch, a.a.O., S. 336 ff.) zur Begründung richterlicher Rechtsfortbildung abgelehnt wird, kann dem nur beigepflichtet werden. Hingegen beruht die Behauptung Hirschs, jegliche richterliche Rechtssetzung bedeute Rechtsbruch (!) (vgl. a.a.O., S. 341 r.Sp.), wesentlich auf einer unzutreffenden Würdigung des Gewaltenteilungsprinzips. Die Aufteilung und Ausbalancierung der staatlichen Gewalt bedeutet eben nicht, daß eine Gewalt ausschließlich auf eine spezifische Funktion festgelegt und ihr die Ausübung anderer Funktionen schlechthin verwehrt wäre. Unzulässig ist vielmehr erst ein Eingriff in den „Kernbereich" einer anderen Staatsgewalt (vgl. zur Kernbereichstheorie Maunz-Dürig-Herzog, Grundgesetz, Art. 20, Rn. 81; Bettermann, Grundrechte III/2, S. 523 ff. (S. 633: „Wesensgehalt"); Isensee, Subsidiaritätsprinzip und Verfassungsrecht, S. 93; BVerfGE 4, 331 (346 f.); 9, 268 (280); weitgehend ablehnend Leisner, DÖV 1969, 405 [409 ff.]). Der verfehlte verfassungsrechtliche Ausgangspunkt zwingt Hirsch denn auch zu der methodologisch nicht haltbaren Behauptung, die Ausfüllung von Generalklauseln und die gesetzeskonforme Lückenausfüllung sei „Auslegung des Gesetzesrechts und damit rechtsanwendende Tätigkeit" (a.a.O., S. 334). Zum verschiedenartigen Gebrauch der Begriffe „Auslegung" und „Lücke" vgl. Canaris, Feststellung von Lücken, S. 19 ff., insbesondere Anm. 17.

Gegenüber Flume beinhalten die Darlegungen des Textes keine grundlegende Divergenz, wie insbesondere folgende Belegstellen zeigen: „Vielmehr ist die Rechtsfortbildung *auf der Grundlage des positiven Rechts* (gesperrt bei Flume) nichts anderes als ein Fortsetzen der Bemühungen um die Verwirklichung der Rechtsidee, indem man von dem positiven Recht als dem Ergebnis der bisherigen Bemühungen ausgeht" (a.a.O., K 19 f.) und: „Der Richter ‚findet' das Recht, er hat es aber nicht zu ‚erfinden'. Das Recht ist ihm aufgegeben. Allerdings nicht nur durch das positivierte Gesetz, sondern durch den gesamten Rechtsstoff, wie dieser in Wissenschaft und Rechtsprechung existiert" (a.a.O., K 25).

173 Vgl. dazu Larenz, Methodenlehre, S. 403 ff. m.w.Nw.

würde jedoch verkennen, daß die Berufung auf das Recht zum Erweis des Unrechtscharakters eines Gesetzes etwas anderes ist als das Messen des Gerechtigkeitsgrads eines Gesetzes. Arthur Kaufmann hat zu Recht die alte Erkenntnis der „philosophia negativa" unterstrichen, daß man häufig nicht zu bestimmten positiven Aussagen in der Lage ist, wohl aber zur klaren Angabe dessen, was nicht sein soll. In der Tat ist es nur in sehr beschränktem Maße möglich, zu bestimmen, was gerecht ist. „Die absolute Gerechtigkeit wird unsere Erkenntnis nie erreichen. Indessen sind wir in negativer Hinsicht sehr wohl in der Lage zu sagen, was schlechterdings un-gerecht und un-sittlich ist und folglich eindeutig der Rechtsnatur entbehrt"[174]. Eben hierin liegt der Grund, warum der Richter das Gesetz nicht positiv an der Gerechtigkeit messen darf, sondern nur negativ zur Prüfung seines etwaigen Unrechtscharakters legitimiert ist. In positiver Richtung hat er den im Gesetz erreichten Gerechtigkeitsgrad zu respektieren und darf nur dort nach eigenverantwortlicher Realisierung materieller Gerechtigkeit streben, wo ihn das Gesetz dazu ermächtigt oder wo die Reichweite des Gesetzes zu kurz bemessen ist.

Schließlich ist noch das Bedenken auszuräumen, die dargelegte Interpretation des Art. 20 Abs. 3 GG sei unverträglich mit Art. 97 Abs. 1 GG, der von der ausschließlichen Unterworfenheit des Richters unter das Gesetz spricht. Der Widerspruch zu Art. 20 Abs. 3 ist nur ein scheinbarer, er löst sich auf, wenn man die Gesetzesunterworfenheit des Richters im Zusammenhang mit seiner Unabhängigkeit sieht, von der Art. 97 Abs. 1 an erster'Stelle spricht. Unabhängig von irgendwelchen Einflüssen und Akten der ersten und zweiten Gewalt soll der Richter sein – mit Ausnahme derjenigen, die Gesetzeskraft besitzen. Das Wörtchen „nur" bezieht sich also auf andere als gesetzliche Emanationen der Legislative und Exekutive, es dient „zur Hervorhebung seiner (sc. des Richters) sachlichen Unabhängigkeit von anderen als gesetzlichen Befehlen und Weisungen"[175]. Art. 97 Abs. 1 GG enthält demnach eine Abgrenzung in negativer Hinsicht, nicht eine Art. 20 Abs. 3 GG widersprechende erschöpfende Umschreibung der richterlichen Bindung in positiver Richtung.

IV. Ergebnis

Die Erörterungen unter II und III galten der Akzentuierung des materiellen Rechtsstaatsprinzips in Art. 20 Abs. 3 GG und ihrer Bedeutung für die richterliche Rechtsfindung im allgemeinen. Durch die Verpflichtung auf das Rechts-

174 Arthur Kaufmann, Erik Wolf-Festschrift, S. 357 (366).

175 Maihofer, Bindung des Richters, S. 9. Ähnlich Achtmann, Möglichkeiten und Grenzen richterlicher Rechtsfortbildung, S. 51; Bettermann, Grundrechte III/2, S. 523 (534).

staatsprinzip im neuen umfassenden Sinn wird dem Staat die Aufgabe gestellt, typische soziale Konflikte mit den Mitteln des Rechts zu regeln und diese Regelungen an den drei grundlegenden Postulaten der Rechtsidee (Gerechtigkeit, Rechtssicherheit, Zweckmäßigkeit) auszurichten. Wo die Erfüllung dieser Aufgabe durch Funktionsdefizite des Gesetzes beeinträchtigt oder gar unmöglich gemacht wird, dürfen und sollen die Gerichte als an der Rechtsverwirklichung beteiligte Staatsorgane tätig werden; sie sind durch das Grundgesetz zu gesetzesergänzender kooperativer Rechtsfindung ermächtigt.

Unmittelbare Bedeutung haben diese Aussagen zunächst nur für die richterliche Rechtsfindung außerhalb des Strafrechts. Im Hinblick auf Art. 103 Abs. 2 GG wirft die grundgesetzliche Aufwertung des materiellen Rechtsstaatsprinzips jedoch die Frage auf, ob eine allein am formellen Rechtsstaatgedanken orientierte Auslegung zureichend ist. Eine Interpretation, die schlicht das hergebrachte Verständnis des nullum-crimen-sine-lege-Satzes in die Verfassung verlagert, hält an der Vorstellung fest, die Regelung sozialer Konfliktlagen mit strafrechtlichen Mitteln dürfe nur durch voll funktionsfähige Gesetze erfolgen, die den Strafrichter auf bloße Gesetzesanwendung beschränken. Demgegenüber muß eine Auslegung des Art. 103 Abs. 2 GG, welche den Kontext der Verfassung nicht vernachlässigt, die durch das materielle Rechtsstaatsprinzip legitimierte funktionelle Mitbeteiligung der Gerichte am Prozeß der Rechtsverwirklichung als neuartige Verfassungsaussage ernst nehmen und nach ihrer Bedeutung für den Normgehalt des Art. 103 Abs. 2 GG fragen. Nicht um eine Apologie von Grundsätzen aus der Zeit vor Inkrafttreten des Grundgesetzes kann es gehen, sondern um eine Deutung des nullum-crimen-sine-lege-Satzes als Bestandteil einer Verfassung, die gerade den materiellen Rechtsstaatsgedanken betont und damit die bürgerlich-liberale formelle Rechtsstaatsidee, mit der das tradierte Verständnis der Parömie harmoniert, relativiert hat.

5. Kapitel

Art. 103 Abs. 2 GG im Spannungsfeld formeller und materieller Rechtsstaatspostulate

Der Grundsatz der gesetzlichen Fixierung des Straftatbestands und das Verbot richterlicher Tatbestandsneubildung einerseits, die Preisgabe des Bestimmtheits- und Lückenlosigkeitsgebots andererseits

I. Der subjektiv-historische Auslegungsbefund

Für die verfassungsrechtliche Interpretation gibt die Entstehungsgeschichte des Art. 103 Abs. 2 GG wichtige Fingerzeige. Schon der Herrenchiemseer Entwurf enthält in Art. 136 Abs. 1 eine Regelung, die unter Anknüpfung an Art. 116 WRV das Prinzip nullum crimen, nulla poena sine lege erneut in der Verfassung verankern soll[176]. Dementsprechend ist in den Vorberatungen unter Bezug auch auf den nulla-poena-Satz davon die Rede, daß es sich darum handele, „alte bewährte Grundsätze wieder zu Ehren kommen zu lassen“[177]. In den Beratungen der Ausschüsse des Parlamentarischen Rates spielt wenig später die Parömie nur eine Rolle am Rande. Zu notieren ist lediglich, daß der vom Allgemeinen Redaktionsausschuß in Abweichung gegenüber dem Herrenchiemseer Entwurf verwendete Begriff „Strafe“ durch den Rechtspflegeausschuß wieder gestrichen und durch den schon in Art. 116 WRV benutzten Begriff „Strafbarkeit“ ersetzt wurde, ohne daß dadurch eine Sinnverschiebung beabsichtigt worden wäre[178]. Bezeichnend dafür, daß man offenbar allseits von einer problemlosen Anknüpfung an die durch § 2 StGB a.F. und Art. 116 WRV markierte Rechtslage ausging, ist die Bemerkung des Vorsitzenden des Rechtspflegeausschusses, daß Art. 136 Abs. 1 des Verfassungsentwurfs den Grundsatz nulla poena sine lege verfassungsmäßig feststelle[179].

Unter dem Blickwinkel subjektiv-historischer Auslegung scheint demnach Art. 103 Abs. 2 GG an den früher umrissenen Traditionszusammenhang der Deutung des nullum-crimen-sine-lege-Satzes anzuknüpfen. Jedenfalls die mit den Stichworten Rückwirkungsverbot, Prinzip der gesetzlichen Fixierung und Verbot

176 § 136 Abs. 1 HChE lautet: „Eine Tat kann nur bestraft werden, wenn die Strafe gesetzlich bestimmt war, bevor die Tat begangen wurde“.

177 Bonner Kommentar, Art. 103, Anm. I; Kohlmann, Der Begriff des Staatsgeheimnisses, S. 216.

178 V. Doemming, Jahrbuch des öffentlichen Rechts der Gegenwart, N.F., Bd. I, S. 743; Bonner Kommentar, a.a.O., S. 2 f.; Kohlmann, a.a.O., S. 216 u. Anm. 6.

179 Kohlmann, a.a.O.

einer Rechtsfindung praeter legem umrissenen Gehalte des nullum-crimen-sine-lege-Satzes dürfen als von den Vätern des Grundgesetzes gewollte Inhalte auch des Art. 103 Abs. 2 GG angesehen werden. Als Beleg für diese Auffassung darf man auf die Kommentierung des Art. 103 Abs. 2 GG durch Hermann von Mangoldt, der selbst profiliertes Mitglied des Parlamentarischen Rates war, verweisen, der pauschal auf die „unter der WRV zu Art. 116 entwickelten Lehren" verweist und sich mit den Stichworten „Verbot rückwirkender Gesetze", „Frage der Geltung von Gewohnheitsrecht und der Zulässigkeit der Analogie im Strafrecht" begnügt[180].

Ergibt sich demnach eine deutliche Einschränkung strafrichterlicher Rechtsfindung praeter legem in malam partem als Wille des Verfassungsgebers, so ist genauso bemerkenswert der weitere Umstand, daß Art. 103 Abs. 2 GG während der gesamten Vorberatungen nicht unter dem Gesichtspunkt der Vollständigkeit und der inhaltlichen Präzision der Garantietatbestände erörtert worden ist. Auch insoweit knüpft Art. 103 Abs. 2 GG unmittelbar an die Rechtslage unter der Geltung der Weimarer Reichsverfassung an, denn die damalige Kommentierung und wissenschaftliche Befassung mit Art. 116 WRV läßt Darlegungen zur Tatbestandsbestimmtheit vermissen[181]. Die Interpreten des Art. 103 Abs. 2 GG übergehen die Tatsache, daß die Materialien für ein aus der Verfassungsbestimmung abzuleitendes, primär an den Gesetzgeber gerichtetes Tatbestandsbestimmtheits- und Lückenlosigkeitsgebot nicht das Geringste ergeben, entweder mit Stillschweigen oder stellen eine bemerkenswerte Gedankenlosigkeit der Beratungen fest, die glücklicherweise ohne Folgen geblieben sei, weil die Fassung des Art. 103 Abs. 2 GG die gesetzliche *Bestimmtheit* der Strafbarkeitsvoraussetzungen verlange[182]. Wie weit die Berufung auf den Wortlaut trägt, wird noch zu untersuchen sein. Die aus der Sicht einer Lückenlosigkeits- und Präzisionsdoktrin[183] befremdliche „Lücke" in den Beratungen der Verfassungsväter rät jedenfalls zu großer Vorsicht[184]. Ihnen waren die Gefahren unscharfer Tatbestände

180 V. Mangoldt, Das Bonner Grundgesetz, Art. 103, Erl. 3.

181 Bezeichnend ist die erst in der Nachkriegszeit, wohl zuerst von H. Mayer, Die gesetzliche Bestimmtheit der Tatbestände, S. 263 bemerkte Tatsache, daß die Kommentierung des nullum-crimen-sine-lege-Satzes durch Gerland – einen Strafrechtler! – in Nipperdeys Sammelwerk zu den Grundrechten der WRV das Problem der Tatbestandsbestimmtheit überhaupt nicht erwähnt. Vgl. ferner den Hinweis von Sax, Grundrechte III/2, S. 909 (1007) auf ein ebenso vielsagendes Vakuum bei R. v. Hippel, Deutsches Strafrecht, Bd. I u. II.

182 So Sax, Grundrechte III/2, S. 909 (1007, Anm. 312).

183 Die direkt an aufklärerisches und Feuerbachsches Denken anknüpft.

184 Angesichts des subjektiv-historischen Auslegungsbefunds ist es rätselhaft, wie Lemmel, Unbestimmte Strafbarkeitsvoraussetzungen, S. 130 in bezug auf ein Tatbestandsbestimmtheitsgebot von einem „erklärten Willen des Parlamentarischen Rates" sprechen kann, obwohl die Bekundung, an alte Traditionen anzuknüpfen, sich gerade

nationalsozialistischer Prägung ebenso bekannt wie jene oben erörterten strafrechtlichen Phänomene, die zu jener Doktrin in offenem Widerspruch stehen. Wenn desungeachtet der konzipierte Art. 103 Abs. 2 GG von niemandem als an den Gesetzgeber gerichtetes Gebot verstanden worden ist[185], so steht das im Einklang mit der in Art. 20 Abs. 3 GG bekundeten Einsicht in bestimmte Funktionsdefizite des Gesetzes.

Nach dem subjektiv-historischen Auslegungsbefund ergibt sich ein eigentümliches Verhältnis der Wechselwirkung, in dem Art. 20 Abs. 3 und Art. 103 Abs. 2 GG stehen: einerseits schränkt Art. 103 Abs. 2 GG nach den Intentionen seiner Schöpfer die mit Art. 20 Abs. 3 vereinbare richterliche Rechtsfindung praeter legem in bestimmten Bereichen ein („Analogieverbot", „Ausschluß strafbegründenden oder -schärfenden Gewohnheitsrechts als Rechtsquelle"), andererseits steht er der Berücksichtigung materiell-rechtsstaatlicher Gedanken zu Lasten der Gesetzespräzision und Vollständigkeit nicht schlechthin entgegen. Das legt die Vermutung nahe, daß Postulate der formellen und der materiellen Rechtsstaatlichkeit, den beiden Brennpunkten einer Ellipse gleich, das Spannungsfeld konstituieren, innerhalb dessen sich die objektiv-teleologische Auslegung zu vollziehen hat. Diese These soll im folgenden erhärtet werden.

II. Der objektiv-teleologische Auslegungsbefund im Hinblick auf das Verbot richterlicher Tatbestandsneubildung

Nach den Darlegungen zu I spricht schon die Entstehungsgeschichte des Art. 103 Abs. 2 GG dagegen, dem Strafrichter die Schaffung neuer Straftatbestände zu gestatten. In die gleiche Richtung deutet der Wortlaut des Art. 103 Abs. 2 GG, der den Richter für die Ermittlung des zur Verurteilung führenden Tatbestands einzig und allein auf das Gesetz verweist. Teleologisch gründet sich der verfassungsrechtliche Ausschluß selbständiger richterlicher Tatbestandsbildung sowohl auf die ursprüngliche Intention staatsbürgerlicher Freiheitssicherung als auch auf die insoweit eindeutige Notwendigkeit möglichst unmittelbarer demokratischer Legitimation der Pönalisierung. Die verbindliche Erklärung, bestimmte Verhaltenstypen seien als kriminelle Rechtsgutsverletzung strafwürdig und -bedürftig, ist so grundlegend und folgenreich, daß sie nur in Übereinstimmung mit den

---

nicht auf dieses von der Weimarer Staatsrechtslehre mit Schweigen übergangene Prinzip beziehen kann. Aufschlußreich, aber ebensowenig stichhaltig ist Lemmels Beweisführung a.a.O., S. 30 f.: obwohl er zugibt, daß das Tatbestandsbestimmtheitsprinzip nach 1945 „vergessen gewesen zu sein scheint" und erst *seit* Inkrafttreten des Grundgesetzes in der Literatur wieder Beachtung findet, glaubt er nachgewiesen zu haben, „daß sich der Bestimmtheitssatz aus Art. 103 Abs. 2 GG notwendig ergibt".

185 Anders natürlich in Ansehung des Rückwirkungsverbots.

Grundanschauungen der Rechtsgemeinschaft von dem politisch unmittelbar legitimierten demokratisch-parlamentarischen Gesetzgeber ausgesprochen werden darf. Legt ein Wandel der Rechtsanschauung oder eine Änderung der sozialen Lebensverhältnisse die Schaffung neuer Straftatbestände nahe, so ist es allein Sache des Gesetzgebers, normsetzend tätig zu werden. Nicht nur wegen der einschneidenden Wirkung strafrechtlicher Sanktionen gegenüber dem Verurteilten und der damit nur zu oft verbundenen gesellschaftlich-sozialen Herabstufung, sondern auch wegen des die gerichtliche Verurteilung tragenden Vorwurfs, der Täter habe sich gegen die verbindlich proklamierten Fundamentalwertungen der Rechtsgemeinschaft vergangen, kann die Grundsatzentscheidung über die Strafwürdigkeit nicht dem Strafgericht zuerkannt werden.

Zusammenfassend läßt sich folgendes Zwischenergebnis formulieren: traditionell rechtsstaatliche Gründe (Rechtssicherheit, staatsbürgerlicher Freiheitsschutz), strafrechtsspezifische Argumente (Schuldvorwurf, Sanktionskonsequenzen) sowie der Gesichtspunkt demokratischer Legitimation stehen in so eindeutiger Koinzidenz mit dem Wortlaut und der Entstehungsgeschichte des Art. 103 Abs. 2 GG, daß in bezug auf das Prinzip gesetzlicher Fixierung der Straftatbestände und hinsichtlich des damit korrespondierenden Verbots außergesetzlicher Rechtsfindung in malam partem ein Abrücken vom bisherigen Verständnis des nullum-crimen-sine-lege-Satzes auch bei voller Würdigung der rechtsstaatlichen Aufgabe zur gerechten Konfliktregelung und -entscheidung nicht zu vertreten ist. Eine dem materiellen Rechtsstaatsprinzip zuwiderlaufende Versagung notwendigen strafrechtlichen Rechtsgüterschutzes muß, wenn der Gesetzgeber untätig bleibt, gemäß Art. 103 Abs. 2 GG hingenommen werden. Insoweit garantiert Art. 103 Abs. 2 GG eine im Vergleich zu anderen Rechtsgebieten größere Präponderanz des Strafgesetzgebers. Im Hinblick auf das Verbot richterlicher Neuschaffung von Tatbeständen mag man daher auch künftig von einer engeren Gesetzesbindung des Strafrichters sprechen[186].

186 In bezug auf den Grundsatz der gesetzlichen Fixierung von Straftatbeständen und auf das korrespondierende Verbot richterlicher Tatbestandsneubildung erweisen sich demnach die früher referierten Aussagen von Grünwald (vgl. dazu oben 2. Kap. II) als zutreffend.

III. Objektiv-teleologische Auslegung des Art. 103 Abs. 2 GG im Hinblick auf ein Tatbestandsbestimmtheits- und -vollständigkeitsgebot

1. Die Mehrdeutigkeit des Wortlauts

Das Monopol der Legislative für die Schaffung neuer Straftatbestände wird durch die im 3. Kapitel erörterten Funktionsdefizite des Strafgesetzes aber auch gar nicht in Frage gestellt. Das durch sie aufgeworfene Problem ist subtiler; wie dargelegt, gipfelt es in der Frage, ob Art. 103 Abs. 2 GG eine Bestrafung nur auf der Grundlage lückenloser, präzise gefaßter Tatbestände zuläßt.

Der Wortlaut des Art. 103 Abs. 2 GG ist mehrdeutig. Daß die Strafbarkeit einer Tat „gesetzlich bestimmt" sein muß, kann bedeuten, daß die Voraussetzungen der Strafbarkeit vollständig und mit präzisem Inhalt im Gesetz aufgeführt sein müssen. Ebenso aber läßt der Wortsinn auch den Schluß zu, „gesetzlich bestimmt" bedeute lediglich „gesetzlich angeordnet", verlangt sei nur die Rückführbarkeit der strafrechtlichen Verurteilung auf eine Bestimmung des Strafgesetzes ohne Rücksicht auf den Präzisionsgrad und die Vollständigkeit der Tatbestandsfassung[187]. Für eine Auslegung im ersten Sinn spricht trotz der Vernachlässigung des Prinzips der Tatbestandsbestimmtheit und -vollständigkeit in der Weimarer Zeit das historische Verständnis der Parömie als formell-rechtsstaatlicher magna charta libertatis.

Für eine Auslegung des Art. 103 Abs. 2 GG in dem Sinne, daß „gesetzlich bestimmt" nicht mehr bedeutet als „gesetzlich angeordnet", daß also die Verfassung auf die Normierung eines Tatbestandsbestimmtheits- und -vollständigkeitsgebots verzichtet hat, spricht, wie dargelegt, die Entstehungsgeschichte der Verfassungsnorm. Darüber hinaus stünde eine solche Auslegung mit Art. 20 Abs. 3 GG insofern in Einklang, als sie die dort betonte prinzipielle Gleichrangigkeit der beiden rechtsstaatlichen Postulate der materiellen Gerechtigkeit und der Rechtssicherheit nicht einseitig zugunsten des letztgenannten Postulats aufhöbe.

2. Der rechtsstaatliche Zielkompromiß zwischen materieller Gerechtigkeit und inhaltlicher Bestimmtheit und Vollständigkeit von Strafrechtsnormen als Leitlinie der Auslegung

Für eine Deutung des Art. 103 Abs. 2 GG in der zuletzt genannten Richtung spricht die historische Erfahrung, die zeigt, daß der Strafgesetzgeber häufig auf eine möglichst weitgehende Realisierung der Rechtssicherheit verzichten muß,

---

187 Diese Wortbedeutung sehen F.-C. Schroeder, JZ 1969, 775 (776 r.Sp.) und Lemmel, Unbestimmte Strafbarkeitsvoraussetzungen, S. 21 als offensichtlich gegeben an; ähnlich Kohlmann, Der Begriff des Staatsgeheimnisses, S. 157.

wenn die materielle Gerechtigkeit nicht erhebliche Einbußen erleiden soll. Das ist für die Straffestsetzung seit langem offenkundig und hat zu einer starken Relativierung der aus dem Prinzip nulla *poena* sine lege gefolgerten Bestimmtheitsanforderungen geführt. Auf der Tatbestandsseite dokumentiert sich diese Erfahrung in der Verwendung von wertausfüllungsbedürftigen Tatbestandsmerkmalen und Generalklauseln, von unbestimmten strafrechtlichen Allgemeinbegriffen, in der Lückenhaftigkeit des Allgemeinen Teils und im Bedeutungswandel von Tatbeständen aufgrund objektiv-teleologischer Auslegung. Die in diesen Phänomenen zutagetretende Ergänzungs- und Anpassungsbedürftigkeit des Strafgesetzes beruht auf der Unmöglichkeit, allein mit gesetzgeberischen Mitteln durch lückenlose und inhaltlich präzise Tatbestände ein differenziertes Strafrecht zu schaffen, das die zahlreichen Abstufungen strafwürdigen Verhaltens im Unrechts- und Schuldgehalt angemessen berücksichtigt und den (durch das Entwicklungstempo einer technisierten Industriegesellschaft häufiger) wechselnden Schutz-, aber auch Freiheitsbedürfnissen gebührend Rechnung trägt. Ohne einen gewissen Grad von Offenheit, damit auch von Anpassungs- und Wandlungsfähigkeit der gesetzlichen Regelung kommt auch das Strafrecht nicht aus[188]. Distributive und kommutative Gerechtigkeit[189] lassen sich in der modernen Gesellschaft mit den gegenüber früheren Entwicklungsstufen ungeahnt gesteigerten Differenzierungen in den Sozialbeziehungen und Lebensverhältnissen ihrer Glieder selbst annäherungsweise nur dann erreichen, wenn neben generell-abstrakten oder gar kasuistischen Regelungen auch flexible Tatbestände verwendet werden dürfen. Nicht nur widersetzt sich weitgehend die Berücksichtigung der Billigkeit im Einzelfall einer gesetzlichen Normierung, auch der Ausspruch genereller Wertungen ist dem Gesetzgeber häufig nur so möglich, daß er dem Richter eine ungefähre Leitlinie an die Hand gibt, deren Konkretisierung dessen eigenverantwortlicher Rechtsfindung überlassen bleibt.

Diese Einsicht kann bei der Auslegung des Art. 103 Abs. 2 GG nicht unberücksichtigt bleiben[190]. Sowenig es angeht, das Postulat der Rechtssicherheit und

188 Hierauf beruft sich insbesondere das Bundesverfassungsgericht, vgl. BVerfGE 4, 352 (358); 11, 234 (237 f.); 14, 245 (251).

189 Zur Frage, in welcher der beiden Spielarten der Gerechtigkeit Sinn und Zweck der Strafrechtspflege fundiert sind, vgl. aus dem neueren Schrifttum Henkel, Rechtsphilosophie, S. 317 f.

190 Es wäre ein Mißverständnis, würde man diese Aussage so verstehen, als sollte die in der Realität häufig nachweisbare Unmöglichkeit wirklich präziser und lückenloser Tatbestandsfassungen zum entscheidenden Interpretationskriterium erhoben werden. Ein solcher Schluß vom Sein auf das Sollen würde den bekannten Einwänden ausgesetzt sein. Vielmehr steht die Auslegung des Art. 103 Abs. 2 GG vor dem Problem, daß das Nichtkönnen des Gesetzgebers durch die verfassungsrechtlich auch geforderte Orientierung an der materiellen Gerechtigkeit hervorgerufen wird. Die Funktionsdefizite des Gesetzes erscheinen nur unter dem isolierten Aspekt formeller Rechts-

den damit intendierten Freiheitsschutz bei der Deutung einfach zu negieren, so unangemessen wäre andererseits die Berufung auf ein Dogma der Lückenlosigkeit und Präzision der gesetzlichen Strafbarkeitsnormierung. Wollte man, gestützt auf Art. 103 Abs. 2 GG, verlangen, der Gesetzgeber müsse die Gewährung strafrechtlichen Rechtsgüterschutzes immer dann versagen, wenn er die Strafbarkeitsvoraussetzungen nicht vollständig und präzise im Tatbestand verankern könne, so würde man allein der Rechtssicherheit den Vorzug geben und das gerade durch das Grundgesetz betonte, für die Ordnung der sozialen Verhältnisse und Beziehungen ebenso maßgebliche Staatsziel der materiellen Gerechtigkeit hintanstellen. Lenckner trifft den Kern, wenn er schreibt: „Nicht nur das Vertrauen des Bürgers auf den Schutz vor richterlicher Willkür trägt deshalb den Rechtsstaat, sondern auch die Überzeugung, daß jedem sein Recht zuteil wird. Gesetze, die zwar ein Höchstmaß an Rechtssicherheit gewährleisten, die aber, weil sich das Recht nicht immer in die enge Schablone faktischer Begriffe zwängen läßt, zu Ungerechtigkeiten führen, diskreditieren deshalb den Rechtsstaat ebenfalls, wenn auch an anderer Stelle"[191].

Mit dem bisher Gesagten ist eine Leitlinie für die Auslegung des Art. 103 Abs. 2 GG im Hinblick auf ein an den Gesetzgeber gerichtetes Tatbestandsbestimmtheits- und -vollständigkeitsgebot aufgezeigt. Entstehungsgeschichtliche und objektiv-teleologische Argumente wie auch die mangelnde Ergiebigkeit einer Wortlautauslegung führen dazu, Art. 103 Abs. 2 GG nicht einseitig als Ausprägung des formellen Rechtsstaatsprinzips in Anspruch zu nehmen, sondern die Frage nach der Existenz eines Tatbestandsbestimmtheits- und -vollständigkeitsgebots in das Spannungsfeld formeller und materieller Rechtsstaatspostulate hineinzustellen. *In dieser Sicht können Vollständigkeit und inhaltliche Bestimmtheit von Straftatbeständen nicht als Kriterien eines durch Art. 103 Abs. 2 GG geforderten Mindeststandards der Strafgesetze verstanden werden, sondern nur als Zielpostulate, an die sich weitestmöglich anzunähern der Gesetzgeber ebenso bemüht sein muß, wie ihm aufgegeben ist, durch Rechtsgüterschutznormen materielle Gerechtigkeit zu realisieren.* Zutreffend bringt Lenckner diesen Teilkompromiß auf die kurze Formel: *„Soviel Rechtssicherheit und soviel materielle Gerechtigkeit wie möglich"*[192].

---

staatlichkeit als Mängel, unter dem Gesichtspunkt der Realisierung materieller Rechtsstaatlichkeit sind sie – jedenfalls in der Regel – unvermeidlich. Wenn daher von der zu berücksichtigenden Erkenntnis solcher Funktionsdefizite die Rede ist, so ist ein aus dem Grundgesetz resultierender normativer Interpretationsfaktor angesprochen, s. dazu unten im Text.

191 JuS 1968, 249 (255 r.Sp.).

192 JuS 1968, S. 305 l.Sp.

3. Die Bestätigung dieser Leitlinie durch grundrechtliche Aspekte

Bevor die Interpretation des Art. 103 Abs. 2 GG hinsichtlich seiner Ergiebigkeit für ein Tatbestandsbestimmtheits- und -lückenlosigkeitsgebot unter Fortführung der bisherigen Darlegungen abgeschlossen werden kann, bedarf es der Auseinandersetzung mit der gerade im neueren Schrifttum vertretenen Gegenposition, welche die Verfassungsnorm allein als Ausprägung des formell-rechtsstaatlichen Rechtssicherheitsprinzips in Anspruch nimmt. So heißt es beispielsweise im Grundgesetzkommentar von Hamann-Lenz: „Art. 103 Abs. 2 stellt die Entscheidung in einen Konfliktsfall zwischen materieller Gerechtigkeit und Rechtssicherheit dar: hier gibt das Grundgesetz der letzteren den Vorrang"[193]. Ganz ähnlich formuliert der Kommentar von Schönke-Schröder in bezug auf § 2 Abs. 1: „Durch diese Regelung ist der ewige Streit zwischen Rechtssicherheit und Gerechtigkeit, zwischen gesetzgeberischer Norm und richterlichem Ermessen, zugunsten der Rechtssicherheit entschieden . . ."[194]. Diesen Aussagen hat sich Kohlmann angeschlossen[195]. Kritisch notiert er die Berufung von Henkel, Carl Schmitt und Klee auf das Gerechtigkeitsprinzip als typisch zeitgebundene Tendenz zur Auflockerung der Strenge des nullum-crimen-sine-lege-Satzes im Dritten Reich[196]. Da Kohlmann im Gegensatz zu Hamann-Lenz und Schönke-Schröder seine Auffassung eingehend begründet, erscheint es angemessen, die in der hier vorgelegten Arbeit betonte Relevanz des materiell-rechtsstaatlichen Postulats der Gerechtigkeit in Auseinandersetzung mit seiner entgegengesetzten Argumentation zu rechtfertigen. Hierzu ist zunächst eine zusammenfassende Darstellung seines Gedankengangs erforderlich, die etwas breiter angelegt sein muß als das an früherer Stelle unter einem beschränkteren Gesichtswinkel gegebene Referat[197].

Kohlmann knüpft zur inhaltlichen Konkretisierung des Tatbestandsbestimmtheitsgebots an das Rechtsstaatsprinzip an[198]. Dabei sieht er – insoweit noch in Übereinstimmung mit der hier vorgelegten Untersuchung – in der durch das Grundgesetz vollzogenen Anreicherung dieses Prinzips um materiale Elemente den entscheidenden topos für die Interpretation[199]. Als besondere Akzentuierung dieses materiellen Rechtsstaatsbegriffs faßt er Art. 1 Abs. 3 GG auf, der den Staat in allen seinen Funktionen an Normen binde, die nicht zu seiner Disposition stünden, weil sie vorstaatlichen Charakters seien[200]. Durch die Bin-

---

193 Grundgesetz, Art. 103, Erl. A 3.

194 StGB, § 2, Rn. 5.

195 Der Begriff des Staatsgeheimnisses, S. 296.

196 A.a.O., S. 208 ff.

197 Oben 2. Kap. III.

198 Der Begriff des Staatsgeheimnisses, S. 248 ff.

199 A.a.O., S. 250.

200 Vgl. hierzu und zum folgenden a.a.O., S. 251 f.

dung aller staatlichen Gewalt an die Grundrechte werde für den Bürger ein Bereich geschaffen, in den einzudringen dem Staat verwehrt sei. In Art. 1 Abs. 3 GG manifestiere sich eine Verfassungsentscheidung für den Primat der Freiheit des einzelnen („Freiheitsmaxime"). Sie werde in der Rechtswirklichkeit nur dann respektiert, wenn im Gesetz exakt und eindeutig angegeben werde, ob und gegebenenfalls unter welchen Voraussetzungen der Bürger staatliche Eingriffe in seine grundgesetzlich garantierte Freiheitssphäre hinzunehmen habe. Als notwendige Konsequenz der Freiheitsmaxime gebiete deshalb der Bestimmtheitsgrundsatz die Voraussehbarkeit und Berechenbarkeit staatlicher Eingriffe für den einzelnen („Berechenbarkeitsmaxime").

Kohlmanns Ableitung der Freiheitsmaxime aus den Grundrechten und ihrer unmittelbaren Geltung gemäß Art. 1 Abs. 3 GG basiert auf einem ganz bestimmten Vorverständnis der Grundrechte, das trotz seiner Tradition nicht ungeprüft übernommen werden darf. Die freiheitsbezogenen Grundrechtsbestimmungen der Verfassung werden bei solchem Vorverständnis ausschließlich als „Ausgrenzungen" zugunsten der Freiheit des Individuums[201], die Tätigkeit des Gesetzgebers im Grundrechtsbereich dementsprechend allein als Freiheitseingriff gedeutet.

Diese Denkweise, die Häberle treffend als „Eingriffs- und Schrankendenken" bezeichnet[202], hat ihre historische Wurzel im bürgerlich-liberalen deutschen Verfassungsdenken des 19. Jahrhunderts, das die damaligen politischen Verhältnisse mit Hilfe der Vorstellung von der polaren Entgegensetzung von Staat und Gesellschaft interpretierte[203]. Seit damals haben sich jedoch grundlegende politisch-gesellschaftliche Veränderungen vollzogen und ihren Niederschlag auch im Grundgesetz gefunden. Der Prozeß der theoretischen Aufarbeitung dieser Wandlungen ist zwar in der deutschen Staatsrechtslehre noch nicht abgeschlossen, doch haben gerade neuere Untersuchungen zur Grundrechtsdogmatik das ausschließliche „Eingriffs- und Schrankendenken" im Grundrechtsbereich als in

201 Vgl. Forsthoff, VVDStRL 12, 8 (18) = Rechtsstaatlichkeit und Sozialstaatlichkeit, S. 177: „Alle klassischen Grundrechte sind Ausgrenzungen, die Aufrichtung von Bereichen, vor denen die Staatsgewalt halt macht". Zur Tradition dieser Grundrechtssicht vgl. Häberle, Wesensgehaltgarantie, S. 85 ff., 126 ff., 145 ff.

202 Häberle, a.a.O., S. 134, 145, 150, 154, 163 und öfter.

203 Vgl. E.-W. Böckenförde, Gesetz und gesetzgebende Gewalt, S. 126 ff. über den Einfluß dieses Dualismus auf die Lehren von Hegel, L. v. Stein und R. v. Gneist, ferner Bäumlin, Stichwort „Rechtsstaat", in: Evangel. Staatslexikon, III B, D 3 (Sp. 1738, 1742); K. Hesse, Grundzüge, S. 7 f., 119; Jesch, Gesetz und Verwaltung, S. 20, 108 f., 170, jeweils mit deutlichen Bezügen zum Grundrechtsverständnis; vgl. ferner E.R. Huber, Deutsche Verfassungsgeschichte seit 1789, Bd. II, S. 322 f. Belege aus der historischen Literatur bei Starck, Der Gesetzesbegriff des Grundgesetzes, S. 83, Anm. 7.

seiner Einseitigkeit unzureichend erwiesen[204]. Namentlich haben die genauere Erforschung der unterschiedlichen Funktionen der Gesetzesvorbehalte und die Diskussion über die Existenz gesetzesvorbehaltsunabhängiger Grundrechtsgrenzen neue Einsichten über die unterschiedliche Bedeutung gesetzgeberischer Betätigung im Grundrechtsbereich und damit auch über den Charakter der Grundrechtsbestimmungen im Grundgesetz zutage gefördert[205]. Die Freiheitsgrundrechte können danach nicht mehr ausschließlich als negatorische Abwehrrechte für autarke Schutzzonen individueller Freiheitsbetätigung (oder auch Nichtbetätigung) verstanden werden, denen gegenüber jede sie tangierende gesetzliche Regelung prinzipiell als Freiheitseingriff durch die Staatsgewalt erscheint. Vielmehr hat sich gezeigt, daß die Grundrechte, um in der Realität wirksam werden zu können, häufig der Ausgestaltung und des Schutzes durch den Gesetzgeber bedürfen, daß also sogenanntes niederrangiges Recht konstitutiv für die Grundrechtswirksamkeit sein kann. Es hat sich ferner gezeigt, daß die Freiheitsgrundrechte als von Hause aus begrenzungsbedürftig angesehen werden müssen, weil sie Freiheiten innerhalb einer Rechtsgemeinschaft und nicht zugunsten eines isolierten Individuums verbürgen sollen und deshalb in einen Zustand gegenseitiger Verträglichkeit gebracht werden müssen. Die Ausfüllungs-, Schutz- und Begrenzungsbedürftigkeit der Grundrechte beruht auf der generalklauselartigen Weite der Grundrechte und zahlreicher Gesetzesvorbehalte; sie weist dem Gesetzgeber eine doppelte Funktion im Grundrechtsbereich zu: Die Funktion der Grundrechtsausgestaltung (Grundrechtsausfüllung und Grundrechtsschutz umfassend) und die Funktion der Grundrechtsbegrenzung[206].

Diesen Entwicklungsstand der Grundrechtsdogmatik negiert Kohlmann, wenn er seiner pauschalen Ableitung einer Freiheits- und Berechenbarkeitsmaxime aus den Grundrechten undiskutiert die Schablone vom Freiheitseingriff durch den Gesetzgeber zugrunde legt. Welche Funktionen der Strafgesetzgeber im Grundrechtsbereich wirklich ausübt, muß gefragt und genauer untersucht werden, bevor Aussagen über die Bedeutung des Grundrechtsteils der Verfassung für das materielle Rechtsstaatsprinzip und damit für Art. 103 Abs. 2 GG gemacht werden können.

Die Frage nach den Funktionen des Strafgesetzgebers innerhalb des Grundrechtsbereichs kann zunächst mit Blickrichtung auf die strafrechtlichen Sanktionen

204 Vgl. Häberle, Wesensgehaltgarantie, S. 4 ff., 180 ff.; E. Hesse, Die Bindung des Gesetzgebers, S. 37 ff., 90 ff.; K. Hesse, Grundzüge, S. 110 ff., 121 f.; Lerche, Übermaß, S. 106 ff.; Scheuner, VVDStRL 22, 1 (35 m. Anm. 99, Anm. 111 auf S. 38, 39 f., 43 f., 53 ff.).

205 Vgl. außer den in Anm. 204 Genannten Gallwas, Der Mißbrauch von Grundrechten, S. 38 ff., 49 ff., 66 ff., 87 ff., 102 ff. sowie trotz Betonung der „Positivität der Grundrechte" auch F. Müller in seiner gleichnamigen Schrift, S. 63 ff., 71 ff. und insbes. S. 86.

206 So die Funktionsbezeichnungen bei Häberle, Wesensgehaltgarantie, S. 180 ff.

behandelt werden. Als betroffene Grundrechte kommen insoweit insbesondere die in Art. 2, 11, 12, 14 GG normierten in Betracht[207]. Gegenüber diesen Grundrechten wirken die gesetzlichen Strafbestimmungen als Sanktionsnormen grundrechtsbegrenzend, denn sie lassen den grundrechtlichen Schutz von Freiheit und Eigentum gegenüber bestimmten staatlichen Maßnahmen, den Strafen und Maßregeln, enden.

Grundrechtsbegrenzend, allerdings in anderer Weise, wirken die gesetzlichen Strafbestimmungen auch in ihrer Funktion als Verbots- bzw. Gebotsnormen. Durch die Normierung eines Handlungsverbots oder -gebots begrenzt der Gesetzgeber vielfach ein spezielles Freiheitsgrundrecht, in jedem Falle aber die allgemeine Handlungsfreiheit im Sinne von Art. 2 Abs. 1 GG.

Die funktionelle Bedeutung der Strafgesetzgebung für den Grundrechtsbereich wird allgemein und so auch von Kohlmann allein in der Grundrechtsbegrenzung gesehen. Die Einseitigkeit dieser Betrachtungsweise beruht darauf, daß sie bei der Untersuchung der Beziehungen zwischen dem Grundrechtsteil der Verfassung und den Strafvorschriften deren Funktion als Rechtsgüterschutznormen völlig vernachlässigt. Als Folge davon wird die sachliche Legitimation der Strafgesetzgebung unter Grundrechtsaspekten zumeist nicht gewürdigt[208]. Demgegenüber soll im folgenden die These belegt werden, daß jedenfalls die meisten Bestimmungen des Besonderen Teils des StGB dem Schutz von Gütern und Werten dienen, die im Grundrechtsteil der Verfassung in Erscheinung treten, daß also der Strafgesetzgeber nicht nur grundrechtsbegrenzend, sondern zugleich grundrechtsschützend tätig wird.

Das ist beim Schutz von Individualgütern evident. So dienen die Bestimmungen über die Tötungs- und Körperverletzungsdelikte unmittelbar dem Schutz derjenigen Güter, die Art. 2 Abs. 2 Satz 1 GG als Grundrecht auf Leben und körperliche Unversehrtheit gegenüber der Staatsgewalt anerkannt hat. Die Handlungsfreiheit im Sinne von Art. 2 Abs. 1 und die Bewegungsfreiheit im Sinne von Art. 2 Abs. 2 Satz 2 GG bilden den Wertkern der Schutzgüter bei den typischen Delikten gegen die persönliche Freiheit (§§ 234, 237, 239, 239 a, 240, 241); dasselbe gilt für Art. 2 Abs. 1 i.V.m. Art. 1 Abs. 1 GG bezüglich des Schutzes der Individualfreiheit auf dem Gebiet des Geschlechtlichen[209]. Außerdem ist neben

207 Daneben kann die Androhung unverhältnismäßig harter oder willkürlich auf ganz bestimmte Personengruppen bezogener Strafen gegen Art. 1 und 3 GG verstoßen.

208 Richtig jedoch Häberle, Wesensgehaltgarantie, S. 188 ff., 192 Anm. 393, 196, 199, 203 (abzulehnen sind hingegen Häberles Ausführungen a.a.O., S. 26, da dort die Grundrechte zu Unrecht als Legitimation für Strafrechtsfunktionen jenseits des Rechtsgüterschutzes herangezogen werden: Erziehung zur Personwerdung mit strafrechtlichen Mitteln als „Konsequenz der grundrechtlichen Freiheit"); vgl. ferner Gallwas, Der Mißbrauch von Grundrechten, S. 49 ff.; Bettermann, Grundrechte III/2, S. 779 (871 f.).

209 §§ 176 Ziff. 1 und 2, 177, 179.

anderen Schutzgütern die Beeinträchtigung der allgemeinen Handlungsfreiheit in zahlreichen Tatbeständen der Anknüpfungspunkt einer Pönalisierung (z.B. in §§ 253, 255, 263). Schließlich sei bei dieser nur beispielhaften Aufzählung noch auf die Straftaten gegen das Eigentum und gegen das Vermögen als Ganzes hingewiesen, bei denen der Schutz derjenigen Werte im Vordergrund steht, die die Verfassung in Art. 14 anerkannt hat.

Die angeführten Delikte und Deliktsgruppen, denen sich unschwer weitere zur Seite stellen ließen[210], sind eindrucksvolle Beispiele für die grundrechtliche Wertfundierung des strafgesetzlichen Schutzes von Individualrechtsgütern. Da es um den Schutz von Gütern und Freiheiten geht, die Gegenstand von Grundrechtsbestimmungen sind, kann man sagen, daß insoweit die Strafbestimmungen grundrechtsschützende Funktion haben. Freilich bezieht sich dieser Schutz nicht auf ein gegen die Staatsgewalt gerichtetes subjektives Abwehrrecht, sondern – im Sinne der oben angesprochenen Verfeinerungen der modernen Grundrechtsdogmatik – auf die jenem zugrundeliegende Grundrechtswertung, d.h. auf das durch die Normierung eines solchen Abwehrrechts vom Verfassungsgeber anerkannte und gewertete Gut. Während zum Schutz der Grundrechtsgüter gegenüber der Staatsgewalt die Verfassung selbst Abwehrrechte konstituiert (mit freilich sehr unterschiedlichem Umfang, wie die teils weitreichenden, teils engen, teils völlig fehlenden Gesetzesvorbehalte zeigen), ist zum Schutz gegen Beeinträchtigungen aus anderer Richtung der Gesetzgeber, auch der Strafgesetzgeber, ermächtigt. Diese Ermächtigung ist im Rahmen des dem Rechtsstaat auferlegten umfassenden Auftrags zur Bewältigung typischer sozialer Konflikte zu sehen, eines Auftrags, der überall dort zum Schutzauftrag wird, wo es um die Sicherung bestimmter Güter, Freiheiten, Interessen etc. gegen gravierende Beeinträchtigungen geht. Für die Erfüllung dieses Schutzauftrags stehen dem Staat eine Reihe von Mitteln zur Verfügung, darunter die Statuierung sanktionsbewehrter Verbots- und Gebotsnormen auch auf dem Gebiete des Strafrechts. Die Grundrechtswertungen ermächtigen den Staat zum Einsatz dieses letzten Mittels, sofern eine sorgfältige Prüfung erweist, daß ein Schutz mit anderen Mitteln nicht oder nur sehr unvollkommen zu gewährleisten ist[211].

Indem der Gesetzgeber beispielsweise die grundrechtlich gewerteten Güter des menschlichen Lebens und der körperlichen Unversehrtheit (Art. 2 Abs. 2 GG) gegen jede Verletzung[212], das Eigentum gegen bestimmte Beeinträchtigungen mit den Mitteln des Strafrechts sichert, handelt er im Rahmen dieser Legitimation. Insofern kann man mit Häberle von einem Verhältnis der Wechselbedingt-

210 Vgl. dazu Bettermann, Grundrechte III/2, S. 779 (871 f.).

211 Es bedürfte eingehenderer Untersuchung, unter welchen Voraussetzungen eine sorgfaltswidrige Prüfung und die auf ihr beruhende Pönalisierung gegen Art. 1 Abs. 1 GG oder das Übermaßverbot verstoßen.

212 Ärztliche Heileingriffe natürlich ausgenommen.

heit zwischen Grundrechten (besser: Grundrechtswertungen) und grundrechtssichernden Strafrechtsnormen sprechen, das den letzteren eine besondere Legitimität zuteil werden läßt[213].

Für die Straftaten gegen die Gesamtheit[214], die dem überindividuellen Rechtsgüterschutz dienen, nämlich der Sicherung der Bedingungen, die für die Existenz der Rechtsgemeinschaft, auch in ihrem staatlichen Organisiertsein, und für das Funktionieren der sozialen Beziehungen in ihr erforderlich sind, geben ebenfalls die Grundrechtsbestimmungen eine Antwort auf die Frage nach der sachlichen Legitimation des Strafgesetzgebers:

Als Grenze der von jeder strafrechtlichen Normierung betroffenen allgemeinen Handlungsfreiheit nennt Art. 2 Abs. 1 GG die „verfassungsmäßige Ordnung". Die konkrete Ausgestaltung dieser verfassungsmäßigen Ordnung ergibt sich nicht schon aus der Verfassung selbst, sondern erst aus der Ausformung der in ihr enthaltenen Grundstrukturen, Richtlinien und Ordnungsmöglichkeiten durch den Gesetzgeber. Daß diese gesetzliche Ausgestaltung auch und gerade in Verbots- bzw. Gebotsnormen erfolgen soll, resultiert aus der Begrenzungsfunktion der „verfassungsmäßigen Ordnung" gerade für die allgemeine Handlungsfreiheit. Solche Verbots- bzw. Gebotsnormen zum Schutz der verfassungsmäßigen Ordnung bedürfen in vielen Fällen der Bewehrung mit strafrechtlichen Sanktionen, weil anders ausreichender Schutz nicht zu gewährleisten ist. Demnach fixiert das Grundgesetz mit der Klausel „verfassungsmäßige Ordnung" eine Ermächtigung auch an die Adresse des Strafgesetzgebers zum Schutz überindividueller Güter. Ohne bei der Inhaltsbestimmung dessen, was der Begriff verfassungsmäßige Ordnung beinhaltet, soweit wie das Bundesverfassungsgericht gehen zu müssen[215], wird man sagen dürfen, daß diejenigen Strafrechtsnormen, die in Übereinstimmung mit der Verfassung die Existenz der staatlich organisierten Gemeinschaft, das Funktionieren der Sozialbeziehungen in ihr und der für beides notwendigen Organe und ihrer Funktionsweisen sichern sollen, zu jenem Normenkomplex der verfassungsmäßigen Ordnung gehören, der das Grundrecht der allgemeinen Handlungsfreiheit begrenzt[216].

213 Vgl. Häberle, a.a.O., S. 15: „Anerkennt man, daß das Strafrecht sinnvolle Grundrechtsausübung erst ermöglicht und sichert, so kommt dies seiner Legitimität zugute".

214 Der Begriff ist von Maurach, Bes. Teil, S. 363 übernommen; damit werden nicht notwendig alle von Maurach unter diesem Oberbegriff behandelten Deliktsgruppen als dem überindividuellen Rechtsgüterschutz dienend anerkannt.

215 Vgl. das grundlegende „Elfes-Urteil" BVerfGE 6, 32 (38 ff.). Weitere Judikate bei E. Hesse, Die Bindung des Gesetzgebers, S. 12, Anm. 6.

216 Der Gefahr, daß durch eine Vielzahl derartiger freiheitsbeschränkender Normen das Grundrecht des Art. 2 Abs. 1 GG ausgehöhlt wird, wirkt einmal der vom Bundesverfassungsgericht betonte Maßstabscharakter eines Grundrechts für die Beurteilung vorbehaltsausfüllender Gesetze entgegen, zum anderen sichert die Wesensgehaltsgarantie des Art. 19 Abs. 2 GG einen Kernbereich menschlicher Handlungsfreiheit.

Die in Art. 2 Abs. 1 GG enthaltene Ermächtigung zum Schutz überindividueller Güter gilt allerdings nicht für ein Zusammentreffen von Strafnormen zum Schutz der Gesamtheit mit *benannten* Freiheitsgrundrechten, insbesondere mit den durch Art. 5, 8, 9, 10 GG geschützten Freiheiten[217]. Die meisten dieser Grundrechte sind aber mit weitreichenden Gesetzesvorbehalten versehen (Art. 5 Abs. 2: allgemeine Gesetze, Art. 8 Abs. 2: Beschränkung durch Gesetz oder auf Grund eines Gesetzes, Art. 9 Abs. 2: Verstoß gegen Strafgesetze, Art. 10: Beschränkung auf Grund eines Gesetzes), die den Erlaß von Strafvorschriften mit der hier erörterten überindividuellen Schutzrichtung ermöglichen und rechtfertigen.

Die in der Generalklausel von der verfassungsmäßigen Ordnung und in den Gesetzesvorbehalten niedergelegte Ermächtigung zum überindividuellen Rechtsgüterschutz ist – so überraschend das auf den ersten Blick anmuten mag – auch eine Ermächtigung des Gesetzgebers zum Grundrechtsschutz. Zwar besteht das unmittelbare Schutzziel der Strafbestimmungen zum Schutz der Gesamtheit in der Sicherung der Existenz der staatlich organisierten Gemeinschaft, des Funktionierens der Sozialbeziehungen in ihr und der für beides notwendigen staatlichen Organe und ihrer Funktionsweisen. Damit werden aber zugleich mittelbar die Grundrechte und ihre Realisierungsmöglichkeiten geschützt, weil alle Grundrechte – jedenfalls heutzutage – die Existenz und das Funktionieren der staatlichen Gemeinschaft voraussetzen. Mittelbar, aber von der Verfassung durchaus gewollt, hat die Strafgesetzgebung also insoweit auch die Funktion des Schutzes grundrechtlich fixierter Werte.

Die oben aufgeworfene Frage, welche Funktionen der Strafgesetzgeber im Grundrechtsbereich ausübt, muß nach dem Dargelegten eine differenzierte Beantwortung finden. Grundrechtsbegrenzend, d.h. als Begrenzung der in den Grundrechtsnormen enthaltenen freiheitsschützenden Abwehrrechte wirken die Deliktsnormen des StGB, soweit sie als Verbots- bzw. Gebotsnormen und als Sanktionsnormen fungieren. Grundrechts- bzw. grundrechtswertungsschützende Funktion haben die Strafbestimmungen in ihrer Eigenschaft als Rechtsgüterschutznormen. Um dieser Schutzfunktion zugunsten der Grundrechte und der Grundrechtswertungen willen enthält der Grundrechtsteil der Verfassung eine Sachlegitimation für den Strafgesetzgeber.

Als Resultat der näheren Untersuchung der Funktionen der Strafgesetzgebung im Grundrechtsbereich bleibt somit festzuhalten, daß der Grundrechtsteil Aussagen nicht nur über den individuellen Freiheitsschutz im Sinne der als Abwehrrechte verstandenen Grundrechte, sondern auch über die Legitimation des Straf-

217 Eine Übertragung der Schrankentrias des Art. 2 Abs. 1 GG auf andere Freiheitsgrundrechte würde die Eigenständigkeit dieser Freiheitsverbürgungen mißachten und ist daher abzulehnen, vgl. zum Streitstand in der Literatur E. Hesse, Die Bindung des Gesetzgebers, S. 63 ff.

gesetzgebers zum Rechtsgüterschutz enthält. Damit erweist sich der Interpretationsansatz von Kohlmann, der die Grundrechte nur zugunsten einer Maxime möglichst totaler Sicherung der Handlungsfreiheit und hieraus folgend möglichst großer Berechenbarkeit der Strafrechtsnormen in Anspruch nimmt, als zu einseitig.

Wichtiger sind jedoch die positiven Konsequenzen für die eigene Interpretation. Im Grundrechtsteil der Verfassung ist ein ganz ähnliches (wenn nicht sogar das gleiche) Spannungsverhältnis zwischen der Tendenz zur Begrenzung freiheitsbeschränkender (Straf-)Gesetzgebung und gegenläufigen Tendenzen zur Legitimation ebensolcher Gesetzgebung festzustellen wie innerhalb des Rechtsstaatsprinzips zwischen formell-rechtsstaatlichen und materiell-rechtsstaatlichen Komponenten. Die Analyse der Strafgesetzgebungsfunktionen im Grundrechtsbereich lehrt, daß unter der Geltung des Grundgesetzes mit einer Entgegensetzung von Rechtssicherheit auf der einen und materieller Gerechtigkeit auf der anderen Seite zu wenig ausgesagt wird. Sich einseitig für Rechtssicherheit im Sinne von Berechenbarkeit und Bestimmtheit zu entscheiden, würde in zahlreichen Fällen zur materiell ungerechten Versagung des Schutzes für grundrechtlich gewertete Freiheiten oder Güter führen. Umgekehrt könnte die totale Negierung des Bestimmtheitspostulats eine Hypertrophie des Strafens zur Folge haben, die mit der Schutztendenz der grundrechtlichen Abwehrrechte nicht zu vereinbaren wäre. Gerade unter grundrechtlichen Aspekten findet somit die Kurzformel „soviel Rechtssicherheit und soviel materielle Gerechtigkeit wie möglich" Bestätigung als knappe Umschreibung eines Zielkompromisses, dessen jeweilige Herstellung dem Gesetzgeber durch das Rechtsstaatsprinzip insgesamt, d.h. sowohl in seiner formellen als auch in seiner materiellen, durch die Grundrechtswertungen akzentuierten Dimension, aufgetragen ist.

Damit ist die bisher gewonnene Interpretationsbasis angereichert und abgesichert, so daß nunmehr konkrete Konsequenzen hinsichtlich der Ableitbarkeit eines Tatbestandsbestimmtheitsgebots aus Art. 103 Abs. 2 GG gezogen werden können.

4. Relativierung des Tatbestandsbestimmtheitsgebots durch die materielle Gerechtigkeit?

Mit dem oben dargelegten eigenen Interpretationsansatz sind die bisher aus der Betrachtung ausgeklammerten Darlegungen von Seel[218], Thelen[219] und Lenckner[220] verwandt, die im Hinblick auf die Unentbehrlichkeit unbestimmter, ins-

218 Unbestimmte und normative Tatbestandsmerkmale im Strafrecht und der Grundsatz nullum crimen sine lege, Münchner Jur. Diss. 1965.

219 Das Tatbestandsermessen des Strafrichters, Münchner Jur. Diss. 1967.

220 JuS 1968, 249 ff., 304 ff.

besondere wertausfüllungsbedürftiger Tatbestandsmerkmale und unter Berufung auf das materielle Rechtsstaatsprinzip eine Relativierung des Tatbestandsbestimmtheitsgebots durch Belange der materiellen Gerechtigkeit zur Diskussion gestellt haben.

Nach der Auffassung Seels sind unbestimmte und normative Tatbestandsmerkmale, die eine Garantiefunktion nicht erfüllen, „dann und soweit zulässig, als aus überwiegenden Gründen des Gemeinwohls und der Gerechtigkeit eine Durchbrechung der Garantiefunktion des Strafgesetzes und damit eine Einschränkung der Rechtssicherheit des einzelnen zwingend erforderlich ist"[221]. Ähnlich folgert Thelen aus der prinzipiellen Gleichrangigkeit von Rechtssicherheit und materieller Gerechtigkeit, daß die Verwendung unbestimmter deskriptiver und normativer Merkmale verfassungsgemäß sei, wenn die Verwirklichung materieller Gerechtigkeit durch eine zu starre Fassung der Tatbestände erheblich beeinträchtigt würde. Bei einer derartigen Interpretation des Art. 103 Abs. 2 GG stehe das richterliche Tatbestandsermessen „auf dem festen Grund der Verfassungsmäßigkeit"[222].

Vor einer breiteren Öffentlichkeit hat wenig später Lenckner die Relativierung des Tatbestandsbestimmtheitsgebots zur Diskussion gestellt. Auch nach seiner Auffassung entscheidet eine Abwägung zwischen den Belangen der Rechtssicherheit und der materiellen Gerechtigkeit darüber, ob die Verwendung wertausfüllungsbedürftiger Begriffe mit Art. 103 Abs. 2 GG vereinbar ist oder nicht[223]. Freilich müsse dem Gesetzgeber, weil eine solche Abwägung nur durch vergleichsweises Bewerten erfolgen könne, ein gewisser Bewertungsspielraum zugestanden werden, der so weit reiche, als eine bestimmte Lösung noch durch verständige Erwägungen gedeckt werde. Ein Verstoß gegen Art. 103 Abs. 2 GG könne daher erst dann angenommen werden, „wenn eine andere Entscheidung als die, daß überwiegende Gründe für die Rechtssicherheit sprechen, nicht mehr ‚vertretbar' ist"[224].

Sowohl Seel und Thelen als auch Lenckner werten ihren richtigen Interpretationsansatz nicht konsequent aus. Noch stark im Bann der Freiheitssicherungs- und Berechenbarkeitsmaxime stehend wird ihnen nicht bewußt, daß ihr Interpretationsvorschlag auf halbem Wege stehen bleibt. Ist im Strafgesetzbuch auch nur ein einziger Tatbestand denkbar, für den nicht Gesichtspunkte materieller Gerechtigkeit ins Feld geführt werden könnten mit dem Ergebnis, daß man dem Gesetzgeber „verständige Erwägungen" zugute halten müßte? Lenckner würde auf die von ihm für verfassungswidrig erklärten §§ 360 Ziff. 11 und 170 d ver-

221 Seel, a.a.O., S. 126.

222 Thelen, a.a.O., S. 156.

223 JuS 1968, 305.

224 A.a.O., S. 305 r.Sp.

weisen[225], jedoch zu Unrecht. So richtig es ist, daß der Tatbestand des groben Unfugs jeglicher Begrenzung seiner Reichweite ermangelt[226], sowenig beweisen die von Lenckner angeführten problematischen Judikate[227], daß der Gesetzgeber sich nicht in Ansehung anderer Fälle und Fallgruppen auf die Notwendigkeit einer Bestrafung in einem Auffangtatbestand berufen könnte und dürfte. Die amtliche Begründung des E 1962 zu § 301 zweite Alternative liefert dafür einen anschaulichen Beweis[228]. Mutatis mutandis gilt das gleiche hinsichtlich Lenckners Ausführungen zu § 170 d. Sowenig bestritten werden soll, daß die „Gefährdung des sittlichen Wohls eines Kindes" ein sehr unbestimmter Merkmalskomplex ist, sowenig kann zugegeben werden, daß der Gesetzgeber keinen vernünftigen Grund für die Pönalisierung ins Feld führen könnte. Unter Berufung auf Art. 6 Abs. 2 GG[229] könnte er beachtliche Argumente dafür ins Feld führen, daß eine Vernachlässigung der „zuvörderst den Eltern obliegenden Pflicht" zur Erziehung ihrer Kinder auch mit den Mitteln des Strafrechts bekämpft werden müsse[230].

Mit diesen kritischen Bemerkungen zu den Darlegungen von Seel, Thelen und Lenckner soll nicht die Notwendigkeit einer Abwägung des Gesetzgebers zwischen Belangen der Rechtssicherheit und der materiellen Gerechtigkeit bestritten, wohl aber die Möglichkeit geleugnet werden, das jeweilige Abwägungsergebnis unter verfassungsgerichtliche Kontrolle nach Art. 103 Abs. 2 GG zu stellen. Der Grundgedanke der genannten Autoren, die Forderung nach inhaltlicher Bestimmtheit und Vollständigkeit der Straftatbestände durch Belange der materiellen Gerechtigkeit einzuschränken, gleichwohl aber an einem mit der Sanktion der Nichtigkeitserklärung im Falle seiner Verletzung verbundenen Gebot festzuhalten, ist nicht durchführbar. Die richtige, Postulate formeller und materieller Rechtsstaatlichkeit in sich aufnehmende Formel Lenckners „soviel Rechtssicherheit und soviel materielle Gerechtigkeit wie möglich"[231] überzeugt als Auftrag an den Gesetzgeber zur Herstellung eines Zielkompromisses; als Maßstab für das Bundesverfassungsgericht ist sie ungeeignet zur Beurteilung gesetzgeberischer Schlechterfüllung. Rechtssicherheit und materielle Gerechtigkeit wie auch der von Lenckner nicht ausdrücklich genannte, aber in den Zielkompromiß einzubeziehende Schutz der staatsbürgerlichen Handlungsfreiheit vor zu weitgehender

225 A.a.O., S. 305 r.Sp., 306.

226 Lenckner, a.a.O., S. 305 r.Sp. unter Berufung auf Schröder.

227 A.a.O., S. 306 l.Sp.

228 E 1962, S. 472.

229 „Pflege und Erziehung der Kinder sind das natürliche Recht der Eltern und die zuvörderst ihnen obliegende Pflicht. Über ihre Betätigung wacht die staatliche Gemeinschaft".

230 Vgl. auch insoweit die amtliche Begründung des E 1962 zu § 198, S. 352.

231 Lenckner, JuS 1968, 305 l.Sp.

Beschränkung durch Strafrechtsnormen sind nichtoperationale Größen, die als solche keinen Maßstab für eine verfassungsgerichtliche Kontrolle des gesetzgeberischen Handelns ergeben. Da Lenckner außerdem Rechtssicherheit und materielle Gerechtigkeit für prinzipiell gleichrangig erklärt – in der Sache zu Recht, wie oben dargelegt – kann auch nicht ein stärkeres Gewicht der Rechtssicherheit das Kriterium hinreichender Tatbestandsbestimmtheit und -vollständigkeit sein. Bei konsequenter Zuendeführung seines Gedankens müßte also gerade Lenckner die Existenz eines derartigen an den Gesetzgeber gerichteten Gebots ablehnen.

5. Die Ablehnung eines aus Art. 103 Abs. 2 GG ableitbaren Gebots der Bestimmtheit und Vollständigkeit von Straftatbeständen als unausweichliche Konsequenz

Im Verlauf des letzten Kapitels des verfassungsrechtlichen Teils sind die wesentlichen Argumente für die Ablehnung eines an den Gesetzgeber gerichteten Gebots der Bestimmtheit und Vollständigkeit von Straftatbeständen dargelegt worden. Angesichts der Mehrdeutigkeit des Wortlauts des Art. 103 Abs. 2 GG ist der subjektiv-historische Auslegungsbefund von besonderer Bedeutung, der gegen die Annahme eines solchen Gebots spricht. In dieselbe Richtung weist die verfassungsrechtliche Verankerung und Aufwertung des materiellen Rechtsstaatsprinzips in Art. 20 Abs. 3 GG und die Legitimation der Strafgesetzgebung durch den Grundrechtsteil der Verfassung. Diese den Strafgesetzgeber auf die Realisierung materieller Gerechtigkeit verpflichtenden Verfassungsaussagen stehen in einem Spannungsverhältnis zu den formell-rechtsstaatlichen Postulaten der größtmöglichen Realisierung von Rechtssicherheit und weiträumiger staatsbürgerlicher Handlungsfreiheit, die den Gesetzgeber ebenfalls verpflichten. Hinsichtlich der Strafgesetzgebung ist der Legislative die weitestmögliche Annäherung sowohl an die materiell-rechtsstaatlichen als auch an die formell-rechtsstaatlichen Postulate aufgetragen. Für eine verfassungsgerichtliche Kontrolle dahingehend, ob der Gesetzgeber den ihm aufgetragenen Zielkompromiß bestmöglich hergestellt hat, fehlt es jedoch an Kriterien, die aus Art. 103 Abs. 2 GG entnommen werden könnten. Dieses bereits anläßlich der Kritik an Lenckners Auslegungskompromiß (relativiertes Tatbestandsbestimmtheitsgebot) angedeutete Auslegungsargument ist im folgenden unter Rückgriff auf Strukturmerkmale des Art. 103 Abs. 2 GG näher darzulegen.

Faßt man Art. 103 Abs. 2 GG unter strukturellem Aspekt ins Auge, so stößt man auf zwei aufschlußreiche Charakteristika. Erstens: unmittelbarer Adressat der Verfassungsnorm ist die Strafgerichtsbarkeit. Zweitens: soweit Art. 103 Abs. 2 GG Entscheidungskriterien für eine verfassungsgerichtliche Nachprüfung enthält, sind sie formaler Natur. Beide Wesensmerkmale der Verfassungsnorm stehen miteinander in Zusammenhang.

Den Strafgerichten wird zunächst einmal durch Art. 103 Abs. 2 GG untersagt, eine Verurteilung auf eine Gesetzesbestimmung zu stützen, die vor der Begehung der Tat nicht in Geltung war. Das Kriterium für die Unzulässigkeit einer Verurteilung ist also ein rein formales und deshalb eindeutig. Der Kalender und eventuell die Uhrzeit entscheiden über die Zulässigkeit. Auch die Kriterien einer Verletzung des an die Strafgerichte adressierten Verbots strafbegründender oder -schärfender Rechtsfindung auf außergesetzlicher Grundlage sind formal und eindeutig. Die Verfassungsnorm fordert die Schriftlichkeit der strafbarkeitsbegründenden Rechtsquelle[232]. Aus diesem eindeutigen Kriterium leitet sich unmittelbar das Verbot strafbegründenden oder -schärfenden Gewohnheitsrechts ab. An Schriftlichkeit und Gesetzesrang der strafbarkeitsbegründenden Rechtsquelle knüpft das sog. Analogieverbot an, da jede Analogie eine Lücke in der gesetzlichen Regelung zur Voraussetzung hat. Zwar genügen formale Feststellungen zur Ermittlung der Reichweite einer gesetzlichen Regelung nicht, doch läßt dies den Charakter des Art. 103 Abs. 2 GG als einer auf formale Zulässigkeitskriterien abstellenden Rechtsnorm unberührt, weil bei der Ermittlung der Reichweite, d.h. der oft beschworenen Grenze zwischen Auslegung und Analogie, wiederum ein formales Kriterium, nämlich der publizierte Gesetzeswortlaut in seiner möglichen Bedeutung eine wichtige Rolle spielt[233].

Die vorstehend hervorgehobenen beiden Wesensmerkmale des Art. 103 Abs. 2 GG, die bisher bei der Interpretation vernachlässigt worden sind, geben entscheidende Aufschlüsse über die Schutzrichtung und den Schutzinhalt der Verfassungsnorm. Daß die Strafgerichte primäre Adressaten des Art. 103 Abs. 2 GG sind, bestätigt die seit der Entstehung in der Aufklärung bekannte Schutzrichtung des nullum-crimen-sine-lege-Satzes: Schutz vor richterlicher Willkür ist intendiert[234].Wirksam wird dieser Schutz dadurch, daß die Kriterien für die Unzulässigkeit strafgerichtlicher Verurteilungen formaler Natur und damit eindeutig sind. Nur die Beschränkung auf diese klaren formalen Kriterien für die Zulässigkeit einer strafgerichtlichen Verurteilung macht Art. 103 Abs. 2 GG zu einer justiziablen ,,Garantie" für die staatsbürgerliche Handlungsfreiheit.

Mit diesem eindeutigen und für seine Wirksamkeit entscheidenden Charakter des Art. 103 Abs. 2 GG läßt sich die Annahme eines Tatbestandsbestimmtheits- und -lückenlosigkeitsgebots nicht vereinbaren. Zwar wendet sich Art. 103 Abs. 2 GG nicht ausschließlich an die Strafgerichte, sondern in beschränktem Maße auch an den Gesetzgeber, nämlich insoweit, als das Rückwirkungsverbot den Erlaß von Gesetzen für unzulässig erklärt, die rückwirkend zur Strafbegründung oder -schärfung führen sollen. Aber dieser zusätzliche Teilgehalt der Verfassungsnorm

---

232 Allgemeine Meinung, vgl. Maunz-Dürig-Herzog, Grundgesetz, Art. 103 Abs. 2, Rn. 106; Hamann-Lenz, Grundgesetz, Art. 103, Erl. B 4, jeweils m.w.Nw.

233 Vgl. Canaris, Feststellung von Lücken, S. 22 f. m.w.Nw.

234 S. oben 1. Hauptteil, 1. Kapitel 2 a).

harmoniert mit ihrem Gesamtcharakter insofern, als das Kriterium der Unzulässigkeit, ein bestimmter Einschnitt im Zeitablauf, auch hier rein formal und eindeutig ist. Ganz anders nimmt sich dagegen das sogenannte Tatbestandsbestimmtheits- und lückenlosigkeitsgebot aus. Nicht die Beachtung eines formalen Kriteriums bei der Normsetzung wird danach vom Gesetzgeber verlangt, sondern die Erfüllung eines qualitativen Mindeststandards der Straftatbestandsformulierung. Die Ermittlung der Niveauhöhe dieses Standards soll sich nach dem Vorschlag Kohlmanns gemäß einem komplizierten Dreistufenschema[235], nach der Aussage Lenckners im Wege einer jeweils unterschiedlich vorzunehmenden Wertabwägung[236], nach der Auffassung des Bundesverfassungsgerichts unter Beachtung der Besonderheit des zu formulierenden Straftatbestands, der Höhe der geplanten Strafandrohung und den Umständen, die die gesetzliche Regelung notwendig machen, vollziehen[237]. Zu der Eindeutigkeit dessen, was das Rückwirkungs-, das Analogie- und das Gewohnheitsrechtsverbot von ihren jeweiligen Adressaten verlangen, steht die Unbestimmtheit der für die Erfüllung des sogenannten Tatbestandsbestimmtheits- und -lückenlosigkeitsgebots für maßgeblich erklärten Kriterien in unvereinbarem Widerspruch[238]!

Wollte man desungeachtet aus Art. 103 Abs. 2 GG ein Tatbestandsbestimmtheits- und -vollständigkeitsgebot herauslesen, so würde man mangels eindeutiger Bestimmtheitskriterien das Ermessen des Gesetzgebers bei der Realisierung des Zielkompromisses zwischen materieller Gerechtigkeit, Rechtssicherheit und Freiheitsschutz einer Ermessensentscheidung des Bundesverfassungsgerichts unterwerfen. Damit würde die dem Bundesverfassungsgericht gegenüber dem Gesetzgeber zukommende Funktion verkannt. Sie liegt in der Kontrolle des Gesetzgebers nach justiziablen, aus der Verfassung zu gewinnenden Maßstäben, nicht in einer Substitution des gesetzgeberischen Ermessens durch ein solches des Bundesverfassungsgerichts.

---

235 Kohlmann, Der Begriff des Staatsgeheimnisses, S. 267 f., ferner S. 258 ff.

236 Lenckner, JuS 1968, 305.

237 BVerfGE 26, 41 (43).

238 Hinsichtlich der Bestimmtheitskriterien der Lehre vgl. die eingehende Darstellung und Kritik bei Lemmel, Unbestimmte Strafbarkeitsvoraussetzungen, S. 74 bis 118. Außer den bis zur Abnutzung zitierten beiden Judikaten des Bayerischen Verfassungsgerichtshofs (vgl. dazu Lemmel, a.a.O., S. 34) hat das Tatbestandsbestimmtheitsgebot in der Rechtsprechung zu keinerlei Konsequenzen geführt. Einen kaum noch zu übertreffenden Beweis für die Wirkungslosigkeit des Tatbestandsbestimmtheitsgebots infolge mangelnder Bestimmbarkeit der Bestimmtheitsgrenze liefert die Entscheidung BVerfGE 26, 41 ff. mit der Begründung, die Vorschrift sei durch eine jahrzehntelange gefestigte Rechtsprechung hinreichend präzisiert worden (a.a.O., S. 43). Die Begründung ist nicht nur hinsichtlich der Einheitlichkeit der Rechtsprechung falsch (vgl. dazu Schönke-Schröder, StGB, § 360, Rn. 47 ff. m.w.Nw.), sie stellt vor allem den allgemein behaupteten Inhalt des Tatbestandsbestimmtheitsgebots auf den Kopf, der doch dahin geht, das Gesetz solle zuverlässiger Wegweiser für die Auslegung sein.

Daß die herrschende Lehre und ebenso die Vertreter abweichender Auffassungen den Bruch in ihrer Norminterpretation nicht erkannt haben, beruht vermutlich auf der Eingängigkeit des Gedankens, mit dem die Ergänzung der drei vornehmlich an die Strafgerichte gerichteten Verbote durch ein Tatbestandsbestimmtheitsgebot begründet wird. Man kann den einschlägigen Gedankengang zu folgender Frage komprimieren: Was nützen dem Bürger die Verbote außergesetzlicher oder rückwirkender Rechtsfindung in malam partem, wenn die Strafbestimmungen selbst so unbestimmt oder lückenhaft sind, daß der Strafrichter jede oder beinahe jede Verhaltensweise unter sie subsumieren und sich so eine Berufung auf Analogie oder Gewohnheitsrecht ersparen kann? Die in dieser Frage enthaltene richtige Beobachtung, daß eine möglichst enge Gesetzesbindung der Strafgerichte nur durch präzise und vollständige Tatbestandsbeschreibungen zu erreichen ist, wird jedoch zum Anlaß einer falschen Konsequenz, nämlich zur Behauptung eines an den Gesetzgeber gerichteten Tatbestandsbestimmtheits- und -lückenlosigkeitsgebots genommen. Diese Schlußfolgerung verkennt, daß die richterliche Funktionsbegrenzung durch Gesetzesbindung kein strafrechtsspezifisches Problem darstellt, sondern zum Problembereich jeglicher Gewalten- und Funktionsteilung und -erfüllung gehört. Soweit es um aus dem Gewaltenteilungsgrundsatz abzuleitende Anforderungen an den Gesetzgeber geht, ist nach der Systematik der Verfassung sedes materiae Art. 20 Abs. 2 und 3 GG. Art. 103 Abs. 2 GG regelt lediglich das Funktionieren des Gewaltenteilungsgrundsatzes auf der strafgerichtlichen Seite. Diese Regelung ist notwendig, weil eine unmittelbare politische Verantwortlichkeit der Strafgerichtsbarkeit nach unserer Verfassung nicht existiert, während für die Wahrnehmung seiner Funktionen gemäß Art. 20 GG der parlamentarische Gesetzgeber dem Volk unmittelbar verantwortlich ist; die Kontrolle der Legislative wird in erster Linie durch politische Mittel, nämlich durch regelmäßige Wahlen, realisiert.

Die vorstehenden Darlegungen würden falsch verstanden, wollte man in ihnen eine Abschwächung dessen sehen, was die Verfassung vom Strafgesetzgeber und seinen Gesetzen *erwartet*. Die vielfältigen Überlegungen im Schrifttum und bei der Arbeit an der Strafrechtsreform, die auf möglichst hohe Gesetzespräzision ausgerichtet sind, behalten ihre Berechtigung und decken Bedingungen für eine möglichst große Effektivität des Art. 103 Abs. 2 GG als Garantienorm gegenüber der Strafgerichtsbarkeit auf, auch und gerade wenn man sie aus der falschen Verklammerung an ein Tatbestandsbestimmtheitsgebot löst. Um es nochmals zu betonen: Art. 103 Abs. 2 GG erfüllt seine Garantiefunktion in bezug auf die staatsbürgerliche Freiheitssicherung und die Rechtssicherheit umso besser, je genauer der Gesetzgeber die strafbaren Verhaltensweisen in den gesetzlichen Straftatbeständen beschreibt. Aber sowenig in positiver Richtung die Erfüllung des Sozialstaatsauftrags durch den Gesetzgeber unter verfassungsgerichtliche Kontrolle zu stellen ist, sowenig ist der an den Gesetzgeber gerichtete Auftrag zur Erfüllung jenes oben dargelegten Zielkompromisses zwischen materieller

Gerechtigkeit, Rechtssicherheit und staatsbürgerlichem Freiheitsschutz auf dem Umweg über ein strafrechtsspezifisches Bestimmtheitsgebot justiziabel zu machen. Vielmehr ist es sachgerecht, die stellvertretende Wahrnehmung von Pönalisierungen für das ganze Volk durch den parlamentarischen Gesetzgeber[239] als einen im Kern politischen Vorgang in erster Linie der politischen Kontrolle zu unterwerfen. Die lebhaften und unter starker Beteiligung der Öffentlichkeit vollzogenen Diskussionen in neuerer Zeit um Inhalt und Grenzen einer Reform des politischen und des Sexualstrafrechts berechtigen zu der Hoffnung, daß diese Kontrolle nicht wirkungslos ist.

Einige ergänzende Bemerkungen im Hinblick auf den Fortfall des sogenannten Tatbestandsbestimmtheitsgebots erscheinen angebracht. Die dargelegte Auffassung muß zumindest mit dem Einwand rechnen, daß jedenfalls in den Fällen tatbestandlicher Leerformeln, also bei Strafbestimmungen ohne jeglichen ermittelbaren Wertungskern, eine verfassungsrechtliche Sanktion gegeben sein müsse, da andernfalls noch nicht einmal die Komprimierung des gesamten Strafrechts auf wenige „Schurkenparagraphen" von Verfassung wegen zu verhindern sei.

Nach der hier dargelegten Interpretation kann Art. 103 Abs. 2 GG auch gegenüber solchen Fällen krassen gesetzgeberischen Mißbrauchs oder Versagens keine Anwendung finden. Aber die Beseitigung der Scheingarantie nach Art. 103 Abs. 2 GG gibt den Blick auf Garantiewirkungen frei, die Art. 20 Abs. 2 und 3 (Gewaltenteilung als wesentliches Element des Rechtsstaatsprinzips) und Art. 1 Abs. 1 GG (Schutz der Menschenwürde) entfalten. Die absichtliche und totale Preisgabe der typischerweise dem parlamentarischen Gesetzgeber zukommenden Rechtsetzungsfunktion in solchen Fällen stellt einen Verstoß gegen den Kern des rechtsstaatlichen Gewaltenteilungsprinzips dar und muß aus diesem Grunde zur Verfassungswidrigkeit führen[240]. Ob daneben auch die mangelnde Meßbarkeit und Vorausberechenbarkeit strafgerichtlicher Erkenntnisse als Argument für einen verfassungswidrigen Verstoß gegen das Rechtsstaatsprinzip herangezogen werden könnte und sollte, muß hier offenbleiben[241]. Nahe liegt jedoch die

239 Im Idealfall setzt die Entscheidung des Gesetzgebers eine Übereinstimmung seiner Wertvorstellungen mit denen der Gesellschaft voraus.

240 Vgl. Maunz-Dürig-Herzog, Grundgesetz, Art. 20, Rn. 82 und Anm. 6 zu Rn. 89; Hamann-Lenz, Grundgesetz, S. 86: „Grundsätzlich muß der Gesetzgeber selbst auch die Details regeln; er darf dies nicht dem Richter überlassen; andernfalls versäumt er seine Aufgabe (Art. 20 Abs. 2 GG), der Verwaltung und der rechtsprechenden Gewalt exakte Rechtsweisungen zu erteilen".

241 In der verfassungsrechtlichen Literatur wird zwar weithin die „inhaltlich präzise Gestaltung aller Rechtsnormen" als Ausfluß des Rechtsstaatsprinzips angesehen, vgl. Hamann-Lenz, Grundgesetz, Einführung, S. 59 (dort das Zitat); Maunz-Dürig-Herzog, Grundgesetz, Art. 20, Rn. 86 ff., jeweils m.w.Nw. Demgegenüber muß die oben dargelegte mangelnde Bestimmbarkeit der Bestimmtheitsgrenze zur Zurückhaltung mahnen.

Annahme eines Verstoßes gegen Art. 1 Abs. 1 GG. Nach ganz herrschender Meinung garantiert diese Verfassungsnorm das Schuldprinzip und verbietet schuldunangemessene Strafen[242]. Hier sollte die Aussage von Sax, daß ohne gesetzliche Bestimmung des materialen Bezugspunkts für die im strafrechtlichen Schuldurteil mißbilligte autonome Selbstentscheidung das Schuldprinzip mißachtet und bei dennoch verhängter Strafe die Menschenwürde verletzt wird[243], zur Begründung der Verfassungswidrigkeit herangezogen werden[244].

IV. Das Ergebnis der korrigierten Interpretation des Art. 103 Abs. 2 GG

Das Resultat der Darlegungen zum Normgehalt des Art. 103 Abs. 2 GG läßt sich in wenigen Sätzen zusammenfassen: Art. 103 Abs. 2 GG ist eine in erster Linie an die Strafgerichte adressierte Verfassungsnorm. Bezüglich der Strafbarkeitsvoraussetzungen verbietet sie die richterliche Neuschaffung von Tatbeständen und gestaltet insofern die Gesetzesbindung der Gerichte in spezifischer Weise für das Strafrecht aus. Über den durch die gesetzlichen Tatbestände und die sie ergänzenden Regelungen des Allgemeinen Teils gezogenen, unter Umständen allerdings sehr weiten Rahmen hinaus ist richterliche Rechtsfindung in malam partem verfassungsrechtlich unzulässig. Diese Beschränkung sichert den Primat des parlamentarisch-demokratischen Gesetzgebers für den grundlegenden und in seiner Wirkung für die Betroffenen einschneidenden Akt der Strafbarkeitserklärung bestimmter Verhaltensweisen. Wenn die Strafgerichte dennoch neue Straftatbestände schaffen oder den gesetzlich gezogenen Tatbestandsrahmen überschreiten, ist als letzter Rechtsbehelf die Verfassungsbeschwerde gegeben.

An die Adresse des Gesetzgebers ist Art. 103 Abs. 2 GG nur insofern gerichtet, als er den Erlaß rückwirkend strafbarkeitsbegründender oder strafschärfender Gesetze verbietet; im Zusammenhang damit ist der Rechtsprechung die Anwendung eines verbotswidrig erlassenen rückwirkenden Gesetzes untersagt. Hingegen läßt sich aus Art. 103 Abs. 2 GG kein an den Gesetzgeber gerichtetes Gebot hinreichender Tatbestandsbestimmtheit und -lückenlosigkeit ableiten. Zwar ist

---

242 Vgl. nur Hamann-Lenz, Grundgesetz, Art. 1, Erl. B 3b (S. 131); Maunz-Dürig-Herzog, Grundgesetz, Art. 1 Abs. 1, Rn. 31 f. Die Problematik unproportionaler Maßregeln bedürfte im Hinblick auf Art. 1 Abs. 1 GG gründlicher Untersuchung.

243 Sax, Grundrechte III/2, S. 909 (998 f.), dort jedoch zu Unrecht als Aussage über den Gehalt des Art. 103 Abs. 2 GG.

244 Auch eine Verletzung des Art. 2 Abs. 1 GG durch „Schurkenparagraphen" wäre zu prüfen, hätte aber eine Interpretation dieses Grundrechts zur Voraussetzung, die den Normgehalt nicht in die Gefahr des Leerlaufens bringt, wie zeitweise die Judikatur des Bundesverfassungsgerichts.

der Gesetzgeber im Hinblick auf die formell-rechtsstaatlichen Grundsätze der Respektierung der staatsbürgerlichen Handlungsfreiheit, der Rechtssicherheit und der Gewaltenteilung wie auch im Hinblick auf das in Art. 1 Abs. 1 GG verankerte Schuldprinzip gehalten, die Strafbarkeitsvoraussetzungen im Gesetz möglichst vollständig und präzise zu verankern. Da er jedoch im Hinblick auf das gleichrangige Ziel größtmöglicher materieller Gerechtigkeit bei jeder Strafbarkeitserklärung einen Zielkompromiß herzustellen hat, hat die Verfassung darauf verzichtet, in Art. 103 Abs. 2 GG Kriterien für die zulässige Breite des gesetzgeberischen Handlungsspielraums aufzustellen, die Voraussetzung eines justiziablen Gebots wären.

Die Ablehnung eines aus Art. 103 Abs. 2 GG ableitbaren Gebots der Bestimmtheit und Vollständigkeit von Straftatbeständen hat bedeutsame Konsequenzen für die strafrichterliche Rechtsfindung. Eine im Verhältnis zum Strafgesetzgeber und zum Strafgesetz kooperative strafrichterliche Rechtsfindung ist mit Art. 103 Abs. 2 GG auch dort vereinbar, wo sie im Einzelfall Bausteine zur Strafbarkeitsbegründung liefert. Insbesondere sind den Strafgerichten die Inhaltsbestimmung mehr oder weniger unbestimmter gesetzlicher Tatbestandsmerkmale und eine Tatbestandsergänzung anhand gesetzlicher Leitlinien durch Art. 103 Abs. 2 GG nicht verboten. Insofern bedürfen die dem bisherigen traditionsgebundenen Verständnis des nullum-crimen-sine-lege-Satzes entlehnten Begriffe „Analogieverbot" und „Ausschluß strafbarkeitsbegründenden oder strafschärfenden Gewohnheitsrechts" der Überprüfung.

Als weitere Konsequenz der korrigierten Interpretation des Art. 103 Abs. 2 GG ergibt sich eine Relativierung des Garantietatbestandsbegriffs. Garantiewirkungen entfalten die gesetzlichen Tatbestände nur insofern, als eine Bestrafung ohne jeden Anhalt in einem gesetzlich verlautbarten Straftatbestand unzulässig ist. Der gesetzliche Tatbestand kann also nur im Hinblick auf die Notwendigkeit seiner Existenz und den von ihm abgesteckten äußersten Rahmen als Garantietatbestand bezeichnet werden.

SCHLUSSTEIL

Das Problem der Verfassungsmäßigkeit der Strafbarkeit unechter Unterlassungsdelikte im Licht der korrigierten Interpretation des Art. 103 Abs. 2 GG

I. Die korrigierte Fragestellung

Infolge der korrigierten Interpretation des Art. 103 Abs. 2 GG stellt sich das durch die unechten Unterlassungsdelikte aufgeworfene verfassungsrechtliche Problem neu. Die Lücken in den unterlassungsoffenen Tatbeständen und die daraus resultierende partielle Unbestimmtheit dieser Tatbestände verstoßen ebensowenig gegen Art. 103 Abs. 2 GG wie das gesetzliche Gebot zur richterrechtlichen Tatbestandsergänzung. Auch die richterliche Vervollständigung der unterlassungsoffenen Tatbestände durch die Garantenstellungen und das Zumutbarkeitsmerkmal ist als solche, d.h. abstrakt als Akt der Rechtsfindung betrachtet, zulässig.

Übrig bleibt als verfassungsrechtliches Problem eine Frage, die nur durch vertiefte strafrechtliche Untersuchungen umfassend beantwortet werden kann. Da das Gebot zur Vervollständigung der unterlassungsoffenen Tatbestände die Strafgerichte anweist, diejenigen erfolgsverursachenden Unterlassungen zu ermitteln, die im Unrechts- und Schuldgehalt dem im jeweils korrespondierenden Begehungstatbestand pönalisierten Tun entsprechen, geht die im Hinblick auf Art. 103 Abs. 2 GG entscheidende Frage dahin, ob die Judikatur zu den unechten Unterlassungsdelikten sich an diese Leitlinie gehalten hat oder ob der Rahmen zulässiger kooperativer strafrichterlicher Rechtsfindung überschritten worden ist. Damit verweist die korrigierte verfassungsrechtliche Fragestellung auf das im Strafrecht vernachlässigte und daher bisher nicht zufriedenstellend gelöste Problem der Gleichwertigkeit von Tun und unechter Unterlassung. Wenn die Gleichwertigkeit nicht einfach intuitiv oder gefühlsmäßig bejaht, sondern überprüfbar begründet werden soll, müßten Äquivalenzbedingungen für Tun und Garantenunterlassung ermittelt und formuliert werden. Die weitere Richtung der Überlegungen läßt sich an dieser Stelle nur in Form einer These angeben: nur diejenigen Garantenstellungen, die sich auf ein Prinzip zurückführen lassen, dessen strukturelle Merkmale auch beim strafbaren Tun nachweisbar sind, entsprechen der durch das Tatbestandsvervollständigungsgebot vorgezeichneten Leitlinie und sind mit Art. 103 Abs. 2 GG vereinbar. Oder mit Welp zu sprechen: „Gefragt ist . . . nach einer Äquivalenz der Unterlassung gegenüber dem Tun; deren Voraussetzungen müssen sich jedoch aus der Struktur des aktiven Tuns ergeben, wenn dem Postulat des ‚nullum crimen sine lege' und der dadurch geforderten ‚qualitativen' Gleichwertigkeit (E.A. Wolff) Genüge geleistet werden soll"[1].

II. Zur Äquivalenz von strafbarem Tun und Garantenunterlassung

Die gesuchten Bedingungen einer Äquivalenz von strafbarem Tun und Garantenunterlassung konnten so lange nur instinktiv erahnt, nicht jedoch analytisch aufgefunden werden, solange die formellen Entstehungsgründe für Erfolgsabwendungspflichten (Gesetz, Vertrag, Ingerenz) die Dogmatik der unechten Unterlassungen und die strafgerichtliche Praxis beherrschten. Einen fruchtbaren Ansatz lieferte erst die Auswertung des Naglerschen Garantengedankens für eine materielle Systematisierung der verschiedenen Garantenstellungen durch Armin Kaufmann, Henkel, Androulakis, Rudolphi und andere[2]. Mit dem Zurücktreten der formellen Betrachtungsweise entfällt auch die ohnehin dubiose Möglichkeit, sich durch einen Rekurs auf Rechtsquellen bezüglich der grundlegenden Äquivalenzfrage zu beruhigen. Auch die bloße Unterordnung aller Entstehungsgründe der Erfolgsabwendungspflicht unter den Oberbegriff des Garanten ist angesichts der inhaltlichen Verschiedenheit der diversen Garantenpositionen, die gerade bei einer materiellen Erfassung und Systematisierung sichtbar wird, als Beruhigungsmittel ungeeignet. Deshalb ist es nicht überraschend, daß in mehreren Veröffentlichungen aus jüngster Zeit der Versuch unternommen wird, die Gleichwertigkeit sei es einzelner, sei es aller Garantenunterlassungen mit dem strafbaren Tun neu zu begründen. Insbesondere die Arbeiten von E.A. Wolff, Welp und Bärwinkel haben bedeutsame Elemente für eine strukturelle Beantwortung der Äquivalenzfrage aufgezeigt[3]. Entscheidende Bauteile eines strukturellen Lösungsansatzes sind das schon bei Kohler[4], Nagler[5] und Vogt[6] angelegte, von Bärwinkel präziser herausgearbeitete Verständnis der Garantenstellungen als bestimmter sozial-funk-

1 Welp, Vorangegangenes Tun, S. 172.

2 Vgl. Armin Kaufmann, Dogmatik, S. 283; Henkel, MschrKrim Bd. 44 (1961), 178 (190 f.); Androulakis, Problematik, S. 205 ff.; Rudolphi, Gleichstellungsproblematik, S. 101 ff. Jescheck, Lehrbuch, S. 413 ff. und Schönke-Schröder, StGB, Vorbem., Rn. 102 ff. haben sich der von Armin Kaufmann inaugurierten materiellen Systematisierung der Garantenstellungen angeschlossen.

3 E.A. Wolff, Kausalität, S. 37 ff.; Welp, Vorangegangenes Tun, S. 171 bis 273; Bärwinkel, Struktur der Garantieverhältnisse, S. 91 bis 133; vgl. ferner Blei, H. Mayer-Festschrift, S. 119 (122 ff., 137 ff.).

4 Studien aus dem Strafrecht, Bd. 1, S. 45 ff.

5 GS 111, 1 (59 ff.). Übrigens spricht Nagler, a.a.O., S. 69 von Handlungsäquivalenz und gleicher Struktur der Unterlassung.

6 ZStW 63, 381 (396 ff.).

tioneller Positionen mit Schutz- bzw. Gefahrenabwehrfunktion[7] sowie die von Wolff und Welp näher untersuchte Relevanz dieser Garantenfunktionen für die Situation des Schutzbefohlenen („Opfers") in ihrer Vergleichbarkeit mit der Beziehung Täter–Opfer beim korrespondierenden strafbaren Tun[8].

Die genannten Veröffentlichungen bieten jedoch noch keine umfassende und im einzelnen ausgebaute Theorie der Äquivalenz von Garantenunterlassung und strafbarem Tun, sondern nur bedeutsame Vorarbeiten für eine solche Theorie. Auch im Rahmen der hier vorgelegten Arbeit kann eine solche Theorie in der gebotenen breiten Fundierung ihrer Begründung, der sorgsamen Berücksichtigung der vielschichtigen Unterlassungsdogmatik nach ihrem gegenwärtigen Entwicklungsstand und der gründlichen Erprobung bei ihrer Anwendung auf bekannte, insbesondere aber auch auf problematische Fallgruppen nicht entwickelt werden. Der Verfasser muß sich schon aus Raum-, aber auch aus Zeitgründen damit begnügen, den Kern einer solchen von der Strafrechtswissenschaft insgesamt zu erarbeitenden Theorie in knappstem, thesenförmigem Abriß darzulegen und ihren Beitrag zur Lösung der oben formulierten neuen verfassungsrechtlichen Fragestellung an einigen Beispielen zu exemplifizieren. Ein solches Vorgehen kann sich zu seiner Rechtfertigung auch darauf berufen, daß in der neueren Strafrechtsgeschichte zahlreiche Versuche, grundlegende Probleme der Strafrechtsdogmatik in toto und außerdem uno actu lösen zu wollen, nicht übermäßig erfolgreich waren[9].

Als Kern einer solchen Äquivalenztheorie läßt sich im Anschluß an E.A. Wolff und Welp die These formulieren, daß die Gleichwertigkeit von strafbarem Tun und Garantenunterlassung bezüglich des Unrechts- und Schuldgehalts überall da besteht, wo ein gleichartiges Verhältnis besonderer Abhängigkeit zwischen Täter und Opfer einerseits, Unterlassendem und Opfer andererseits existiert. Im Bereich strafbaren Tuns konstituieren zwei Elemente dieses Abhängigkeitsverhältnis: das Determinationsvermögen des Täters über den Eintritt der Rechtsgutsverletzung (Herrschaft über den Kausalverlauf) auf der einen Seite, die typischerweise bestehende Wehrlosigkeit des Opfers gegenüber verbotenem rechtsgutsverletztendem Tun auf der anderen Seite. Es ist offenkundig, daß dieses Abhängig-

---

7 Bärwinkel, Struktur der Garantieverhältnisse, S. 104 ff.

8 Vgl. die Zitate oben Anm. 3.

9 Das wird man im Bereich der unechten Unterlassungsdelikte beispielsweise im Hinblick auf das von Armin Kaufmann entwickelte „Umkehrprinzip" (Dogmatik, S. 87 ff., 122 f., 169 ff., 181 ff., 224 ff., 316 f.), außerdem für Welzels erstmalige Entfaltung des Gedankens der sozialen Adäquanz (ZStW 58, 514 ff.) sagen dürfen, ohne damit die Originalität des jeweiligen Ansatzes unberechtigterweise zu leugnen. Aber die Fruchtbarkeit der Kategorie der sozialen Adäquanz beispielsweise hat sich eben erst in der anschließenden breiten wissenschaftlichen Diskussion herausgestellt und zu Lösungen geführt, die im Rahmen der Strafrechtsdogmatik konsistent sind.

keitsverhältnis zwischen Täter und Opfer mehr beinhaltet als das Ausgesetztsein eines jeden realen Gegenstandes in einer Welt mit unzähligen kausalen Veränderungsprozessen, darunter auch solchen mit zerstörender oder jedenfalls beeinträchtigender Wirkung für den betreffenden Gegenstand[10]. Der in diesem Sinne zu den realen Gegenständen zählende Mensch schützt sich gegen die blinden Kausalverläufe der Natur im wesentlichen mit den Mitteln der Technik und Naturwissenschaft, und zwar teilweise mit beachtlichem Erfolg. Gegenüber Beeinträchtigungen seiner selbst oder seiner Güter durch die Aktivität seiner Mitmenschen kann er sich mit diesen Mitteln allein jedoch nur sehr unvollkommen schützen und ist, wenn er nicht ein bezüglich mitmenschlicher Verletzungsrisiken relativ sicheres Eremitendasein wählen will, darauf angewiesen, durch bestimmte, prinzipiell für alle verbindliche Verhaltensregeln geschützt zu werden. Insbesondere als Angehöriger einer modernen Gesellschaft mit ihrem durch die Technik geprägten Zivilisationsniveau und den gerade durch den Einsatz technischer Mittel drohenden Verletzungsrisiken, mit ihrer mangelnden Überschaubarkeit und weitgehenden Anonymität der Lebensverhältnisse ist ein Selbstschutz des einzelnen gegenüber rechtsgutsverletzendem Tun praktisch unmöglich. Eben deshalb kommt der Einhaltung sozialer Spielregeln, insbesondere der dem Rechtsgüterschutz dienenden Strafrechtsnormen (die unter diesem Blickwinkel als soziale Verhaltensregeln zu verstehen sind), erhöhte Bedeutung zu. Genau betrachtet verhält es sich so, daß die ohnehin bestehende Abhängigkeit eines jeden vom Unterbleiben verletzender Aktivität anderer unter der Geltung rechtsgutsschützender strafrechtlicher Verbotsnormen zu einer gesteigerten Abhängigkeit führt, weil jedermann nunmehr darauf vertrauen darf, daß andere ihr Verhalten so steuern, daß eine Rechtsgutsverletzung vermieden wird[11]. „Dem Nicht-Tun-Dürfen entspricht auf seiten des Rechtsgutsträgers wegen der rechtlichen Geltung des Verbots ein Vertrauen-Dürfen auf das Ausbleiben des Verbotenen“[12]. Die geltenden Rechtsgüterverletzungsverbote begründen somit das gesteigerte Abhängigkeitsverhältnis zwischen Täter und Opfer im Bereich strafbaren Tuns.

Auch zwischen dem Garanten und dem Opfer seiner Unterlassung besteht eine Abhängigkeitsbeziehung, die durch zwei Elemente konstituiert wird: die Erfolgsabwendungsmöglichkeit des Garanten kraft seiner Herrschaft über die Kausalfaktoren auf der einen Seite, die gesteigerte Wehrlosigkeit des Opfers gegenüber einem Ausfall (Nichthandeln) des für den Schutz seiner (des Opfers) Rechtsgüter bzw. für die Abwehr ihm (dem Opfer) drohender Gefahren zuständigen Garanten. Unter dem Gesichtspunkt des Erfolgsunwerts ist das auf der Kausalherrschaft des Garanten beruhende Determinationsvermögen dem entsprechenden

10 Vgl. dazu ausführlicher E.A. Wolff, Kausalität, S. 37 f.; Welp, Vorangegangenes Tun, S. 174 f., treffend S. 181: „Status der Fragilität“.

11 Vgl. E.A. Wolff, Kausalität, S. 41 f.; Welp, Vorangegangenes Tun, S. 175 ff.

12 Welp, a.a.O., S. 176.

Merkmal beim Tun gleichwertig, da es ebenso wie jenes die Entscheidung über Eintritt oder Nichteintritt der Rechtsgutsverletzung in die Hand des „Täters" legt. Die entscheidende Frage geht dahin, ob auch die Wehrlosigkeit des Opfers gegenüber dem Ausfall des Garanten der in bezug auf rechtsgutsverletzendes Tun konstatierten Wehrlosigkeit gleicht. Anders als beim Tun darf man sich für die Bejahung einer gesteigerten Abhängigkeit des Opfers nicht auf die Geltung der Strafrechtsnorm berufen, da deren Geltung auch für Garantenunterlassungen gerade thema probandum ist[13].

Unabhängig von der noch zu beweisenden *strafrechtlichen* Verantwortung und Haftung des Garanten muß sich also die Wehrlosigkeit des Opfers begründen lassen. Hier wird nun von Bedeutung, daß der Garant Inhaber bestimmter Schutzfunktionen nicht auf Grund strafrechtlicher, sondern kraft außerstrafrechtlicher Funktionszuweisung ist. Die „engere soziale Ordnung"[14], das „schon-vorher-daneben-Sein" des Unterlassenden[15], die sozial-funktionelle Stellung als Rollenträger (mit den daran geknüpften sozialen Handlungserwartungen)[16], alle diese verschiedenen Begriffe bezeichnen die metarechtliche Zuweisung von Schutzfunktionen, auf deren Erfüllung der Schutzbefohlene bezüglich der Unverletztheit seiner selbst und seiner Güter zwingend angewiesen ist. Während also im Bereich strafbaren Tuns erst die Geltung der strafrechtlichen Rechtsgüterschutznorm das spezifische Abhängigkeitsverhältnis zwischen Täter und Opfer schafft, konstituiert eine metastrafrechtliche Zuweisung von Schutzfunktionen an bestimmte Personen (Träger der Schutzrolle, Garanten) das korrespondierende spezifische Abhängigkeitsverhältnis bei der unechten Unterlassung[17]. Deshalb steht der plötzliche, typischerweise unerwartete und unberechenbare aktive Einbruch in eine vorher bestehende Rechtsgutsintegrität dem plötzlichen, typischerweise unerwarteten und unberechenbaren Ausfall einer vorher bestehenden „Schutzinstanz für den beschirmten Rechtswert"[18] gleich.

Die dargelegte These als Kern einer anzustrebenden umfassenden Theorie der Äquivalenz von strafbarem Tun und strafbaren Garantenunterlassungen hat in erster Linie mit dem Einwand zu rechnen, daß auch sie nicht Anzahl, Inhalt und Umfang aller in Betracht zu ziehenden Garantenstellungen anzugeben vermöge, sondern stattdessen auf sozialethische Pflichtstellungen verweise, deren Abschichtung von anderen, nicht garantentauglichen und daher für das Strafrecht

13 Das hat Welp, a.a.O., S. 216 zu Recht betont.

14 Vogt, ZStW 63, 381 (399 f.).

15 Androulakis, Problematik, S. 205 ff.

16 Bärwinkel, Struktur der Garantieverhältnisse, S. 104 ff.

17 Lediglich die Fälle der sog. Ingerenz fallen aus diesem Schema heraus, vgl. dazu unten Fall Nr. 3.

18 Nagler, LK, Bd. 1, 6. Aufl., Einl. (Anhang 2), S. 62, wieder abgedruckt in der 8. Aufl., S. 35.

irrelevanten sozialethischen Pflichtstellungen offenbleibe. An diesem Einwand ist sicher so viel richtig, daß allein eine Analyse der sozial-funktionellen Schutzpositionen die gesuchte Abgrenzung nicht zu liefern vermag, sondern daß zusätzlich Wertungsakte erforderlich sind, die sich insbesondere am gesetzlich fixierten unterlassungsoffenen Tatbestand[19], dem durch ihn geschützten Rechtsgut[20] und der Struktur des durch ihn verbotenen rechtsgutsverletzenden Tuns zu orientieren haben. Der Einwand verkennt jedoch, wenn er sich prinzipiell gegen die Tauglichkeit der dargelegten These wendet, daß es bei einer Äquivalenztheorie nicht um die Ersetzung richtlicher Wertungsakte durch Deduktionen geht, die zur Beschreibung aller praktizierten Garantenstellungen führen würden, sondern darum, eine Basis für derartige Wertungsakte herzustellen. Wenn der theoretischen Darlegung der Nachweis gelingt, daß es in bestimmten Fällen, ja sogar im Rahmen bestimmter Fallgruppen eine Gleichwertigkeit von Tun und Unterlassen hinsichtlich des Unrechts- und Schuldgehalts tatsächlich gibt, weil in diesen Fällen strukturell gleichartige Abhängigkeitsverhältnisse zwischen einem Täter und seinem Opfer einerseits, einem Garanten und seinem Opfer andererseits vorliegen, dann ist dargetan, daß insoweit die Strafgerichte gemäß dem Tatbestandsvervollständigungsgebot verfahren sind, indem sie solche erfolgsverursachenden rechtswidrig-schuldhaften Unterlassungen ermittelt haben, die im Unrechts- und Schuldgehalt dem gemäß dem korrespondierenden Tatbestand pönalisierten Tun entsprechen. Ein solcher Nachweis würde die richterrechtliche Ausbildung bestimmter – nicht notwendig aller – Garantenstellungen vom Vorwurf freier oder gar willkürlicher Rechtsfindung befreien.

Im Gegensatz zu früheren Bemühungen um eine gesetzeskonforme Bewältigung der Garantenproblematik, die gekennzeichnet waren durch den Versuch, die Tatbestandslücke allein aus dem Strafgesetz selbst, also durch Gesetzesauslegung, zu schließen[21], geht die Äquivalenzthese gerade von der Vervollständigungsbedürftigkeit des Unterlassungstatbestands aus und fragt nach den Bedingungen, unter denen strafbares Tun und strafbares Unterlassen im Unrechts- und Schuldgehalt gleichwertig sind. Indem sie die Struktur des pönalisierten aktiven Tuns zum Ausgangspunkt ihrer Frage nimmt, macht sie nicht ein intuitives Strafwürdigkeitsempfinden, sondern das in den (vollständigen) gesetzlichen Begehungstatbeständen Verlautbarte zum Maßstab der Gleichwertigkeit der Unterlassung. In-

---

19 Berücksichtigungsbedürftig sind insbesondere die weiteren täter- und tatcharakterisierenden Merkmale (vgl. dazu oben S. 90 ff.).

20 Zu Recht hat Grünwald, ZStW 70, 412 (424) darauf aufmerksam gemacht, „daß nicht jede Garantenstellung zu jedem Delikt ‚paßt' "; vgl. dens., Das unechte Unterlassungsdelikt, S. 75 f. Zur „pflichtenspezialisierenden Bedeutung" des geschützten Rechtsguts vgl. des weiteren Bärwinkel, Struktur der Garantieverhältnisse, S. 114 ff., 125 ff.

21 Vgl. zu den Lehren von Nagler, H. Mayer, Meyer-Bahlburg, Böhm, Androulakis und Bärwinkel die Darstellung im 4. Kapitel des 1. Hauptteils dieser Arbeit.

sofern ist auch sie gesetzestreu, denn sie respektiert und erfüllt das gesetzliche Tatbestandsvervollständigungsgebot.

III. Exemplifikation der Äquivalenzthese an einigen Garantenstellungen

Wie bereits ausgeführt, kann eine umfassende Bestätigung der Äquivalenzthese und im Zusammenhang damit ihr weiterer Ausbau zu einer Äquivalenztheorie im Rahmen dieser Arbeit nicht geleistet werden. Bei der folgenden Exemplifikation der These geht es daher nur darum, ihre Tauglichkeit wenigstens an einigen – zum Teil in der Beurteilung kontroversen – Garantenfällen zu exemplifizieren und damit zugleich die Richtung anzugeben und die Methode zu verdeutlichen, in und mit der das Problem der Verfassungsmäßigkeit der Strafbarkeit von Garantenunterlassungen auf der Basis der korrigierten Interpretation des Art. 103 Abs. 2 GG künftig umfassend in Angriff zu nehmen sein wird.

Fall Nr. 1:

a) Die vierjährige Halbwaise H ist schwer erkrankt; ihr Leben könnte bei ärztlicher Behandlung in einer Klinik mit Sicherheit gerettet werden. Die Mutter M unternimmt jedoch absichtlich nichts. Das Kind stirbt.

b) Der 22jährige Bruder B der H erkennt bei einem Besuch im mütterlichen Haus die gesamte Situation; aus Gleichgültigkeit unternimmt jedoch auch er nichts.

c) Statt B kommt die Tante T der H zu Besuch. Auch sie erkennt sofort die Situation, bleibt aber ebenfalls untätig.

Legt man bei der Prüfung der Strafbarkeit von M, B und T die herrschende Meinung zugrunde, als deren Repräsentant hier der Kommentar von Schönke-Schröder herangezogen werden soll, so wäre eine Garantenstellung bezüglich M und B zu bejahen, hinsichtlich T zu verneinen. Sowohl M als auch B sollen kraft eines Verhältnisses enger persönlicher Verbundenheit zu H Garanten sein, da jedenfalls die Verwandten gerader Linie und Geschwister in einem Gemeinschaftsverhältnis lebten, das von Natur aus auf den gegenseitigen Beistand seiner Mitglieder angelegt sei[22]. Im Rahmen dieser engen verwandtschaftlichen Beziehungen komme es für die gegenseitige Hilfspflicht nicht auf das Vorhandensein einer effektiven Familiengemeinschaft an; Geschwister seien auch dann zur Hilfe verpflichtet, wenn sie getrennt lebten[23]. Hingegen wäre für T eine Garantenstellung aus enger persönlicher Verbundenheit zu verneinen, da sie nicht zu den Verwandten gerader Linie zählt (§ 1589 BGB). Eine Garantenstellung aus enger

22 Schönke-Schröder, StGB, Einl., Vorbem., Rn. 108, 109.

23 Schönke-Schröder, a.a.O., Rn. 110.

Lebensgemeinschaft bzw. Hausgemeinschaft, wie sie häufig angenommen wird[24], scheidet nach dem Sachverhalt für T ebenfalls aus. Da der Sachverhalt bezüglich der sonstigen Merkmale des § 212 keine Probleme bietet und bloße Beihilfe des B nach allgemeiner Auffassung zu verneinen ist[25], hätten sich nach dem Dargelegten M und B der vorsätzlichen Tötung, begangen durch Unterlassen, strafbar gemacht.

Legt man der Beurteilung die oben dargestellte Äquivalenzthese zugrunde, so kommt es darauf an, ob zwischen H und M, H und B, H und T ein Abhängigkeitsverhältnis dergestalt bestand, daß M (B, T) die Sorge für Leib und Leben der H zugewiesen war, so daß der Ausfall dieser Schutzinstanz für H die gleiche Wehrlosigkeit gegenüber der drohenden Rechtsgutsverletzung zur Folge hat, als würde sie von irgendjemand durch Tun getötet. Ein solches spezifisches Abhängigkeitsverhältnis bestand sicherlich zwischen der Halbwaise H und ihrer Mutter M. H ist selbst außerstande, für sich zu sorgen, eben wegen dieser Unfähigkeit ist nach sozialen Verhaltensregeln (nicht erst aufgrund familienrechtlicher Rechtsnormen) der M die Personensorge zugewiesen. Entgegen dieser Zuweisung von Schutzfunktionen für Leib und Leben der H fällt M plötzlich und unerwartet als Schutzinstanz aus. Gegenüber diesem Ausfall ist H in der gleichen Weise ungeschützt und wehrlos wie gegenüber einem ihr Leben gefährdenden rechtswidrigen Tun irgendeines Fremden. Deshalb ist die Äquivalenz der Unterlassung der M mit einer aktiven rechtswidrigen Tötungshandlung zu bejahen.

Prüft man nunmehr die Äquivalenz in bezug auf B, so ist nicht ersichtlich, inwiefern gerade seine Stellung als Bruder der H ein spezifisches Abhängigkeitsverhältnis zwischen ihm und der H sollte begründen können. Die soziale Rolle als Bruder hat in unserer Gesellschaft nach ihren Spielregeln typischerweise nicht die Übernahme von Schutzfunktionen für Leib und Leben von Geschwistern zur Folge. Mangels Äquivalenz kann eine Garantenstellung des B daher nicht bejaht werden. Mit denselben Erwägungen ist ein spezifisches Abhängigkeitsverhältnis zwischen H und T und daher eine Garantenstellung der letzteren zu verneinen.

Es sei gestattet, den Sachverhalt insoweit zu variieren, daß B keinen selbständigen Haushalt führt, sondern bei seiner Mutter M wohnt. Auch in diesem Fall kann eine Garantenstellung des B nicht unter Berufung auf pauschale Kategorien, etwa die der engen Lebensgemeinschaft oder Hausgemeinschaft, begründet werden. Vielmehr kommt es darauf an, ob der volljährige und in seiner Lebensführung vielleicht sehr selbständige B nur Kost und Logis bei seiner Mutter in Anspruch nahm, oder ob er noch soweit in die Familie als soziale Gruppe integriert war, daß er zumindest dann, wenn M als Schutzinstanz für H ausfiel (Abwesenheit, Krankheit usw.), ersatzweise in Funktion trat. Lag der Fall so,

24 Vgl. Maurach, Allg. Teil, S. 515 f. m.w.Nw.

25 Vgl. Schönke-Schröder, StGB, Vorbem. zu §§ 47 ff., Rn. 103 m.w.Nw.

dann ist B als Garant zweiten Grades gegenüber H anzusprechen, deren Abhängigkeitsverhältnis zu ihm sich immer dann aktualisiert, wenn die primäre Schutzinstanz M ausfällt.

Für die Prüfung der Äquivalenz vermag häufig der abgrenzende Vergleich mit der in § 330 c angesprochenen Situation, genauer gesagt, der Vergleich mit der dort typisierten Zufallsbeziehung[26] zwischen Handlungspflichtigem und Verletztem (Gefährdetem) wertvolle Fingerzeige zu geben. Stellt man diesen Vergleich auch für den vorliegenden Sachverhalt an, so erscheint das Verhältnis zwischen B bzw. T und dem gefährdeten Rechtsgutsträger H qualitativ vergleichbar mit der Beziehung zwischen irgendeinem zufälligen Besucher, der die Situation erkennt, und H. Zwar ist H dringend auf das rettende Eingreifen irgendeines Rettungsfähigen angewiesen, aber die Notsituation allein ist konstitutiv nur für § 330 c, nicht für das spezifische Abhängigkeitsverhältnis gemäß der Äquivalenzthese. Für die Täterposition des § 330 c ist das rein zufällige Hinzukommen eines Hilfsfähigen ausreichend, und genau dies liegt bei B und T vor. Die Täterposition beim unechten Unterlassungsdelikt hingegen ist typischerweise[27] gekennzeichnet durch die schon vor Eintritt der konkreten Gefahr bestehende Schutzfunktion.

Fall Nr. 2:

Der Postbote P zieht sich einen Beinbruch zu, als er auf dem Grundstück des A ausrutscht und zu Boden stürzt; Unfallursache ist Glatteis auf dem Weg zwischen Hof- und Haustür. Der Rentner R, der zu Beginn des Winters von A beauftragt worden war, den Bürgersteig vor dem Grundstück und die Gehwege auf dem Grundstück von Schnee freizuräumen und bei Glatteis zu streuen, hatte seine Streupflicht deshalb vernachlässigt, weil er zunächst noch in Ruhe Kaffee trinken und die neuesten Sportberichte lesen wollte. A seinerseits hatte beim Gang zum Briefkasten bemerkt, daß noch nicht gestreut war, hatte jedoch mit dolus eventualis bezüglich etwaiger Verletzungen Dritter abgewartet, ob R nicht doch noch im Laufe des Tages streuen würde. Auch der Bäckerlehrling L hatte in der Frühe, als er Brötchen für den Haushalt des A lieferte, voller Unmut bemerkt, daß nicht gestreut war.

Vom Boden der herrschenden Garantenlehre aus ist eine gemäß § 223 strafbare unechte Unterlassung des A deshalb zu bejahen, weil A als Grundstückseigentümer für bestimmte, in seinen Zuständigkeitsbereich fallende Gefahrenquellen verantwortlich und zu Sicherungsmaßnahmen verpflichtet war[28] und die ihm mögliche erfolgsverhindernde Handlung (Streuen) bewußt nicht vorgenommen hat, obwohl er mit einer Verletzung Dritter rechnete. Der Umstand, daß A die Streupflicht auf R übertragen hatte, würde dieser Annahme nicht entgegenstehen, weil der von A bemerkte Ausfall des R zum Wiederaufleben der ursprünglichen, an die faktische und rechtliche Herrschaft des A über die Gefahrenquelle

26 Treffend spricht Kohler, Studien aus dem Strafrecht, Bd. I, S. 48 in bezug auf Situationen, wie sie jetzt in § 330 c geregelt sind, von „Zufallspflichten".

27 Anders bei der Ingerenz, s. dazu unten Fall Nr. 3.

28 Vgl. Schönke-Schröder, StGB, Vorbem., Rn. 124 ff. m.w.Nw.

anknüpfenden Garantenpflicht führen würde. Bezüglich des R wäre eine Garantenstellung aus tatsächlicher Gewährübernahme zu bejahen; bezüglich des L hingegen läßt sich ein Anknüpfungspunkt für eine der traditionellen Garantenpositionen nicht erkennen.

Nach der Äquivalenzthese kommt es für eine Strafbarkeit des A darauf an, ob zwischen ihm und P ein spezifisches Abhängigkeitsverhältnis bestand, das dem bei positivem Tun existierenden gleichwertig ist. Es besteht eine anerkannte soziale Verhaltensregel dahingehend, daß A als Grundstückseigentümer typische vom Grundstück ausgehende Gefahren, die er am ehesten erkennen und beseitigen kann, abzuwehren hat im Interesse derjenigen, die mit dem Grundstück in Berührung kommen. Diese Gefahrenabwehrpflicht hat im Zivilrecht sogar die Gestalt einer Rechtspflicht (Verkehrssicherungspflicht) angenommen, was hier jedoch nicht wegen des Rechtspflichtcharakters von Bedeutung ist, sondern insofern, als damit die Existenz und Anerkennung der genannten sozialen Verhaltensregel besonders leicht nachweisbar ist. Vom Funktionieren dieser Gefahrenabwehrinstanz ist P in der gleichen Weise abhängig wie von der Respektierung des Verbots aktiver Körperverletzung durch jedermann, wie sich leicht erkennen läßt, wenn man den vorliegenden Sachverhalt mit dem Fall vergleicht, daß ein Übeltäter bald nach durchgeführtem Streuen den Zugangsweg zum Haus so nachhaltig mit Wasser übergießt, daß sich erneut Glatteis bildet und P zu Boden stürzt. Die Anonymität der Beziehung zwischen P und A hindert nicht ihre Qualifizierung als spezifisches Abhängigkeitsverhältnis, weil das Ausgeliefertsein des P (oder jedes anderen, der das Grundstück betritt) an A unabhängig ist vom Bestehen einer persönlichen Beziehung. Ob die Übertragung der Streupflicht auf R am bisher Gesagten etwas zu ändern vermag, ist nach der Beurteilung der zwischen R und P bestehenden Beziehung zu entscheiden.

Die zwischen R und P bestehende Abhängigkeitsbeziehung ist keine originäre, sondern eine abgeleitete. R ist in sozialüblicher Weise in die Pflichtenstellung des A eingerückt und deshalb ist P auf seine gefahrenabwendende Tätigkeit in der gleichen Weise angewiesen wie ursprünglich auf eine Gefahrenabwehr durch A. Trotz des derivativen Charakters der Position des R ist dieser im Vergleich zu A als Garant ersten Grades einzustufen, weil in erster Linie ihm die Gefahrenabwehr obliegt. Aus diesem Grund vermag die Anwesenheit des A am Unfallort und die Tatsache, daß A die drohende Gefahr erkannt hat, die primär dem R zufallende Schutzaufgabe nicht zu beseitigen; R bleibt gegenüber P wie auch gegenüber allen, die A's Grundstück betreten, Garant, mag A sich verhalten, wie er will[29].

---

29 Falls A, nachdem er die Säumigkeit des R bemerkt hatte, seinerseits streut, läge, jedenfalls nach der h.M., strafbarer Versuch des R vor, vgl. Schönke-Schröder, StGB, Vorbem. zu den §§ 43 ff., Rn. 10 f. m.w.Nw.

Die oben zurückgestellte Frage, welchen Einfluß die Beauftragung des R auf die Garantenstellung des A hat, läßt sich nunmehr dahingehend beantworten, daß A als Garant zweiten Grades verpflichtet bleibt, die Funktionserfüllung des primären Garanten zu überwachen und im Fall eines festgestellten Funktionsausfalls geeignete Gefahrenabwehrmaßnahmen zu treffen. Diese können entweder darin bestehen, sofort eine andere Person mit dem Streuen zu beauftragen oder, falls dies nicht möglich ist, selbst die Gefahrenquelle zu beseitigen.

Im Verhältnis zu L läßt sich eine spezifische Abhängigkeit des P nicht feststellen, weil nach der sozialen Aufgabenverteilung L nicht mit der Abwehr fremder Sachgefahren für Dritte betraut ist. Zwischen L und P besteht eine typische Zufallsbeziehung, die allenfalls zu einer Haftung des L gemäß § 330 c führt.

Die „Gegenprobe" aus § 330 c bestätigt auch in bezug auf A und R die gewonnenen Resultate: A und R geraten nicht zufällig, unabhängig von einer vorher bestehenden Schutzpflichtenzuweisung, in Berührung mit der konkreten Gefahr, sondern in dieser Berührung mit der Gefahrensituation realisiert sich ein Zustand, auf den die von A und R eingenommene Position hinzielte. Der Unrechts- und Schuldgehalt ihrer Unterlassung übersteigt daher denjenigen einer unterlassenen Hilfeleistung nach § 330 c erheblich.

Fall Nr. 3:

a) Der nach längerem Auslandsaufenthalt nach Deutschland zurückgekehrte F verursacht Anfang März 1971 bei seiner ersten Autofahrt in der alten Heimat (mit einem gemieteten PKW) dadurch einen Unfall, daß er vor einer vorfahrtberechtigten Straße ein Stoppschild nicht beachtet und den von links kommenden PKW des X rammt. Es handelt sich um ein neues Stoppschild gemäß § 41 StVO (Zeichen 206); dieses Schild war zugeschneit, aber in seiner charakteristischen achteckigen Form noch deutlich erkennbar. Durch den Unfall wird X erheblich verletzt. Obwohl F erkennt, daß das Leben des X durch dessen sofortigen Transport in die nahegelegene Universitätsklinik mit Sicherheit zu retten wäre, flüchtet er vom Unfallort, ohne Weiteres zu veranlassen.

b) Variante: Im obigen Fall war das Stoppschild samt Haltestange durch einen Unfall in der Nacht zuvor „abrasiert" und so in den verschneiten Straßengraben geschleudert worden, daß es nicht mehr zu sehen war. F hatte den von links nahenden PKW des Z nicht sehen können, weil dieser mit sehr hoher Geschwindigkeit aus einer durch einen bewaldeten Hügel verdeckten Kurve hervorschoß. Hingegen war für F der Einblick in die zu kreuzende Straße nach rechts völlig frei; von dort nahte kein Fahrzeug. Im übrigen spielt sich der Fall wie unter a) ab.

Die strafrechtliche Beurteilung des Verhaltens des F soll auf die Frage beschränkt werden, ob sich F dadurch einer vorsätzlichen Tötung durch Unterlassen schuldig gemacht hat, daß er sich um den verletzten X bzw. Z nicht gekümmert hat. Nach der traditionellen Garantenlehre wäre zu prüfen, ob F im Hinblick auf sein der Unterlassung vorangegangenes gefährdendes Vorverhalten als Garant anzusehen ist. Die einschlägige Garantenstellung der sogenannten Ingerenz ist die innerhalb der Strafrechtswissenschaft umstrittenste, von den Strafgerichten gleichwohl praktizierte Garantenposition. Insbesondere die (durch die Variierung des obigen Sachverhalts angesprochene) Frage, welche rechtliche Qualität das Vorverhalten haben müsse, um garantenpflichtbegründend zu wirken, ist in der Literatur kontrovers.

Anders als in den Fällen Nr. 1 und 2 ist es nicht möglich, die Äquivalenzthese unmittelbar auf den obigen Sachverhalt anzuwenden. Das hat seinen Grund darin, daß sich die Ingerenz, gemessen an den klaren Kategorien des Begehungsdelikts einerseits, des Unterlassungsdelikts auf der anderen Seite, als Zwitter darstellt. Die Unterlassungskomponente in den Konstellationen der Ingerenz knüpft nicht an eine der Gefahrenbegründung vorausgehende metarechtliche Zuweisung von Schutzfunktionen an wie bei allen anderen Garantenstellungen. Anknüpfungspunkt ist vielmehr eine ex ante gesehen gefährliche, ex post betrachtet für den Erfolgseintritt kausale Aktivität des Täters. Obwohl diese erfolgsverursachende Aktivität der Ingerenz den Stempel aufdrückt, ist mangels Vorliegen der Zurechnungskriterien „Rechtswidrigkeit" oder „Schuld" eine Verurteilung wegen strafbaren Tuns ausgeschlossen und eben deshalb erhebt sich die Frage, ob die nachfolgende Unterlassung dem Täter zugerechnet werden kann. Unter dem Gesichtspunkt der Äquivalenz liegt die Besonderheit der Ingerenz also darin, daß das erfolgsverursachende Tun als Basis desjenigen Abhängigkeitsverhältnisses, das für die Gleichwertigkeit der Unterlassung den Vergleichsmaßstab bildet, bereits in der jeweiligen Fallkonstellation mitenthalten ist.

An diesem Punkt ist nun allerdings zwischen rechtswidrig-schuldlosen und rechtmäßigen Vorhandlungen zu unterscheiden. Da das spezifische Abhängigkeitsverhältnis zwischen Täter und Opfer beim Tun gerade durch die Verbotsnorm und ihre Verletzung konstituiert wird[30], können Handlungen, die von dieser Verbotsnorm gar nicht erfaßt werden, ein solches Abhängigkeitsverhältnis nicht herstellen. Anders bei rechtswidriger Vorhandlung: da es für das Vorliegen einer gesteigerten Wehrlosigkeit des Opfers gegenüber rechtsgutsverletzender Aktivität nur auf den Verstoß gegen die Verbotsnorm, nicht auf die individuelle Vorwerfbarkeit gegenüber dem Täter ankommt[31], enttäuscht die rechtswidrige Vorhandlung jenes legitime Vertrauen des durch die Rechtsgüterschutznorm Geschützten, das Kennzeichen der spezifischen Abhängigkeit ist. Unter Benutzung der von Welp gebildeten Kategorien[32] kann man sagen: die „Opferposition" in bezug auf

30 S. dazu oben S. 182.

31 Die Allgemeinheit und damit auch das Opfer dürfen nicht nur auf das Unterbleiben strafbarer, sondern schon auf das Unterlassen verbotswidriger Handlungen ihr Vertrauen setzen und ihr eigenes Verhalten gründen, wie E.A. Wolff, Kausalität, S. 42 und Welp, Vorangegangenes Tun, S. 185 zutreffend feststellen; zum gleichen Ergebnis, wenn auch vom Garantengebot her argumentierend, kommt Rudolphi, Gleichstellungsproblematik, S. 184.

32 Vorangegangenes Tun, S. 173 ff., 178 ff. und öfter.

die rechtswidrig-schuldlose Vorhandlung ist identisch mit der Opferposition bei normaler, d.h. rechtswidrig-schuldhafter Begehung. Für die „Täterposition“ gilt das gleiche: Da der schließlich eingetretene Erfolg insofern das Werk des Täters ist, als dieser durch sein Tun die rechtsgutsverletzende Kausalkette in Gang gesetzt hat, und da solches Tun dem Täter durch die Verbotsnorm untersagt war, ist die Abhängigkeit des Opfers und damit zugleich seine eigene Position im spezifischen Abhängigkeitsverhältnis bewiesen.

Wie stellt sich nun im Vergleich dazu die Beziehung zwischen Ingerent und Opfer *bezogen auf die Unterlassung* des Ingerenten dar? Im Blick auf den obigen Sachverhalt ist also zu fragen, wie sich in bezug auf den unterlassenen Transport des X in die Klinik das Verhältnis zwischen F und X darstellt. Die Abhängigkeit bestand ursprünglich darin, daß jedermann, so auch F, das Leben des X nicht durch verbotswidriges Tun in Gefahr bringt, geschweige denn den Tod herbeiführt. Nach Vollzug der gefährlichen rechtswidrigen[33] Handlung des F ist X immer noch davon abhängig, daß der verbotswidrige Erfolg (Tod) nicht eintritt. Aus der Wehrlosigkeit gegenüber einer erfolgsverursachenden Handlung ist die Wehrlosigkeit gegenüber dem durch die Handlung drohenden Erfolg geworden. Insofern hat sich an der Opferposition nichts dadurch geändert, daß F dem Verbot des § 212 zuwidergehandelt hat. Allerdings ist X nunmehr nicht mehr abhängig vom Unterbleiben verbotenen Tuns, sondern von der Vornahme einer erfolgsabwendenden Handlung. Dieser Unterschied hinsichtlich des Täterverhaltens ist jedoch aus der Sicht des X eine unerhebliche Differenz bezüglich dessen, was geschehen muß, um den Erfolgseintritt zu vermeiden. Für die Opferposition sind die unterschiedlichen Mittel zur Erfolgsvermeidung irrelevant.

Es ist zu fragen, ob dieser Unterschied für die Täterposition eine Rolle spielt. Welp, der das Äquivalenzkriterium des Abhängigkeitsverhältnisses gerade für die Ingerenz entwickelt hat, formuliert diese Frage folgendermaßen: warum sollte gerade der Täter der Vorhandlung als Subjekt der Abhängigkeit des Opfers in ein Verhältnis eingesetzt werden können, welches ihn mit dem Opfer verbindet? [34] Seine Antwort lautet: „Wenn nun die Abhängigkeit des Opfers vom Nichteintritt der rechtsverletzenden Wirkungen in die Abhängigkeit von der Vornahme einer Rettungshandlung umschlägt, so ist der der Abwendung mächtige Täter deswegen das *Subjekt* der hieraus entstandenen Beziehung zum Opfer, weil der jetzt bestehende Zustand der Gefahr nicht minder *sein Werk* ist wie der endlich eingetretene Erfolg . . . Weil die Abhängigkeit vom Nichteintritt der rechtsverletzen-

33 Rechtswidrig, weil objektiv-fahrlässig, ist das Überqueren der Kreuzung durch F deshalb, weil jeder durchschnittliche, über die neuen Verkehrszeichen orientierte Verkehrsteilnehmer das verschneite Stoppschild schon allein an seiner charakteristischen achteckigen Form, die bei keinem anderen Verkehrszeichen auftritt, erkannt und demzufolge angehalten hätte. Vgl. ferner unten S. 192 mit Anm. 36.

34 Welp, Vorangegangenes Tun, S. 189 f.

den Wirkungen einer Handlung das Durchgangsstadium jeder Begehung ist und dies von der Verantwortlichkeit für die Folgen eines kriminellen Tuns umfaßt wird, eben dieses Durchgangsstadium aber die Konstellation der Ingerenz dann ist, wenn der Täter den Erfolg abwenden kann, enthält jedes Begehungsverbot als Korrelat die Pflicht zur Erhaltung einer vorab rechtswidrig gefährdeten Gutsintegrität . . . Der materielle Grund für die Ableitung des ‚sekundären' Abwendungsgebots aus dem ‚primären' Handlungsverbot liegt in der Abhängigkeitsbeziehung selbst"[35]. Diesen Ausführungen Welps ist zuzustimmen. Die Urheberschaft und der Verbotsverstoß bei der aktiven Herbeiführung der Gefahrensituation kennzeichnen die Position des Ingerenten und machen ihn zum Subjekt der spezifischen Abhängigkeitsbeziehung. Diese beiden Elemente ersetzen bei der Garantenposition kraft rechtswidrig-schuldloser Gefährdungshandlung die bei den anderen Garantenstellungen vorliegende metarechtliche Funktionszuweisung. Insofern ist diese Fallgruppe atypisch; bei ihr wird die Abhängigkeitsbeziehung zwischen Unterlassendem und Opfer nicht durch unterlassungs-, sondern durch begehungsspezifische Elemente charakterisiert.

Die vorstehenden Darlegungen seien kurz anhand des Falls Nr. 3 a illustriert. Das Einfahren des F in die Kreuzung ist deshalb eine rechtswidrig-kausale Tötungshandlung, weil F das an der betreffenden Kreuzung aufgestellte Stoppschild nicht beachtet hat[36] und weil das verbotswidrige Tun des F schließlich den Tod des X bewirkte. F hat gegen die objektive Sorgfaltspflicht verstoßen, indem er sich ohne Information über die aktuellen Straßenverkehrsregeln ans Steuer setzte und aus diesem Grunde die charakteristische achteckige Form des Stoppschilds und damit die Bedeutung dieses Verkehrszeichens nicht erkannte. Sein Tun ist ihm jedoch nicht vorwerfbar, weil er über die neu eingeführten Verkehrszeichen nicht informiert und daher individuell nicht in der Lage war, sich gemäß der objektiven Sorgfaltspflicht zu verhalten, d.h. an der Kreuzung anzuhalten und das Fahrzeug des X passieren zu lassen[37]. Eine Strafbarkeit nach § 222 scheidet daher aus. F ist jedoch Garant hinsichtlich des unterlassenen Transports in die Klinik, weil durch sein rechtswidriges, wenn auch nicht schuldhaftes Tun X in

35 Vorangegangenes Tun, S. 190 f. (Hervorhebungen im Original).

36 Die Verbotswidrigkeit resultiert unmittelbar aus §§ 230 bzw. 222, nicht wird sie durch den Verstoß gegen § 3 Abs. 1 StVO begründet. Allerdings ist der Verstoß gegen das Haltegebot ein deutliches Indiz für die Verletzung der durch §§ 222, 230 speziell für ein Verhalten im Straßenverkehr geforderten objektiven Sorgfalt (vgl. Schönke-Schröder, StGB, § 59, Rn. 191 f.); zur Verletzung der objektiven Sorgfaltspflicht durch F vgl. oben S. 191, Anm. 33.

37 Dabei wird bezüglich des Sachverhalts angenommen, daß F infolge seiner längeren Abwesenheit über die Änderung des Straßenverkehrsrechts und über die neuen Verkehrszeichen nicht informiert war und infolgedessen das zugeschneite achteckige Schild nicht für ein Verkehrszeichen zu halten brauchte. Nach der früher geltenden Fassung der StVO gab es keine achteckigen Verkehrszeichen.

Lebensgefahr geraten und auf die dem F mögliche Rettungshandlung zwingend angewiesen war. Eine vorsätzliche Tötung, begangen durch Unterlassen, wird daher zu bejahen sein.

Der Fall 3 b unterscheidet sich von dem zuvor erörterten dadurch, daß F auch bei Anwendung der objektiv erforderlichen Sorgfalt nicht hätte erkennen können, daß der Verkehr auf der zu kreuzenden Straße Vorfahrt hatte[38]. F hat die objektive Sorgfaltspflicht beim Einfahren in die Kreuzung nicht verletzt und handelte daher rechtmäßig. Ist er dennoch als Garant bezüglich der anschließenden Unterlassung anzusehen?

Auch hier sei die Erörterung unter Ausklammerung der kontroversen Argumentationen in der Literatur auf die Diskussion etwaiger Äquivalenzbedingungen beschränkt. Besonderes Interesse darf die Stellungnahme Welps zur Äquivalenzfrage beanspruchen, weil er die Handlungsäquivalenz aller bisher in der Literatur erörterten Ingerenzfälle und damit auch derjenigen, in denen eine rechtmäßige Risiko-Vorhandlung vorliegt, zum Gegenstand seiner Untersuchung gemacht hat[39]. Welp legt zutreffend dar, daß ein auf der Existenz rechtsgüterschützender Verbotsnormen beruhendes Vertrauen auf das Ausbleiben verletzender Handlungen deshalb nicht die Opferposition konstituieren könne, weil niemand auf das Ausbleiben erlaubter Handlungen vertrauen könne. Korrelat des Vertrauen-Dürfens auf das Ausbleiben rechtswidriger Aktivität sei auf der Opferseite vielmehr die durch die Gestattung des riskanten Tuns geschaffene Abhängigkeit, das Dulden-Müssen der Gefährdung[40], das Welp im Anschluß an Esser als „sozialen Zwang zur Gefahrenhinnahme“ bezeichnet[41]. Die Täterposition ist nach Welp durch zwei Elemente gekennzeichnet: dadurch, daß die Gefährdungssituation das Werk des zunächst rechtmäßig Handelnden sei, sowie dadurch, daß aus dem Sinn der Gefährdungserlaubnis eine Abwendungspflicht zu folgern sei[42]. „Wenn der Eintritt des tatbestandsmäßigen Erfolgs durch komplementäre Sicherung oder Rettung abgewendet werden kann und daher mit der Verfolgung der wahrgenommenen sozialnützlichen Zwecke nicht notwendig verbunden ist, bildet die Abwendungspflicht die billige Kompensation der Gefährdungsgestattung . . . und mithin ist es der Täter der Risiko-Handlung, auf den das Opfer in seiner Abhängigkeit verwiesen ist“[43].

Im Gegensatz zu Welp ist ein spezifisches Abhängigkeitsverhältnis zwischen dem

38 Bezüglich des Sachverhalts wird hierbei angenommen, daß das dem Z Vorfahrt gewährende Schild den Blicken des F durch den erwähnten, mit Bäumen bestandenen Hügel entzogen war.

39 Vorangegangenes Tun, S. 209 ff.

40 A.a.O., S. 217 f.

41 A.a.O., S. 217.

42 A.a.O., S. 223 f.

43 A.a.O., S. 224.

rechtmäßig handelnden Ingerenten und dem durch sein Tun Gefährdeten („Opfer"), das mit der Abhängigkeitsbeziehung zwischen Täter und Opfer bei der aktiven rechtswidrigen Begehung vergleichbar wäre, zu verneinen. Der rechtmäßige Ingerent und sein Opfer sind einzig und allein durch den dürren Strang kausalen Geschehens miteinander verbunden. Nur insofern, nicht im Sinne einer Wertung, ist es richtig, die Gefährdung als „Werk" des Ingerenten zu bezeichnen. Der entscheidende Wertungsakzent, den die rechtswidrige Vorhandlung durch den Verbotsverstoß erhält, fehlt gerade bei der hier diskutiertten Konstellation. Dieses Manko läßt sich entgegen der Auffassung Welps nicht durch den Rekurs auf eine andere Norm, nämlich die sogenannte Gefährdungserlaubnis, kompensieren. Zunächst ist schon problematisch, ob es sich bei der Gestattung der Gefährdung tatsächlich um eine eigenständige Norm handelt, oder aber ob man nicht mit besseren Gründen anzunehmen hat, daß sich die Gestattung der Gefährdung häufig schlicht als Anpassung des Maßstabs der objektiven Sorgfaltspflicht im Hinblick auf typische, in der modernen Gesellschaft trotz genereller Gefährlichkeit unverzichtbare Verhaltensformen darstellt. Entscheidend aber ist ein anderer Einwand. Die „billige Kompensation der Gefährdungsgestattung" ist im Gegensatz zur ebenso billigen Gefährdungshaftung gesetzlich gerade nicht statuiert. Wo ein Erfolgsabwendungsgebot erst thema probandum ist, ein Handlungsverbot aber nicht eingreift und sonstige Anknüpfungspunkte für eine Bejahung der Äquivalenz und damit auch für eine strafrechtliche Zurechnung der Unterlassung nicht ersichtlich sind, fehlt eine Basis für richterrechtliche Gleichbewertung. Für die mit Art. 103 Abs. 2 GG allein vereinbare kooperative richterliche Rechtsfindung ist daher insoweit kein Raum. Ob über die in den Fällen rechtmäßiger Ingerenz häufig eingreifende Haftung nach § 330 c hinaus die Auferlegung von Rettungspflichten angemessen und ihre Verletzung mit höherer Strafe als der gemäß § 330 c zu bedrohen wäre, ist eine allein dem Gesetzgeber vorbehaltene Wertungsentscheidung.

IV. Ergebnis

Die Darlegungen innerhalb des Schlußteils haben die Richtung für weitere strafrechtliche Untersuchungen aufgezeigt. Die durch die korrigierte Auslegung des Art. 103 Abs. 2 GG veränderte Problemstellung erfordert eine Überprüfung der Judikatur zu den einzelnen Garantenstellungen dahingehend, ob die durch das Tatbestandsvervollständigungsgebot angegebene Leitlinie eingehalten und der damit abgesteckte Rahmen zulässiger kooperativer Rechtsfindung von den Strafgerichten respektiert worden ist. Für die notwendige detaillierte Untersuchung dieser Frage konnte zwar keine umfassende Theorie der Gleichwertigkeit von strafbarem Tun und Garantenunterlassung vorgelegt, immerhin aber als Kern einer solchen Theorie eine Äquivalenzthese entwickelt werden, deren Tragfähigkeit an einigen problematischen Garantenstellungen exemplifiziert wurde.

FSC
www.fsc.org
MIX
Papier | Fördert
gute Waldnutzung
FSC® C083411

Kolibri 360 GmbH
Ferdinand-Jühlke-Straße 7
99095 Erfurt, Deutschland
produktsicherheit@kolibri360.de